浙江省高等教育重点建设教材

公债经济学

理论·政策·实践

[修订版]

张雷宝◎编著

Economics of
Public Debt

ZHEJIANG UNIVERSITY PRESS
浙江大学出版社

图书在版编目(CIP)数据

公债经济学：理论·政策·实践 / 张雷宝编著.—
修订本.—杭州：浙江大学出版社，2018.9（2024.1重印）
　ISBN 978-7-308-18174-7

　Ⅰ.①公… Ⅱ.①张… Ⅲ.①国债—经济学—高等学
校—教材 Ⅳ.①F810.5

　中国版本图书馆 CIP 数据核字（2018）第 084770 号

公债经济学

理论·政策·实践（修订版）

张雷宝　编著

策划编辑	朱　玲
责任编辑	陈丽勋
责任校对	高士吟
封面设计	春天书装
出版发行	浙江大学出版社
	（杭州市天目山路 148 号　邮政编码 310007）
	（网址：http://www.zjupress.com）
排　版	杭州林智广告有限公司
印　刷	广东虎彩云印刷有限公司绍兴分公司
开　本	787mm×1092mm　1/16
印　张	18.75
字　数	390 千
版印次	2018 年 9 月第 2 版　2024 年 1 月第 2 次印刷
书　号	ISBN 978-7-308-18174-7
定　价	49.00 元

序

公债经济学是一门边缘性色彩颇为浓重的学科。仅挑大的方面说,它至少涉及财政学、金融学以及市场投资学。从财政学角度看,作为政府的一种财政收入形式,公债是各级政府筹措财政资金、弥补财政赤字的重要手段,在各国财政活动以及财政政策中扮演着重要的"角色";从金融学角度看,作为一种"准货币",公债深刻地影响着一国金融市场的流动性以及市场运行效率,与一国中央银行的公开市场操作政策密切联系在一起;从投资学角度看,作为一种与股票、房地产并列的重要的传统投资工具,公债享有"金边债券"或"银边债券"的美誉。所以,公债在现代社会经济中具有举足轻重的地位,发挥着不可或缺的功能或作用。

在我国,公债经济学是一门充满生命力的年轻科学。从历史的视角考察,公债问题早于2000多年前的古希腊、古罗马或者古代中国的春秋战国时期就已产生;从时代的视角来考察,当前的中外公债问题又有着鲜明的时代特征,各国政府的债台高筑已是较为普遍的世界性现象,显性和隐性公债风险日益凸现。由此涌现的许多有价值且丰富多彩的新素材、新问题、新课题,给国内外相关学者提出了极大的挑战。事实上,公债既给某些国家或地区带来过经济迅速增长的喜悦,又给某些国家或地区引致过债务危机以及经济萧条的烦忧。也许正是出于如此的原因,对于公债问题的研究,一直受到国内外经济学界的普遍关注。公债经济学领域的研究,也日益生机盎然。

作为浙江省高等教育重点建设教材,张雷宝同志主编的《公债经济学》就是我国公债经济学领域研究的一个新成果。这本书,在既有公债经济学理论成果的基础上,以公债的实践及其经济效应为主线展开,内容丰富,结构合理,颇有新意,具有以下三方面的特点:第一,框架体系的完整性。本书对内容庞杂的公债经济学知识进行了仔细梳理,主要立足中国国情,以公债理论、公债政策和公债实践为三大构件,涵盖了公债理论、公债政策和公债实践三大方面若干重要问题,从而让学生对公债知识有一个全景式的了解、理解和掌握,从而形成了具有鲜明特色的框架体系。第二,内容观点的创新性。本书无论是谋篇布局还是内容编排,都具有一定的创新性。例如,公债的本质之争和"三性"形式特征的探讨,中外公债理论学说的历史发展及其背后分歧根源的辨析,公债与税收等价定理、资产效应与公债幻觉和债务财政的拓展,公债与战争之间丰富关联的揭示,以及从理论到实践对公债负担、公债风险与公债危机的逻辑递进式的深入剖析等,既向读者表述了已取得较大共识的公债经济学主流观点,也较为恰当地展示了作者对公债问题的诸多独特见解。在某种程度上,正如作者所言,本书似是介于标准经济学教科书和纯粹学术著作之间的一种特殊"作品"。第三,格式编排的新颖性。不难发现,本书每章都用"学习目标"勾勒出本章重点,用"本章小结"简洁地概括和总结出本章的精华知识点,用多样化的"思考与讨论"题启发学生思考并帮助其巩固、消化和掌握知识要点,用"阅读与参考文献"为学生进一步的深入学习指明方向。本书还以简明扼要、通俗易懂的方式阐明公债经济学的基本原理,与此同时,也使用了必要的而非故作高深的数学公式或模型对相应理论观点加以有力的辅助说明。此外,本书在评述语言的可读性、资料充实性(如丰富多彩的专栏和附录设置)等方面也进行了一些有意义的创新性尝试。

张雷宝同志是近年来一直活跃在公债经济学以及财政学教学与科研战线上的一个年轻学者。应他之约,我很高兴以此短文为本书作序,并借机表达对公债经济学的一些认识和看法。

中国社会科学院　高培勇

前 言

　　公债活动遍布古今中外，公债经济影响复杂多样。因此，从经济学的独特"视窗"，对公债这个横跨财政学、金融学、投资学等交叉学科领域的复杂事物进行科学考察，是一项既充满挑战又很有意义的任务。作为浙江省高等教育招标教材，本书在力求全面、系统、深入地探讨公债经济学基础理论知识的同时，着力阐释近十多年来公债领域出现的各种新政策、新观点和新问题。

十个经济学思维方式：像经济学家一样思考

　　在中国，历史上关于公债活动的最早文字记载出现在"债台高筑"的成语故事里。也就是说，中国公债问题早在 2300 多年前的春秋战国时期就已"粉墨登场"，而非像某些学者所说的始于近代或现代。据《东周列国志》记载，我国古代周朝最后一个天子周赧王姬延（公元前 314—前 256）"欲发兵攻秦，而不能给车马之费"，"于是访国中有钱富民，借贷以为军资，与之立券，约以班师之日，将所得卤获，出息偿还"。但战败而归后，由于借富人之债太多无力偿还，债主逼急，于是避居高台之上，周人称为"逃债台"，后来才有"债台高筑"的成语。《史记》中也有相关记载："虽居天子之位号，为诸侯之所役逼，与家人无异。名负责（即债）于民，无以得归，乃上台避之，故周人名其台曰逃责台。"[①]由此可见，2000 多年前周赧王的举债是我国公债史甚至债务史的发端或滥觞。有学者认为中国的公债起源于清光绪二十年（1894）户部效法西方国家的"息借商款"，显然是值得商榷的[②]。上述史实至少说明三点：（1）公债这个财政或金融工具的使用，在中国可以追溯到 2000 多年前，在世界范围内都属于先行先试者。当然，"债台高筑"与周赧王的故事是一面可视作反面教材的历史"铜镜"。（2）从结果来看，周赧王发行的是"战争债券"（即其举债缘由和基本目的是为"发兵攻秦"筹措军费）。随后的世界经济史或财政史显示，不仅是公债的起源与战争关系密切（即战争在某种程度上是公债的"催化剂"），而且世界各国公债规模的扩张和膨胀背后也常常会看到战争活动的影子（如第二次世界大战期间美国政府发行的大量"爱国债券"

---

　　① 从说文解字的角度来看，"债"字的左边是单立人偏旁，右边是责字，这意味着举债本身是一种债务人将来必须还本付息的责任，即债务即责任。在政府举债情形中，政府则可视同为一个宏观的人（macro-person）。

　　② 冯健身：《公共债务》，中国财政经济出版社 2000 年版，第 7 页。

等)。在很多历史情境下,战争与公债如影随形。(3)利用公债这个筹资工具"以充国用",会引致一定的债务风险。借债还钱,天下至理。天下没有免费的午餐,世界上也没有无负担的公债。以周赧王为例,身为君王开口向"国中富民"借钱已经开创了历史先河,似乎已经是很掉"面子"的事情,但更悲催的是债务到期不能按时还被"债主逼急",只能躲后花园的高台上,被周人以及后人耻笑了2000多年。这就是"债台高筑"成语故事所揭示的公债风险。

周赧王与债台高筑:中国公债史的滥觞

在现代经济中,各国政府的债台高筑已是较为普遍的全球现象。对发展中国家来说,公债既带来过经济迅速增长的喜悦,也引致过经济萧条的痛苦。事实上,公债问题或公债危机更多地存在于发展中国家。20世纪80年代拉美等发展中国家爆发的债务危机就是典型的例证。1997年爆发的亚洲经济危机在很大程度上也是债务危机所致。此外,由国际货币基金组织与世界银行于1996年成立的重债穷国计划(Heavily Indebted Poor Countries,HIPC)就是希望能够协助世界上最穷困的国家将外债降低至能够承担的水准,让这些国家的政府得以正常施政。在全世界,这样的重债穷国至少有38个,其中32个国家位于撒哈拉沙漠以南之中部非洲地区,它们有资格接受债务减免。

再考察发达经济国家的债务问题,不难发现,"多福利—少税收"的政策漩涡以及凯恩斯主义的赤字财政政策,对这些国家的债台高筑现象发挥了不可低估的"贡献"。放眼全球,目前世界上几乎所有国家(包括经济发达国家和经济欠发达国家)都不同程度地存在着公债现象和公债问题。更为重要的是,越来越多的政府对公债产生了越来越大的依赖。在可预见的将来,公债将和税收一样,伴随于政府财政左右,并深刻地影响社会经济的方方面面。由此可见,公债是一个世界各国都普遍关注、思考并须努力解决的问题。

理论上,公债在筹资方面的这种相对优越性,使得其必然受到各国政府的青睐,并在各国财政经济生活中发挥着越来越重要(暂不论其好与坏)的作用。17世纪著名的哲学思想家大卫·休谟曾基于人性的弱点鲜明地提出了"国家不消灭公债,公债必消灭国家"的理论观点。目前看来,休谟的观点并没有得到证实,公债将在相当长的时期内与税收并存。正如美国著名经济学家J.布坎南所说:"公债一旦被创造出来,就是永久性的。"当然,债务危机的偶露峥嵘,也使得我们无法忽视休谟的预言和警告。

近80多年来,公债在我国的发展经历了诸多戏剧性(如从"救国公债"到"建国公债")的变化。不难发现,从中华人民共和国成立初期公债发行的谨小慎微到"既无内债,又无外债"的自豪,再到部分学者"债务规模已经超过国际警戒线"的担忧,这些变化表明:公债在我国社会经济生活中所扮演的"角色"越来越重要。值得深思的是,为化解亚洲金融危机的冲击,中国1998年实施的积极财政政策(其在很大程度上也可理解为积极的公债政策),有力地帮助我们成功渡过了"内忧外患"的困难时刻并取得了较好的经济增长成就。近年来,我国各级政府(包括地方政府)的"举债建设""举债发展"及其导致的显性和隐性债务风险(即"债务财政")问题,已是一个有目共睹的现实难题。这也使得我国学界和政界在对公债问题研究沉寂了相当长时间后,重新开始兴趣盎然。

基于上述认识,本书即是对日益繁杂的公债问题(包括理论问题和现实问题)从不同角度、不同层次和不同方面进行的系统性介绍、分析和阐述。当然,我们并不奢望这些努力能为决策者解决现实的公债问题提供现成的方案,而只期望读者能深刻地理解公债问题,并为相关问题的剖析提供重要的理论基础和平台。

本书力求在"解放思想、实事求是、与时俱进"这个当代中国马克思主义思想精髓的科学指导下,努力吸收公债经济学相关学科的理论创新成果以及前沿领域研究成果,尽可能总结中国各级政府的公债实践,并在此基础上形成具有鲜明时代特色、中国特征的公债经济学新教材。作为一本融公债理论、公债政策和公债实践于一体的教材,本书对高等院校财政学、税收学、投资学、金融学、劳动与社会保障学、公共管理学等相关专业学生(包括研究生)以及相关行业的经济管理工作者来说,是一本有益的教材和参考读物。总之,希望本书对所有愿意打开并愿意阅读本书的读者都能有所启迪、借鉴和帮助。

概括起来,本书的修订主要做了以下几方面的工作:(1)章节结构的优化调整。例如,新增了第六章(即"公债市场投资分析"),内容包括作为投资品的公债基本参数、投资特性、等价原理、投资风险及其防范策略等。事实上,没有投资者的无限信任就没有政府债务的无限膨胀,因此,投资者的市场行为也会对政府公债产生重要影响。此外,在合并、完善相关章节的基础上增加了第七章(即"公债经济效应分析"),增加了第八章中"地方公债发行的理论依据""中华人民共和国成立以来地方政府债券的历史沿革与正式发行"等内容。事实上,近10年间我国地方政府债券经历了法律严格禁止、"犹抱琵琶半遮面"的改革试点以及名正言顺地正式发行等改革历程,反映这一波澜壮阔的改革,既有意思也有趣味。另外,对内债以及外债分析的相关章节内容也做了大幅删减。(2)特色专栏的增加。例如,根据教学的需要,进一步增加了能够反映国内外公债发展的时代特色和实践特征的特色案例与专栏,具体包括:卡尔·马克思的公债思想及其主要观点,美国的国债收益率为负值是如何发生的,具有中国特色的地方投融资平台债务及其风险控制,观测政府债务风险的主要指标及其含义,美国多个城市政府因负债面临破产,中华人民共和国成立后的第一笔外债债券,中国有高居世界第一的外汇储备却为何还要举借外债,等等。当然,修订过程中也相应删除了已经陈旧或过时的专栏。(3)更新了陈旧的公债数据和公债观点。即除了一些历史性数据外,将国内外公债的现状研究数据尽可能加以更新和替代,以反映国内外公债实践的最新状况。当然,本书关于公债的基本观点(如公债本质、三性特征、公债风险、公债负担以及公债危机的内在关联等)依然没有改变,但对一些公债政策的解释和解读则需要与时俱进。本书在修订过程中已尽可能吸收和反映近年来涌现的公债新观点(如地方政府债务置换的提出及其必要性)。

教学相长,共同成长。感谢浙江财经大学曾上过这门课的财政学以及相关专业的莘莘学子,你们在课堂热烈讨论时所迸发的思想亮点以及富有创新性的课程作业也为本书做出了有价值的贡献。感谢浙江财经大学校长钟晓敏教授对本书初版以及再版的鼓励和帮助,感谢浙江大学郑备军教授对本书修订的诸多宝贵建议,感谢浙江财经大学财税学院金戈教授、骆勤教授、叶宁博士、王春元博士等同事对本书相关章节的撰写。当然,浙江省财政厅周婧同志对本书修订所提供的宝贵支持也是不可或缺的。最后,感谢浙江大学出版社对本书再版修订所付出的辛勤努力。

最后,由于时间仓促,加上能力有限,本书对公债经济学理论和实践诸多问题的研究不够全面,相关理论阐述仍存一些不妥、不当甚至不对之处,敬请各位同仁和读者不吝赐教和指正。

张雷宝

2018 年 1 月

互联网＋教育的立方书:一本书带走一个课堂

C ONTENTS 目 录

第一章 公债经济学导论

> 东西各国财政学之著书汗牛充栋,其中必有一大部分论公债。
>
> ——梁启超[①]

学习目标

1. 对国内外的各类公债问题与公债活动有初步的感性认识和理性思考。
2. 重点掌握公债的多重内涵、内在本质及其"三性"特征。
3. 理解关注和重视公债经济学的主要理由。
4. 掌握公债结构的划分标准、不同类别及其主要含义。

第一节 现实世界中的公债问题

在现实世界中,公债活动复杂纷繁。从政府债券的发行到公债市场的波动,从显性公债的日益膨胀到隐性公债的"雾里看花",从公债风险的产生到公债危机的爆发,这些公债活动的影响往往遍及一国和地区社会经济生活的角角落落,甚至会通过连锁反应而波及世界其他国家和地区。因此,对公债活动进行简要的扫描,有助于我们进一步认识和感受公债的重要性。

一、中国的公债活动扫描

在我国,公债活动会直接或间接地影响到我们的生活质量或生存状态。事实上,无论是以消费者、生产者还是居民角色出现,我们每个人必然受到一定公共政策(包括公债政策)的系统影响。改革开放以来逐年增加的国债与财政赤字是一对相辅相成、如影随形的"孪生体",国债成为弥补中央政府财政赤字以及税收资金不足的重要

[①] 梁启超:《饮冰室合集·文集》之二一,中华书局 1989 年版,第 40 页。

手段。在财政支出无法削减的条件下，公债替代税收的直接后果就是减轻了当代人的税收负担，并在一定程度上增加了居民的收益。作为一种重要的政府信用形式，公债已经突破了最初的弥补财政赤字作用，其在调节我国宏观经济运行中的积极作用不容忽视。在1998年遭受亚洲金融危机[①]冲击后，我国政府为刺激内需以及弥补外需的不足，实行了以增发公债、扩大投资为主要特征的积极财政政策。据测算，1998—2003年，以公债为主要特色的积极财政政策共拉动我国GDP约2个百分点。可以设想一下，如果没有相关公债政策的有力支撑和推动，我国的经济增长以及就业状况会面临多么严峻的挑战！事实上，至今我国城乡居民依然从大量国债投资所形成的公共基础设施中受益。在2002年3月17日全国九届人大五次会议后的记者招待会上，即将卸任的国务院总理朱镕基在面对香港媒体对其"赤字总理"的称号时曾说："中国今年预算的赤字3098亿元人民币，相当于当年GDP的3％左右。国债发行的余额总计25600亿元，占国民生产总值的18％左右。这两个数字都在公认的国际警戒线以内，还差得远呢……本届政府5100亿元国债，带动了银行资金和其他资金渠道，一共完成了2万亿元的工程，这2万亿元的工程包括10万公里的公路，其中13000公里是高速公路，5000公里的干线铁路，如果包括电气化、双轨、改造在1万公里以上。建设了95000万千瓦的电站，全部改造了农村的电网，这都是实实在在地摆在那个地方的。因此，我留给下届政府的不只是债务，而是2.5万多亿元的优质资产，在将来中国的经济发展中将长期发挥巨大的经济效益和社会效益。"[②]值得指出的是，1989年我国的高速公路通车里程数仅271公里，1998年通车里程数8733公里（居世界第六），2011年年底的通车总里程数达8.5万公里，跃居世界第一。几乎每一条高速公路或多或少都能看到公债的影子。此外，改革开放以来我国政府通过向世界各国以及国际组织（如世界银行）举借外债，也对提高我国居民生活水平以及促进经济增长发挥了重要的作用。例如，北京市民出行经常使用的地铁交通工具，其部分建设资金就源自日本的对华贷款（即属于中国的外债范畴）。值得指出的是，我国中央银行（即中国人民银行）自1996年始就实施了以短期国债为主要操作对象的公开市场业务操作（open market operation），2000年的公开操作回笼基础货币最多时约3300多亿元，这对稳定我国金融市场起到了重要的调节作用，同时，这种短期性公债也成为国内各大商业银行的重要投资工具。经过多年持续发展，2016年我国央行通过公开市场操作的逆回购已向市场投放的流动性共计24.85万亿元。此外，2000年以来，我国政府发行的各种记账式国债和凭证式国债，屡屡出现投资者排长队购买的火爆场面。由此可见，国债市场已经日益成为社会游资的重要"避风港"，而国债作为一种"金边债券"，这种投资工具或投资品种在低收益时代的投资魅力日益凸显，其对

---

① 事实上，1997年爆发的这场危机，已不仅仅是金融危机，还是经济危机（economic crisis），甚至在某些地区引发了社会危机和政治危机。与此同时，这场危机的影响也不仅仅局限于亚洲，还波及了巴西、俄罗斯等国家。有专家称，该危机的本质是亚洲各国高额公债所引发的债务危机。

② 刘晨："解读总理答记者问"，《南方日报》，2002年3月18日。

投资者的投资决策影响是巨大的。

如果我们把公债活动考察时期再往前延伸一下，中华人民共和国成立初期，中央政府所发行的人民胜利折实债券就对我国顺利渡过"三边"（即边搞经济建设、边稳定政权、边抗美援朝）特殊时期起到了重要的保障作用。改革开放之前，我国举借的各种内外债对我国工业体系的形成以及国民经济的建设起到了巨大的推动作用，由此所形成的公共资本，许多至今还发挥着重要作用。如果再往前追溯的话，就会发现在中华人民共和国成立之前，20世纪30年代的中华苏维埃共和国临时中央政府及一些省政府为开展革命战争，保卫红色政权，就曾公开发行公债以充实战争经费，并将这类公债定名为"革命战争公债"①。当然，当1975年中国政府偿清了所有债务（包括内债与外债）之后曾自豪地宣称，中国已成为一个既无外债、也无内债的国家，这被看作是社会主义制度的优势性。显然，这一时期的"无公债现象"又是十分特殊且值得深思的。

二、世界范围的公债活动

公债对历史和现实的影响远比我们想象的要大得多。例如，在公债的产生、发展过程中，公债与战争存在着密切的关系，几乎历史上每一次重大的战争背后都能发现公债的影子。事实上，在解决战时的高昂军费问题方面，有许多条途径可以依赖（如举借公债、战时预算、增加税收、发行货币、寻求捐助等），但公债在筹资方面有其特殊的优越性。例如，英国在17世纪至19世纪中期的许多次战争都多采用公债筹资法，即发行国家战时公债，将战争费用分摊到私人、公司、机构和殖民地，这些公债往往由政府的海外投资利息逐年支付。在当时许多英国人看来，大规模的公债发行是最终在英法战争中取胜的重要"法宝"以及国家信誉坚实稳定的象征。在第一次世界大战、第二次世界大战期间甚至美国在"9·11"之后的反恐战争中，也大量使用了公债筹资法。但战争有胜有负，一旦战败，国家不但还贷无门，还要付出许多赔款和各种有形、无形损失，即产生新的赔款性债务。

在当今世界上，公债活动以及公债问题带有一定的全球性和普遍性。例如，2014年年底美国公债总额首次超过18万亿美元，美国公债总额与名义GDP之比高达103%。这也意味着在美国总统奥巴马执政期间，美国公债总额增加了70%，即从2009年1月21日的10.63万亿美元上升到2014年年底的18.01万亿美元。日本财

---

① 值得指出的是，公债与战争之间在历史上一直存有密切的联系。例如，1689—1713年，英国、荷兰以及法国之间打了25年几乎接连不断的仗，结果证明有更大力量去征集资源尤其是财政资源的一方最终获胜。对英国的银行与财政部来说，它们的全部机制在于能借来贷款，建立信用，支持战争（以及后来的所有战争），直至最后胜利。正如英国作家查尔斯·达文奈特于17世纪末所观察到的："如今战争的全部艺术只取决于金钱；如今，最能找到金钱来雇佣军队、解决吃饭穿衣的王侯，不必非得是最勇敢的军队，就可以征服敌人，稳操胜券。"引自 Charles Davenant. *Essay upon Ways and Means of Supplying the War*. London：Cambridge University Press，1965，p. 16.

务省公布的数据显示,截至 2015 年 12 月底包括国债、借款和政府短期证券在内的国家债务余额达 1087.3 万亿日元,创历史新高,债务率约 244％。若以 2016 年 1 月 1 日的日本总人口 1.2682 亿人计算,即日本国民的人均负债额约达 824 万日元(2015 年日本人均年收入约 420 万日元)。应指出的是,居高不下的公债负担率一直是影响日本经济平衡发展的隐患。目前日本的公债负担率已位居工业化大国的最高水平。随着 21 世纪以来金融危机的出现,欧洲的葡萄牙(Portugal)、意大利(Italy)、爱尔兰(Ireland)、希腊(Greece)、西班牙(Spain)等国家面临经济不景气、主权债务危机等问题,上述国家公共财政赤字纷纷超过了 3％的警戒线,从而被国际债券分析家、学者和国际经济界媒体给予"笨猪五国"或"欧猪五国"的贬称[①],引发欧洲以及全球股市和投资者的恐慌。

看图说话:全球 60 万亿美元债务有多危险?

在发展中国家,通过大量举债来刺激本国经济增长是较为普遍的路径选择。据世界银行《1988 年世界发展报告》统计,1970—1987 年所有发展中国家的累计长期外债总额就在 8000 亿美元以上,同期的内债额则远远超过了其外债额。显然,这种高负债模式是 20 世纪 70 年代发展中国家实现国内经济高速增长、迎来"增长的十年"的重要动力,但这种高负债状态也是 20 世纪 80 年代拉美等发展中国家出现"债务危机"的重要原因,并直接导致发展中国家陷入"失去的十年"或"衰退的十年"。事实上,由于拉美外债已从 1974 年的 93 亿美元增至 2001 年的 7500 亿美元,占 GDP 的 39％,出口总额的 201％。因此,几乎每一个拉美人一出生就欠债 1550 美元,形成了事实上的公债代际负担问题,该不良债务现象被有关学者称为"拉美病"。至今,许多发展中国家因为沉重的外债导致经济停滞不前,因而需要相关债权国的债务减免和救济。2005 年 6 月,在伦敦召开的八国集团(G8)财政部长会议就曾做出重大决定,以非洲国家为主的 18 个最贫穷债务国一下子减免债务 400 亿美元。这是有史以来最大规模的"重债穷国减债计划",对促进有关穷国的发展以及提高穷困国家人民的生活水平具有重大的历史意义[②]。可见,世界各国政府债台高筑及其公债问题已是一种普遍现象,只是各国所面临的具体问题及程度不同罢了。值得警惕的是,在全球化日益加深的背景和前景下,公债问题将会在国与国、地区与地区之间迅速蔓延和传播。

三、公债活动的产生、发展及其特点

从公债的产生和发展等一系列实践活动来看,公债的规模大小主要受到两大经

---

① 这五个欧洲国家因其英文国名首字母组合"PIIGS"类似英文单词"pigs"(猪),故而得名。最初称为笨猪四国"PIGS",其中"I"指意大利,后来加入了爱尔兰。

② 葛传红编译:"G8 各国财长一致同意免除非洲穷国 400 亿美元债务",《国际金融报》,2005 年 6 月 13 日。

济条件的制约和影响：（1）财政赤字状况。财政赤字是导致公债产生的直接导因和动因，因此，一国政府财政赤字的大小会直接影响到举债规模的大小。当然，财政条件只是一种需求因素，在本质上只是一种引致一定公债规模的可能条件。（2）社会闲置资金。社会闲置资金即"游资"（hot money），是指社会积累的、暂时闲置的、没有明确而稳定投资对象的那部分资金。社会闲置资金既可能来自国内，也可能源于国外。从经济学的角度来看，真正意义上的社会闲置资金是一种巨大的浪费，因而需要通过某种方式来激活并加以有效利用。由于社会闲置资金意味着一种现实的购买力，因此，其构成决定公债规模发展变化的重要现实条件和物质基础。上述两大因素基本可以解释公债在奴隶社会出现但在资本主义社会得到充分发展的历史进程。当然，影响公债规模的其他因素还有很多，这里不再加以列举和分析。

概括起来，现实世界中的公债活动与公债问题主要有如下特点：（1）公债活动范围十分广泛，几乎遍及世界所有国家和地区。（2）公债规模日益膨胀，各国公债风险有所增加，且这种风险可能超越国界并在全球范围内扩散。（3）公债效应有利有弊，其影响日益深远（如公债可能产生代际负担问题）。（4）不同国家或地区的公债问题既有一些共性的特点，也有一些个性化的差异（如公债负担及其风险程度的差异）。

第二节 为什么要关注和重视公债问题

回答为什么要关注和重视公债问题，首先得了解和理解公债问题的基本范畴。这里，公债问题的基本范畴，就是公债经济学研究的主要问题或命题。

一、公债经济学研究的主要问题或命题

1. 如何正确认知和处理公债的筹借、使用、偿还和管理等问题？

作为一种资金的融通活动，对政府来说，公债是一个筹借或发行、使用、偿还以及管理的过程。公债的筹借或发行是指公债债券从政府（债务人）手中向公债投资者（债权人）的转移过程，另一方面，也是资金使用权从公债投资者手中向政府财政的转移过程。公债的偿还则正好相反。公债的使用可能有很多的目的和用途，是政府筹借债务资金的根本原因。从债务人的角度来分析，公债主体对公债筹资手段的使用既可能是主动积极的，也可能是被动消极的。在政府债台高筑的情况下，公债管理往往是财政管理的重要内容，其主要目的是降低公债这个筹资工具的长期成本以及可能的风险。"融资成本和风险最小化"（cost and risk minimization）是许多经合组织成员国（OECD）债务管理的首要目标[①]。在某种程度上讲，财政学家就是国家的管理学

---

① 亚历桑德罗·米撒尔著，靳俐、杨志勇译：《公债管理》，中国财政经济出版社2005年版，第1页。

家,其不仅需要研究税收等公共资金的管理问题,也需要深入研究公债债务资金的管理问题。当然,公债规模在相当程度上受到一国或地区所处的财政收支、经济运行、政治局势等客观状态的影响,在操作层面上讲很难被完全地"管理"。因此,公债管理政策的核心是公债结构的优化调整。理论上,在债务总回报和未来税收或公共支出都不受融资行为影响时,政府管理公债不会对资源实际分配产生任何影响,即存在债务管理无关论或债务管理中性定理(Neutrality of Debt Management)。

应指出的是,公债的筹借、使用、偿还和管理本身并不仅仅是政府的事情。由于政府信用的本质是一种公共信用,政府的债务负担最终也会变成公众的负担。同税收一样,公债资金本身也可视同为一种公共性资金。因此,从负担及其效应的角度,也很有必要从公众的立场来研究公债的筹借或发行、使用、偿还和管理等一系列问题。

2. 公债政策会对一国或地区产生什么样的经济影响?

公债经济学主要是从经济学这个特殊"视角"来分析、考察和评价各种公债问题。因此,公债所产生的经济影响或经济效应就是一个十分重要的公债问题。作为政府干预经济活动的重要组成部分,公债的经济影响在理论上有很多种可能。例如:公债既可能是一国或地区经济增长的"发动机"或"引擎",也可能是一国或地区经济增长的"桎梏"或"绊脚石";公债既可能有助于一国或地区的经济稳定,也可能加剧了一国或地区的经济波动。对于公债和税收的经济影响到底有无不同的问题,古典经济学家 D. 李嘉图的观点是没有任何的不同,但 1981 年诺贝尔经济学奖获得者、凯恩斯主义学派早期代表人物之一 J. 托宾则持不同的意见。由于所持立场或理论假设的不同,不同的理论解释也许都是正确的,至少是部分的真理。无论如何,回答公债的经济影响这个问题是至关重要的。因为这是政府运用公债政策以干预经济的理论基础。

拓展阅读:《终局:看懂全球债务危机》

一国或地区的政府应实施什么样的公债政策?这意味着我们必须对各种可供选择的公债政策进行评价并做出选择。这涉及公债目标的设定及其价值评估(如公债政策的好与坏),主要属于规范分析(normative analysis)范畴。从现实角度,公债的实际经济效应往往需要借助实证分析(positive analysis)工具。本质上,公债的经济影响或经济效应问题(如对一国或地区的经济影响是正是负、是大是小等问题)是一个需要深入研究的实证分析范畴的问题。

3. 如何从历史的、发展的角度来充分认识公债理论的重要作用或效应?

公债理论是对公债实践的高度抽象和概括。研究公债理论,本质上也是研究公债实践,只是高度抽象化和理论化的公债实践。事实上,从亚当·斯密的古典公债理论到凯恩斯主义的现代公债理论,公债理论对公债政策以及社会经济发展的影响是完全不同的。必须指出,由于不同公债理论之间的"天然壁垒",从一种理论角度来评判和认定另一种理论的错误,是一种简单而粗浅的做法。德国著名哲学家尼采曾说过,"我们确实通过不同的窗户看同一世界"。就公债理论而言,由于观察者或评判者看待问题所依赖的"窗户"(即各种角度和立场)不同,因此,不同的公债理论学家的公债理论及其观点往往存在一定甚至较大的差异。

从历史和发展的角度来探究公债理论的变迁是公债理论进一步发展的需要,也是公债理论更好地服务和指导公债实践的客观需要。当然,公债理论探索的往往是抽象的"理论世界",公债决策者往往身处繁杂的"现实世界"。这意味着公债理论研究的结论(如李嘉图的公债与税收等价定理)往往不能直接运用或套用于公债实践①。但这也并不足以否定公债理论在更深层次和更广范围上的政策指导意义。事实上,公债理论的价值并不在于直接解释现实,而是为更好地理解和解释公债实践提供重要的标尺和参考系。

4. 公债的交易或流通对资本市场以及货币或金融政策产生了什么样的影响?

在现代社会,公债的存在已不仅仅是财政问题,而是超越了财政边界,衍生出一系列投资问题和金融问题。例如,公债的发行及其流通,对资本市场会产生什么样的影响?公债这个投资工具又对投资者的投资行为产生了什么样的影响?这本身就是投资问题,并会改变资本市场上的投资结构组合。越来越多的证据表明:公债是连接财政政策和货币政策的重要"桥梁"和中枢。

二、关注和重视公债问题的几个理由

为什么关注和重视公债问题,或者说,公债经济学之所以重要,主要可概括为如下几点原因。

1. 从纳税人角度,公债资金也是一种公共资金,并会产生类似于税收的负担

从理论上讲,公债资金在根本上也是一种公共资金。这同税收资金也是公共资金一样,并无本质上的区别。事实上,公债或国债资金的举借和使用主体往往是各级政府,"取之于用,用之于民"。尽管公债筹资和税收筹资的形式有所不同,但在总体上都属于公共性支出范畴。因此,公债这种公共性资金的借、用、还、管等诸多环节都应纳入公共关注、管理、监督的视野。

但必须看到,与税收资金不同,公债资金是通过信用方式取得的财政性收入或公共性资金,因此,其最终的偿还会产生未来的或预期的公共负担。基于此认识,政府举债时就应谨慎,而我们每个人也应对公债资金的使用可能产生的负担问题加以关注。事实上,公债最终的偿还方式往往是税收,这意味着公债负担与税收负担在本质上是相同的。作为现实的或潜在的纳税人,这也是我们关注和重视公债问题的重要原因。

2. 从债务人角度,公债是政府筹集资金以弥补财政赤字的重要手段

作为债务人,政府之所以十分关心和重视公债问题,其中一个重要原因就是:公债是一个筹资财政收入、弥补财政赤字的重要手段。例如,国库券(treasury bills)就

---

① 在公债经济学中,区分"理论世界"(即假设的现实和超越的现实)和"现实世界"的不同,对我们认知公债理论研究结论在实践应用中的局限性具有重要意义。

是基于弥补短期性财政收支不平衡而产生的。从筹集资金以满足财政支出需要的角度来看,政府发行或举借的公债是一种替代税收的融资方案。但与税收不同,公债资金通常都有一定的使用期限,即需要在到期之日还本付息。这意味着公债只是一种暂时性的、补充性的、非正常性的财政收入。由于公债会产生偿债负担问题,因此,政府举债规模就存在一个适度或限度问题。也基于此原因,政府公共支出的融资来源只能是以税收为主,公债等其他方式为辅。

3. 从投资者角度,公债是一种被誉为"金边债券"或"银边债券"的重要投资工具

理论上,市场(包括金融市场)上某种投资工具或品种的投资价值,主要可从投资本金的安全性、资金的流动性以及投资收益性三个方面或角度来综合分析(见图1-1)。这里,安全性是投资的前提,流动性是投资的时间性规定或要求[1],收益性是投资的目标或目的。不难发现,安全性、流动性和收益性三者之间存在着一定的冲突和制约。例如,与其他投资相比,现金的流动性最强,但收益性接近于零;与活期存款相比,定期存款流动性较差,但收益性较高;与银行存款相比,股票的投资安全性较小,但收益性较高。显然,一个理想的投资工具或品种就是较高安全性、较强流动性以及较高收益性的同时兼容。

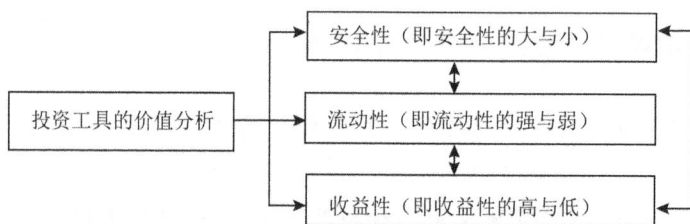

图1-1 投资工具或品种的"三性"价值分析

事实上,由于公债往往以政府信用为担保,因此其投资安全性往往是最高的;世界各国的自由公债市场的存在,也使得公债的流动性得到保障;由于公债投资所得往往享受税收方面的优惠或公债利率较高,也使得公债的实际投资收益性较高。基于上述理由,金融市场上的公债债券或国债债券往往被投资者称之为"金边债券"(gilt-edged bonds)或"银边债券"(silver-edged bonds)[2],并成为现代证券投资组合(portfolio)分散风险、增加收益的重要选项。通常,"金边债券"是指国债,而"银边债券"则指地方债券或市政债券。由于中央政府是国家的最高权力象征,并以该国的征税能力作为国债还本付息的保证,投资者一般不用担心"金边债券"的偿还能力。此外,为了鼓励投资者购买国债,大多数国家都规定国债投资者可以享受国债利息收入

---

[1] 流动性是指投资资产变现的强弱程度,由此会导致投资产品的流动性风险——即指某种投资资产在变现过程中价格的不确定性与可能遭受的损失。

[2] 早在17世纪,英国政府经议会批准开始发行了以税收保证支付本息的政府公债。由于该公债信誉度很高,且当时发行的英国政府公债带有金黄边,因此被投资者称为"金边债券"。在美国,经权威性资信评级机构评定为最高资信等级(AAA级)的债券,也称"金边债券"。目前,"金边债券"一词泛指所有中央政府发行的债券,即国债。由于地方政府债券的安全性仅次于"金边债券",因而被称为"银边债券"。

方面的税收优惠,甚至免税。因此,"金边债券"为投资者所热衷,流动性很强,并被广泛地用作抵押和担保。不过,由于国债风险低、安全性和流动性好,它的利率一般也低于其他类型的债券。最后应指出,公债投资风险低并不等于没有风险。例如,作为债务人的地方政府是可以破产的,由此投资者也会承担相应的损失——从此角度讲,没有投资者的无限信任就没有政府债务的无限扩张。

总之,公债具有一定甚至较大的投资魅力,而作为投资者关注和重视公债问题也是有益的和必需的。

4. 从宏观经济运行角度,公债是影响一国或地区经济增长与稳定的重要"杠杆"

在实践中,公债既有可能成为一国或地区经济增长的重要"发动机"或"推动器",也有可能成为影响一国或地区经济增长的重要"枷锁"或"桎梏"。在某些国家,公债是实现宏观经济稳定的重要机制;在另一些国家,公债又是导致一国宏观经济剧烈波动的"罪魁祸首"(如2001年的阿根廷债务危机)。由于越来越多的国家和地区实行更为积极的政府干预经济政策,加之世界各国政府债务规模日趋庞大,因此,公债日益成为影响一国或地区经济增长与稳定的重要风险因素,越来越多的学者建议各国政府构建现实可行的债务风险预警与防范机制。显然,从宏观经济运行及其调控角度来看,公债的影响是全面而深远的。因此,无论是政府还是企业,关注和重视公债及其预期风险问题都是应该的和必需的。

专栏1-1

政府财政陷入债务困境时的几种可能后果

在财政决策的过程中,政府有可能会出现致命的错误,有时是因为经济灾难或者社会灾难,有时是因为财政管理当局的无能或者恶意破坏,有时也可能是因为财政管理当局过于固执和不愿意做出强有力的决策。但是,通常的情况是以上各方面的原因都兼而有之。从最坏的情况来看,当政府不能通过有力的财政管理来减少支出、增加收入时,作为财政危机的结果,政府可能会面临或者考虑赖债、废除债务、破产管理或者破产等选择。

1. 赖债(default)。当政府单位不能按时归还一种债券的本金或者利息时,对于政府来说,就发生了赖债现象。在过去的20年间,市政债券市场上广为人知的赖债情况包括:20世纪70年代的纽约市和克里夫兰市以及80年代华盛顿的公共电力供应系统。有些赖债行为是永久性的,如华盛顿的公共电力供应系统的债券情况;有些赖债行为只是暂时性的,如纽约市和克里夫兰市的情况。当赖债行为发生时,在债券持有人中并不会发生明显的变化,至少从短期来看是这样的。但是,当有过赖债记录的政府想要再次借债时,这种影响就会变得十分明显。

2. 废除债务(repudiation)。当债务人声称他将不会再归还债务的本金和利息,或者他不再将自己的借款视为自己的一种还款责任时,就发生了债务废除。这种情况比较罕见,因为债务市场都具有长期的记忆,有过废除债务记录的政府将很难在债券市场再次借款。在19世纪上半期,美国一些州曾经废除了一些为运河、道路、铁路和其他州内设施融资的债务。其中有些项目完全是欺骗性的,这些项目所筹集来的资金几乎都被政府和私人窃走了。然而,由于资本市场对他们的劣迹念念不忘,有过废除债务记录的政府会面临直到20世纪的债务利息升水。即使经历了根本性的变革之后,政府对债券市场的影响也可能会依然存在。例如,关于沙皇俄国于1822年至1914年在法国所发行债务的偿还问题,就影响到了俄罗斯在1996年重新进入国际债券市场的过程。法国债券持有者协会(Association's Francaise des Poreurs d'Emprunts Russes)将此事通知了债券信用评级机构,并对俄罗斯债券未来可能的持有者发出了警告。最后,俄罗斯和法国政府达成了协议,俄罗斯新政府只有在归还了部分原有债务之后,才能重新进入债券市场融资。

3. 破产管理(receivership)。由经过委派的第三方接管了一家政府运营的管理活动之后,这家政府就进入了破产管理状态。由上级政府或者法庭所任命的破产管理人,有责任对这家政府单位的财产进行保全,并满足这家政府单位债权人的合法要求。州政府经常会委派破产管理人或者托管人来接管陷入极大危机的地方政府的财政。

4. 破产(bankruptcy)。根据《联邦破产法案》第9章的规定,联邦法院在签署了一个正式的文件之后,一家政府将进入破产状态。这样,当这家政府面对债权人的还款要求时,法院可以对破产政府单位的财产进行保全;同时,这家政府要制订一个还债计划。根据这个计划,这家政府单位通常可以把自己的大部分债务归还掉,但不是全部。这家政府单位宣布破产的目的,是为了保证自己可以继续向公民提供服务,并保全自己的资产。与个人破产和公司破产不同,政府性破产只能由政府单位自主性申请。也就是说,债权人不能强迫一家政府单位破产。债券持有人是优先级的债权人,因而他们的债券通常可以按时得以归还(此外,也是因为这家政府单位将来还要继续利用市政资本市场来融资),但是其他合同性债务可能会得不到偿还。例如,这家政府单位工作人员工资和薪金水平,就可能降低。政府破产也是比较罕见,通常只是一些比较小的特区,而不是一般目的性的政府。

资料来源:约翰·L.米克塞尔著,白彦锋、马蔡琛译:《公共财政管理:分析与应用》(第六版),中国人民大学出版社2001年版,第607—608页。

专栏1-2

美国多个城市政府因负债面临破产，很多人可能要寻找另一个家

近年来，美国多个城市曾接连申请破产，其中较著名的是2013年"汽车城"底特律破产案。事实上，美国不少大城市也正面临着同样的财政困境。

一篇题为"下一个申请破产的美国城市是哪里？"的文章称，"如果你住在这些'红色'的城市里，那可能是时候开始寻找另一个家了"。这些"红色"的城市包括洛杉矶、奥克兰、菲尼克斯、奥斯汀、休斯敦、亚特兰大和匹兹堡等，圣安东尼奥、萨克拉门托、达拉斯等城市的级别也仅次于"红色"。

作为700亿美元美国市政债券的管理者，摩根大通公司非常关注美国市政债券的信用风险。该公司曾将美国主要城市按照年支付债务、养老金以及退休金占全年预算的比例进行排名，而排名的最终结果让人大跌眼镜——知名城市芝加哥的风险指标最高，芝加哥具名的60%以上税款将用于偿还债务和养老金，其次是达拉斯与菲尼克斯，以及匹兹堡。此外，根据对美国各州、各市、县的IPOD比率（即市政财政收入中需要支付直接债务所产生利息的百分比指标）的考察，发现IPOD比率最高的几个州分别为伊利诺伊、新泽西、康涅狄格、肯塔基和夏威夷；就城市而言，IPOD比率最高的则分别是芝加哥、拉拔克、亚特兰大和匹兹堡。通常，拥有超过30%的IPOD比率的市政当局可能最终会面临非常困难的财政局面。

值得注意的是，2017年6月初，穆迪（Moody's）和标普（Standard & Poor's）双双调降伊利诺伊州信用评级至接近垃圾级别，是美国各州财政史上的最差评级。美国第三大城市芝加哥曾靠钢铁行业、制造业起家。20世纪70年代，钢铁行业不景气、制造业企业外迁，芝加哥不断遭遇挑战。近年来，芝加哥面临着政府财政入不敷出、巨额赤字难以化解的压力，尽管在过去的五年时间内芝加哥市的年收入增长均值为5%，但还是被国际三大评级机构之一的穆迪下调债券评级为"垃圾"级。

根据城市联合会（Civic Federation）追踪的城市财政数据，2002—2012年芝加哥市大举借债，公债借款增加了84%。这使每个芝加哥居民负担的债务增加了1300美元。路透社指出，长期的结构性预算赤字和庞大的无资金养老金负担，到2016年年底总计达到3576亿美元，降低了城市的一般债务信用评级，提高了借贷成本。

破产会给城市和居民带来什么影响？或许可以将底特律的变化作为参考。底特律曾是美国制造业的象征和骄傲。昔日辉煌的"汽车之城"，后来成为深陷财务危机的美国"最悲惨的城市"。底特律市政府因负债185亿美元，于2013年7月18日宣布申请破产保护，也成为美国历史上最大的市政府破产事件。德国《明镜》周刊

2017年3月曾报道称,近几年底特律关停了近200所学校,大多数学校关闭后再无他用,闲置并荒废。近年来,底特律糟糕的经济状况导致教育经费吃紧,教师拿不到工资,教育质量得不到保证,生源也大量流失,不得已关闭了许多学校。底特律公立学校前任危机管理经理达内尔·厄尔利透露,受入学人数减少、债务高企等因素影响,底特律公立学校将耗尽所有经费,再次濒临破产。照此情形,底特律公立学校将同该市一样面临破产窘境。负债问题导致恶性循环,如市政服务恶化使更多高级产业和人才不愿进驻,贫穷诱发了大量犯罪。有意思的是,为了控制政府开支,芝加哥还曾上调911报警电话的收费。

资料来源:蔡鼎:"美国多座城市面临破产!很多人可能要寻找另一个家",《每日经济新闻》,2017年10月7日。

第三节　公债:概念、本质、特征及其种类

在探讨公债的本质、特征及其种类之前,我们必须对公债的概念有一个较为清晰和准确的界定。这是讨论相关公债问题的重要基础。

一、公债的概念界定

对于什么是公债,不仅中外之间存在不同的界定,我国学者之间也有分歧。西方财政学者往往将政府或公共机构举借的债务称之为公债;而国内学者往往将国家举借的债务称之为国债或公债[1]。国内学者往往将国家作为公债的举借主体,并未对国债和公债进行严格的区分。概括起来,国内关于公债概念的主要看法和观点有:(1)"国家以债务人身份向国内和国外筹借的借款,称为公债,或称国债"[2];(2)"公债是国家或政府以其信用为基础,在向国内外筹集资金的过程中所形成的债权债务关系,也就是说国家或政府以债务人的身份,采取信用的方式,通过借款或发行债券等方式取得资金的行为"[3];(3)"政府举借的债务称为国债或公债,通常中央债称为国债,地方债称为公债"[4];(4)"公债是指国家举借的债,包括内债和外债"[5];(5)"公债即公共债务,是政府向团体、公司、个人或别的政府所借的债务,它反映着以国家为主

---

① 张馨:《比较财政学教程》,中国人民大学出版社2004年版,第259页。

② 《社会主义财政学》编写组:《社会主义财政学》(第二次修订本),中国财政经济出版社1987年版,第145页。

③ 杨志勇、张馨:《公共经济学》,清华大学出版社2005年版,第325页。

④ 陈共:《财政学》(第四版),中国人民大学出版社2003年版,第308页。

⑤ 冯健身:《公共债务》,中国财政经济出版社2000年版,第1页。

体的一种分配关系"[1];当然,也有从公共部门角度界定公债,即"公债是指公共部门举借的债"[2]。由上可见,国内学者对公债概念的界定并不统一,存有较大的分歧。

科学合理地界定公债概念,明确并考虑如下几点是必要的:(1)公债概念是私债概念的对应,而无论公债还是私债,主要是从债务主体的角度来界定的。因此,公债中的"公"理解为公共或公共部门较为妥当。当然,政府是公共部门的核心。(2)作为可能的债务主体,对国家和政府加以区分是必要的。通常,国家是一个高度抽象的集合体概念,代表国家的只能是中央政府或联邦政府;而政府是一个由特定人员和机构组成的政治经济实体,可以是一个由中央政府和地方政府组成的多级体系。(3)同私债一样,公债也是债,即需要借债还钱。这是信用的本质特征。(4)公债的形式是多样的,即不管是发行债券还是协议借款,也不管债务是显性还是隐性的,只要存在一定的债权债务关系,公债就自然而然地产生了。

为使讨论建立在统一的逻辑基础之上,便于公债问题讨论的深入,本书倾向于从公共的角度对公债的概念做出以下界定:公债是公共债务(public debts)或公共部门债务(debts of public sectors)的简称,具体指各公共部门(主要是政府部门)以公共信用方式举借的各类债务。由于公共部门主要包括政府、公共企业、公共事业等三大组成部分,且政府部门又有中央政府和地方政府之分,因此,公债概念的内涵和外延事实上包含最狭义、狭义、广义、最广义四个层次(见图1-2)。

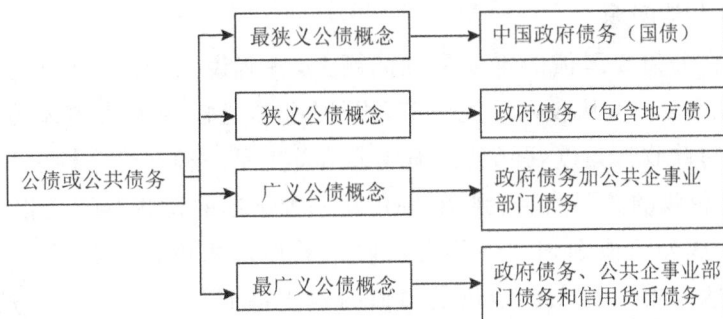

图1-2 公债概念的四个层次

具体分析如下:

(1)从最狭义的公债概念角度,公债是指中央政府对内和对外举借的债务。由于中央政府代表国家,因此,中央政府债务就可称为国债。从此角度讲,中央政府债务或国债是公共债务或公债的重要而非唯一组成部分。

(2)从狭义的公债概念角度,公债是指政府部门(包括中央政府和各级地方政府)对内和对外举借的债务。显然,政府部门是公共部门的核心,是垄断性地享有和行使政治权力或行政权力的那一部分公共部门。因此,政府部门债务(government

---

[1] 蒋洪:《财政学》,高等教育出版社2001年版,第217页。
[2] 朱柏铭:《公共经济学》,浙江大学出版社2002年版,第295页。

debts)就是公共部门债务的一部分。

（3）从广义的公债概念角度,公债是指公共部门(包括政府部门和各公共企事业部门)对内和对外举借的债务。从此角度讲,将公共企业和公共事业部门的债务称为"准公债"(quasi-public debts)就是不妥的。当然,若将公债仅仅理解为各级政府债务,那就另当别论了。

（4）从最广义的公债概念角度,公债包括所有公共部门对内举借和对外举借的直接和间接债务,甚至也包括中央银行代表国家所承担的信用货币债务。事实上,作为金融管理部门,中央银行以国家信用作担保发行创造出的信用货币[1],其本身并无多大的内在价值,因此在本质上是国家这个债务人向全体国民强制签发的信用"欠条",且总债务等于总货币供应量。

应指出的是,为了分析研究方面的集中性、针对性和可比性,本书中大多数场合里的公债概念是指政府债务,即中央政府与地方政府通过政府信用形式对内和对外举借的债务(即狭义公债)。从此角度,国债显然是公债的重要但非唯一的组成部分。

二、公债的本质之争

从哲学上讲,所谓本质,就是指事物本身所固有的,并决定事物性质、面貌和发展的根本属性。那么,公债的本质是什么? 对此问题的正确解答,有利于我们深入解答和诠释相关的公债问题。

事实上,在公债或国债的本质属性问题上,各有说法,也存有争论。主要可以概括为如下几种:(1)从收入分配角度,强调"公债是以国家为主体的一种分配关系"[2];(2)从财政收入角度,强调"国债或公债首先是一种非经常性的财政收入"[3];(3)从公债与税收的关系角度,强调"国债是一种延期的税收"或"变相的税收"(如马克思);(4)从公债或国债在一国财政收入的地位角度,强调"国债在财政收入中的补充性地位是国债的本质特征"[4]。由于立足不同的角度,不同的研究者对公债的根本属性认知有不同的看法。显然,公债的本质之争不可能也不应该按照少数服从多数原则来确定,而需要在求同存异的科研宽容精神下进一步探索,以寻求和增强共识。

公债本质之争：
透过现象看本质

综合上述看法,我们认为公债的本质是一种公共信用。通常,信用是指通过商品赊销或货币借贷形式体现的一种经济关系。显然,公共信用只是一种特殊的信用形

---

① 如果货币作为商品自身的价值不能与它作为货币的价值完全相等,就称为信用货币。信用货币节省了稀缺资源,只是一种标志。(见托马斯·梅耶等著,洪文金等译:《货币、银行与经济》,上海三联书店、上海人民出版社1987年版,第14页。)

② 蒋洪:《财政学》,高等教育出版社2001年版,第217页。

③ 陈共:《财政学》(第四版),中国人民大学出版社2003年版,第308页。

④ 刘立群:"论中国国债管理制度的系统改革",http://www.docin.com/p-12000001279.html。

式。如果将公共债务狭义地理解为政府债务,那么,政府债务的本质就是政府信用,换言之,是政府承担的"债"。这里将公债本身所具有的根本属性定义为公共信用或政府信用,主要是基于:(1)公债是以公共信用为担保而产生、发展的,同时,公债又是公共信用的必然产物。事实上,没有公共信用(其核心或主要形式是政府信用)为担保,就不可能产生公债。(2)公共信用的本质是以公共部门与其他主体之间形成的借贷关系或债权债务关系。这意味着公债具有到期还本付息的特性。(3)公共信用的偿还性决定了由此所形成的财政性收入必然是非经常性的、补充性的。(4)基于税收是政府财政收入的唯一可靠来源,因此,公共信用的偿还性也内在地决定了其未来税收化的可能。(5)公共信用在借、用、还等环节必然会产生收入再分配功能。(6)公债的公共信用本质决定了公债负担、公债风险以及公债危机产生的可能性。基于上述理由,将公债本质定位于公共信用能更广泛、更深入地解释诸多公债问题和公债现象,因此,公债的这种根本属性定位是妥当的和合理的。

必须看到,公债并不完全等于公共信用,而是公共信用的一种特殊而重要的形式。事实上,公共信用可分为公共筹资信用(如公债)和公共投资信用。作为公共筹资信用的重要形式,公债是当事人(包括债权人和债务人)之间形成的债权与债务关系。当然,这种以债券、协议或法律承诺所形成的债权与债务关系,既可能是单一的或简单的,也可能是多重的或复杂的(见图1-3)。例如,在图1-3的A种情形中,政府或其他公共部门是承担或举借债务的人,即债务人;借钱给政府的企业、居民或其他政府(如外国政府)享受债权,即债权人。这种债权债务关系是单一的。在图1-3的B种情形中,债权债务关系就较为复杂。如果外国政府、居民或金融机构借款给本国中央政府,这会形成一种债权债务关系;当本国中央政府将该笔借款转贷给本国地方政府时,中央政府既是对外的债务人,又是对内的债权人;当得到转贷资金的地方政府再转贷给本地区企业或项目单位时,地方政府既是对中央政府的债务人,又是对本地区企业或项目单位的债权人;末端的企业或项目单位是最终的债务人"角色"。显然,在此债务链中,波及多重的债权债务关系,由此导致的公债风险就会有所增加。

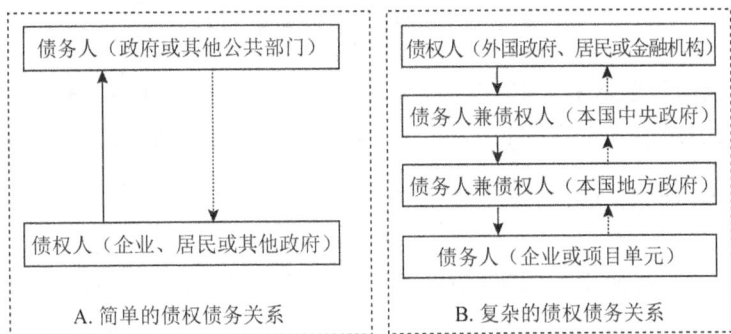

注:实箭头代表借债时的资金流动,虚箭头代表偿债时的资金流动。

图1-3 公债活动中当事人的债权债务关系分析

三、公债的"三性"特征

公债的形式特征,是指公债所特有的外在表现。理论上,公债的形式特征是在和税收与私债等收入分配形式的比较中得以显现的,是其区别于其他收入分配形式的重要表现。

与税收相比较,公债具有鲜明的自愿性、有偿性和灵活性特征。我们将公债的自愿性、有偿性和灵活性,概括为公债的"三性"特征(见图 1-4)。具体地理解为:(1)公债的自愿性,即举债主体(即政府等公共部门)在对内、对外举债筹资时,举债对象(即潜在的债权人)借或不借、借多借少等都是在自愿原则上的自主选择。对举债主体来说,这意味着公债的市场发行或资金筹措必然存在一定的风险。与此相对应,税收具有强制性,即在国家税法规定的范围内,任何单位和个人都必须依法纳税,否则就要受到法律的制裁。显然,公债依据的是公共信用,而税收依据的是政治权力或公共权力。(2)公债的有偿性,即举债主体在公债到期时具有还本付息的责任与义务。偿还性是信用活动的本质特征。与此相对应,税收具有无偿性,即政府征税以后纳税人缴纳的实物或货币税款随之就转变为政府所有,不需要付给纳税人以任何报酬,也不再在将来某个时期直接返还给纳税人。(3)公债的灵活性,即主要指举债主体在什么时候借债、借多少债、以多少利息为代价借债等债务要素都是不确定性的或经常变化的。与此相对应,税收具有相对的固定性,即政府在征税以前,就通过法律形式,把每种税的纳税人、课税对象及征收比例等都以法律的形式规定或固定下来,以便征纳双方共同遵守。显然,同时具备公债"三性"特征的财政收入分配活动,就是通常或规范意义上的公债。

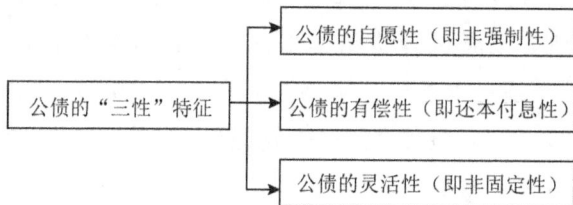

图 1-4 公债的"三性"特征分析

当然,公债与税收既有上述三大基本面的差异性,也存在一定的关联性。例如,两者往往都是以政府为主体而进行的收入分配活动;两者都不同程度地构成财政收入的来源,满足了公共支出的需要;两者在满足政府筹资需要时存在一定的相互替代性,等等。

公债的"三性"特征相互影响,相辅相成。其中:公债的自愿性是前提,有偿性是核心,灵活性是补充。事实上,当公债的发行具有强制性时,公债就已经具有税收的特性或已经是"暗税"或隐性的税收。而正因为公债是自愿性的,所以,公债就必须是有偿性的。由于公债的有偿性是公共信用的本质体现,保障了公债在自愿情况下的吸引力,因此,有偿性是公债"三性"的核心。但也由此决定了举债主体(如政府)必然承受一定的偿债负担或偿债风险。当公债满足自愿性和有偿性的特征时,公债有灵活性就是自然的和必然的,即举债主体就需要根据社会闲置资金的充裕状况、自身偿债能力的大小、宏观经济运行的景气等因素来灵活运用公债机制。

最后应指出,公债与私债之间也存在很多的共性和差异。从共性方面来看,公债与私债在本质上都是"债",即都需要"借债还钱",这是天经地义的事;公债与私债都是服务于举债主体的支出需要,并且都会产生一定的偿债负担;不良的拖欠或"赖账"(default)行为,都会损害举债主体(包括政府、企业和居民)的信誉。从差异方面来看,公债与私债的债务主体不同,即公债的举债主体往往是政府部门,而私债的举债主体主要是企业、居民等非政府部门;两者的信誉度和安全性不同,即公债的信誉度和安全性较高,往往只需信用担保,而私债往往需要财产抵押或再担保;两者的利息率或收益率不同(即公债的利息率或收益率相对较低);两者所面临的法律约束不同(即公债面临的法律约束相对较繁多、较严格)。

四、公债的种类分析

公债种类繁多,可从不同的角度或标准划分出不同的类型。对公债进行分类,是为了更深入地研究公债问题。

常见的公债种类主要有:

1. 按举借形式的不同,公债可划分为政府借款协议、政府债券和其他法定偿债义务

如前所述,公债的本质在于公共信用所形成的债权债务关系,而不在于其具体形式。基于此,目前有些人利用国债或公债的发行规模来探讨中国的国债或公债规模是不完全的和不准确的。显然,债券(bonds)发行只是公债的一种重要形式或载体。所谓的公债券,即有固定债务面额的书面或电子化债务凭证。随着现代化交易系统的出现,凭证式的有形公债券已逐步被记账式的无形债券所代替。此外,政府对内或对外通过借款协议(loans)方式所承担的各种债务,也是公债的重要内容。除上述两项公债种类之外,另一种公债形式——法定偿债义务(legal obligation)也很重要,但却易于被忽视或低估。例如,尽管我国政府既没通过债券也没通过协议形式,但仍对国有银行坏账、国有粮食企业挂账、社会保障"空账"等负有法律意义上的隐性负债。此外,如果各级政府对企业私债进行了担保,那么,在企业债务人无法偿债时(不管是主观恶意还是客观困难),也会使得政府财政(担保人)背负法律上的连带偿债责任,即政府财政会面临或有公债风险。在财政实践中,这类以一定概率形式存在的法定偿债义务或负担也值得关注和警惕。

2. 按举借主体的不同,公债可划分为中央政府公债和地方政府公债

通常,中央政府公债(central government bonds),又称国债(national bonds),即中央政府以债务人身份对内和对外举借的债务(不仅仅指债券的发行)。根据"谁受益谁负担"的市场经济原则,中央政府公债的发行收入往往由中央政府支配,但相应的公债本息也由中央政府来负责偿还。

与之相对应,地方政府公债(local government bonds),是指地方政府以债务人身份对内和对外举借的债务。在西方,许多国家存在的市政债券都处于地方政府公债的范畴。通常,地方政府公债的规模大小、期限长短、具体用途、发行方式等由地方政府来决定,因此,地方政府也承担相应的公债偿还责任。在特定情况下,当地方政府出现财政破产或陷入债务危机时,为防止该地方政府债信的崩溃以及债务危机的扩散,相应的地方政府偿债负担会转移至该国中央政府的身上。

3. 按借债地域的不同,公债可划分为国内公债(即内债)与国外公债(即外债)

国内公债或内债(domestic bonds),是指政府在国内举借并以本币为货币单位的债务。通常,内债的债务人是本国的各级政府部门,债权人是国内的企业、居民、金融机构、事业单位等非政府部门。由于内债的负担人和受益人都限于国内,因此,内债意味着本国资源支配在国内的结构性变化,国内可支配资源的总量并未增加。

国外公债或外债(foreign bonds),是指政府在国外举借并以外币为货币单位的债务。与内债相比,外债的债务人是基本相同的,但债权人却完全不同,即外债的债权人是外国的政府、企业、居民、金融机构等①。与内债的结构性影响不同,外债对一国或地区的资源影响是总量性的或增量性的,即在举借时意味着一国或地区可利用资源总量的增加,在偿债时则意味着一国或地区可利用资源总量的减少。此外,由于外债往往是以外币(如美元、日元、欧元等)为货币单位,且在偿还时也须以外币为单位来偿还。由于外债通常是外币债务(foreign currency debt),因此,一国或地区的外债负担不仅受到利率的影响,更受到相关汇率变动的深刻影响,即面临利率与汇率双重风险。

4. 按借债期限的不同,公债可划分为短期公债、中期公债与长期公债

不同期限的公债满足了举债主体不同的筹资需要。短期公债(short-term bonds),主要指偿债期限在1年以内的公债。例如,美国短期公债中26周的公债(即半年期公债)占半数以上。在13世纪中期,威尼斯、佛罗伦萨和热那亚三个城邦国就发行了很多短期政府公债,并靠简单的到期再借把短期债务进行展期。在实践中,短期公债的主要功能是弥补短期内财政收支的不平衡,调剂财政国库短期内的收支缺口。基于此,短期公债往往又称为国库券。应指出的是,国库券起源于1877年的英国,即专门指弥补国库短期收支差额的政府债券。在我国,将3~5年期的公债或国债也称为国库券是不规范的。西方国家的国库券品种较多,一般可分为3个月、6个月、9个月、1年期四种,其面额起点各国不一。国库券采用不记名形式,无须经过背

<hr>

① 应指出的是,一般意义上的外债与这里的政府外债不同。一般意义或广义上的外债是指本国居民(包括本国政府和企业)对外国居民所承担的以外币为单位的外债,包括政府外债和非政府外债。而这里的政府外债仅指本国政府对外承担的以外币为单位的外债。

书就可以转让流通。由于国库券期限短、风险小、流动性强,因此国库券利率比较低。此外,在金融市场上,由于短期公债的流动性较强,因此,其市场交易往往较为活跃,并成为中央银行开展公开市场操作业务(open market operation)①的重要对象。还应指出的是,西方国家的短期公债利率往往是银行利率或企业债券利率的重要定位基准。

中期公债(middle-term bonds),通常是指偿债期限在 1~10 年的公债。对政府来说,中期公债满足了政府在较长时期内支配和使用债务收入的需要。对投资者来说,中期公债也是一种较为优良的投资品种。例如,2006 年 10 月我国财政部招标发行了 300 亿元的 5 年期中期国债,在以主要来自银行资金的踊跃认购下,最终票面利率落在 2.48%,而最低中标价位被推低至 2.4%,与票面利率差距高达 8 个基点。在认购榜单上,工商银行以 42.7 亿元成为标王,占绝对优势,跟随其后的农业银行、兴业银行和交通银行分别获得 28.9 亿元、22 亿元和 18 亿元。四大国有商业银行总共承销 96.8 亿元,占总发行量的近三分之一。在中期公债的发行中,银行资金是绝对的主力②。不难发现,这种结果既是当时债市走势良好预期以及充足认购资金追捧的合理结果,也基于中期公债(如 5 年期公债)是商业银行等机构投资者优化投资配置期限结构的重要"筹码"。

长期公债(long-term bonds),通常指借债期限在 10 年以上的公债。对政府来说,长期公债满足了政府在长期内的财政支出资金融通需要(如建设周期在 10 年以上的重大公共工程投资),同时,长期公债也有利于政府避免或者延缓还债高峰的出现。值得指出的是,在极少情况下出现的永久性公债或无期限公债(即不规定固定的偿债期限、每年支付一定利息且政府在某一时期有权按票面价值赎回的公债),可视为一种特殊的长期公债。

5. 按可流通或转让性的不同,公债可划分为可流通公债或不可流通公债

可流通公债(negotiable bonds),又称可转让公债或上市公债,是指公债在到期之日前可在证券市场上自由买卖交易的公债。近年来,我国发行的许多国债都允许在发行结束之日起可公开在证券市场上流通和交易。在实践中,公债流通的前提是要有债券市场。债券市场分为发行市场(一级市场)和流通市场(二级市场)。政府通过一级市场完成公债的发行后,公债的持有者便可通过二级市场进行转手买卖。一般而言,公债在二级市场上的任何买卖与交易对政府已通过公债发行筹集到的资金数额都不再产生影响。但正是由于二级公债市场的存在为公债的投资者提供了更加灵活的投资选择机会,因此,公债流通市场反过来又可以促进公债的进一步发行。同时,公债流通市场的存在还为政府通过中央银行买卖公债调节货币流通量提供了可

---

① 在市场经济条件下,公开市场操作是一国中央银行调控货币流通量以稳定本币币值和宏观经济的三大货币工具中最常用的政策手段之一。

② 秦缓娜:"中期国债成银行'馅饼' 四大行独食三成",《上海证券报》,2006 年 10 月 24 日。

能,也使政府的债务偿还方式多了一种选择。一般情况下,中短期公债多为可流通公债,而长期公债和特种公债则不允许流通。

不可流通公债(non-negotiable bonds),又称不可转让公债或非上市公债,是指不允许在流通市场上交易和转让的公债。通常,不可流通公债不能自由转让,只能等到债务人到期偿还,其可以记名,也可以不记名。中华人民共和国历史上最早的公债,是 1949 年 12 月中央人民政府委员会通过的《关于发行人民胜利折实公债的决定》决定于 1950 年发行的人民胜利折实公债,期限 5 年,分 5 次偿还,该公债就属于不可流通公债。1981 年,改革开放初期,国务院纠正了长期以来存在的"既无内债,又无外债,是社会主义的优越性"的错误思想,颁布《中华人民共和国国库券条例》,主要针对国有企事业单位发行国库券,大多是带有行政摊派性质的不可流通公债,于是,上海、南京等城市出现了一些公债"黑市"(black market)①。1988 年,我国在 61 个城市进行国库券流通转让的试点,开创了公债流通性改革的先河。这种尝试是中国公债市场发展史上的一个重要转折点。

6. 按债权债务关系是否自愿建立为标准,公债可划分为强制公债、准强制公债和自由公债

强制公债是指政府通过强迫的方式让人们认购的公债。一般以行政命令强制分摊的方式发行。强制公债常用于战争爆发等较特殊的时期,一般情况下很少采用。在某种程度上,强制性公债相当于一种隐性税收(hidden tax)。自由公债是指人们自愿认购的公债。理论上,公债应该完全建立在自愿基础上,因此,现代各国的公债一般都是自由公债。准强制公债(quasi-forced public bonds),又称爱国公债,介于强制公债与自由公债之间,是指利用人民的爱国心或者社会舆论以及道义的软强制力而发行的公债。例如,我国历史上清朝政府曾于宣统三年(1911)以"爱国公债"之名发行了 3000 万元的 9 年期公债;我国于 1950 年发行的"人民胜利折实公债"亦属此列。

7. 按债务本位的不同,可将公债分为货币公债、实物公债和折实公债

债务本位,是指公债的计量单位。按此标准,可分三种:(1) 货币公债,是指以货币为债务本位而发行的公债。在此情况下,政府所借和所还的都是一定数量的货币,债权债务关系是以货币计值来表示的。现代各国发行的公债基本上都是货币公债,其中向本国发行的公债一般以本国货币计值,而向外国发行的公债则一般以外国货币计值。(2) 实物公债,是指以实物作为债务本位发行的公债。直接借实物还实物的公债称为直接实物本位公债。例如,我国解放战争时期革命根据地发行的以稻谷为本位的"胜利公债"。(3) 折实公债,是指以一定的实物购买量作为依据进行货币折算的公债。例如,

① 这里的黑市主要有两层含义:一是公债的交易流通不合法和不合规,即用"黑色"(如黑社会、黑道或黑金政治)来描述受到法律的限制;二是基于上述原因,当时公债的交易往往是在天黑以后城市的某条街道或巷子里偷偷摸摸地进行。

我国政府在 1950 年所发行的"人民胜利折实公债"[①]。实物本位的公债可以避免由于货币贬值给债权人带来的损失,一般在高通货膨胀的情况下才采用。

8. 按公债利率确定方式的不同,公债可分为固定利率公债和浮动利率公债

固定利率公债,是指公债的利率或利息率在发行时就加以明确并不再变动的公债。浮动利率公债,是指公债的利率或利息率可随时根据物价指数或市场利息率的变动而进行调整的公债。一般在通货膨胀比较严重或通货膨胀预期较高时,采用浮动利率公债更有利于公债的发行或推销。

9. 按利息偿付方式的不同,公债可分为剪息公债和贴现公债

剪息公债(coupon bonds),又称附息公债,指公债券面上附有息票,在规定的时期以息票兑换的形式支付利息的公债,其中又分为发行利率固定不变的固定附息债券和发行利率随市场利率浮动的浮动利率债券。贴现公债(discount bonds),又称折扣公债,是指低于债券面额的价格发行的公债,将来债务人按面额偿还,而发行价格与偿还金额之差即为公债利息。

10. 按债务资金用途规定的不同,公债可分为特种公债和一般性公债

特种公债,又称专向公债或定向公债,主要指政府为特殊支出项目而专门发行的公债。通常,特种公债都附带一个特定的名称用以指定公债的用途(如专门用于社保、农业、环保、教育以及专门支持我国西部建设的定向公债),仅根据当时的法律规定和当年的财政政策确定一个相对较大的支出范围。有时,特种公债也指那些对认购对象和发行方式有特殊规定的公债。原则上,建设公债(指筹措的债务资金主要用于建设项目的公债)、战争公债(指用于弥补战争或军事费用的公债)都属于特种公债的范畴。一般性公债,是指对公债资金用途不做明确规定的公债,这类公债通常也不对认购对象和发行方式做特殊规定。

11. 其他种类

凭证式公债和记账式公债是我国国债的两大种类。其中,凭证式国债又称储蓄性国债,是指国家不印制实物券面,而采用填制"中华人民共和国凭证式国债收款凭证"的方式,通过部分商业银行和邮政储蓄柜台,面向城乡居民个人和各类投资者发行的国债。凭证式国债购买方便、变现灵活、收益稳定、安全无风险,是我国中小投资者的重要投资品种。应指出的是,储蓄公债往往是以个人小额储蓄存款为筹集目标的非流通公债。记账式国债又称无纸化国债,是指没有实物形态的票券,只是在电脑

[①] 1950 年年初,中央人民政府财政部部长薄一波签署了《1950 年第一期人民胜利折实公债条例》,这是中华人民共和国成立初期为了支援解放战争,恢复和发展经济,中央人民政府采取的一项重要财政金融措施。人民胜利折实公债是一种以实物为计算标准的公债,为避免受物价波动的影响,规定公债的募集和还本付息以实物为计算标准。人民胜利折实公债券的单位定名为"分",公债票面额有一分、十分、百分、五百分 4 种,发行总额为 2 亿分,年息 5 厘,分 5 年偿还。每"分"以上海、天津、汉口、西安、广州、重庆等六大城市的大米(天津为小米)6 市斤、面粉 1.5 市斤、白细布 4 市尺和煤炭 16 市斤的批发价,用加权平均的办法计算。参见博闻:"珍贵的人民胜利折实公债",《人民法院报》,2001 年 3 月 29 日。

账户中做记录。在我国,上海证券交易所和深圳证券交易所已为证券投资者建立电脑证券账户,因此,可以利用证券交易所的系统来发行债券。我国近年来通过沪、深交易所的交易系统发行和交易的记账式国债就是这方面的实例。如果投资者进行记账式债券的买卖,就必须在证券交易所设立账户,所以,记账式国债又称无纸化国债。记账式国债具有成本低、收益好、安全性好、流通性强的特点。

此外,世界上还有彩票公债(lottery bonds)、有奖公债(prize bonds)等种类。综上分析,按照不同的标准可划分出若干种不同类型的公债,而不同类型公债之间的数量关系就构成一定的公债结构(composition of public debts)。可以说,公债的上述分类为我们研究公债结构及其优化提供了重要基础。

第四节　学习目的与学习方法

公债经济学是一门应用理论学科,其基本任务是在结合丰富的公债实践的基础上,阐明公债的基本知识和基本理论。在学习过程中,明确学习目标永远是第一位的,与此同时,讲求科学合理的学习方法又是实现学习目标、提高学习效率的捷径。

一、公债经济学的学习目标

公债经济学是涉及财政学、金融学以及市场投资学的边缘性较强的一门学科。概括起来,其学习的主要目标有三个方面。

1. 较为全面、深入、系统地获取公债经济学方面的专业知识

公债经济学知识内容十分庞杂繁多,但主要由公债实践、公债理论和公债政策三大部分构成(见图1-5)。在本书中,公债实践主要立足中国国情,探讨中国内债、中国外债、公债市场以及战争与公债的关系等内容;公债理论源于公债实践,是对历史上不同时期公债实践活动的高度抽象,主要包括公债有害论、公债有益论、公债中性论、公债负担论以及公债与税收等价定理、公债幻觉、公债排挤效应、公债货币效应、公债风险与公债危机、外债"桎梏论"、债务周期理论等内容;公债政策是以一定的公

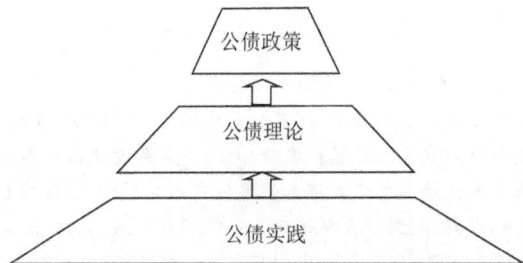

图1-5　公债经济学的三大构件

债理论为依据或基础的政策实践活动,包括公债政策传导机制、经济增长与公债政策、经济稳定与公债政策、公债政策与财政政策和货币政策的协同配合、地方公债政策等内容。事实上,从公债实践到公债理论,再从公债理论到公债政策,是公债研究不断走向深入、趋于成熟的重要标志。对上述基本知识和基本理论的了解、理解或掌握,是学习公债经济学应设定的最基本目标。

2. 理解并融会贯通相关公债知识点,为进一步的学习深造以及研究公债问题打下坚实的理论基础

公债在古今中外的社会经济生活中都发挥着十分重要的作用,因此,理解并融会贯通相关公债知识点是十分必要和重要的。这主要体现在两个方面:(1)公债经济学是经济学的一个重要分支,与财政学、投资学以及货币银行学等相关学科关系密切,因此,学习和掌握相关公债经济学知识,对财政学、投资学以及货币银行学等相关学科和专业的进一步学习和深造具有重要的知识结构支撑作用。(2)现实生活中的各种各样的公债问题(如政府债务规模适度、地方政府隐性负债、或有政府债务、政府债务风险等问题)都需要理论界、政府部门以及社会各界的深入研究和探讨,显然,较为完整地学习和掌握公债经济学体系对相关公债问题的解决是必要的和有益的。在一定程度上,公债是一种"延期的税收",但公债这种带有公共性质的财政资源的影响力往往是被人们低估的。因此,我们需要持续不断地学习公债知识,关注公债现象,研究公债问题。

3. 修学储能,学以致用,从"认知的自由"走向"行动的自由"

学习在本质上不是为了取得一定的学位和学历,而是为了获取和增长学习者的智力和能力,并通过修学储能,学以致用,从"认知的自由"走向"行动的自由"。一般而论,青年时代正是"修学储能、潜移默化"的时期,在此时期认真学习公债经济学等领域的学科知识,最终目标即使不能"积文成学",但这种学习型劳动的重要性却不容低估:(1)有助于增进学习能力,获得"认知的自由",即个体通过学习来获得认知公债问题的能力,从而自由地运用这种能力来对相关公债问题进行认知。事实上,公债知识本身与获得公债知识的能力相比,后者更为重要。(2)较深入透彻地理解公债活动及其规律,在一定程度上获得"行动的自由"。"行动的自由"在这里不是指在全球行走、空间流动的自由,而是指我们通过学习而更深入透彻地认识了公债活动及其规律,减少了误解、无知和偏见,充分认知公债与其他社会经济活动的丰富关联,从而使相关经济主体(包括政府政策制定者、企业经营者以及金融市场上的个人投资者等)能在公债深浸其中的社会经济活动中,最大限度地抓住良机,趋利避害。

二、公债经济学的学习方法

研究和学习都离不开科学方法论的指导和引领。如何学习,每个人都有自己的理解和偏好,很难强求统一。这里,只是对学好公债经济学这门课程的一般性提示和建议。

1. 学以致用,一以贯之地坚持理论联系实际

学以致用,既是学习的目的,同样也是一种重要的学习方法。事实上,只有通过学以致用,所学公债知识和公债理论才能真正得以巩固,并令人印象深刻。在一定程度上,学以致用的过程就是理论联系实际,实际或实践检验理论的过程。一方面,公债理论只有与公债实际相结合,公债理论才有活力和生命力,针对公债理论的学习也才显得弥足珍贵并富有价值;另一方面,公债理论只有与公债实际情况结合起来,才具有说服力,没有实际或实践支持的公债理论观点往往会显得空洞无力。不难发现,公债经济学的大量研究成果及其理论观点都源于丰富的财政经济实践。因此,学习公债经济学必须在日常生活中关心各种公债问题和公债现象,要能够从实践中发现公债问题,并对所观察到的公债问题尽可能用学到的公债经济学理论知识进行剖析,并做到带着公债问题去学习公债理论。唯此,学习才能事半功倍。通常,强调理论联系实际,原因往往在于理论与实际常常处于"平行或并行"的脱节状态。因此,在学习和工作中,一以贯之地坚持学以致用、理论联系实际是具有较强现实意义的,也是十分重要的。

2. 关注理想与现实的落差,注重规范分析和实证分析方法相结合

规范分析(normative analysis)与实证分析(positive analysis)是经济学问题的基本分析方法,因而也是公债经济学的基本学习方法。在公债经济学领域,规范分析是指依据一定的价值判断基础,提出分析公债经济问题的是非、好坏标准,并研究公债管理以及公债政策如何做才能达到这些理想的标准。规范分析阐释的是"应该是什么(What should be)"的问题,主要研究公债活动的"好"与"坏"标准,并用这些标准衡量现实中的公债经济情况,从而做出"好"与"坏"的判断。例如,中国应实行什么样的公债政策,地方政府公债应不应该加以限制,政府是否应该利用公债政策来调控经济运行等,这些都是典型的规范分析范畴。实证分析是指根据公债活动的实践和发展,在一定的假设条件下,只对公债相关的事物做客观描述,而不对其做主观的价值判断。例如,中国公债的实际规模及其风险到底有多大,影响公债规模的因素都有哪些,公债资金的使用效益是好是坏等,这些都是典型的实证研究问题。实证分析企图超越或排斥价值判断,只研究"事实是什么(What it is)"的问题,具体研究方法包括:个案分析、抽样或普查、计量分析等。显然,规范分析和实证分析研究的问题不同,依据的方法也不同,所得出的研究结论自然也会不同。

此外,规范分析的结果不能用数据、事实和逻辑的方式来证实或证伪,而实证分析的结果却可以用数据、事实和逻辑的方式来证实或证伪。公债经济学的学习和研究,既离不开规范分析(因为我们需要了解和掌握一定的价值判断能力),也需要实证分析的支撑(即实际情况到底是什么样的),即需要规范分析和实证分析方法的有机结合①。

---

① 马克思曾有句名言:"哲学家只是以各种方式解释世界,但重要的是改造世界。"这句话中的"解释世界"实际上属于实证分析范畴,"改造世界"则属规范分析范畴。不难发现,这句话有轻视实证分析的嫌疑。事实上,改造世界的前提是必须准确了解世界是什么样子,即需要"解释世界"(实证分析)。

3. 认识从量变到质变的事物发展规律，定性分析和定量分析方法互为补充

定性分析（qualitative analysis），是指对研究对象（如公债问题）"质"的方面进行分析的方法。具体地说，定性分析方法包括：归纳和演绎、分析与综合以及抽象与概括等揭示事物发展规律的方法。在公债经济学领域，定性分析主要研究"有没有"（如中国有没有公债风险）或者"是不是"（如中国地方政府隐性公债风险是不是庞大）的问题。定性分析有两种不同的层次：一种是研究的结果本身就是定性的描述材料，没有数量化或者数量化水平较低；另一种是建立在严格的定量分析基础上的定性分析。定量分析（quantitative analysis），是指运用现代数学方法对有关的数据资料进行加工处理，据以建立能够反映有关变量（如公债规模与经济增长）之间规律性联系的方法。定量分析主要研究"量"的问题（如中国公债风险水平到底是多少，公债到底多大程度刺激了一国或地区 GDP 的增长），具体的定量分析方法包括：统计分析、抽样调查、数学模型等。现代经济研究越来越依赖于数学公式和数学模型，公债经济学也经常利用和依赖数字来说话。一直以来，我国经济理论工作者在批判资产阶级经济学注重定量分析、忽视定性分析的同时，却跳到了相反的另一极端，即片面强调定性分析而忽视定量分析。当然，这种状况已经得到很大程度的改善。在科学研究中，通过定量分析可以使人们对研究对象的认识进一步精确化，以便更加科学地揭示规律，把握本质，理清关系，预测未来。因此公债经济学中的定量分析是一个必不可少、不可或缺的重要方法。

必须指出的是，定性分析和定量分析是从数据本身的特点出发而设定的概念和方法，而实证分析和规范分析则是从问题性质出发的概念，两者是不同的范畴，许多人将实证分析和定量分析、定性分析和规范分析相混淆是值得商榷的。定性分析不一定带有价值判断（value judgement），因此，定性分析不一定与规范分析是相同的，而很可能是一种实证分析。例如，在中国实施积极财政政策的 1998—2004 年，公债是否促进了同时期的中国经济增长问题属于定性分析范畴；如果进一步研究多大程度地促进了中国经济增长，则是一个实证分析范畴。

4. 有比较才有鉴别，注重比较分析法（包括纵向比较法和横向比较法）

比较法（comparison method），是探索事物之间内在联系与外部差异的重要方法，主要包括纵向比较法和横向比较法两种。横向比较法又称水平分析法，是指将同一时期不同国家和地区相同或相近公债数据进行对比分析，可以用绝对数相比较，也可以用相对数做比较。横向比较法主要探讨同一时期内的事物发展水平，属于静态分析（stable analysis）。纵向比较法，是指在不同时期对同一公债对象的特征、表现以及规模与结构水平的异同进行对比分析，从而揭示公债现象的发展趋势或发展规律。纵向比较法又称历史比较法。由于考虑了时间的动态因素，纵向比较法属于动态分析（dynamic analysis）。这里，静态分析和动态分析也有一定联系：静态分析是动态分析的基础，它为动态分析提供基础数据；动态分析则是静态分析的发展和延伸。一般来说，公债经济学的研究与学习，必须先进行静态分析，在静态分析的基础上进行

动态分析。在横向比较和纵向比较相结合的基础上,不同国家和地区的面板数据(panel data)的比较是更为复杂、高级和先进的一种对比分析法。

最后应指出,现代公债理论是从早期的经济思想以及财政学说中演变和发展而成的,因此,多了解一些经济思想史和财政学说史,不仅对于我们了解公债经济学的历史发展,而且对于学习现代公债理论都是大有裨益的。

【本章小结】

● 现实世界中的公债活动复杂纷繁,并会直接或间接地影响到我们的生活质量或生存状态。事实上,公债对历史和现实的影响远比我们想象的要大得多。应指出的是,世界各国政府债台高筑及其公债问题已是一种普遍现象,只是各国所面临的具体问题及程度有所不同罢了。

● 从公债的产生和发展等一系列实践活动来看,公债的规模大小主要受到两大经济条件的制约和影响:(1)财政赤字状况。财政赤字是导致公债产生的直接导因和动因,因此,一国政府财政赤字的大小会直接影响到举债规模的大小。(2)社会闲置资金。社会闲置资金是决定公债规模发展变化的重要现实条件和物质基础。

● 关注和研究公债经济学的必要性在于:从纳税人角度,公债资金也是一种公共资金,并会产生类似于税收的负担;从债务人角度,公债是政府筹集资金以弥补财政赤字的重要手段;从投资者角度,公债是一种被誉为"金边债券"或"银边债券"的重要投资工具;从宏观经济运行角度,公债则是影响一国或地区经济增长与稳定的重要"杠杆"。

● 公债概念是私债概念的对应。将公债中的"公"理解为公共或公共部门较为妥当,但具体如何理解公债主体却存在一定差异。公债的形式是多样的,但同私债一样,公债也是债,即需要借债还钱。这是信用的本质特征。与税收相比较,公债具有鲜明的自愿性、有偿性和灵活性特征,即公债的"三性"特征。

● 公债种类繁多,可从不同的角度或标准划分出不同的类型。对公债进行分类,是为了更深入地研究公债问题。例如,按举借形式的不同,公债可划分为政府借款协议、政府债券和其他法定偿债义务;按举借主体的不同,公债可划分为中央政府公债(即国债)和地方政府公债;按借债地域的不同,公债可划分为国内公债(即内债)与国外公债(即外债);按借债期限的不同,公债可划分为短期公债、中期公债与长期公债;按债务本位的不同,可将公债分为货币公债、实物公债和折实公债,等等。

● 公债经济学是涉及财政学、金融学以及市场投资学的边缘性较强的一门学科,其基本任务是在结合丰富公债实践的基础上,阐明公债的基本知识和基本理论。研究和学习都离不开科学方法论的指导和引领。但如何学习,每个人都有自己的理解和偏好,很难强求统一。尽管如此,学以致用、一以贯之地坚持理论联系实际,却是基本又重要的学习方法。

【关键术语】

公债　信用　政府借款协议　政府债券　债务管理中性定理　公债"三性"
中央政府公债　地方政府公债　国内公债(即内债)　国外公债(即外债)　短期公债
中期公债　长期公债　可流通公债　不可流通公债　强制公债　准强制公债
自由公债　剪息公债　贴现公债　债务本位　折实公债　金边债券　银边债券
游资　规范分析　实证分析　定性分析　定量分析

思考与讨论

1.如何理解公债的概念、本质与特征。

2.什么叫公债结构?试讨论公债结构的主要类别及其内涵。

3.理论联系实际,请您谈谈我们为什么关注和学习公债经济学。

4.如何学好公债经济学?请谈谈您的想法和看法。

课程实践项目作业:债台高筑经典故事的历史情景模拟

阅读与参考文献

[1] 邓子基,等.公债经济学:公债历史、现状与理论分析.北京:中国财政经济出版社,1990.

[2] 樊丽明,等.中国地方政府债务管理研究.北京:经济科学出版社,2006.

[3] 高培勇,宋永明.公共债务管理.北京:经济科学出版社,2004.

[4] 李新.中国国债市场机制及效率研究.北京:中国人民大学出版社,2001.

[5] 刘华.公债的经济效应研究.北京:中国社会科学出版社,2004.

[6] 乌日图.国债危机逼近日本.北京:团结出版社,2017.

[7] 杨志勇,张馨.公共经济学.北京:清华大学出版社,2005.

[8] 詹姆斯·M.布坎南.自由、市场与国家.平新乔,莫扶民,译.北京:商务印书馆,2001.

[9] 郑春荣.中国地方政府债务的规范发展研究.上海:格致出版社,上海人民出版社,2016.

本章测试

第二章 中外公债理论学说的发展及其演变

历史并不仅仅是已经过去的事物,因为完全过去的东西对我们没有任何影响;相反,过去的事物左右着我们的现在,预示着我们的未来。

——海德格尔[①]

学习目标

1. 掌握西方公债理论学说的不同流派及其基本内涵。
2. 了解中国不同历史阶段的公债理论学说及其主要观点。
3. 理解不同公债理论学说的主要差异及其分歧的根源。

伴随着公债实践的走向深入,各种公债理论学说开始不断涌现。所谓公债理论,就是指人们从公债实践中概括出来的关于公债活动的一些系统性的结论[②]。探索不同时代的公债理论如何承前、如何启后及其利弊得失问题既是相当有趣的,也是有较大的理论和实践价值。从公债对经济的影响角度,目前国内大多学者都将公债理论划分为公债有害论、公债有益论、公债中性论、公债负担论等不同流派。然而,不同学者的公债理论学说具有一定程度上的系统性,若以某种倾向性观点来概括难免会以偏概全、挂一漏万。因此,这种分类分析方法有失稳妥。

当然,要对所有的公债理论都详加考察和梳理,其篇幅绝非一章所能胜任。因此,本章主要以历史的进程为主线,以中西方不同时代的代表性人物或集大成者而非其主要观点为分类依据,对不同的公债理论进行了简要的回顾和述评。

---

① 海德格尔(Martin Heidegger,1889—1976),伟大的德国哲学家,代表作《存在与时间》(1927),其对历史的哲学态度是:历史是活生生的,历史不是客观的、封锁在书本中的故事和文物。

② 关于理论本身的界定,《现代汉语词典》的解释是:"人们由实践概括出来的关于自然界和社会的知识的有系统的结论。"

第一节　西方公债理论的产生和发展

在西方,公债理论学说形成于 18 世纪中期,并于 19—20 世纪得到了丰富和发展。在此期间,主要的代表性人物主要包括亚当·斯密、大卫·李嘉图、J.B.萨伊、J.S.穆勒、A.瓦格纳、道尔顿、J.M.凯恩斯、J.布坎南等。值得指出的是,马克思和恩格斯也对公债问题进行了许多阐述,其学说思想贡献也应归属西方公债理论范畴。

一、亚当·斯密的公债理论

作为"经济学之父"和"财政学之父",古典经济学代表性人物亚当·斯密(Adam Smith,1723—1790)的公债思想主要体现在其 1776 年发表的《国民财富的性质及其原因的研究》著作当中,并用专门篇幅建立了古典公债理论学说体系。这里,古典公债理论学说主要是指亚当·斯密等古典经济学家所建立的公债理论,其核心含义是信守市场自由主义并认为公债对经济有害的一种公债理论学说。值得指出的是,亚当·斯密对经济学(包括公债经济学)领域的贡献可以与牛顿对物理学的贡献相媲美。

经济学和财政学之父:亚当·斯密

在亚当·斯密之前,英国曾存在过威廉·配第[①]的公债有益论和大卫·休谟的"公债亡国论"。威廉·配第将公债视作增补本国现有资本并促进本国工业、商业和农业增长的巨额资本,而大卫·休谟则鲜明地提出了"国家不消灭公债,公债必消灭国家"的公债思想。亚当·斯密在批评威廉·配第公债理论的基础上,引用并基本认同了大卫·休谟的公债理论,并在总体上认为公债对一国经济发展是有害的。其主要公债理论观点概括如下。

1. 在市场经济条件下,公债意味着借贷资金由资本机能向收入机能的转化,具有非生产性

亚当·斯密认为,公债并非所谓的追加资本,而是国内现有资本的扣除,并会造成资源和财富的非生产性耗费。对此,他明确地指出:"据某学者主张,欧洲各债务国的公债,特别是英国的公债,是国内其他资本之外的另一个大资本。有了这个资本,商业的扩展,制造业的发展,土地的开垦和改良,比单纯依靠其他资本所能成就的财富要大得多。可主张此说的学者,没有注意到以下的事实:即最初债权者贷予政府的资本,在贷予的那一瞬间,已经由资本的机能转化为收入的机能了。换言之,已经

---

① 威廉·配第(William Petty,1623—1687),英国资产阶级古典政治经济学的创始人,对商品的价值量做了精辟的分析。他认为商品的自然价格(实指价值)取决于生产该商品所耗费的劳动时间,初步建立了劳动价值论。被马克思称为"最有天才和最有创见的经济学家"。

不是用于维护生产性劳动了,而是用于维护非生产性劳动了。就一般而论,政府在借入资本的当年,就把它消耗了、消费了,无望其将来能再生产些什么。"①可见,亚当·斯密认为,政府借贷来的公债资金往往被用于非生产性用途,而这会导致本国原有资本的浪费,阻碍而非促进本国财富的创造以及经济的发展,并最终使一国走向衰落。"举债曾使采取此政策的一切国家都趋于衰弱……首先采取此政策的,似为意大利各共和国。热那亚和威尼斯……都因举债而衰弱……由举债而衰微的国家,所在皆是。"②

值得注意的是,亚当·斯密对举债国发出这番警告时,历史正处于产业革命初期的产业资本原始积累阶段。

2.公债的产生根源是因为政府或君主的非节俭性、奢侈浪费以及战争的存在

亚当·斯密认为,在工商业不发达的社会里,政府或君主没有奢侈浪费的途径,所以,收入的大部分会被积蓄起来。但在拥有大量奢侈品的商业社会里,政府或君主"自然会把他收入的大部分用以购买这些奢侈品",从而"形成宫廷华丽但毫无意义的壮观"。这种奢侈或浪费的倾向,使得"平常的费用不超过收入,就算是万幸了",但在非常时期,"他必然要向人民要求特别的援助"(暗指公债)③。此外,战争对公债的刺激作用也不容忽视。"一国在平时没有节约,到战时就只好被迫而借债……战时为国防设备所需的费用,需三倍、四倍于平时,因此,战时的收入也需三倍、四倍于平时收入……通常,增大收入的源泉,必出自赋税,而赋税的课征大抵须经10个月乃至12个月,才有税款收入国库。可是,在战争爆发的瞬间,毋宁说战争似要爆发的时刻,军队必须增大,舰队必须装备,防军所在的都市必须设防,而这些军队、舰队、防军驻扎的都市还须供给武器、弹药和粮食。总之,在危险降临的瞬间,就得负担一项马上就要的大费用,这费用是不能等到新税慢慢地缴纳到国库来应付的。在此万分紧急的时刻,除了借债,政府再难以有其他方法了。"此外,政府通过公债来筹资比通过税收来筹资更有优越性。具体地说,一旦战争发生,政府通过增税方法来筹资军费"不仅非其所愿,而且非其所能。之所以不愿,是因为怕突增的巨额税负会伤害人民感情,使人们嫌恶战争。之所以不能,是因为战争所需费用不定,赋税应增加多少才够,没有把握。各国政府所遇到的这两个困难,如通过公债方法来筹资,就容易解决多了。"④当然,"国有急需,政府大抵会以极有利于借贷人的条件借款。"⑤不难发现,亚当·斯密注意并强调了公债在战争时期的快速筹

① 亚当·斯密著,郭大力、王亚南译:《国民财富的性质和原因的研究》(下卷),商务印书馆2002年版,第489页。
② 亚当·斯密著,郭大力、王亚南译:《国民财富的性质和原因的研究》(下卷),商务印书馆2002年版,第471页。
③ 亚当·斯密著,郭大力、王亚南译:《国民财富的性质和原因的研究》(下卷),商务印书馆2002年版,第472页。
④ 亚当·斯密著,郭大力、王亚南译:《国民财富的性质和原因的研究》(下卷),商务印书馆2002年版,第472页。
⑤ 亚当·斯密著,郭大力、王亚南译:《国民财富的性质和原因的研究》(下卷),商务印书馆2002年版,第493页。

资功能,并认为公债在战争时期优于其他筹资制度。从此角度讲,公债是为战争服务的,公债更易于导致战争的发生,公债是导致战争的催化剂。

显然,政府或君主具有的奢侈或浪费的消费倾向以及战争费用筹措的相对优越性,特别是政府或君主的奢侈而不知节俭本性,被亚当·斯密视为公债产生的重要根源。

3.公债会导致通货膨胀以及国家破产的危险

亚当·斯密认为,由于政府或君主的不负责任,过度的公债就会导致国家破产,而避免或掩饰国家破产的惯技就是提高铸币名义价值,从而降低铸币的实际价值或标准成色。"像这样偿还债务实为貌似偿还罢了……多数无辜民众,蒙受横灾。"[①]在评论亨利英国国王亨利八世、爱德华六世、詹姆斯六世时期的改革铸币事件时,亚当·斯密认为:"当时各国,为了同一目的,政府有时会减低铸币的标准成色,即在铸币中掺以大量的劣金……减低(铸币)标准成色的做法,是一种阴险的、欺诈的和不正当的行为。"[②]显然,在金属货币制度情形下,铸币标准成色的下降,就会产生"劣币驱逐良币"的格莱辛法则(Gresham's Law),导致通货膨胀和国家信用破产。这不仅会加重民众的经济负担,也会加剧资本从生产领域的逃离趋势,从而对一国经济产生严重的消极影响。

综上所述,亚当·斯密坚持"自然秩序""廉价政府"等经济学理念,总体上反对公债的存在和发行,认为公债具有非生产性甚至破坏性(如公债与战争之间存在不解之缘)。这些公债思想和观点奠定了古典学派公债理论的基础。

二、大卫·李嘉图的公债理论

大卫·李嘉图(David Ricardo,1772—1823)出生于英国伦敦一个犹太族的家庭,少年时受过两年商业教育,后从事商业交易活动,到25岁时已成巨富,转而研究自然科学和政治经济学,代表作是《政治经济学与赋税原理》。大卫·李嘉图是英国古典经济学的完成者和集大成者,不仅在国际自由贸易理论方面做出了奠基性贡献(如提出了著名的相对优势理论),在公债理论等方面也影响深远。

从传承来看,大卫·李嘉图继承了亚当·斯密的公债观,主要以英法战争(1793—1813)累积的公债为分析对象,以及战后所推行的减债基金制度为中心,对公债理论做了较为系统的阐述,并对公债在总体上持以否定态度。其主要公债观点概括如下。

1.提出著名的李嘉图税收—公债等价定理

在1817年出版的《政治经济学与赋税原理》中,李嘉图论证了税收与公债在经济

---

① 亚当·斯密著,郭大力、王亚南译:《国民财富的性质和原因的研究》(下卷),商务印书馆2002年版,第495页。

② 亚当·斯密著,郭大力、王亚南译:《国民财富的性质和原因的研究》(下卷),商务印书馆2002年版,第497页。

影响方面具有相同效应的思想观点,被布坎南等经济学家称为李嘉图等价定理(Ricardian Equivalence Theorem)。值得指出的是,李嘉图认为税收与公债具有相同的经济效应,并不等于他主张公债的发行。他认为公债会助长政府的浪费倾向和消费倾向,因此,公债发行总体上是有害的。李嘉图等价定理是现代西方公债理论的中心内容,我们将在第三章进行专门论述。

2. 公债是政府弥补战争经费不足的重要途径,但战后政府应努力偿清公债

在英法战争期间,英国政府虽增加了直接税、间接税并增设了新的税种,但并未满足军费支出的需要,其差额基本上都是由公债来弥补。例如,在1792—1815年间,英国公债余额从2.4亿镑升至8.61亿镑,增加了2.5倍以上。可以说,英国的战时财政主要依靠公债筹资。但李嘉图指出:"在和平时期,我们应不断努力清偿战时所举借的债务。"[①]"如果在将来再有任何战争爆发时,我们的债务还没有大大减少,那么,要不是全部战费必须依靠逐年课税来支付,便是在战争结束之后(即使不是在战争结束之前)陷入国家破产的境地。"[②]显然,李嘉图认为,政府可以通过临时性的赋税——"战时税"来筹措战争费用,但战后就应立刻废止该项基于战争用途的赋税;在战争结束之后,政府必须努力偿清以前所欠公债,以免产生严重的后果。

3. 政府应建立减债或偿债基金制度

1786年时任英国首相的威廉·配第(William Petty)在英国创设了减债基金制度,但预期效果并不理想。大卫·李嘉图肯定并发展了这一偿债制度,并在《公债论》中认为,政府利用减债或偿债基金偿还公债的具体方案可有三种:(1)以赋税来筹划偿债资金的方法;(2)以公债本身来作为偿还公债利息或公债(本金)的方法;(3)以公债来筹划资金,而以赋税来支付公债利息的方法。在大卫·李嘉图看来,第(1)种办法是最好的办法[③]。

4. 否定了公债可将闲置资本转换为生产性资本的机能和效果,揭示了公债对经济活动的弊端和危害

在大卫·李嘉图看来,公债是掠夺生产资本并将之转化为死亡资本的一种经济手段。"国家债券持有人的资本不可能变为生产性资本,它实际上并不是资本,即使国家出售债券,并将所得到的资本用于生产上,也只是通过使购买他的债券的人的资本离开一种生产行业的办法才能做到""一个国家的穷困是由于借债""积欠巨额债款的国家的处境是极不自然的"[④]。此外,利用公债而非税收筹资,往往会使政府和人民不知节俭,倾向于过度消费或浪费。动辄举债,"会使我们不知节俭,使我们不明白自

---

① 大卫·李嘉图著,郭大力、王亚南译:《政治经济学与赋税原理》,商务印书馆1976年版,第210页。

② 大卫·李嘉图著,郭大力、王亚南译:《政治经济学与赋税原理》,商务印书馆1976年版,第212页。

③ 大卫·李嘉图著,蔡受百译:"公债论",《李嘉图著作和通信集》(第四卷),商务印书馆1980年版,第175页。

④ 大卫·李嘉图著,郭大力、王亚南译:《政治经济学与赋税原理》,商务印书馆1976年版,第210—212页。

己的真实境况。假定战争费用每年是 4000 万镑,每人每年应为这笔战费捐纳赋税100 镑。如果立即令其缴足应纳税款,他会迅速从收入中节俭 100 镑。但在举债的办法下,他就只要支付这 100 镑的利息,即每年 5 镑,并认为只需在支出方面省下这5 镑,从而认为自己的境况还和以前一样的富足。如果全国人民都这样想和这样做,因而只节约 4000 万镑的利息即 200 万镑,那么,所损失的就不仅是把 4000 万镑投在生产行业所能提供的全部利息或利润,并且还有 3800 万镑——即储蓄和开支之间的差额。"①从中不难看出,大卫·李嘉图认为公债还易于使人们产生一种负担上的错觉,并使其不知节俭,从而减少储蓄,危害资本的形成。

值得指出的是,法国著名经济学家萨伊根据法国发行公债的经验教训,批判了梅伦的关于"公债只是右手欠左手的债,不会损害身体"的言论,认为公债的本质是将生产性投资转向生产性消费,进一步恶化资本的形成,最终造成价值的毁灭和财富的损失。当然,萨伊也承认公债具有将意外或紧急事变所引发的巨额费用在若干年加以分摊的优点②。此外,瑞士著名经济学家西斯蒙第(1773—1842)也是坚决反对公债发行的学者,认为公债对社会资本积累产生了极大的危害性。"对人类最有害的发明莫过于公债了,任何发明也不会包藏着这样大的骗局。……当前的收入已经枯竭,于是趁国家还正有威信的时候大胆求助于公债,政府随意支配着从商业中不断剥夺来的资本,把这些资本浪费出去,而只代之以将来支付的拨款单;这些野心使国家和议会发昏几个月,却对子孙后代贻害无穷。"③

显然,作为古典学派的杰出代表人物,大卫·李嘉图认为公债的弊端或危害是将生产资本转化为非生产性支出,从而不利于社会资本的形成和积累,因而是有害的。他在公债问题上表现出来的反对态度,是和其自由市场主义的经济理论主张相一致的。

三、约翰·斯图亚特·穆勒的公债理论

约翰·斯图亚特·穆勒(John Stuart Mill,1806—1873)④,是西方经济学说史上里程碑式的重要学者,古典经济学派经济理论体系的最终完成者和集大成者。其代表性著作《政治经济学原理》总结了当时经济学的发展成果,被称为经济学史上的第一次综合,并成为当时最好的经济学教科书。亚瑟·T.哈德利对其人和其书的评价是:"约翰·斯图亚特·穆勒的《政治经济学原理》在学术界享有的持久地位,稳如磐

---

① 大卫·李嘉图著,郭大力、王亚南译:《政治经济学与赋税原理》,商务印书馆 1976 年版,第 210 页。

② 让·巴蒂斯特·萨伊(Jean Baptiste Say,1767—1832)也许是经济学说史上争议最大的经济学家之一。他提出了著名的萨伊定律,即"供给会自动创造自身的需求(Supply creates its demand)"。可以说,凯恩斯经济学的建立正是从批判萨伊定理开始的,而 20 世纪 80 年代的美国供给学派又坚持和肯定了萨伊定理。萨伊的相关公债理论见其代表作《政治经济学概论》,商务印书馆 1982 年版。

③ 西斯蒙第著,何钦译:《政治经济学新原理》,商务印书馆 1997 年版,第 400 页。

④ 穆勒是英国历史上最伟大的经济学家和思想学家之一,虽未受过正规的学校教育,但良好的早期家庭教育,使其在 14 岁时"其常识就像 40 岁的人那样",有"神童穆勒"之称,其智商据说是历史上唯一达到 200 分(满分)的人。

石,能做到这一点的科学著作为数甚少。固然,亚当·斯密更具有启发性,马尔萨斯更富于独创性,李嘉图更有条理性,可事实依然是,穆勒知道如何总结这三个人的发现,知道如何把这些发现首尾一致地联结在一起,使普通人对其有所了解。他的伟大不在于为后人发现了真理,而在于充分表达出了当时人们所信赖的那些真理。……不管整个经济理论发生什么样的变化,穆勒的著作都将永远具有不朽的重要意义。"值得指出的是,古典经济学说(包括古典公债学说)建立在三大假设基础之上,即经济人假设①、"看不见的手"假设以及社会分工假设。

总体上,穆勒认同亚当·斯密和大卫·李嘉图的公债理论观点,认为应限制公债发行,节约财政支出,即对公债持有否定性的理论态度。在穆勒看来,公债是国家筹划财源,以供给"战争或其他非生产性支出"的重要财政手段,同时,"公债是从资本取出来的借款,所以必定要使国家贫困"②。总之,穆勒认为通过公债将可使用的资本转化为非生产性支出会削弱现有资本的力量,是一种坏的财政手段。

然而,穆勒也对亚当·斯密等人的公债理论进行了修改和发展,指出由外债或国内的剩余或游动资金应募时,公债则会发挥有利的作用。理由在于:"第一,借入的资本为外国资本,为世界一般性储蓄的剩余(泛滥额)部分;第二,所借的这种资本没有这种投资方法时,将不会储蓄起来,或会在非生产性企业中浪费掉,或送往外国去投资。当储蓄的增加已经把利润降至某一点,如再下降,则资本将停止增加或以新储蓄全部送往国外时,只有在这时,政府每年(通过公债)截留新的储蓄,亦不致侵犯国内甚至任何劳动阶段的职业或工资。所以,在这个程度内,借债制度可以不受严厉的斥责;但超过这个程度,那便是应当严厉斥责的。"③不难发现,穆勒认为,若公债发行对象限于国内外的过剩资金(或闲置货币资本)时,除支付利息外,不会招致国民生活水平的下降,公债带来的危害就是相当微弱的。

综上所述,穆勒基本保留了公债有害的观点,但与亚当·斯密、大卫·李嘉图、西斯蒙第等人的公债理论保持了一定的距离,即其开始提出和赞同政府在过剩闲置资本的前提下发行公债、非命令式政府干预的理论主张。值得指出的是,穆勒以个人利益与社会利益差别论为基础的政府干预经济思想和他的折中主义经济学体系是相适应的,这也是穆勒的政府干预经济思想的一大特色④。

显然,穆勒上述理论态度与英国资本主义成熟阶段、社会闲置或过剩资本问题不断出现等历史背景息息相关。

---

① 经济人假设具有高度的抽象概括性,保证了经济学说体系易于建立在前后逻辑一致的基础之上,因而,该假设对经济学的意义是非凡的。当然,经济人不完全等同于现实人。
② 约翰·S.穆勒著,郭大力译:《政治经济学原理》,世界书局1936年版,第74页。
③ 约翰·S.穆勒著,郭大力译:《政治经济学原理》,世界书局1936年版,第81页。
④ 固然,亚当·斯密的经济理论(包括公债理论)更具有启发性,马尔萨斯的经济理论更富于独创性,李嘉图的理论更富有条理性,但事实是,穆勒知道如何富有逻辑地综合上述三个人的经济学发现,从而使经济学知识得到大范围普及。正基于此,穆勒的代表作《政治经济学原理》被西方国家经济学界捧为19世纪下半期无可争议的一部经济学圣经。

四、卡尔·迪策耳的公债理论

卡尔·迪策耳(1829—1894),19 世纪德国著名经济学家,在 1855 年出版的《从人民经济关系观察国家公债法》一书中,他对古典公债理论进行了质疑、反驳和重新评价。其主要公债理论观点概括如下。

1. 应从公债与整个国民经济的关系来考察公债的经济效应,而不应像古典经济学家那样将公债与国民经济割裂开来

在卡尔·迪策耳看来,古典经济学家关于公债的非生产性或有害性理论存在一些解释性错误,主要表现在:(1) 将政府经济活动从一般国民经济活动中分离出来,视公债为政府筹资经费、获取额外收入的一种专门手段,而忽视了国家提供公共物质资本以维持国民经济运行这个事实,于是,公债存在于国民经济之外,公债被认为是国民财富的负担。(2) 从经费的生产性与非生产性观点,引申出政府的消费性就是非生产性的观点。如果将公债视为国家财政与国民经济相互关系中的必然产物,并从国民经济的总体角度或宏观经济的高度来研究公债的经济影响,那么,公债活动对国民经济的影响就未必是有害的。

2. 公债具有生产性,能够促进国民经济的发展

卡尔·迪策耳从国家经费的生产性理论推导出公债的生产性,十分有趣,也很有价值。在卡尔·迪策耳看来,国民经济的运行和生产劳动的循环,会经常受到外部因素的冲击和干扰(如自然灾害、暴力掠夺等),而国家的存在通过提供公共物质资料会消除这些不良影响,从而保证国民经济的顺利运行,因而不能认为政府的支出就是非生产性的。"生产性劳动,为求其达到从事生产资料的目的,除其他条件外,对于来自外部暴力影响的保护,实属必要。若无这种保护则会妨碍劳动过程的进行,或使其迟延、恶化甚至破坏劳动生产成果,至少是要减少其价值,所以,劳动的保护就是生产的必要条件。这种暴力既可能来自自然,也可能来自人为……于是,国家为完成这种保护任务而使用的物质资料,应该是生产性的。"[①]为此,为提供这种新的物质资料所需的全部财政支出就应是生产性的,即所谓的"财政支出生产性学说"。由此推出,公债资金即使是用于国家的一般性消费支出,也具有生产性质,而将公债定性为非生产性只是一种片面的认识。

此外,卡尔·迪策耳还进一步分析到,若将公债用于生产性的投资性支出,就是一种资本性支出,而不是非生产性的消费,如公路、铁路、运河以及公共交通设施等支出都具有生产性质,教育能够提高工人的劳动能力,宗教能提高国民道德水平,从而提高国民生产的稳定状态。

3. 公债有利于信用经济的发展,而信用经济的发展会提高储蓄转化为投资的效率,从而推动国民经济发展

卡尔·迪策耳认为:"发展公债等同于发展信用经济。公债形成的储蓄可成为国

---

① 坂入长太郎著,张淳译:《欧美财政思想史》,中国财政经济出版社 1987 年版,第 283 页。

民经济的杠杆,将现在增加国家财富的财政负担转移到将来。因此,举债为国民经济的正常步骤。还应把这种国家行为理解为生产性的。国家为完成其职能如建筑官厅、舰船、营房等属于固定资本;而一般的事务性费用则属于流动资本。公债经常被用于抵充固定资本,赋税则充任流动资本。在公共经济中,这两种资本观念应像私人经济中那样保持均衡。公债在资本形成的增进方面应恰如蜜蜂一样,不断地取得蜂蜜以进行再生产。这等于国家举债也有利于将来一样。"[①]在卡尔·迪策耳看来,公债这种公共信用还是所有信用中最高级别的国家信用的适当运用,是国民经济高度发展的必然产物,而国家债务也是表现国家财富的重要标志。

总之,卡尔·迪策耳提出将公债放在国民经济运行的大背景下加以研究,这对后来学者深入研究公债问题是一个全新的角度,提出公债的生产性以及公债促进信用经济制度等理论观点,相对古典经济学派来说也是一个重要的进步。

五、凯恩斯学派的公债理论

随着资本主义从自由竞争进入垄断阶段,1929—1933 年爆发了资本主义历史上最严重、最持久、最广泛的经济危机,经济萧条,失业严重,传统古典经济理论已无法解释大萧条中出现的各种经济现象,更不能为摆脱危机提供有效对策。在此背景下,英国著名经济学家约翰·M.凯恩斯(John Maynard Keynes)经过潜心研究,于 1936 年出版了代表作《就业、利息和货币通论》一书。该书的问世,从根本上动摇了传统的古典经济理论,为政府干涉经济以摆脱经济萧条提供了理论依据,引起了经济理论领域上的一场"凯恩斯革命"(Keynes Revolution),标志着凯恩斯学派已发展为独立的理论体系,从而也成为公债理论发展史上的一个重大转折点。基于其对经济学理论和实践做出的极大贡献,凯恩斯被誉为资本主义的"救星""战后繁荣之父"。

凯恩斯经济学为什么提出"公债有益论"?

凯恩斯学派的公债理论观点概括如下。

1. 大力主张和赞扬公债,将公债和赤字、补偿性财政政策紧密联系在一起,将公债视为政府干预经济、稳定经济的重要政策手段

在《就业、利息和货币通论》中,凯恩斯从根本上否定了传统经济学的观点(即认为资本主义经济能够借助市场供求力量自动地达到充分就业的均衡状态)。在凯恩斯本人看来,这种充分就业均衡状态及其假设并不具有一般性。"经典理论之前提,只适用于一种特例,而不适用于通常情形……而且这种特例所含属性,恰不是实际经济社会所含有的。结果是理论与事实不符,应用起来非常糟糕。"[②]经济危机的出现源于有效需求(effective demand)的不足,有效需求不足则是因为"消费倾向""资本未来

---

① 坂入长太郎著,张淳译:《欧美财政思想史》,中国财政经济出版社 1987 年版,第 286 页。
② 凯恩斯著,高鸿业译:《就业、利息和货币通论》,商务印书馆 1997 年版,第 8 页。

收益的预期"和"货币的流动性偏好"三个方面因素共同作用的结果,一国的就业水平和产出水平是由有效需求来决定的。既然资本主义市场经济本身并不存在自动达到充分就业均衡的机制,在此情况下,就必然需要政府的积极干预,尤其是通过财政政策(如扩大公债发行来增加财政支出)来刺激消费和投资需求,以增加就业机会和社会财富。在有效需求不足的经济背景下,公债所筹资金无论是用于生产性投资还是非生产性消费,都会扩大有效需求,从而带动经济增长。也就是说,公债是一种政府刺激经济需求、摆脱经济危机的重要政策手段。

2. 公债是有益而无害的,通常不会造成下一代人的负担

在凯恩斯学派看来,公债只是在一定时期将国民手中的货币用途加以改变,属于资源结构的合理流动,也并未减少国内资源的总量。在凯恩斯看来,"举债支出虽然'浪费',但结果倒可以使社会致富"[①]。其基本逻辑是:由于边际消费倾向递减造成有效投资需求不足,而政府用公债则可将从社会生产中"漏出"的一些闲置或呆滞的经济资源动员利用起来,从而通过乘数效应增加社会消费或投资,最终不仅促使经济稳定发展,而且创造更多财富并使社会变富。在凯恩斯看来,即使在财政预算平衡的情况下,只要宏观经济未达到充分就业状态(即存在一定的有效需求不足),政府发行公债就是可行的、有益的。

凯恩斯主义者阿尔文·汉森(1887—1975)曾提出补偿性财政政策的建议,指出公债是调节经济运行的有益杠杆工具,同时,也认为公债是一种社会利益,而不是由少数财阀占有的利益分配工具。那么,政府积极运用公债的干预政策会否造成下代人的负担?对内债来说,凯恩斯主义者往往认为下一代在继承债务负担的同时,也继承了债务支付的收益,因此总体上不会造成负担。此外,凯恩斯主义者认为,公债发行的绝对数量随着经济的发展而增加,但相对数量却随着经济的发展而减少,因此,国家不必担心债务负担问题。根据凯恩斯主义者勒纳的观点,外债因为要向全部外国债权人偿付借款额的本金和利息,因此,影响后代人的消费水平并产生负担;但内债不会给后代人产生负担,只是后代人的相互欠债,即"右手欠左手的债"。

凯恩斯主义者保罗·A.萨缪尔森就认为,存在着大量有关债务负担的神话,这往往是因为人们将公债与私人理财相类比,从而犯下了合成推理错误。"对于个人来说正确的东西对于国家来说不一定是正确的。同样,我们不能简单地假设:个人的罪过就是公众的罪过。"[②]当然,萨缪尔森也承认公债会产生一些实质性的负担,且应区分内债与外债(即认为外债才是真正意义上的国民负担),但不应过于夸大这些效应。

3. 从长期来看,公债只是象征性被偿还,其最终难以清偿也没必要清偿

作为政府干预和调控宏观经济的重要工具,公债虽在举借时规定了偿还的预期

---

① 凯恩斯著,高鸿业译:《就业、利息和货币通论》,商务印书馆1997年版,第110页。

② 保罗·A.萨缪尔森、威廉·D.诺德豪斯著,高鸿业等译:《经济学》(上册),中国发展出版社1992年版,第592页。

时间、金额以及方式，但这只是象征性偿还。只要国家没有消亡，公债政策仍被经常使用，公债就不会也没有必要偿清。

总之，凯恩斯学派基本上推翻了"古典公债观"，认为公债是一种反经济危机的重要政策手段，是政府宏观经济调控的重要工具。

六、詹姆斯·M.布坎南的公债理论

凯恩斯学派的公债理论和政策的大行其道，导致了政府债务规模的不断增加，甚至被认为是导致 20 世纪 70 年代西方经济"滞胀"的罪魁祸首。在此背景下，开始出现了"公债负担论""公债排挤论"等现代公债理论思想。这里，主要介绍公共选择学派集大成者詹姆斯·M.布坎南（James M. Buchanan）的公债负担论。其主要公债理论观点概括如下。

1. 批判了凯恩斯主义学派的公债非负担观点，指出公债通过负担的转移会形成下代人的负担

布坎南在其《公债的公共原则》一书中认为，公债是有负担的，但其负担往往不是由现代人的利益"牺牲"承担的，而是转移到了后代子孙身上[①]。以公债为例进行说明，布坎南发现，"一致同意"的公共选择原则虽然不会导致任何人的利益受损，但也可能导致无效率的结果。具体地说，由于人们的寿命是有限的，人们宁愿借债度日，让后代承担还债的义务，因此"一致同意"原则往往导致财政赤字、巨额债务和通货膨胀的政府政策，最终会带来整个社会的效率损失。

这里，通过一个简单的新古典迭代模型（Overlapping Generations Model），以居民终生消费的变化量，来证明公债确实会造成代际负担的转移。假设一个社会的人口由数量相同的三类人来组成，即"老年人""中年人"和"青年人"，每代人的持续时间都是 20 年，20 年内每个人的收入水平固定为 15000 元，且每个人都将自己的全部收入消费掉（即没有储蓄或遗产）。为了简化问题，假设上述情形永远持续下去。如表 2-1 所示，2005—2025 年三代人的收入水平分别为 15000 元，现假定政府举借公债 15000 元并用于公共消费（public consumption），并决定于 2021 年偿还。由于理性的老年人不愿意借款（因其在 20 年后政府还债时已不在人世了），政府举债时，只有青年人和中年人愿意借款给政府。为简化问题，假设青年人和中年人共同并对半承担这笔公债，即分别借款 7500 元给政府，于是，其在 2005—2025 年的消费水平自然都减少 7500 元。然后，政府将这笔公债用于当期的公共消费支出项目（假设公共消费项目的价值等于投资额），并向同时期所有的居民提供等量的公共消费额，于是同时期的三代人都增加了 5000 元的实际消费量。假设时光如梭转眼到了 2025 年，原来的老年人已归入尘土而退出理论分析的视野，原来的青年人已变为中年人，原来的中

---

① Buchanan, J.M. *Public Principles of Public Debt: A Defense and Restatement*. Homewood, Ill.: Richard D. Irwin, Inc., 1958, pp. 34 – 35.

年人则变成新的老年人,与此同时,新一代青年人也已出现。假设公债的偿还需要税收化,即政府通过向每代人征收 5000 元来偿还 15000 元的公债[1],并用这笔税款来偿清债权人(已变成中年的当年青年人和已变成老年的当年中年人)。

表 2 - 1 迭代模型和公债负担

	2005—2025 年		
	青年人	中年人	老年人
(1) 收入水平	15000 元	15000 元	15000 元
(2) 政府举债	−7500 元	−7500 元	
(3) 政府提供公共消费	+5000 元	+5000 元	+5000 元

2025 年

	青年人	中年人	老年人
(4) 公债税收化	−5000 元	−5000 元	−5000 元
(5) 政府还债	+7500 元	+7500 元	

从公债负担的角度,依据表 2 - 1 可得出如下几点结论:(1)2005—2025 年的老年人(即上代人),其终生消费水平比没有公债发行的情形高出 5000 元;(2)2005—2025 年的青年人和中年人,终生消费水平未发生任何变化;(3)2025 年的青年人(即下代人)的终生消费水平,较之没有公债发行的情形下降了 5000 元。也就是说,即使是内债,公债也会产生代际间的负担问题,而代际负担的程度取决于未来税率、利率、人口等假设条件。在代际负担问题上,区分内外债是没有意义的。

2. 作为替代税收来筹措公共支出所需资金的公债,会扩大在权衡财政预算决策时成本收益两方面可能产生的不一致

布坎南认为,"即使对个人或家庭来说,私人预算也不必在一个或每一个期间都保持平衡。从内部或外部'借债'或借款总是能够解决收入和支出之间的矛盾"。因此,"对政府来说,借款作为代替征税的一种筹措公共支出所需资金的方法,在有限程度内几乎总是可以利用的"。但通过发债来弥补政府财政的赤字,会扭曲人们的公共选择行为,即扩大"在权衡财政决策两方面的成本和利益时可能产生的不一致"[2]。换言之,与没有债务时的决策模型相比,个人将"投票赞成"一个更大规模地扩大公共支出的预算提案。也就是说,当我们考虑公债这一支出筹资选择时,"一个有理性的个人将总是希望通过发行公债来为所有的公共商品或服务筹资"[3]。在很大程度上,这主要是因为个

---

① 为简化问题,这里假设该笔公债无须支付利息(即零利率公债),即只偿付公债本金,而不为将来的消费进行贴现。但须指出,即使该笔公债的利率为正值,也不会影响分析结论的成立。

② 詹姆斯·M.布坎南著,穆怀朋译:《民主财政论》,商务印书馆 2002 年版,第 108—109 页。

③ 詹姆斯·M.布坎南著,穆怀朋译:《民主财政论》,商务印书馆 2002 年版,第 270 页。

人在享受公共支出收益时,在短期内并未增加缴税成本,从而扭曲了收益与相应成本在时间上的对比关系。进一步分析,这必然导致公债的增发以及公债规模的膨胀。

3. 公债会产生财政幻觉,使得个人不会做出适当的计划来履行到期的财政义务

在布坎南看来,"尽管在发行债务时已经创造了财政义务,但是个人可能表现得似乎这类义务并不存在。他们可能不能充分计算出在还本方面债务所包含的未来税收的现值。"[①]也就是说,公债会产生财政负担方面的幻觉。"在债务幻觉下,个人不会做出适当的计划来履行到期的财政义务。然而,只要得到资金的项目确实能在一段时间内带来利益,个人履行推迟的纳税义务的能力也就会被这些公共服务利益所加强。在某种程度上讲,这些利益是可以转化为实际收入的。"[②]总之,个人在选择筹资制度时可能会产生公债负担幻觉,于是就会希望用公债而非税收来为公共支出项目融资。

4. 公债工具手段中包括有"或有负债因素",会导致人们在某种程度上反对公债制度

布坎南认为,"孤立的个人从理性上说应该选择公债来为公共商品和服务筹资",对个人来说,公债中包含的"社会纳税义务中的个人份额"是一种或有负债,且这种或有负债份额的未来安排往往是不确定的,在此情况下,社会中某些人可能有意无意地"不能履行分配给他的几个时期的纳税义务"或支付税金,导致其他社会成员不得不承担最初分配给恣意挥霍者的纳税义务。解决这个问题,要求所有社会的或至少足够数量的社会成员必须"有理性和负责任"。但"这一条件是极为严格的,因而在大多数情况下,似乎很可能使人们无法普遍赞同公债制度"[③]。

总之,布坎南等公共选择学派主要从征税还是借债这个古典财政选择角度对公债负担问题进行了深入阐述,并揭示了公债负担在代际间转移的可能性,具有重要的理论和现实意义。

专栏2-1

卡尔·马克思的公债思想及其主要观点

公债或国债是国家以债务人的身份向本国居民和组织及外国借债,是国家信用的主要形式。马克思曾指出:"公共信用制度,即国债制度,在中世纪的热那亚和威尼斯就已产生,到工场手工业时期流行于整个欧洲……国债,即国家的让渡,不论是在专制国家、立宪国家还是共和国家,总是给资本主义时代打下自己的烙印。在所谓国民财富中,真正为现代人民所共有的唯一部分就是他们的国债。因此,一个国家的人民负债越多就越富这一现代理论是完全合乎逻辑的。公共信用成了资本的信条。"

---

① 詹姆斯·M.布坎南著,穆怀朋译:《民主财政论》,商务印书馆2002年版,第277页。
② 詹姆斯·M.布坎南著,穆怀朋译:《民主财政论》,商务印书馆2002年版,第278页。
③ 詹姆斯·M.布坎南著,穆怀朋译:《民主财政论》,商务印书馆2002年版,第271—273页。

马克思认为,公债是资本家投机的对象和发财致富的捷径。资产阶级国家为了弥补赤字,每一次发行公债都为资本家创造了攫取国民财富的机会,而偿还公债本息主要依靠增加税收,剥夺劳动人民创造的剩余价值。在资本主义社会,公债是作为资本原始积累的有效手段而发挥作用的。他指出:"公债成了原始积累的最强有力的手段之一。它像挥动魔杖一样,使不生产的货币具有了生殖力,这样就使它转化为资本,而又用不着承担投资于工业,甚至投资于高利贷时所不可避免的劳苦和风险。国家债权人实际上并没有付出什么,因为他们贷出的金额变成了容易转让的公债券,这些公债券在他们手里所起的作用和同量现金完全一样。于是就出现了这样产生的有闲的食利者阶级,充当政府和国民之间中介人的金融家就大发横财,每次国债的一大部分就成为从天而降的资本落入包税者、商人和私营工厂主手中。撇开这些不说,国债还使股份公司、各种有价证券交易、证券投机和现代银行的统治兴盛起来。"综上,马克思从资产阶级国家的性质出发,对公债的剥削性、欺骗性和掠夺性进行了深刻的揭露。

资料来源:卡尔·马克思著,中共中央马恩列斯著作编译局译:《资本论·政治经济学批判》,人民出版社 2004 年版,第 821—823 页。

第二节 中国公债思想的产生和发展

中国近代以来,虽未出现过全面而系统的公债理论体系,但却产生了诸多具有"闪光之处"的公债思想。这主要可归因于两个方面的原因:(1) 由于严复[①]、梁启超等学者的不懈努力,西方公债理论在中国不断传播,并引发各种公债思想;(2) 中国公债实践开始大规模展开。值得指出的是,由于外敌入侵和战争等方面的原因,近代中国的公债实践表现为外债先于内债,外债的发展也快于内债的发展。因此,公债思想的最初讨论往往围绕外债来展开。应指出的是,在这些公债思想中,许多具有相当强的理论性。

基于篇幅的限制以及认识上的局限,这里以一些具有重要影响力的代表性人物(包括政治家、经济学家和思想家)的公债思想为主线,来简要描述中国近代以来公债理论学说在不同时期的演变过程。

---

① 严复(1854—1921),我国近代史上著名的理论家和翻译家,早年留学英国,是系统传播西方古典学派公债理论的中国人。他之所以选择并翻译亚当·斯密的《国富论》,是基于这本书是英国等西方各国富强的经济基础,在当时的中国产生了极大的反响。亚当·斯密关于公债的一些理论观点,曾使严复受到深深的触动,并引发了他一些深入的思考。例如,严复认为"英债虽重,而国终以富强者",是因为西方国家举债用于"拓国攘利之饶"或"便民通商之利";而当时的中国举外债皆用于偿还赔款本息,"其息利既不在民,于国财又无增益"。因此,"西国之债以利,中国之债以害"。此番认识,言犹在耳,发人深省。

一、马建忠：第一次系统论述外债问题的中国人

马建忠(1845—1900)是清末的一位学者,于光绪三年(1877)被李鸿章派往法国留学多年,精心研究西学,回国后成为洋务运动的提倡者和拥护者。他精通英语、法语、希腊语及拉丁语,著有《富民说》,用重商主义观点解释经济发展,另一著作《马氏文通》是中国第一部较全面系统的语法著作。

马建忠的公债思想主要围绕外债展开,是中国近代史上第一个系统论述借用外债的思想家和理论家。其主要公债观点概述如下。

1. 否定借债"有伤国体",肯定借债的积极作用

在当时的中国,"债"无论公与私、内与外往往都被认为是坏事。特别是洋债或外债,人们往往认为其既可能使得本国政治经济受制于外人,也会大大伤害大清王朝的自尊或尊严,即存在一种"洋债有伤国体论"的思潮。马建忠从西方财政金融的角度指出,借债未必完全是坏事,反而可能是好事。在马建忠看来,西方列强借债巨万,却能"称雄如故"是因为"借债兴利"。世界上一些后进国家也有许多通过借债来发展经济的。当然,也有一些失败的例子,但却是举债本身以外的问题。

2. 借洋债兴铁路的本质是"用洋人之本"来"谋华民之生"

在清末朝野内外对借债筑路展开激烈争论时,马建忠根据中外情况的对比分析,认为中国"立富强之基者,莫铁路也",并指出中国兴建铁路在地理、铁材、人力等方面都没问题,唯一的不足是筹资。然而,封建财政国库亏空,富商又多顾虑,民间集股又很难,"无已,则有借洋债之一法"。同时,马建忠又列举世界各国举债修路而未有害国体的事实。"欧美诸国铁路,迄今造成者不下四万余里,何一非借款以成"。借债若用之得当,实是"阳为借债之名,阴收借债之效。用洋人之本,谋华民之生"。"借债以治道途,以辟山泽,以浚海口,以兴铁路,凡所以为民谋生之具,即所以为国开财之源,与借债以行军,其情事迥不相比同"[①]。因此,谈"外债"色变是"庸众之见"和"无稽之谈"。

3. 主张借洋债办商务,反对将洋债用于非生产性的军务

马建忠认为,借洋债"不可行之于军务",而主要应用之于兴办商务。"借贷之事,用之善,则国受其利;不善,则反受其害……告贷之先,当筹所以告贷者所办何事,兴何善举"[②]。针对借洋债兴商务会导致"失利先害、失其本谋"的批评,马建忠做出如下反驳:"不知商务兴,则进口贷少,出口贷多,是昔日华商之银透漏外洋者,变为洋商之银溢输中国。且初以外洋之银采中国之金(这里指借洋债开采金矿)……区区岁输之息银,名虽出于华商,实仍取偿于洋商也,何透漏之有?"在马建忠看来,"债者,所以济盈虚,通有无,与市场之道并重"。而借洋债发展商务,会增强自发展和清偿能力,是

---

① 马建忠："借债以开铁道说",《适可斋纪言》卷一。
② 马建忠："富民说",《适可斋纪言》卷一。

"用外人之本,谋华民之生,取日增之利,偿岁减之息"。此外,马建忠还建议创办一商务衙门(即后来清政府成立的招商局)来统管借洋债兴商务的发展计划①。在当时,马建忠从国际贸易和国际收支的理论角度来看待和分析外债问题,是具有相当的历史进步意义的。

4. 提出举借洋债过程中应遵守的原则、建议以及有关注意事项

马建忠强调在举债过程中信用的重要性。"西人云,取现在之银,偿将来之息,谓之债;恃将来之息,致现在之银,谓之信。故凡乞借于人者,必有所恃。"②以铁路为例,马建忠认为中国铁道将来所获盈余必甲天下,只要找人细加勘估,以示外洋,就必然可取信,而不必用关税担保。基于对西欧资本主义金融市场理论和实务的深入理解,马建忠指出政府举债都是以信当先,而不必用关税等国家主权加以担保。

此外,马建忠还提出了一些具体的借债建议。例如,"告贷之方,有散借于他国人民的,有借贷于豪富的,有取于银行的,如有条件最好自己派人到英法,径向民间借取,或向银行商借,以免在华外国银行从中盘剥,这样利息较轻"③。以及中国借洋债,应随时了解外国金融行市,以免"误出重利"。马建忠还发出警告,向外国政府借债或告贷应谨慎,那样可能因附带政治条款而"势必受其要挟"。此外,举洋债应"于称贷之初,预留清还之地"④。

马建忠的上述公债思想对同时代的人们以及后世的影响都很大。值得指出的是,与马建忠同时期的郑观应(1842—1921)也深入论述了"国债"存在的必要性,但却主张"借洋债以损国",即认为借内债优于借外债、借外债必然有害的公债思想⑤。

二、梁启超: 中国近代公债思想的集大成者

在某种程度上,甲午战争刺激并加快了近代中国的对外开放步伐,增强了举借外债意识,外债活动的范围有所扩大,外债的规模也有所增大,从而导致近代公债思想的进一步发展。例如,继李鸿章之后主张举外债大办洋务企业的张之洞,就曾提出一些借外债以图"自强"的公债策略和思想;维新派政论家何启、胡礼垣等人则提出股份式国债,希望国民帮助政府摆脱财政困境,暂不要求还本。但这一时期,公债思想最为丰富、公债理论性最强的学者莫过于梁启超。

梁启超(1873—1929),6 岁"从父读",17 岁中举,23 岁跟康有为在京联络 3000 人"公车上书"请求变法,被光绪帝召见,主张君主立宪,介绍西方学术文化,后成为维新运动的领袖人物。梁启超在戊戌政变后逃往日本,后任袁世凯政府司法总长、币制局总裁,袁世凯称帝后策动护国军倒袁,1917 年任段祺瑞政府的内阁财政总长兼盐务总

---

① 马建忠:"富民说",《适可斋纪言》卷一。
② 马建忠:"借债以开铁道说",《适可斋纪言》卷一。
③ 马建忠:"借债以开铁道说",《适可斋纪言》卷一。
④ 马建忠:"借债以开铁道说",《适可斋纪言》卷一。
⑤ 夏东元:"盛世危言·国债",《郑观应集》(上册),上海人民出版社 1982 年版,第 582 页。

督督办,1918—1919年赴欧洲,周游英、法、荷、意、德等国,1920年归国后在各大学讲学,写有大量学术价值很高的著述。梁启超一生中发表有数十篇公债方面的专论,提出不少精辟见解,其公债思想在前人基础上有很大发展,简要概括如下。

梁启超为什么反对"爱国公债"?

1. 认为外债之本性无所谓善恶,而外债的结果则有善恶之分,且善恶的根源在于举债的政府本身

针对当时社会截然对立的两种外债[①]观点(即不容外债的"蛇蝎论"和视外债为有一利而无一害的有益论),梁启超认为:"外债之本性,无善无恶,而其结果有善有恶。善恶之机,惟有举债用债之政府。"[②]进一步分析,"平心论之,外债之本质,非有病也。即有之,其病亦微,而非不可治。天下事弊恒与利相缘,岂惟外债,而外债特以病闻者,则政治上之病而已"[③]。因此,梁启超认为自己是一个公债中性论者,即"吾既为欢迎外债论者之一人,同时亦为反对外债论者一人。而欢迎与反对,要以政治组织能否改革为断。以现政府而举外债,吾所认为有百害而无一利者也""财政紊乱之国,必其政治极腐败……一旦开辟外债之门,则恶政府有恃不恐以断送全国而不止"[④]。显然,梁启超的"公债善恶论"更为客观公平,其提出举债用债的主体——政府是导致公债善恶和好坏的根源反映了其深邃的洞察力,至今仍有现实意义。

可以说,外债的好坏或利弊不是一个经济问题,而在本质上是一个政治问题,这是梁启超公债观的一个核心思想。

2. 从历史和现实双重角度阐述了公债存在的合理性

梁启超指出,古代的东西方国家都无公债,公债的历史只是近三百年的事情。当国家政务日增,政费也日多,举债就随之出现。所以,公债是由于国家财政的需要以及国计民生的需要而产生的。历史上周赧王之债台高筑应为良史垂戒,而西方列强举债数十巨万却安之若素,主要在于一国政务的范围大小和国富民强的程度。在梁启超看来,若无公债的存在,则"国计民生之象"将"凝固而不敏、局促而不舒"。因此,"今世各国不讳举债"并大量举债[⑤]。梁启超认为,应严格禁止通过举债的办法来弥补财政经常性支出的不足,因为其不能增殖资本,会一去不复返。此外,梁启超认为,中国"土地劳力皆居优胜",但"惟苦乏资本",而导致"资本日涸"的重要原因是"食利者寡,分利者众"等原因[⑥],在此情况下,就须兴办国计民生事业,进而就不得不借用外债或内债。

3. 认为公债与租税并无本质区别,质疑亚当·斯密的公债会累及子孙的公债观点

梁启超认为,公债与租税都要取之于民,两者并无本质区别。当然,两者并不完

---

① 梁启超曾认为,公债虽有内外债之别,但区分起来有一定困难。例如,清末某些省份(如直隶、湖北省公债)以内债形式在国内发行,但承募者多为外国银行。在梁启超看来,这实际上就是举借外债。
② 梁启超:"评一万万元之新债",《饮冰室合集 文集》之二五。
③ 梁启超:"外债评议",《饮冰室合集 文集》之二二。
④ 梁启超:"外债评议",《饮冰室合集 文集》之二二。
⑤ 梁启超:"中国国债史",《饮冰室合集 专集》之二五。
⑥ 梁启超:"利用外资与消费外资",《饮冰室合集 文集》之二七。

全等同,差别在于:"租税直接取之于现在,而公债则赋之于将来。质而言之,则公债者,不过将吾辈今日之义务,析其一部分以遗子孙尔。"①但是,梁启超又不同意亚当·斯密的公债必会累及子孙的公债观点,认为公债诸多收益也会为后世国民所共享,所以今日人民的负担以一部分让渡给后代子孙也是合理的。

4. 主张通过创办证券公司的办法来推行公债的发行与偿还

在中国,从证券市场的角度深入探讨公债的发行和偿还问题,梁启超算是较早的一个。梁启超认为,公债本身是一种流通市场的有价证券,通过集款开设证券公司,对公债的发行和偿还至少会有十二种好处。例如,借助证券公司的业务活动可逐渐买回外债,并可将部分外债变为内债。"对于本国债务增加一分,则对于外人债务就减少一分。"②外债往往事先约议定期定额归还,若想提前偿还则须外人同意并须加收一定的手续费,而通过国际证券市场买卖就免去了手续费。此外,由于以往国民对政府不信任或政府债信不高,且不知公债为何物,使得内债无人愿意应募,而证券公司则在债券买卖和教导国民如何利用公债等方面具有重要的积极作用。总体上,梁启超比较系统地论述了证券公司这种中介机构在公债偿还中所起的重要调节作用。

5. 提出维护主权、追求效益、量力而行等重要公债原则

梁启超对清政府为借债而丧失国家主权的做法进行了严厉的批判,认为"外资所到之处即为他国权力所到之地,外资之可怖专在于此"③。他结合当时中国的国情进一步分析道:"今日之中国,有形瓜公不足畏者,乃在外国资本家渐握我生计界之特权,全吸我精髓……尤可畏者,则乘我财政紊乱之隙,协商以监督我财政,此两者,皆立足以召亡,而为导线者,其必在现政府之借款政策矣。"基于此,梁启超主张对外国的个人负债,而不主张对外国的政府负债。这事实上表明了应坚持维护国家主权的举债原则。梁启超以外债为例,认为"用于生产的,往往食外资之利,用之于不生产的,势必蒙外资之害。"当然,生产与不生产的界限有时难以界定,所以,梁启超又补充道:"然则外债政策之标准如何定之?亦曰取决于'生计主义'而已。"即"以最小之劳费得最大之效果之一原则也"。并应"权衡劳效果之大小轻重缓急"④。无疑,这是外资运用中的效益原则。此外,梁启超还十分重视外债的偿还能力问题,即未借之前,"当视国民之能力如何",不可使"外资输入太骤",若借债之本息没有将来税源的保障,"则不可借者也"。否则,必导致一国"通货必增""物价必腾",并损害国计民生。

值得指出的是,梁启超为抗议当时政府滥发内债以供官员挥霍,曾提出"不得财政监督,不纳公债额派之本息"的口号,这与英国资产阶级与封建王朝斗争时提出的"不出代议不纳租税"的做法颇为类似,这里提出的财政公开透明度以及接受民众监督的财政思想,具有很强烈的政治进步意义。

---

① 梁启超:"利用外资与消费外资",《饮冰室合集 文集》之二七。
② 梁启超:"再论筹还国债",《饮冰室合集 文集》之二一。
③ 梁启超:"外资输入问题",《饮冰室合集 文集》之一六。
④ 梁启超:"外债评议",《饮冰室合集 文集》之二二。

李鸿章的公债思想及其实践

李鸿章(1823—1901),清政府主导下的洋务运动的主帅。这一时期中国的外债利用和发展相当迅速,因此,其有关公债(尤其是外债)的思想和实践在洋务运动以及中国的近代化进程中起到了举足轻重的促进作用。

李鸿章曾任大清国直隶总督兼北洋大臣(清朝封疆大臣中的最高职位),曾出使美国、英国等国。由于其曾参与镇压当时的农民起义和革命暴动,并经手签订了许多不平等国际条约,因此,其历史评价地位并不高。但应看到,在当时,李鸿章是一位难得一见的对外国科学技术和国内经济活动保持极大兴趣的清朝重臣,其主导的洋务运动则是清政府当权者自上而下奋发图强、摆脱外侮的一种重要尝试。李鸿章在公债方面并未形成系统的理论,其有关公债思想主要体现在奏折和电稿中,主要概括如下。

1. 举内债和"借洋债"(即外债)思想的积极实践者

可以说,李鸿章的公债思想受到了他提拔和赏识的马建忠等人的深刻影响,但仍有一些自己的独到理解。在李鸿章的主持和参与下,洋务派创办了中国近代第一条铁路、第一座钢铁厂、第一座机器制造厂、第一所近代化军校、第一个近代军工企业、第一支近代化海军舰队(即号称当时世界第六的北洋水师)等。其中,第一个近代军工企业就是李鸿章利用上海富绅的银两引进洋人的机器设备而创办的。在洋务运动中,李鸿章主要采取"官督商办"或官商合办的方式经营各类企业,因此,这些企业创办所举借的各类内债或外债就具有公债的性质,不能视为单纯的企业债。应指出的是,在当时的中国创办近代企业需要的不仅仅是财力资源,更重要的是思想和观念的更新。李鸿章曾认为,世界发展至今,一国已不可能关闭国门而安然生存。大清国如果打开国门参与世界商品经济的往来,不但可以富强自己,而且因为贸易是双边的,等于也就制约了别人,这样的制约甚至强过武力,整个地球便可"胥聚于中国"[①]。可以说,持有这样的认识,不但在百年前的中国可谓凤毛麟角,即使是在当代中国也属振聋发聩之声。

2. 由军需公债向实业公债的公债思想转变

中国近代的工业化是从李鸿章主导的军事工业化发端的,而在国内资源条件相对贫乏的条件下,军事工业化往往与政府主导下的军需公债有关。这里,军需公债是指基于筹集军事或战争费用目的而发行或举借的公债;实业公债则指基于发展民族实业或工业的目的而发行或举借的公债。早于19世纪60年代初期,李鸿章

---

① 王树增:"李鸿章之死",《南方周末》,2004年8月10日。

曾先后三次举借洋款用于购买洋枪洋炮镇压太平军起义,在当时清军屡战屡败的情况下,洋枪队往往屡战屡胜,效果显著。于是,通过借洋款发展军事工业就成为李鸿章洋务运动的首要选择。此后,出于"自强"和"求富"的考虑,其于70年代后期积极引进西方资金和技术办起各类民用工业。据记载,中国近代最早借用外债的洋务企业是李鸿章创办的轮船招商局。李鸿章创办的洋务企业所举借的外债,有据可查的就有332万两白银①。从借洋债的用途和支出对象来看,李鸿章的公债思想事实上有一个从军需外债(因用于镇压农民革命而具有一定的反动意味)到实业外债的转变。事实上,借债用于发展中国近代铁路、工业等事业,客观上起到了刺激中国资本主义发展、瓦解封建统治基础的积极作用。利用公债兴商务、办实务,这是有历史进步意义的。

3. 从国内筹资为主到国外借款但应坚持"由我为主"的公债思想

李鸿章是对中国近代化产生了至关重要影响的洋务运动的中坚,但其创办的洋务企业普遍存在一个先天性缺陷,即资金不足问题。最初,李鸿章强调着眼和重用国内资本,如"借用洋法而不准洋人代办""不准洋人入股",希望通过"官督商办"形式只集华人资金,并不提倡对外借款。这种公债思想充分体现在招商局的创办一事,即只募华股,不吸外资,"原因各口通商以来,中国沿江沿海之利,尽为外国商轮侵占,故设法招集华股,特设此局,以与洋商争衡,庶逐渐收回权利,所关于国家体制,华民生计极巨,亦实为中华交涉之大端"。但后来由于洋务企业经营不善,"商股难招",李鸿章才提出"拟借洋债"的主张,但坚持"暂借洋债"是不得已才为之,并须在"由我为主"的前提下举借洋债。

值得指出的是,由于大清国没有"外交"的概念,所有的外事统统归于"洋务",洋务运动的首领李鸿章不可避免地成了大清国当然的"外交家",包括战败后对外割地赔款的谈判和签字事宜。这种另类"洋务"使得李鸿章在生前和身后都招致了众多的痛骂,被国人视为罪责深重的卖国者和误国者。平心而论,这对李鸿章来说是不公平的。据记载,当年带病与日谈判并签订2亿两白银赔款的《马关条约》后,李鸿章离开马关回国时曾表示"终生不履日地"。当全体军机大臣在上奏给皇帝的一份奏折中说"中国之败全由不西化之故,非鸿章之过",曾令每一次在国家面临危机时出来收拾残局的李鸿章老泪纵横。1900年8月15日,八国联军攻陷北京城,清政府和朝廷逃亡西安,李鸿章——这个被认为"大清上下唯一能够与洋人周旋的人",又被任命为全权大臣与洋人谈判退兵和赔款事宜。当1901年9月7日,代表大清国与11国签订中国近代史上著名的不平等条约《辛丑条约》后,78岁的李鸿章回家即再一次大口吐血,"痰咳不支,饮食不进"。在病榻上的李鸿章写下此生最后一份奏章:"臣等伏查近数十年内,每有一次构衅,必多一次吃亏。上年事变之来尤

---

① 卢文莹:《中国公债学说精要》,复旦大学出版社2004年版,第101页。

为仓促,创深痛巨,薄海惊心。今议和已成,大局稍定,仍希朝廷坚持定见,外修和好,内图富强,或可渐有转机。"李鸿章死后,外国人对这位抱有"外修和好、内图富强"理想的中国人的评价是:"知西来大势,识外国文明,想效法自强,有卓越的眼光和敏捷的手腕。"李鸿章生逢近代中国最黑暗、最动荡的岁月,他的每一次"出场"往往是国家存亡危急之时,朝廷要他承担的无不是"人情所最难堪"之事。所以,梁启超在《李鸿章传》中称:"鸿章必为数千年中国历史上一人物,无可疑也。"并"敬李鸿章之才""惜李鸿章之识""悲李鸿章之遇"。

资料来源:李鸿章:"遵议维持商局折",《李文公全集》奏稿,卷五六;王树增:"李鸿章之死",《南方周末》,2004年8月10日。

三、马寅初:北洋政府和国民政府时期的公债思想

马寅初(1882—1982),中国当代著名的经济学家、教育家、人口学家。曾于1901年考入天津北洋大学选学矿冶专业,1906年靠官费赴美留学,为救中国弃工学经济,先后获得耶鲁大学经济学硕士学位和哥伦比亚大学经济学博士学位。在国民政府时期,曾任南京政府立法委员、国民政府财政委员会委员长、经济委员会委员长等职。中华人民共和国成立以后,曾出任浙江大学校长、北京大学校长,并先后兼任中央人民政府委员、中央财经委员会副主任、华东军政委员会副主任等职。1960年1月4日,因发表《新人口论》被迫辞去北大校长职务,并随后受到错误批判。

在国民政府时期,马寅初、程文蔼、吴景超等学者都结合现实公债问题展开了深入思考,宋子文(曾任国民政府财政部长)、孔祥熙(曾任国民政府财政部长、行政院长)、翁文灏(曾任国民政府经济部长)等国民政府要员也对公债问题多有较为深入的论述。其中,马寅初的公债思想较为深刻和丰富,主要概括如下。

1. 立足国情,强调利用内债的不可行性以及利用外债的优先性

针对内债与外债的关系问题,马寅初在20世纪30年代曾认为,"国内资本缺乏""如不用外资而有待于人民之储蓄,及至有资可用,不知在何年何月"。否则,"惟有抱定牺牲精神,实行强制储蓄,节省日常消费,降低生活程度,至若中国大多数人,已为牛马生活,安能再有储蓄,故中国是否能利用内资,尚属疑问"。在马寅初看来,由于中国当时的特殊国情,在"中国人民生活程度已属过低"的情况下,利用内资或发行内债,"人民之困苦,将不可言状",因此在原则上,"欲使中国经济与先进各国平衡,自非利用外资不可"。特别是,自"中国抗战结束后,百废待举,需资甚亟,开发富源,尤非外资不可"。此外,"欲谋中国之独立与存亡,必先使之工业化,必先利用外资和技术……如果能善于利用外资,不但可以挽回利权,还可以发展国家资本"[①]马寅初不仅从利用内资之困难,还从国外有关经验论证了利用外资或外债应是首选。

---

① 马寅初:《马寅初经济论文选集》(上册),北京大学出版社1981年版,第270页。

当然,马寅初也认识到"中国利用外资之路,如无一可通,则利用公债政策以吸收内资,非绝对无希望也"。例如,"利用内资,在苏俄已告成功"。十月革命后的苏联,"对外债务概不承认",所以"不能再向外举债。即能举债,则条件必甚苛刻。故惟有节约消费,增加储蓄"。但总体上,马寅初认为当时的中国利用外资优于利用内资。

2. 激烈反对北洋政府的外债政策,批评债务整理运动

针对北洋政府期间外债剧增、债信丧失的现状,许多国人提出债务整理方案,北洋政府也展开了相应的债务整理活动。马寅初则旗帜鲜明地反对北洋政府的外债政策和债务整理活动,认定债务整理的失败是好事而不是坏事。即债务整理失败,军阀政府信用完全丧失,对外借款则无可能,由此可避免增加人民的外债负担;若债务整理就绪,信用恢复,军阀政府势必大借外债,助长内战,致使国无宁日。马寅初认为:"借债与政府者,固罪不容于死,而整理者亦未能辞其咎。"[①]这反映了马寅初独到的公债见解[②]。

3. 剖析借债筑路开矿的利弊得失,强调利用外资而不被外资利用的重要性

马寅初对以往政府的内外债政策利弊进行了深刻的审视和评判。他指出:"我国过去利用外资事业之最大者为铁路,然究其利用之条件,丧失条件者甚多,言之痛心。考其原因,又不能不责备政府当局无整个政策,只求款项到手,无计条文得失。路线经过之区域如何? 干路与养路分配如何? 对于国防军事政治经济之利益若何? 皆茫茫然无头绪。只知提倡造路,本国既无资本,则仰给于外国,故每次造路,皆凭列强竞争角逐,自由设立,自己反居被动地位。"马寅初严厉批判了盛宣怀的借款筑路、丧失主权的做法。对于矿业,马寅初认为"与其谓为利用外资,不若谓被外资利用为愈。盖我国矿业之利益几被外人垄断殆尽,可叹孰甚"。马寅初还认为,人们将利用外资与直接投资"往往视为一物,此为莫大之错误"[③]。马寅初强调外资或外资的利用,"应照平等互惠国际合作之精神,在不妨碍主权及计划实施之前提下,以各种方式加以吸收",唯此才能达到利用外资而不被外资利用之目的。

由于在利用内资方面"借债不易",马寅初主张利用外资宜以"华洋合资"为最佳方式。这在当时也属较为超前的利用外资思想。

---

① 金国珍:《中国财政论》,商务印书馆1931年版,第647页。

② 在中国的经济学家当中,马寅初是一位敢于仗义执言、值得尊敬的大学者。1940年春,马寅初受邀到蒋介石的陆军大学给将官班讲解抗战财政问题时曾说,抗日战争正在中华民族存亡的严重关头,全国上下应该有钱出钱,有力出力,同心同德,共赴国难。但现在是"下等人"出力,"中等人"出钱,"上等人"则既不出钱,又不出力,囤积居奇,发国难财。还有一种"上上等人"依靠权势,利用国家经济机密从事外汇投机,大发超级国难财。他公开点名指出:"这种猪狗不如的'上上等人'就是孔祥熙和宋子文之流。"他还说:"必须把孔祥熙、宋子文撤职,把他们不义的家财拿出来充作抗战经费。"演说在将官们中间引起强烈反响,席间不时爆发出热烈的掌声。主持人则吓得不知所措。1940年秋,蒋介石"召见"马寅初被拒。孔祥熙接着对他进行利诱,请他当财政部长,又遭拒。蒋介石遂于1940年12月将马寅初逮捕。参见:"马寅初:一生都作'狮子吼'",《法制日报》,2005年4月28日。

③ 马寅初:《中国经济改造》(下册),商务印书馆1935年版,第360页。

4. 批评国民政府在抗战胜利后在国内发行的美金债券,主要用资本税代替公债

抗战胜利后,国民政府在国内发行大量美金债券,对人民实行了公债剥削,致使
"四大家族"财富膨胀。马寅初认为,在当时的经济状况下在国内发行美金债券,有一
定好处,如库券可收缩通货,平稳物价,但弊端却太多了。例如,中国是独立的国家,
为何要以美金为单位? 这无异于自认为是殖民地了;用美元债券做建设费用,在内战
未停止之前如同做梦,等等。马寅初还认为,强制发行公债既然有可能,则进一步改
公债为租税则也未尝办不到。"吾人对发横财者(投机收益)征取二分之一资本税于
理亦无不当。其优于公债之处,既可免除政府偿还利息之负担,人民不视为一种财
产,乃为一种牺牲。即税之后,亦淡然忘之,不复萦回于胸中。"[①]显然,马寅初主张用
资本税代替公债。

四、陈云:中华人民共和国成立初期的公债思想

陈云(1905—1995),中国社会主义经济建设的开创者和奠基人之一。中华人民
共和国成立后,任中央人民政府委员、政务院副总理兼财政经济委员会主任,主持全
国的财政经济工作。他曾提出一系列具有深刻意义的思想和重大决策,例如:对比
例严重失调的国民经济实行全面调整;社会主义时期必须有两种经济,即计划经济和
市场调节;改革的步子要稳,要"摸着石头过河",从试点着手,随时总结经验;强调无
农不稳,无粮则乱,等等。陈云的公债思想也相当深刻而富有实践意义,主要概括
如下。

1. 提出税收、公债(主要是内债)、货币回笼、物资收购四路"进兵"治理通货膨胀
的整体思路

1949年10月1日,中央人民政府委员会由毛泽东主持举行第一次会议,同日,首
都北京30万军民在天安门广场集会,隆重举行开国大典。毛泽东宣读中央人民政府
公告,向全世界庄严宣告伟大的中华人民共和国成立。公告说:"本政府为代表中华
人民共和国全国人民的唯一合法政府。凡愿遵守平等、互利及互相尊重领土主权等
项原则的任何外国政府,本政府均愿与之建立外交关系。"中华人民共和国的成立,标
志着中国已从半殖民地半封建社会进入新民主主义社会,新中国宣告诞生。但全国
物价继4月、7月两次大涨之后,于10月份又猛烈上涨。上涨的主要原因是:为支援
解放战争,财政出现大量赤字,货币发行过多;国民党时期长期恶性通货膨胀的影响;
投机资本猖狂的投机倒把活动。稳定物价是人民政权面临的最紧迫的任务之一。12
月2日,中央人民政府委员会举行第四次会议,陈云做了《关于物价与发行公债的报
告》,提请中央人民政府发行一次公债(即人民胜利折实公债)并获通过,同时,在陈云
主持下,在全国范围内调集粮食、棉纱等物资,并采取停止贷款和按约收回贷款,整理

① 马寅初:"弊端太多了——评黄金证券的发行",《马寅初经济论文选集》(增订本),北京大学出版
社1990年版,第32页。

和开征税收、冻结资金投放等措施,经过周密部署和充分准备,各大城市统一行动,趁市场高价大量抛售,在几天时间内给哄抬物价的投机资本以沉重打击,平抑了物价。陈云在总结这场经济战线的胜利时说,"我们是税收、公债、货币回笼、收购四路'进兵',一个子把通货膨胀制止了"[①]。在当时,工商界有人认为共产党搞经济只能打零分。陈云以革命家的胆识和才能在不到一年的时间里能将险恶的物价形势完全稳住,可谓一个奇迹。毛泽东曾高度评价这一胜利不亚于淮海战役。显然,公债在其中起到了重要作用。

当然,陈云也认为,在全国经济困难的情况下,人民购买公债的确是一种负担。但这种负担比起增发钞票、币值下跌的结果要轻。购买的公债在一时算是负担,但究竟可以还本付息,不是完全的损失。如果发行公债缩小财政赤字的结果使得来年物价有所改善,则对全国依靠工资收入的劳动者、军政公教人员以及工商业的正常经营者都是有益的。从全体人民的收益来看,要弥补赤字,发行公债比发行钞票的方法要更好一些。

对于这次公债发行的特点以及意义,我国著名经济学家陶大镛就认为,人民胜利折实公债与蒋介石国民政府所发行的公债有着质的不同,主要有三个基本特性:(1) 这次的公债是人民的公债。即"新中国的公债是道道地地的人民公债或利民公债",而"蒋匪集团所发行的公债,是彻头彻尾的反人民公债或刮民公债"[②]。(2) 这次的公债是胜利的公债。陈云曾说中华人民共和国成立初期的财政困难是"胜利中的困难"。因此,这次公债就是为了克服胜利中的困难,迅速肃清国民党一切残余武装,解放一切尚未解放的国土,同时肃清土匪和其他一切反革命匪徒,镇压他们的一切反抗和捣乱行为。(3) 这次的公债是折实的公债。即公债的发行及还本付息均以实物为计算标准。因此,陶大镛通过比较认为人民胜利折实公债具有建设性、革命性和真实性,而蒋介石国民政府的公债充满破坏性、反对性和欺骗性。

2. 极力反对盲目自力更生而否认外援以及"企图靠借外债购买一个现代化"的两种极端公债思想

陈云认为,在利用外债过程中应注意两种不良的极端倾向:一是只讲自力更生,一味否认外援,实行闭关锁国政策;一是只讲对外开放,忘记自力更生,一下子企图依靠外债来购买一个现代化。"资金不够,可以借外债……愿意借外债给我们的国家会纷纷到来……今后在自力更生为主的条件下,还可以借些不吃亏的外债。"[③]

3. 举债时要把国外和国内、局部和全局、目前和长远结合起来,权衡利弊,统筹考虑,并从整体上把握公债的借、用、还三个环节

陈云认为,举债的考虑不能过于简单,而应将国外和国内、局部和全局、目前和

---

① 《陈云与新中国经济建设》,中央文献出版社1991年版,第418页。

② 陶大镛:《人民经济论纲》,十月出版社1951年版,第105—106页。

③ 《陈云文选》(1956—1985),人民出版社1984年版,第248页。

长远结合起来,权衡利弊,统筹考虑,并从整体上把握公债的借、用、还三个环节。中国借款时要注意做到两点:(1)情况清楚。即我国当时有十亿人口,其中八亿农民,分散经营,工具落后,生产力水平低,基础很差,因此,对能借到多少债要有思想准备。借款时,考虑我们的偿还能力,考虑还本付息问题。(2)精密计算。即借款用于什么项目,国内配套投资能力能负担多少引进项目,对国内投资总额影响有多大,国家财力物力能否负担得起等问题,都要精密计算。总之,举借外债"要十分慎重地使用,只能用在最关键的项目上",并放在国民经济按比例发展的宏观规划中加以考虑[①]。

值得指出的是,我国 20 世纪 60—70 年代"既无内债,又无外债"的特殊时期与毛泽东的公债思想有密切关系。应该说,毛泽东的公债(尤其是外债)思想在前后是有差别的。中华人民共和国成立初期,毛泽东在大多数情况下都认为借用外债是弥补国内建设资金不足的必要条件,是正常的对外国际交往,也是加速社会主义现代化进程的有力手段。但在 1960 年前后,毛泽东对苏联背信弃义、召回专家并逼还债款的做法,感到非常气愤。在 1964 年全国人民克服重重困难提前偿清对苏债务之后,毛泽东开始对外债产生了排斥的态度,并认为中国是一个大国,应更多支援弱小的友好国家,同时坚持自力更生而无须依靠外国援助,并将"既无内债,又无外债"视为社会主义的自豪象征,从而使得我国进入一个公债缺失的特殊时期。当然,客观上,当时我国也不具备大量举借外债的国际政治经济环境。总体上,毛泽东较多地从政治角度而非经济角度思考公债问题。从某种程度上讲,在当时国际游资相对充裕的情况下,我国错失了一个借助外债发展国民经济的好时机。这种当时流行的公债思想在20 世纪 80 年代进入改革开放时期后才得以根本改变。

1981 年,我国正式颁布《中华人民共和国国库券条例》,表明通过公债来解决财政困难问题开始纳入法制化轨道。1996 年,我国第一次以公债为对象采用公开市场操作业务,标志着我国公债的金融功能达到新的高度,是我国公债理论和实践的一个重大突破;1998 年始,我国实行了以增发国债、扩大政府投资为核心内容的积极财政政策,表明我国市场经济条件下的公债思想已经更加成熟。

第三节　不同公债理论学说分歧背后的根源辨析

根据前面两节的分析,不难发现:西方公债理论学说之间、中国公债理论学说之间以及中西方公债理论学说之间既有一些共性,更有许多的差异和分歧。对这些理论差异和分歧背后原因的探讨,对我们正确理解这些公债观点、公债思想以及公债理

---

① 《陈云文选》(1956—1985),人民出版社 1984 年版,第 249 页。

论都具有重要的意义。当然,前面有关公债理论学说的介绍和分析往往是删繁就简、权衡取舍的结果,实际上很难穷尽近三百年来存在的各种公债理论学说。

一、不同公债理论学说的主要分歧

概括起来,不同公债理论学说之间的主要分歧表现在以下几个方面。

1. 公债的经济影响：有害还是有益？

公债经济学的本质是研究公债对经济增长或经济发展的影响(包括影响方面以及影响程度等)。基于不同的分析背景、分析前提以及分析逻辑,不同的公债理论学说得出了不同的研究结论。例如,大卫·休谟提出了"公债亡国论";亚当·斯密认为公债意味着借贷资金由资本机能向收入机能(包括军费筹资)的转化而具有非生产性和破坏性;大卫·李嘉图以及西斯蒙第则基本认同了亚当·斯密的公债观点;约翰·斯图亚特·穆勒在基本保留亚当·斯密等人的公债理论观点的同时,开始提出和赞同在过剩闲置资本的前提下发行公债的理论主张。显然,上述经济学者基本认为公债对经济影响会产生有害或不利的影响,即公债有害论。与此相反,德国学者卡尔·迪策耳则对古典公债理论进行了质疑和反驳,并从国家经费的生产性理论出发提出公债也具有生产性,而发展公债则等同于发展信用经济。凯恩斯学派更是大力主张和赞扬公债,将公债和赤字、补偿性财政政策紧密联系在一起,并把公债视为政府干预经济、稳定经济的重要政策手段。显然,这些学者都是持有鲜明的公债有利论或有益论观点。当然,也有一些学者倾向于公债中性论,如德国学者瓦格纳[①]、中国近代思想家梁启超。特别是梁启超的公债中性论色彩最为浓厚,也最为深刻。例如,梁启超认为外债之本性无所谓善恶,而外债的结果则有善恶之分,且善恶的根源在于举债和用债的政府主体本身。

2. 公债所产生的代际负担：有或无？

作为政府筹资以弥补财政赤字的重要手段,公债是否会对后代的政府或子孙产生经济负担? 对此问题,不同的学者也是各抒己见,见仁见智。

在凯恩斯学派看来,公债不仅是有益而无害的,通常也不会造成下一代人的负担。凯恩斯主义者勒纳则进一步认为,外债因为要向全外国债权人偿付借款额的本金和利息,因而会影响后代人的消费水平并产生负担,但内债不会给后代人产生负担,只是后代人的相互欠债,即"右手欠左手的债"。然而,公共选择学派集大成者詹姆斯·M.布坎南则提出了公债负担论,即公债是有负担的,但其负担往往不是由现代人的利益"牺牲"承担的,而是转移到了后代子孙身上。在代际负担问题上,区分内

[①]　瓦格纳的公债理论首先区分了三种不同情形的公债,即:(1) 来自国民经济中现实处于自由资金状态的资本公债;(2) 来自外国国民经济资本的公债(外债);(3) 来自国内资本的公债。在此基础上,瓦格纳将三种情形的公债与税收相比较,分析其筹资方面及其经济影响的利弊得失,总体上坚持"中性公债论"。

外债是没有意义的,即内债和外债都会造成代际负担。

3. 公债与税收:是否存在本质区别?

在公债理论发展史上,李嘉图曾提出了著名的税收与公债等价定理,即认为在政府筹资过程中,公债和税收对经济的最终影响是相同的。梁启超也认为,税收与公债并无本质的区别。然而,在凯恩斯学派看来,公债和税收显然是完全不同的,即两者的经济影响具有本质的差别。具体地说,在有效需求不足的情况下,凯恩斯主张通过发行政府公债来弥补财政的赤字缺口以及有效需求的不足,而强烈反对通过增税的方式来弥补财政的赤字缺口以及有效需求的不足。不难发现,公债和税收作为政府筹集资金的两种方式和途径,是否具有本质的区别,一直是个有争议的公债话题。

此外,公债是否导致了通货膨胀以及外债是否优于内债等方面,不同的公债理论学说也是众说纷纭,争议颇多。

二、理论分歧背后的原因探析

表面上,公债理论学说上的纷争令人是非难辨。然而,由于主客观多种原因的存在以及共同作用,不同公债理论学说之间存在分歧往往是正常的、必然的并难以避免的。简要回顾和梳理上述公债理论学说,我们认为,公债理论学说之间的分歧主要源于以下两大方面。

1. 不同的社会经济时代背景诱发了不同的公债理论学说

不管是公债有害论,还是公债有益论,都是基于不同的时代背景而提出的,因此,其分析结论往往适用于特殊的时代背景。从此角度讲,在不怀疑经济学家智力的情况下,所有的公债理论都有其合理性或科学性的一面。例如,当亚当·斯密观察到政府或君主具有奢侈或浪费倾向并将公债筹资用于战争费用时,其提出的公债有害论就易于接受了;而在经济出现大萧条时,政府通过公债筹资来刺激消费需求并使得经济复苏时,凯恩斯的公债有益论就不难理解了。在中国大多数人"已为牛马生活"的现实背景下,马寅初的内债不可行以及外债优先性的公债思想,就是合乎逻辑的理论观点了。当从政治而非纯经济角度来考虑公债问题时,"既无内债,又无外债"属于社会主义优越性的公债思想也就应运而生了。

2. 不同的公债理论学说背后都有其严格的限制条件或前提条件

不管是否明确提出或说明,不同的公债理论学说背后都必然有支撑其基本结论成立的严格的限制条件或前提条件,即公债理论假设。必须指出,公债理论假设人为地构建了一个理论世界,这个世界并不同于现实的世界。当然,不同的公债理论假设必然产生不同的公债理论观点。例如,认为公债会不利于经济增长的有害论观点,在理论上往往是基于如下假设:(1)社会上没有任何闲置资金或社会游资;(2)公债的发行对象主要是社会生产资本或生产性资金;(3)公债筹措来的资金主要被政府用于奢侈性消费、战争费用等非生产性支出;(4)公债

经济学是建立在各种假设基础上的科学?

所产生的还本付息的负担现值大于公债所产生的综合收益的现值。

与此相反，认为公债有利于经济增长的有益论或有利论观点，在理论层面上往往假设：（1）社会上存在大量闲置资金或社会游资；（2）公债的发行对象主要是处于闲置状态的游资；（3）公债筹措来的资金主要被政府用于生产性或投资性支出项目，或者在有效需求不足的经济疲软条件下，公债资金被用于拉动或刺激消费需求或投资需求；（4）公债所产生的还本付息负担小于公债所产生的综合收益的现值。

必须看到，任何具体的公债理论学说往往都有其合理的一面，同时也不可避免地具有相对不合理或局限性的一面。在某种程度上，我们必须结合不同的立论背景以及经济假设，才能对某一公债理论学说给予客观公正的优劣评价。只及一点、不及其余的评判结果必然是片面的。如果只看到某种公债理论观点在现实生活中的不成立性，而无视或忽视不同公债理论学说背后暗含的种种假设条件，就无法得出科学的评价结论。从此角度讲，与其说某种公债理论学说是错误的，还不如说人们对这一公债理论学说存有误解。美国华盛顿国家气象局门口曾写有一句话："我们说过的正确话，人们都忘了；我们说过的错误话，人们永远记着。"在某种意义上，这些话也同样适用于对公债经济理论学说的评判。

最后应指出，尽管公债实践是检验公债理论学说真伪和好坏的重要标准，但公债实践本身既具有确定性又具有不确定性，使之难以在可操控的实验环境中加以科学操作和比较。因此，公债理论学说的科学性必然是相对的、发展的和不断完善的。

【本章小结】

● 古典经济学代表性人物亚当·斯密认为，公债意味着借贷资金由资本机能向收入机能的转化，侵蚀了生产资本的财富创造功能，具有非生产性，因此对经济是有害的。此外，产生公债的根源在于政府或君主的非节俭性、奢侈浪费以及战争的存在。总体上，亚当·斯密坚持"廉价政府"的经济学理念，反对公债的存在和发行。这些公债思想和观点奠定了古典学派公债理论的基石，此后，李嘉图等古典学者对古典公债理论进行了重要的补充，穆勒的公债思想在保留古典公债理论核心思想的基础上有所发展。

● 与古典经济学一样，古典公债学说也建立在三大假设基础之上，即经济人假设、"看不见的手"假设以及社会分工假设。本质上，古典公债学说反映和体现了经济自由主义思想。

● 不是所有的学者都认同古典公债理论学说的公债观点。德国学者迪策耳认为古典经济学家关于公债的非生产性或有害性理论存在一些解释性错误，即将政府经济活动从一般国民经济活动中分离出来，忽视了国家提供公共物质资本以维持国民经济运行这个事实。此外，其从国家经费的生产性理论出发，认同公债即使用于消费性支出，也具有一定的生产性，对经济的影响并非总是有害的。假使公债用于投资性支出，其生产性更是明显。这对一国经济的稳定发展具有重要意义。

● 自"凯恩斯革命"以后,凯恩斯学派的公债理论开始独树一帜,并成为公债理论学说发展史上的一个重大转折点。凯恩斯学派从根本上否定了资本主义经济能够借助市场供求力量自动地达到充分就业的均衡状态。由于有效需求经常出现不足的情况,公债就成为政府干预经济、稳定经济的重要政策手段,即公债是有益无害的。

● 公共选择学派集大成者布坎南批判了凯恩斯主义学派的公债非负担观点,指出公债通过负担的转移会形成下代人的负担,会扩大在权衡财政预算决策时成本与收益两方面可能产生的不一致,产生公债负担幻觉,最终导致公债规模的不断膨胀。

● 自中国近代以来至现在,虽未出现系统性的公债理论体系,但各种公债思想却不断涌现,许多公债思想都具有较强的理论性。例如,马建忠第一次系统地论述了中国外债问题,并认为借债并不会"有伤国体";李鸿章提出并实现了近代中国军需借款向实业借款的转变;梁启超提出了"公债善恶论",并认为外债之本性无所谓善恶,而外债的结果则有善恶之分,且善恶的根源在于举债的政府本身;马寅初立足国情提出了利用内债的不可行性以及利用外债的优先性的公债思想;陈云以革命家的胆识和气魄提出发行人民胜利公债以治理中华人民共和国成立初期通货膨胀并解决财政困难的公债思想。值得指出的是,由于各种客观原因的存在,中国近代的公债思想主要围绕外债或洋债而展开。当然,许多中国公债理论学说都能从西方找到其思想脉络和历史根源。

● 不同的公债理论学说之间存在诸多的分歧,如有的公债理论认为公债对经济是有害的,有的则认为公债是有益的;有的公债理论认为公债会产生代际间的负担,有的则认为公债并不会产生代际负担,等等。深入地分析,产生这些理论分歧的主要根源在于公债思想所产生的时代背景以及理论背后的假设条件的不同。

● 从公债思想发展史来看,如何提出问题以及如何分析问题,往往比如何解决问题更值得关注。换言之,为什么说要比说什么更重要。

【关键术语】

古典公债理论学说　李嘉图等价定理　国家经费生产性学说　公债负担论　军需公债　实业公债　洋债有伤国体论　公债善恶论　公债理论假设

思考与讨论

1. 简要回顾和评述西方不同公债理论学说的主要公债观点。

2. 试分析和评述梁启超的公债思想。

3. 讨论不同公债理论学说的主要差异及其差异背后的主要原因。

4. 英国古典经济学家大卫·休谟提出"国家不消灭公债,公债必消灭国家"的公债思想;瑞士经济学家西斯蒙第认为,"对人类最有害的发明莫过于公债了,任何发明也不会包藏着这样大的骗局"。如何理解上述公债思想和观点?请加以讨论和评判。

阅读与参考文献

[1] 卢文莹.中国公债学说精要.上海：复旦大学出版社,2004.

[2] 夏东元.盛世危言 国债.见：郑观应集(上册).上海：上海人民出版社,1982.

[3] 詹姆斯·M.布坎南.民主财政论.穆怀朋,译.北京：商务印书馆出版社,2002.

[4] 赵志耘.公债经济效应论.北京：中国财经经济出版社,1996.

[5] Buchanan, J.M. *Public Principles of Public Debt：A Defense and Restatement*. Homewood, Ill.：Richard D. Irwin, Inc., 1958.

[6] Rosen, R.S. *Public Finance* (sixth edition). Boston：McGraw-Hill Irwin, 2002.

本章测试

第三章 等价定理、资产效应与公债幻觉

> 对政府来说,公债是代替税收的一种筹措公共支出所需资金的方法,在有限的程度内几乎总是可以利用的。
>
> ——詹姆斯·M.布坎南[①]

学习目标

1. 掌握巴罗—李嘉图税收与公债等价定理的来龙去脉、主要内涵及其背后的理论假设。

2. 了解公债资产效应的基本内涵及其主要学说观点。

3. 重点理解和掌握公债幻觉的正确表述、产生原因及其实际影响(尤其是债务财政问题)。

第一节 征税还是借债:历史的争论

对政府或公共部门来说,征税和借债是其为公共支出筹资的两大互有联系并有所区别的重要途径。因此,在财政实践中,选择征税还是借债来为公共支出筹资,是一个古典的财政问题。

一、英法战争中的公债与税收选择问题

关于征税与借债手段的选择取舍问题,最经典的故事源于 19 世纪初的英法战争。当时,拿破仑所率领的法国军队在欧洲大陆所向披靡,德意志只能臣服,土耳其苟延残喘,西班牙唯命是从,俄国沙皇亦步亦趋。为了对付法国,英国使用金钱和外交手段,组建了反法同盟,这使它军费开支日趋庞大,国库入不敷出。如何解决军费

---

① 詹姆斯·M.布坎南著,穆怀朋译:《民主财政论》,商务印书馆 1998 年版,第 109 页。

资金的财政筹措问题,是征税还是发行公债? 此外,英国在英法战争中借了大量债务,战后英国议会对如何偿还债务也发生了争论。有人认为应该提高税收,用税收偿还债务;有人则认为征收高税对经济发展不利,应该发行债券偿还债务。事实上,英国国会围绕上述问题曾展开过激烈的讨论。转换成经济学命题,上述争论的焦点就在于:征税与借债两种筹资方式,其经济效应或效果有何差别? 哪种方式对减少居民的消费支出以及紧缩国民经济的负面影响更大些?

围绕如何选择筹资方式问题,当时的英国经济学家展开了激烈的争论。以马尔萨斯为代表的一派经济学家认为,大量的征税会缩减国内经济,相比之下,发行公债的负效应可能会更小一些。例如,每年的军费开支需要 2000 万英镑,平均每人每年要捐纳 100 英镑,如果采用课税的方式,劳动者就得设法迅速从收入中节约 100 英镑,这无疑会减少消费需求,导致需求不足,带来严重的经济紧缩。然而,如果发行公债,则每个劳动者只需支付这 100 英镑的利息,在年利率为 5% 的情况下,政府只要向每个人增加 5 英镑的税收,也就是说,每个人只需在支出方面节余 5 英镑,即可解决问题。这样一来,劳动者仍像以前一样富足,不会大幅度地减少消费,因此其副作用会更小一些。

二、李嘉图的公债观点

李嘉图认为,上述分析纯粹是一种财政错觉。发行公债与征税的差别,仅在于公债要偿付利息,但利息的偿还,只不过是将一部分人的收入转移给另一部分人,即把纳税人的收入转移给公债的债权人,并不改变国家财富的总量。不论采取哪种方式,英国每年筹集 2000 万英镑支援其他国家,它自己都会损失 2000 万英镑。这无疑会减少劳动者的收入,降低个人的消费支出,所以,这两种方式的经济效果是完全相同的。也就是说,无论是以征税的方式来筹措军费,还是用发行公债的方式来应付支出,其效应都是等价的,即政府选择何种融资手段,与其最终的经济效果无关。

此后,围绕征税与公债两个政府筹资方式之间经济效应的差异性问题,经济学家展开了旷日持久的辩论。这场持续至今的辩论也构成了公债经济学领域的一道独特风景。应指出的是,"李嘉图等价定理"这一术语,最早出现在 1976 年詹姆斯·M.布坎南发表的题为"巴罗的'论李嘉图等价定理'"的经济学评论中。从某种程度上讲,李嘉图税收与公债等价定理剖析了公债是否影响或作用经济增长的核心问题,从而在 20 世纪下半期引起了经济理论界的巨大关注和争论。在公债经济效应的争论中,似乎没有哪一个命题比李嘉图税收与公债等价定理的影响更为深远和争执持久。

由于著名的宏观学家巴罗在 1974 年对传统"李嘉图等价定理或等价假说"(Ricardian Equivalence Hypothesis)重新进行了阐述,所以,李嘉图等价定理现被世

公债制度助推英国打赢"百年战争"?

大卫·李嘉图:有史以来最成功的业余经济学家?

人称为著名的"巴罗—李嘉图税收与公债等价定理"(Baro-Recardo Equivalence Theorem),即出现了现代版的李嘉图等价定理。

第二节　巴罗—李嘉图税收与公债等价定理

一、李嘉图税收与公债等价定理的思想起源

如上所述,李嘉图[①]的有关等价理论思想源于英法战争中军费筹资以及还款方式的著名争论。1817 年,李嘉图在其著名的代表作《政治经济学及赋税原理》第 17 章"农产品以外的其他商品税"中表述了如下公债思想:政府为筹措战争或其他经费,采用征税还是发行公债的影响都是等价的。这就是"李嘉图等价定理"思想的最初文献来源。

李嘉图在其代表作中,通过举例说明了公债与税收经济效应的无差异性原理。"一个国家为筹划战争经费或政府一般开支而课征的税,以及主要用来维持非生产性劳动者的税,都是从该国的生产性劳动中取得的。这种开支每有节省,即使不是增加到纳税人的资本之中,一般也会增加到他们的收入当中。如果为了一年的战费支出而以发行公债的办法征集 2000 万镑,这就是从国家的生产资本中取去了 2000 万镑。每年为偿付这种公债利息而课征的 100 万镑,只不过是由付这 100 万镑的人手中转移到收这 100 万镑的人手中,也就是由纳税人手中转移到公债债权人手中。实际开支的是那 2000 万镑,而不是为那 2000 万镑必须支付的利息。付不付利息都不会使国家增富或变穷。政府可以通过赋税的方式一次征收 2000 万镑;在这种情形下,就不必每年课征 100 万镑。但这样并不会改变这一唯一的性质。"[②]在上述一段并不深奥的话语中,就蕴含着被现代经济学家称之为李嘉图等价定理的经济学思想。

这里,我们可运用更简化的例子来说明李嘉图等价定理所阐述的朴素经济学思想。例如政府需要为特定的公共支出项目筹资,并用公债来代替一次总额税(lump sum tax),由此使纳税人当年本该缴纳的税款 100 元并不实际发生。纳税人负担减少 100 元的原因是政府公债发行增加了 100 元,即纳税人多购买了 100 元的政府公债。假设该公债债券的期限为 1 年,公债年利率为 10%,政府信守承诺并在第二年对公债进行还本付息。于是,政府必须在第二年对纳税人征收 105 元的税收(即刚好等

---

① 大卫·李嘉图(1772—1823),英国政治经济学家,被认为是最有影响力的古典经济学家之一。在经济学家中,李嘉图在财政学、国际贸易等领域的学术贡献毋庸置疑,而其实践中的投资天赋也常让人津津乐道。据《现代经济学的历程》的作者马克·斯考森介绍,李嘉图早期的主要财源来自投机政府公债,从而积累了大量金融资产。

② 大卫·李嘉图著,郭大力、王亚南译:《政治经济学及赋税原理》,商务印书馆 1962 年版,第208 页。

于公债的本息之和)。在某种程度上,对纳税人而言,第一年的公债就成了第二年的税收,即印证了马克思关于"公债是延期的税收"的论断。问题在于:面临税收的这种变化,纳税人的消费行为会做出什么样的反应呢?在信息对称和完全的情况下,作为理性的纳税人,应该合理预期到第二年税负的增加,并通过增加100元的当前储蓄(事实上纳税人可用新认购的100元的公债债券来充抵储蓄),来使税负变化前后的即期消费与未来消费比例保持不变。这样,纳税人在第二年正好可用其所认购的公债的本利和105元去缴纳105元的新增税款。可见,当政府为某一支出项目而筹集资金时,究竟是增加税收还是增加公债,对消费者来说是无所谓的,其消费行为不会因公债对税收的替代而发生变化。更具体地说,都同等程度地使纳税人消费量减少了。换句话说,纳税人的消费行为不会因政府公债对税收的替代而发生任何变化,政府筹资手段的消费影响或消费效应是中性的。

通过剖析李嘉图的上述公债与税收等价思想表述,至少可得出以下几点结论:(1)在政府筹措财政经费的过程中,无论是征税还是举债,都会使生产资本同样减少2000万英镑,即这一点上两种筹资方式是相同的或无差异的;(2)在举债筹资的情况下,为公债支付利息不会使国民财富增加或减少,或者改变国民财富的总量,其只具有分配效应[①];(3)无论是征税还是举债,都减少了居民的消费支出,而公债筹资情形下的消费支出下降与征税条件下的消费支出下降是相同的。

李嘉图等价定理中的逻辑思想并不复杂,他认为征税筹资和借债筹资的经济效应相同,也并不意味着他主张或赞成政府举债。事实上,李嘉图认为借债往往会刺激政府的浪费心理倾向,因此,李嘉图明显倾向于征税而反对举债。在李嘉图看来,举债"这种办法会使我们不知节俭,使我们不明白自己的真实处境""如果战争经费4000万镑,征税的话每人每年缴纳100镑,他会从收入中节省下来。战争结束,课税就结束。如果举债,每年只付利息5镑,人们会认为自己和以前一样富足。本来可以节约4000万镑,现在只节约了200万镑。这样,生产资本的损失就不仅仅是4000万镑,而是还要加上3800万镑。而且,在举债的情况下,还会导致资金外流,终致使携资外迁、另觅可以免除这种负担的国家的念头变得难以抗拒。"由此可见,李嘉图对政府举债筹资及其不良后果发出了明确的警告信息。

二、李嘉图等价定理的前提假设与理论化表述

任何经济理论都需要立足于一定的前提假设,李嘉图等价定理也不例外。事实上,李嘉图等价定理的成立是建立在以下假设基础之上的:(1)无论是利用税收还是公债进行融资,初始时期的政府支出总是不变的;(2)初始时期的公债必须用以后时期的税收收入来偿还;(3)资本市场是完全的,个人与政府的借贷利率是相同的;

---

① 即公债只不过是将一部分人(纳税人)的收入转移到另一部分(即债权人)手中。换句话说,"公债只是右手欠左手的债,不会损害身体"。

（4）个人既是现实的纳税人又是未来的纳税人,并对现在和将来的收入流量预期是确定性的;（5）个人能完全和准确地预见包含在公债中的预期纳税义务;（6）所有税收都是一次总付税。

为更好地分析公债与税收之间的内在关联,现假设将政府经济活动划分为两个时期,第一时期（即 t_1）为即期或现在,第二时期（即 t_2）代表预期或将来。D_i 为 i 时期的政府债务额,r 为利率水平。在 t_1 时期的政府税收为 T_1,政府购买性支出为 G_1;在 t_2 时期的政府税收为 T_2,政府购买性支出为 G_2。在最初没有任何债务的假设条件下,政府在两个不同时期的预算约束条件即可表述为:

$$D_1 = G_1 - T_1 \tag{3-1}$$
$$D_2 = (1+r)D_1 + G_2 - T_2 \tag{3-2}$$

如果我们假设 t_1 时期的政府公债要在 t_2 时期全部偿还,即 $D_2=0$,将公式（3-2）进行整理,可得:

$$T_1 + T_2/(1+r) = G_1 + G_2/(1+r) \tag{3-3}$$

公式（3-3）就是政府预算约束函数,表明政府税收的现值必须等于政府购买支出的现值,这与税收课征的时间路径无关。进一步分析,政府预算约束函数也表明政府即期财政政策（含公债政策、税收政策）与将来财政政策之间的逻辑联系,即若政府在 t_1 时期减少税收而不改变政府支出的话,那么,政府将通过发行公债来筹资,该债务将在 t_2 时期的还本付息将迫使政府在 t_2 时期减少政府支出或增加税收。

再考察政府举债或征税对消费者消费行为的影响。如图 3-1 所示,在 t_1 时期,政府减少征税 ΔT,并通过同等额度的公债发行来弥补税收收入的减少;在 t_2 时期,政府必须增加 $(1+r)\times\Delta T$ 的税收来偿债（债务本金加债务利息）。政府财政政策的这种变化,将使消费在 t_1 时期的收入或消费由 Y_1 增加至 $Y_1+\Delta T$;消费者在 t_2 时期的收入或消费则由 Y_2 减少至 $Y_2-(1+r)\times\Delta T$。由于消费者的预算约束线没有发生位移,仅由 A 点移动到了 B 点,即消费者的收入或消费现值并没有随着税收的增减变化而变化,消费者的消费时间及其消费效用最大化的选择取决于消费者预算约束线与消费者无差异曲线的切点（即图中的 C 点）,也就是说,消费者关注和追求的是总消费效用最大,这种消费效用最大化的实现与收入或消费的时间路径无关。由此,我们可得出李嘉图定理的结论,即债务融资与税收融资对消费者的消费行为没有任何影响。

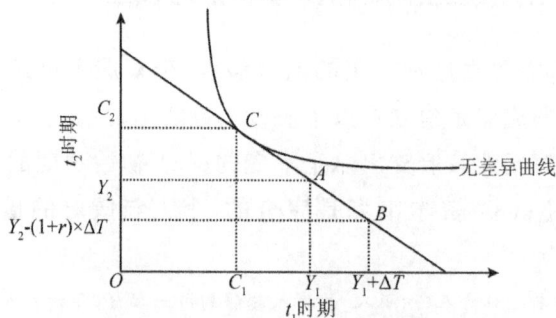

图 3-1 李嘉图定理的图示分析

三、李嘉图等价定理的政策含义

李嘉图等价定理阐述了公债与税收的经济效应相同的经济学命题,指出了政府筹资方式对经济变量(如消费行为)的影响是中性的结论,具有很强的政策含义。

本质上,李嘉图等价定理是对公债效应的一种界定,围绕这一定理的不同观点的争论,是有关公债能否对消费、投资等经济变量因素有所影响的争论。由于这些变量因素决定着经济的长期与短期增长态势,所以,对李嘉图等价定理的理论争执,也就是对有关公债之于经济增长效应不同观点的争论。在等价定理成立的条件下,这意味着:在特定时期,某国或地区的政府若想通过公债替代税收的政策手段(即减税型公债)来刺激需求,不会引起人们经济行为的积极调整,这种政策企图最终将是徒劳的或无效的。

可以说,宏观经济学家都非常重视李嘉图等价定理,因为宏观经济理论的创始人凯恩斯主张"相机抉择调节政策",即在需求不足时,政府应采取赤字预算,用发行公债的方式筹集资金,增加政府的支出,带动国内需求的增加;相反在经济高涨时则保持预算盈余,以便抑制通货膨胀。如果李嘉图等价定理成立,即发行公债和增加税收一样,都会带来个人消费支出的减少,那么,政府预算赤字所增加的需求,就会被居民消费的减少所抵消,反经济周期的相机抉择调节政策就会失效或失灵。

自 20 世纪 70 年代以来,李嘉图等价定理已经成为新古典经济学派的重要观点和研究内容。理论上,新古典经济学派之所以重视李嘉图等价定理,是因为在公债条件下,消费者行为的改变直接影响到国民收入的决定。由于总消费函数在国民收入决定模型中扮演着十分重要的角色,而总消费函数本身的数值大小又取决于同时期可支配财富的数值大小,于是,问题的关键在于:公众是否将政府发行的公债券视为可支配财富的一部分。帕廷金(Patinkin)在其 1965 年的著作《货币、利息和价格》(*Money*, *Interest and Prices*)中指出,公开发行并已出售的政府公债券,假设有比重为 K 的部分被视为财富。按李嘉图等价定理的含义,即如果人们意识到,手中持有的政府公债券要通过将来的税收来偿还,政府债券就不会被看作总财富的一部分。于是,举债同征税一样,不会引起人们消费水平的变化,即 $K=0$;如果人们并不将手中的政府债券同未来的税收负担联系起来,政府债券就会被全部或部分地看作总财富的一部分,则 $0 < K \leqslant 1$。其结果是,公众会因总财富的增加而增加当前和未来的消费。于是,如果政府以公债替代税收,公众将以 K 倍的速度增加即期的消费数量。由此可见,面对征税和发行公债,公众是否会采取不同的消费行为,对政府宏观调控具有十分重要的政策意义。

20 世纪 70 年代的学者之所以将李嘉图在 19 世纪 20 年代有关公债的论述重新搬出来借以发挥,重要的原因之一是当时美国经济开始出现"滞胀"问题,而统治经济学界几十年之久的凯恩斯主义经济理论对此也陷入一筹莫展的尴尬困境。在此情况下,人们通过李嘉图关于征税与发债没有什么不同的原始论述,在一定程度上印证了一国经济并不会因公债发行增加而产生减税以致促使消费需求增加的积极效应。也就是说,李嘉图等价定理的一时流行并被人重视,正是为了反对凯恩斯主义理论所倡导的赤字或减税政策具有扩大消费需求的效果,或者说,是反对凯恩斯主义的公债融资支撑的赤字性扩张财政政策的有效性。可见,李嘉图等价定理本身具有"反凯恩斯主义经济学"的理论内核,实际上具有一种要求减少政府干预的经济学政策主张倾向。

四、巴罗对李嘉图等价定理的丰富和发展

随着研究公债经济效应问题的深入,经济学家遇到了这样一个问题:如果作为政府债券持有者的消费者,有一部分或者全部在公债到期之前去世,这些人既在即期享受了政府因举债替代征税而带来的减税好处,又无须承担因此而发生的未来税负,那么,他们的消费行为还能不发生变化吗? 或者说,公债的偿还往往是未来的事情,也就是说,用公债来替代税收,特别是对一些长期公债(如 10 年期、20 年期)而言,有一个延期支付问题。但每个居民或消费者都不会长生不老,如果他们意识到,死亡可以逃避将来的税负,那么消费者从利己的角度出发,必然会在公债代替税收以后,增加现期的消费支出,而不是保持不变,这样,等价定理就不成立了。显然,这个问题是李嘉图等价定理本身所无法解释的,并直接影响到李嘉图等价定理的成立。

正是站在反对凯恩斯主义的立场上,新古典主义经济学家、理性预期学派的代表人物巴罗坚持并发展了李嘉图等价定理。1974 年,美国经济学家罗伯特·R.巴罗(Robert J. Barro)发表了一篇题为"政府债券是净财富吗?"的著名论文①。在该文中,他不仅以深奥的数学推理论证了李嘉图等价定理:即为政府公共支出筹集资金采取何种方式(征税还是发债)是无关紧要的,而且还提出了一个独创性观点:即使消费者在公债债券到期之前死亡,李嘉图等价定理依然能够成立。

巴罗的新观点是建立在消费者具有利他动机的遗赠行为假设基础之上的。他认为:一个具有利他动机的消费者不仅会从自身的消费中获得效用,也可以从后代的消费中获得效用。即 $U(i)=U[C(y,i),C(o,i),U\times(i+1)]$。公式中 $U(i)$ 表示第 i 代人的效用,$C(y,i)$ 表示第 i 代人年轻时的消费,$C(o,i)$ 表示其年老时的消费,$U\times(i+1)$ 表示第 $i+1$ 代人的最佳效用。由于具有利他动机的消费者的效用不仅取决于其一生的消费,也取决于其后代的效用,因而他会像关心自己的消费一样去关心其后代的消费。所以,具有利他动机的消费者会将其财产的一部分,以遗产的形式留给他的后代。他会像关心自身的消费一样关心其后代的消费,以此推理,这个利他的消费者便会间接地关心其所有子孙后代的消费。在巴罗看来,既然代际的利他消费者都关心包括自身及其所有子孙在内的整个消费过程,那么,对于利他的消费者来说,

① Barro, R.J. Are Government Bonds Net Wealth? *Journal of Political Economy*, 1974, 82(6): 1095-1117.

是由其本人还是由其子孙来缴纳为偿付新发行的公债本息所需课征的税收,是没有什么本质区别的。当即期的税负减少 100 元时,利他的消费者因此做出的反应将不是增加自身的消费,而是认购并保持 100 元的政府债券。如果他在公债到期之前去世,他会将这笔政府债券留给后代,其后代将用这笔政府债券的本息来缴纳公债到期之年的较高税收。如果在他的后代的有生之年公债仍未到期,这笔政府债券便继续留给后代的后代,从而在公债到期之年的较高税收仍可用这笔政府债券的本息来偿付。这样一来,李嘉图等价定理便可在具有利他动机的消费者死于公债到期之前的情况下继续成立了。

通过数学推理,巴罗认为:在一个跨时新古典增长模型中,在特定假设(例如完备的资本市场、一次总付税、代际利他和债券增长不能超越经济增长)下,如果公众是理性预期的,那么不管是债券融资还是税收融资,政府所采用的融资方式并不会影响经济中的消费、投资、产出和利率水平。

可以说,巴罗的新观点和推论极大地维护和推广了李嘉图等价定理,并对其做出了重要的丰富和发展。

五、莫迪利阿尼、托宾和曼昆:对巴罗—李嘉图等价定理的批评与质疑

尽管经过巴罗的发展,李嘉图等价定理仍存有理论疑点,而许多经济学家对巴罗的推论也持有怀疑或质疑态度。

1. 莫迪利阿尼

对李嘉图等价定理的疑问之一就是人们是否有动机为超出生命界限的未来增税因素而储蓄。莫迪利阿尼(Modigliani)在有限生命周期理论中提出,人们并不关心生命以外的事情,因此,由于发债带来的减税效应会带来消费需求的增加。在生命周期假说中,假定消费者都能在效应最大化的目标下以合乎理性的方式进行消费。因此,消费者积累财产主要是为了保证消费在时间上的均匀性,这样消费者都会根据自己一生的预期收入来决定他的消费和储蓄。如果居民个人认为发行公债所导致的即期税收的减少是一种长期性经济现象,那么他就会根据自己的可支配收入的变化调整其未来可支配收入的预期,这就意味着预期可支配劳务收入和现期平均财产的价值将随之发生变化;相反如果居民个人认为公债发行所导致的税收减少是暂时的现象,那么预期可支配劳务收入和现期财产的价值就不变,从而预期消费保持不变。

2. 托宾

对巴罗—李嘉图等价定理最有影响力之一的批评,来自 1981 年诺贝尔经济学奖获得者、美国经济学家 J.托宾在《财产积累与经济活动》中的论述。托宾认为,巴罗—李嘉图等价定理限制条件太多,与现实不符。即在征税与举债条件下,人们的消费行为是不同的,巴罗—李嘉图等价定理在经济实践中是不成立的[①]。一个明显的事实

---

① Tobin, J. *Asset Accumulation and Economic Activity*. Chicago: University of Chicago Press, 1980.

是,遗留财产给后代并不必然具有前述意义上的利他动机。这样,李嘉图等价定理就不成立了。遗留财产和关心后代的税赋可能是两回事,勉强将两者联系在一起,理论和时间上均难以说通。

托宾把巴罗—李嘉图等价定理失效的原因归结为其理论前提与现实经济生活的背离:

第一,巴罗—李嘉图等价定理不但要求各代的消费者都是利他的,而且要求在利他动机支配下的各代消费者所遗留给后代的财产净值为正。事实上,这种理论假设或前提要求太苛刻,在实际生活中往往不能成立。此外,常识告诉我们,一个给其子孙遗留下负值的财产的消费者,或者留给子孙债务的消费者,并不一定就是不具有关心其后代的利他动机。

实际上,消费者也许并没有遗赠动机,因为可能他们没有子女,或许他们根本就不关心他人的福利。因而,当政府采用公债替代征税时,消费者便不会将债券留给后代,让其用于应付未来税负的增加。相反,由于偿还公债本息所需增加的税收要在他死后才开征,因而他所要承担的税负现值下降,财富会增加,因而消费者当期的消费支出完全可能会随之而增加。

第二,巴罗—李嘉图等价定理的暗含前提是政府以举债替代征税不会产生再分配效应,并且,各个消费者的边际消费倾向是无差异的。显然,这与现实经济生活具有相当远的距离。

无论李嘉图还是巴罗,都将消费者假设为具有相同边际消费倾向的整体,而没有分析其中的结构性因素。为了方便说明,假定政府减税政策的受益者为消费者人数的一半,受益者当期税负减少 200 元。由于政府的财政支出规模要保持不变,因此,减税而引起的收入减少,政府将通过向所有的消费者发行 100 元的债券来筹措。假如政府债券利息为年息 5％,人口不变,若政府在第二年偿还本息,采取向每个消费者征收 105 元的新税来实现。公债持有者与税负承担者范围的不一致性,以及同为公债持有者、税负承担者,其公债持有比例与税负承担比例的不一致性,使社会资源转移到了税负减少的消费者手中。其结果是,减税的受益者将会增加当期消费,受损者将会减少当期消费。消费结构的这一改变,是否会对总需求产生影响,取决于受益者和受损者之间边际消费倾向的对比。如果两者相等,不会影响社会总需求。如果两者不等,前者大于后者,社会总需求会增加;而前者小于后者,则社会总需求便会减少。消费者之间边际消费倾向存在的差异,往往使李嘉图等价定理不能成立。假设对富人来说,他们的收入很多,在扣除了消费支出以后,还有一些剩余,在这种情况下,如果政府对富人发行公债,然后用所得的收入来接济穷人,从而在增加穷人消费开支的同时,却并不会减少富人的消费。站在全社会的角度看,发行公债的结果就不是减少消费,而是增加了消费,公债替代税收实际上则是一种收入再分配政策。

第三,巴罗—李嘉图等价定理是基于政府所课征的税收都是一次性总额税(lump-sum tax)的假定而得出的,因而举借公债对征税的替代只会造成一种税收的总额变化。但是,在现实的经济生活中,政府所课征的税收并非一次性总额税,大多数的税种都是针对特定的经济行为而专门设立的,从而具有一定的税收扭曲效应。现实税收的复杂性和多样性必然影响到巴罗—李嘉图等价定理成立的有效性。

3. 曼昆

曼昆(Gregory Mankiw)则从消费者的短视、借债约束和代际财富再分配三个角度分析了巴罗—李嘉图等价定理不成立的原因:

第一,短视。李嘉图等价定理的赞成者认为,人们在做出消费和储蓄决策时具有充分的知识和先见之明,即人们的决策行为是建立在理性基础上的。因此,理性的消费者能够预见现在政府举债意味着将来要增加税收。曼昆认为,人的理性是有限的,甚至人们在做出消费和储蓄决策时是短视的。人们往往是依据将来税收与现在税收相同的假设采取行动,而不会考虑现在的财政政策会引起将来税收的变化。因此,债务融资的减税效应将导致人们误以为永久收入增加(其实并没有增加),从而导致其增加消费。

第二,借债约束。李嘉图等价定理的赞成者认为,消费不仅取决于当前收入,更重要的是取决于永久收入(包括当前收入和预期收入)。因此债务融资的减税会增加当前收入,但永久收入不变,从而消费不变。曼昆认为,永久收入假说是靠不住的,因为某些消费者面临着借债约束,无法顾及永久收入问题。对这样的消费者,当前收入具有重要意义,是当前收入而不是永久收入决定其消费。债务融资的减税增加当前收入,从而增加消费。

第三,代际财富再分配。李嘉图等价定理的赞成者认为,消费者具有利他主义的行为倾向,不仅从自己的消费中而且从子女的消费中得到效用,不仅关心自己的消费,而且关心子女的消费,因此,对减税后的增税预期会使消费者增加储蓄而不是增加消费以应对将来(甚至子女)的税收负担。曼昆认为,人们所具有的是普遍的利己主义行为动机。举债导致将来税收的增加会落在下一代人身上。举债代表一种财富的转移,从下一代人向当代人的转移。当代人会以下一代人消费减少为代价而增加自己的消费。

值得指出的是,以布坎南为代表的公共选择学派公债观,既反对凯恩斯主义的那种通过公债发行支撑的赤字财政政策一定能够刺激经济增长的观点,也不同意古典宏观经济学派承认李嘉图等价定理的公债中性观点。

第三节 公债资产效应理论

公债的资产效应是公债与税收等价定理的对立面。如果我们承认公债与税收等价定理成立,那么,公债的资产效应就不存在;反之,如果承认资产效应存在,那么,公债与税收等价定理就不成立。在某程度上，上述两种公债效应如同水火，"势不两立"。

一、公债资产效应：概念的提出及其理论解释

明确提出公债资产效应这一理论问题的是著名经济学家勒纳（Lerner）。勒纳在20世纪40年代建立了"功能财政"或"职能财政"（function finance）理论，并以此作为理论依据，强调公债的资产效应作用。立足消费需求的影响角度，勒纳对公债的资产效应进行了较为系统的深入研究。他认为公债的发行比税收的课征更能增加民众持有的资产，并增加其消费支出，即公债资产的增加会导致民间公债持有者的消费支出增加，这被称为勒纳效应（Lerner Effect）。在勒纳看来，消费者消费支出的增加，既可能源于公债幻觉的存在，也可能是因为人们闲暇时间的增加，从而导致储蓄减少和消费增加。勒纳将公债资产效应作为核心的功能财政理论，强调用公债融资而非货币融资来弥补赤字。

事实上，自凯恩斯革命以来，宏观经济学界的注意力很大程度上转向了公债资产效应。在凯恩斯理论框架下，对付经济萧条的政策之一是发行政府公债。在此情况下，公债的增加能增加居民的金融资产。这样，一方面，人们觉得富裕了不少，从而会相应地增加消费支出。另一方面，人们的劳动意愿可能下降，而劳动意愿的下降从另外两种意义上说将会减少储蓄：一是劳动意愿下降本身使储蓄降低；二是劳动意愿下降的另一方面是闲暇增加，从而消费增加（储蓄减少）。也就是说公债的发行具有刺激消费、增加需求的作用。或者说，公债的资产效应具有国民收入的扩张效应。

将公债的这一效应引入传统的 $IS-LM$ 模型中，可以分析公债融资的资产效应。$IS-LM$ 模型是由实物市场（或商品市场）与货币市场的共同均衡来决定的。商品市场均衡状态下的 IS 曲线表达式以及货币市场均衡条件下的 LM 曲线表达式，分别为：

$$Y = C(Yd) + I(r) + G \qquad (3-4)$$

$$M_s = Kpy + L(r) \qquad (3-5)$$

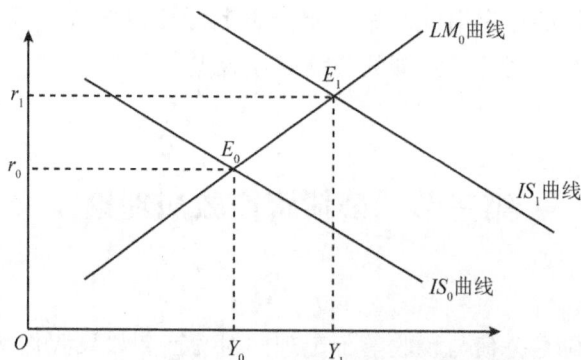

图3-2 公债资产效应分析的图示分析

最后,将资产 Z 这一新变量引入到 IS - LM 模型中,我们得到新的消费函数和货币需求函数,公式表示如下:

$$C = C_t(Y_d, Z), C_t = \frac{\partial C}{\partial z} > 0 \tag{3-6}$$

$$M^d = M_z^d(Y_d, r, Z), 1 > M_z^d > 0 \tag{3-7}$$

$$Z = M + D \tag{3-8}$$

式 3-6—3-8 中,C 代表消费变量;Y_d 代表居民实际可支配收入;Z 代表资产(如公债等金融资产);G 代表政府支出;M^d 代表货币需求;M_s 代表货币供应量;K_{py} 代表交易和预防性的货币需求量;$L(r)$ 代表投机动机引致的货币需求;r 代表市场利率;C_t 代表资产的边际消费倾向;M_z^d 代表货币的资产系数;M 代表货币;D 代表公债。

具体地分析,IS_0 和 LM_0 曲线的初始均衡点为 E_0,当公债 D 增加时,意味着人们所持有的金融资产增加,由于 $\frac{\partial C}{\partial z} > 0$,所以 IS 曲线向右上方移动至 IS_1,并与 LM_0 曲线相并于 E_1 点,利率由 r_0 增长至 r_1,国民收入也将由 Y_0 增至 Y_1,可支配国民收入的增加必然导致消费支出的增加,即导致了公债的资产效应。还应注意的是,当公债 D 增加时,若货币市场供给量保持不变,根据上述公式,货币市场就会产生超额的货币需求,引起 LM 曲线向左上方移动;若公债的增加减少了货币市场供给量,也会引起 LM 曲线向左上方移动。LM 曲线的这种移动必然削弱 IS 曲线向右上方移动对国民收入 Y 所产生的正向效应。这样,国民收入 Y 的增减变化将取决于 IS 曲线与 LM 曲线的斜率及其位移程度。若从个体来看,公债的增加可能带来了资产的增加,但若从国民经济整体来看,资产的增加意味着债务的同等程度增加。基于上述,公债的消费资产效应未必像勒纳描述的那么大。

显然,由上述分析可得出两点结论:(1)资产(如公债)对消费支出存有正向影响。由于 $C_t > 0$,资产(如公债)的增加,必将增加消费支出。可见,当政府支出公债作为融资手段时,就会增强政府支出的消费扩张效应。(2)资产(如公债)对货币需求存在一定的影响。由于 $M_z^d > 0$,资产(如公债)的增加,将增加货币需求。其作用的基本机理是:公债增加,资产增加,引起消费增加,总需求上升,从而引起物价上涨。但公债的发行究竟会不会引起通货膨胀,往往要视经济运行状况而定。一般而言,在经济处于衰退时期,市场上产品供过于求,有效需求严重不足,此时,公债融资的资产效应不会引起通货膨胀。相反,在经济处于高涨时期,市场上产品供不应求,消费、投资需求旺盛,经济本身就面临着通货膨胀的压力,在这种情况下,公债融资的资产效应将导致物价上涨。

二、公债资产效应对总需求的影响

从公债的实际影响角度分析,公债既具有勒纳效应,也具有庇古效应(Pigou Effect)和卡尔多效应(Kaldor Effect)。

公债资产效应是财政自动调节器功能发挥作用的重要支柱。通常,公债资产效应通过对经济景气变化的影响,具有强大的经济稳定作用,即公债的庇古效应。所谓庇古效应,是指公债在经济不景气时具有扩大消费支出,而在经济景气时抑制消费支出的效果。实证研究表明,经济萧条时期的庇古效应很大,而经济繁荣时期的庇古效应相对很小。可能的原因是:人们持有资产为的是防备萧条,而所有人不会在工资高、就业机会多的繁荣时期发愁并主动增加资产。庇古效应的这一功能在萧条时期会使消费支出增长较快,从而扩大消费需求。所以,公债的资产效应对总需求具有积极的自动调节作用。

就庇古效应而言,我们可以得出以下两个基本结论:

一是在经济衰退时期,以公债融资增加政府支出的总需求扩张效应大于抑制效应,即公债的发行可增加总需求,提高均衡收入水平。

二是在经济繁荣时期,以公债融资增加政府支出的总需求扩张效应小于抑制效应,即公债发行可能对总需求产生抑制作用。

此外,公债的卡尔多效应,是指公债发行会导致劳动和投资意愿下降以及资本积累减少的效应。公债的卡尔多效应也往往意味着消费需求的增加。当然,也有理论研究证明,公债积累与导致劳动和投资意愿及资本积累下降没有内在联系,投资意愿更多地受到市场利率水平的影响。

值得指出的是,英国的詹姆斯·爱德华·米德从经济增长的角度出发,通过对长期公债资产效应进行研究,得出了与勒纳不同的结论,即公债的长期资产效应对经济增长具有负面影响,即资产占可支配收入的比重与储蓄增长呈反比,举债将抑制储蓄增长,产生相当于间接提高课税的效果,不利于长期经济增长。也有经济学家认为公债对消费支出的积极影响远低于勒纳的预期设想。此外,勒纳的公债资产效应虽具有稳定经济的功能,但其作用的大小往往受制于公债生产性支出所产生的生产力效应大小。

第四节　公债幻觉、债务创造与债务财政

公债可能会产生财政学意义上的幻觉或错觉,即公债幻觉(public debt illusion)。理论上,公债幻觉的存在也否定了李嘉图等价定理成立的可能性。从此角度讲,公债幻觉或公债错觉与公债资产效应是一个问题的两个方面①。

一、公债幻觉:概念及其解释

公债发行可能导致纳税人实际负担方面的幻觉。通常,政府发行公债时,就必然

① 从公债幻觉的角度,公债资产效应似乎更像是一种资产幻觉,即个人不能准确地将其全部资产及其收益折算成现值。

产生一定程度的财政偿债责任或预期税收负担。公债幻觉意味着,个人或纳税人不能完全认识和计算出政府举债所引致的预期税收负担现值,甚至在错觉上认为预期偿债时用于还本付息的税收义务并不存在。

结合公债资产效应,这里可给公债幻觉做出如下界定:公债幻觉指消费者持有公债时,误认为自己的实际资产(财富)增加了,因而增加即期消费的一种经济现象。根据上述定义,对纳税人或消费者而言,公债幻觉在本质上是一种资产幻觉。在幻觉情况下,公债幻觉能使纳税人在政府利用发行公债筹集财政资金时,并不感受到所负担的预期成本,而同时却享受到了政府利用公债投资(如公共基础设施建设)所带来的收益,从而会改变当期个人的可支配收入与消费水平。理论上,公债幻觉既存在有和无的争论,也存在深度幻觉与低度幻觉的分歧。

公债幻觉的存在,暗示着债务持有人的消费行为是否发生变化取决于其获得预期税收负担信息的成本。税制的复杂性、不可预见性等因素增加了信息成本,使消费者可能低估纳税负担,从而刺激了消费行为。

在公共选择学派看来,公债幻觉也存在自身的逆定理。公债幻觉的逆定理可表述为:在公债幻觉条件下,公债就会在选择财政筹资工具的排列中再次占有有限但合法的地位[1]。

二、公债幻觉的数学化表述及其产生原因探析

我们可借用简单的数学公式来表述公债幻觉的存在性及其程度大小。公式如下:

$$K_t = 1 - \frac{A_t{}'}{A_t} \tag{3-9}$$

式中,K_t 是 t 时期的初始公债幻觉程度;A_t 是公债发行所产生的预期税收负担的现值;$A_t{}'$ 则是个人认识到的预期税收负担的现值。

在公式(3-9)中,若 $K_t = 0$,意味着公债幻觉并不存在;若 $K_t = 1$,意味着存在完全意义上的公债幻觉;若 $0 < K_t < 1$,则意味着存在部分公债幻觉。公债幻觉完全不存在或完全存在,都属于两种极端情形,而部分公债幻觉往往是现实中最有可能发生的事实。实际上,包括凯恩斯主义在内的许多公债理论都假设公债幻觉不同程度地存在,这也是公债政策能够发挥宏观调控效应的重要理论基础。

应指出的是,由于公债幻觉往往采取主观预期的方式,因此,纳税人或消费者对其未来可能面临的税收负担现值既可能过高估计(over-estimate),也可能过低估计(under-estimate)。也就是说,这种被资本化的税收负担幻觉既可能过度悲观,也可能过度乐观。因此,理论上的 K_t 也具备大于 1 的可能性。

不难发现,纳税人或经济人的有限理性以及未来复杂税制的不确定性是导致公债幻觉产生的两大直接因素。

---

① 詹姆斯·M.布坎南著,穆怀朋译:《民主财政论》,商务印书馆 1998 年版,第 277 页。

1. 经济人的有限理性对公债幻觉的影响

纳税人的理性程度与公债幻觉大小成负相关关系,即理性程度越高,幻觉程度就越小;理性程度越低,幻觉程度就可能越大。本质上,幻觉或错觉是个体在观察或测算特定对象时的一种"心灵"或主观特征。由此我们能够解释为什么饥渴的人在沙漠的幻影中会"看见"绿洲。事实上,伟大的艺术家往往惯于利用人们的感官知觉有意无意地创造各种幻觉。可以说,纳税人的有限理性是导致公债幻觉产生的主观原因。当然,对政府来说,由于举债与偿债存在时间上的不一致性,公债也会产生某种幻觉效应。受公债幻觉影响的个体,既可能产生乐观的幻觉(如没有或过低估计自身面临的预期税收负担现值),也可能产生悲观的幻觉(如过高估计自身面临的预期税收负担现值)。理论上,公债幻觉下的个体行为不一定是非理性的,但非理性的个体行为往往会导致公债幻觉。

2. 未来复杂税制导致的不确定性对公债幻觉的影响

通常,税制越复杂,税收总体负担与纳税人个人负担之间的关系就越模糊,纳税人未来税收实际负担的不确定性就越大,由此就会创造出更大程度的公债幻觉。显然,税制的复杂程度大大地影响了纳税人对自身税负做出正确预判所需的信息。从此角度讲,纳税人对公债引致的未来税收负担现值的认知,既面临信息不完全问题,也面临信息不对称问题。这种不确定性决策困境是产生公债幻觉的重要客观条件。在财政幻觉研究领域,意大利经济学家阿米卡尔·普维亚尼在其著作《财政管理中的幻觉》做出了十分重要的贡献。普维亚尼根据统治阶级政治模型,指出财税制度只是制造财政幻觉的制度工具,统治集团总是利用复杂的财税制度尽力创造财政幻觉。这种幻觉会使纳税人觉得其所承受的负担比实际上的负担要轻,与此同时,也使受益人(纳税人)觉得政府提供给他们的公共产品和服务的价值比实际上的价值要大①。事实上,普维亚尼的理论假设提供了分析财政幻觉(包括公债幻觉)与财政制度之间关系问题的重要视角。实践中,税收与支出等财税制度的复杂性关联使得一系列的财政幻觉创造成了可能。这一点,现代民主政治模型下的分析与统治阶级政治模型下的分析并无本质区别。

从实际负担而言,征税方式筹资是现实纳税人的负担,公债筹资则意味着未来纳税人的负担——这在一定程度上"激励"了纳税人产生公债幻觉。

三、公债幻觉与债务创造

在实际财政制度中,不平衡预算总是可能的。一旦缺乏或放弃严格的预算平衡约束,潜在的财政赤字就会变成现实的财政赤字。如布坎南所言,如果民主政治制度明显地把财政选择分割成公共收入与公共支出两大不太相关的单独选择,由此更容易产生财政赤字和公债幻觉。在公债幻觉条件下,纳税人往往不能做出适当的储蓄

---

① 显然,普维亚尼模型下的统治阶级总是试图创造出乐观的财政幻觉,即使纳税人或被统治阶级相信付出"较少"但得到"较多"。

决策来履行未来到期的财政偿债责任。

如果出现财政赤字，就必须有相应的弥补赤字方法，而弥补赤字方法本身则会严重地影响个人合理地比较由此产生的公共利益与公共成本的权衡能力，即产生不同程度的财政幻觉。概括地说，通常有两种可弥补财政赤字或预算赤字的方法：（1）发行公债或债务创造，即发行公债以换取对货币购买力的即期支配权；（2）印刷货币或货币创造，即发行或创造不附息的货币或通货，以直接取得可支配的货币购买力。对经济主体而言，货币创造手段往往受到很大的限制或者其根本并不具备货币创造的资格（如地方政府）。与此相对应，从内部或外部"借款"或举债总是能够解决收入与支出之间的暂时矛盾。在公共选择学派看来，由于债务选择往往更易于扩大财政决策时预期成本与预期收益之间可能产生的不一致和不对称，而个人也往往不将公债发行包含的将来税收现值等同于没有贴现的即期税收，因此，个人或纳税人就将倾向于"投票赞成"更大债务创造所支持的更大规模公共支出提案或方案。尤其是，货币创造等同于现期的税收（即通货膨胀税），这种税收往往比债务发行或债务创造所引致的预期税收更可能被准确地观测和考量。显然，与货币创造相比，债务创造会导致更大的财政幻觉，而现实中的预算赤字具有债务创造的倾向或偏好。

事实上，社会中的个人（包括政府官员和纳税人）往往没有私人的义务对整个社会的债务负责，这种社会责任机制也势必易于导致更多的公债发行或债务创造。从此角度分析，公债往往是在时间上将财政偿债义务转移给"下一代人"的制度化工具。

四、公债幻觉下的债务财政问题

在财政实践中，由于公债债权人（公民或居民）对债务融资主体（政府）往往不构成硬约束，而各级政府在获得债务资金时有一定程度的"免费资本"的幻觉或错觉，从而在债务资金利用上不可避免地出现超标准、低效率现象，导致政府明显地偏好于用公债替代税收的筹资手段倾向，从而更易于造成债务财政[①]的局面。在布坎南看来，"作为地方政府单位的一员，个人可能具有的财政意识，会随着集团中公民人数的增加而变得愈来愈弱。在中央政府一级，个体公民基本上就感觉不到私人的财政责任"[②]。如果布坎南的观点是正确的话，那么，地方政府尤其是中央政府在进行财政决策时往往更易于引致债务财政问题。

事实上，债务财政并不因为公债幻觉的存在就改变其经济和政治上的不良后果。这里，我们运用一个高度简化的政治—公债模型来说明债务财政的不良后果。如果政府以各种各样的理论或理由（如稳定宏观经济、建立福利国家等）引入公债发行，从而为持续扩张的财政支出压力筹资——由此产生的债务创造可看作是政府财政所面

---

① 这里，"债务财政"主要指政府财政因过度负债造成财政风险偏大或失控的特殊财政现象。可以说，我国中央财政与地方财政都不同程度地具有债务财政的特征。

② 詹姆斯·M.布坎南著，穆怀朋译：《民主财政论》，商务印书馆1998年版，第111页。

临的"可能性边界"的外移。由此,预算均衡被公债发行的财政预算所代替了。在这种分析中,假定政府财政赤字占国民生产总值(GDP)的份额不到5%时,个人在相应的政治选择环境中对公债发行所做出的反应可能会比对征税或创造货币做出的抵抗反应要弱。但超过 GDP 的 5%这个限度量,与此相关的公民对公债发行的抵抗反应要比对税收和货币创造的抵抗反应具有更大的负效应(即压力反弹效应)。

在政治反应的第一阶段中,新财政均衡在引入债务财政的可能性之后就将由以下三个要素决定其性质:(1)公共财政支出的比率上升;(2)出现一定数量的公债创造;(3)存在税率降低以及税收收入减少。应指出的是,政府在第一阶段通过发行公债所提高的财政收入,有一部分要用于已经扩张的公共支出比率,还有一部分则用于弥补由于税收收入下降所造成的财政缺口。

我们假定政府在第一阶段所发行的公债为 D。这笔资金是从经济中的私人部门抽出来的。如果没有公债的话,这笔资金要么变身为当前的消费,要么进行当前的资本投资。换言之,政府的借款是真正意义上的"借款"(即从当前消费或投资中借入款项)。在市场经济条件下,政府与每一个债券购买者都订立了债权债务契约,个人是在完全自愿的交易中购买政府债券的。他们放弃了当前(第一阶段)对于资源的支配权,而换取对债券上的利息收益的支配权。它将偿还全部本金再加上规定的利息[①]。这样,在短期看来"皆大欢喜":政府利用了债务创造手段达到了自己增加公共支出的财政目标,与此同时,也满足了选民们既想要增加政府公共产品和公共服务开支又想要降低自身负担税率的要求。结果是,政府的预算均衡开始进入到债务财政的初步阶段。

让我们再考虑第二阶段会出现的可能情形。为了保持在第一阶段中所达到的全部劳务水平,除由税收提供的公共收入以外,还必须由公债 D 的数额来加以补充。政府将再一次诉诸公债 D 去筹措财源。在此情况下,第一阶段中所招致的公共债务仍然是存在的,这种初期的债务在第二阶段至少必须被支付利息。政府必须寻找一定的财源向公债的持有者支付允诺的利息收益。如果政府在第一阶段发行的公债已经达到了所指明的政治转折点(如 GDP 的 5%),那么,在第二阶段,政府要想不打破已经建立的政治均衡,是不可能提高自己的借款比率的。为了给第二阶段政府所面临的合成支出要求($G+D+rD$)筹集资金,政府要么提高税率,要么削减开支,然而无论采取上述办法中的哪一种,都将破坏在第一阶段中已经实现的财政均衡。

由于均衡是必然要被取代的,因此,沿着可能的边际,将会出现调整。第二阶段均衡的性质将取决于以下三个要素:(1)比第一阶段更低的公共支出比率;(2)比第一阶段更高的税率负担;(3)在第二阶段所发行的与第一阶段发行的债额相等的新债额度。如果在第一阶段由于种种原因政府发行的公债还未达到政治约束点的极限,那么,可以预料,政府会在第二阶段扩大债券发行,这个过程会一个阶段接一个阶

---

① 在不存在货币幻觉的假定下,任何通货膨胀都是可预期的,即预期效应会充分计入公债券的名义利息率之中。为简单起见,我们也可以假定,全部政府债券是充分指数化的。

段地进行下去，一直到政治约束点最后达到为止。

上述分析说明，在任何阶段之间存在着一种关于初步结果的联系。由于必须支付的公债利息是会一个阶段接一个阶段增加，因此，政府支出的均衡比率会一个阶段接一个阶段降低，而均衡税率会一个阶段接一个阶段提高。理论上，政府可能会无限期拖欠短期债款，只要政治均衡在一个阶段接一个阶段中被保持着，债务就将永远无法清偿。这样，政府总债务就必然会增加，一直达到某个阶段的转折点为止，这意味着对未偿清的公债利息支付额也会相应增加。即使当政府所提供的各种公共服务支出全部停止，上述结果也会继续演绎下去。相应地，为对债务支付利息，税收就会持续增加，这种支付本身就会随着新的公债发行继续增长下去，新债是为支付先前阶段所发行的债券的利息而不得不发行的。在极端的情况下，全部国民总收入会用于支付债务利息。

由此可以说，如果政府没有"发明"公债这种手段来为日常开支提供财源，那么，政府对公民提供的公共服务的均衡流量就会一直高得多，而税收的税率就会一直低得多。表 3-1 给出了上述分析的债务财政阶段调整模型。

表 3-1　债务财政的阶段调整模型

阶 段	税率 R	当期公共服务开支（包括转移支付）G	公共债务 D	公债利息支付 D	总公共支出
阶段 0	R_0	G_0	0	0	G_0
阶段 1	$R_1 < R_0$	$G_1 > G_0$	D_1	0	$G_1 = G_0 + D_1$
阶段 2	$R_2 > R_1$	$G_2 < G_1$	$D_2 = D_1$	iD_1	$G_2 + D_2 + iD_1$
阶段 3	$R_3 > R_2$	$G_3 < G_2$	$D_3 = D_2$	$iD_1 + iD_2$	$G_3 + D_3 + iD_1 + iD_2$
⋮	⋮	⋮	⋮	⋮	⋮
阶段 M	$R_0 < R_m$ $> R_{m-1}$	$G_0 < G_m < G_{m-1}$	$D_m = D_{m-1}$	$iD_1 + iD_2 + \cdots + iD_m$	$G_m + D_m + iD_1 + iD_2 + \cdots + iD_m$

资料来源：詹姆斯·M.布坎南著，平新乔、莫扶民译：《自由、市场与国家》，商务印书馆 2001 年版。

当然，上述模型是一种极端情形。它潜在地假定了：无论是政府还是借钱给政府的纳税人都不会根据财政结果调整自己的经济行为（即存在完全的公债幻觉）。但是，我们可以预期，随着公债余额不断地被累积，公民或纳税人对于债务创造会越来越强烈地做出消极抵抗反应。这部分是因为，纳税人会担心政府将对债权人所持有的公债采取拖欠态度，而这种拖欠态度使未来的借债会以更高的公债利率进行。这种结果达到一定程度后，在发行债券问题上就会不存在政治均衡。然而，如果社会要避免政府对公债款的到期拖欠或赖账，纳税人就必须接受更高的税率与更低的公共服务供给水平。如果这个社会始终遵循"古典的名言"（即古典经济学家的名言）：放弃任何形式的债务财政的话，那么我们所生活环境中的税率就会低得多，公共服务的供应水平也会高得多。显然，在古典经济学家和公共选择学派看来，以债务财政方式来增加公共消费等于摧毁或"耗尽"资本，这样，真正的"国民财富"就会被削减。

专栏3-1

公债幻觉、财政幻觉与货币幻觉

幻觉或错觉是一种特定环境下的特定主体对自身处境的不准确估计。据此理解,公债幻觉、财政幻觉与货币幻觉都是特定"局中人"对自身处境(如真实负担)的不准确估计。

拓展阅读:《财政幻觉的行为经济学考察》

公债幻觉是财政幻觉的一种特殊情形,主要是指纳税人或社会成员不能准确估计政府举债后可能引致的未来税收负担现值。由于公债幻觉的存在,与征收新税或货币创造相比,纳税人往往对政府的举债行为或发行公债更为"宽容"和"接受"。显然,在实践中公债幻觉易于产生债务创造和债务财政问题。

财政幻觉是一个比公债幻觉更为复杂的范畴。最初对财政幻觉进行较为全面和透彻分析的是意大利学者阿米卡尔·普维亚尼的两本书,即《论公共收入的幻觉》和《论财政幻觉》。詹姆斯·M.布坎南在《民主财政论》中则对现代民主政治制度下的财政幻觉问题进行了有价值的剖析。不完全地概括,这方面的主要观点有:(1) 财政幻觉既存在于公共收入(主要是税收领域),也存在于公共支出;(2) 政府利用公共企业或垄断产业获得收入并为公共服务提供资金,作为税收筹资的替代,也使得纳税人会产生财政幻觉,并使人们默许公共服务业的扩张趋势;(3) 当一项税收存在相当长时期,机会成本就不会被纳税人所意识,财政幻觉就更为明显;(4) 由于纳税人不能对公债所涉及的税收现值进行完全的资本化预期,因此,公债会产生一种"资产幻觉";(5) 通货膨胀即通过货币发行来为公共产品和服务筹资,相当于充分就业条件下的间接税,也会产生财政幻觉;(6) 累进税制度在直观上可能使纳税人产生过度的税负幻觉,源于累进税中平均税率与边际税率的分离,以及可观察到的个人往往根据边际税率考虑问题的倾向;(7) 将纳税人的总体负担分解为众多的小税,以及在不知道真正税收归宿的情况下征税,都会产生财政幻觉;(8) 由于预算制度的复杂和预算技术的粗糙,让纳税人看不清政府提供的公共产品和服务的实际成本、收益,则是产生财政幻觉的重要途径。

"货币幻觉"一词是由美国经济学家欧文·费雪最先提出的。从本义来讲,货币幻觉是指货币持有人错误地估计了手中持有货币的实际价值或购买力。货币幻觉理论告诉我们:在现代社会中,经济人不仅要关注自己手中的货币绝对数量的增加,还应该注意货币购买力的实际变化。如果只注意手中财富的绝对数量,而忽略物价水平的提高,那么就会产生"货币幻觉",即兴高采烈地认为自己富有了,于是增加了过多的消费,"梦醒时分"才发现自己已经入不敷出了或实际生活水平下降了。

上述三种幻觉效应对我们更准确地认知所处的经济世界提供了十分有用的"理论窗口"。

【本章小结】

● 围绕征税与公债之间经济效应的差异性问题,经济学家展开了旷日持久的辩论。李嘉图认为,无论是以征税的方式来筹措军费,还是用发行公债的方式来应付支出,其效应都是等价的,即政府选择哪种融资手段,与其最终的经济效果无关。这是李嘉图等价定理的基本观点。

● 李嘉图等价定理在本质上阐明了公债中性的经济学思想。在等价定理成立的条件下,这意味着政府若想通过公债替代税收的政策手段来刺激需求,就不会引起人们消费行为的积极变化,于是,这种政策调控企图最终将是徒劳的或无效的。应指出的是,等价定理虽有理论缺憾,但其引人入胜之处在于解释了公债的本质。今天的公债,就是明天的税收。即公债的本质归根到底要用未来的税收来清偿。无论是对内债还是对外债都是适用的。

● 财政理论领域中的李嘉图等价定理,证明了财政支出融资中税收与公债的等价,如同公司财务资本结构领域中的莫迪利亚尼—米勒定理(MMT)所证明的公司融资中债务与股本的等价,两者都是在某些"理想"假设条件下所得出的研究结论。

● 巴罗运用"具有利他主义的遗产行为动机"理论假设对李嘉图等价定理进行了扩充和发展,但莫迪利阿尼、托宾和曼昆等经济学家则对巴罗—李嘉图等价定理进行了不同角度的批评与质疑。例如,托宾从利他主义的遗产动机假设的不现实性、举债替代征税会产生再分配效应、现实中的税收往往不是一次性总额税等方面对巴罗—李嘉图等价定理进行了有力的批驳。巴罗—李嘉图等价定理的争论和分歧并没有结束。

● 公债资产效应是公债与税收等价定理的对立面。如果我们承认公债与税收等价定理成立,那么,公债的资产效应就不存在;反之,如果承认资产效应存在,那么,公债与税收等价定理就不成立。勒纳(Lerner)对公债的资产效应进行了较为系统和深入的研究。他认为研究公债的经济效应当从公债发行的流量效应和存量效应(即公债资产效应)两方面着手,并重点研究了短期的公债资产效应(也称勒纳效应,Lerner Effect),即公债资产的增加会导致民间公债持有者的消费支出增加。

● 公债可能会产生财政学意义上的幻觉或错觉,即公债幻觉(Public Debt Illusion)。理论上,公债幻觉的存在也否定了李嘉图等价定理成立的可能性。纳税人或经济人的有限理性以及未来复杂税制的不确定性是导致公债幻觉产生的两大直接因素。与货币创造相比,债务创造会导致更大的财政幻觉,而现实中的预算赤字具有债务创造的倾向或偏好。各级政府在获得债务资金时有一定程度的"免费资本"的幻觉或错觉,从而在实践中更易于造成债务财政问题。

【关键术语】

李嘉图等价定理　具有利他主义的遗产行为动机　巴罗—李嘉图等价定理
公债资产效应　勒纳效应　庇古效应　卡尔多效应　公债幻觉　财政幻觉　货币幻觉
债务财政

思考与讨论

1. 什么是巴罗—李嘉图等价定理？结合实践，试谈谈巴罗—李嘉图等价定理在中国成立的可能性。

2. 在解释公债幻觉与公债资产效应概念的基础上，试分析两者之间的不同与关联。

3. 运用理论分析工具或实际案例，印证公债幻觉与债务财政之间的理论假说。

阅读与参考文献

[1] 大卫·李嘉图.政治经济学及赋税原理.郭大力，王亚南，译.北京：商务印书馆，1962.

[2] 刘怡.李嘉图等价定理的启示.经济科学，1997(5)：66-70.

[3] 杨志勇，张馨.公共经济学.北京：清华大学出版社，2005.

[4] 詹姆斯·M.布坎南.民主财政论.穆怀朋，译.北京：商务印书馆，1998.

[5] 詹姆斯·M.布坎南.自由、市场与国家.平新乔，莫扶民，译.北京：商务印书馆，2001.

[6] Barro, R.J. Are Government Bonds Net Wealth? *Journal of Political Economy*, 1974, 82(6)：1095-1117.

[7] Buchanan, J.M. Barro on the Ricardian Equivalence Theorem. *Journal of Political Economy*, 1976, 84(2)：337-342.

[8] Patinkin, D. *Money, Interest and Prices*. New York：Harper and Row, 1965.

[9] Tobin, J. *Asset Accumulation and Economic Activity*. Chicago：University of Chicago Press, 1980.

小小说：债与税　　本章测试

第四章 公债挤出效应分析

假如公债不过度,这将是全民的福分,并将成为国家强有力的黏合剂。[①]

——亚历山大·汉密尔顿

学习目标

1. 运用 $IS-LM$ 模型分析公债的挤出效应并理解其经济学含义。
2. 运用 $AS-AD$ 模型分析公债的挤出效应并理解其经济学含义。
3. 掌握影响公债挤出效应大小的因素并了解中国的公债挤出效应情况。

专门讨论公债挤出效应的文献并不多,大多数文献集中于讨论财政政策的挤出效应问题。这是因为在很大程度上,公债的挤出效应等同于财政政策的挤出效应。但是,公债的挤出效应和财政政策的挤出效应并不完全相同。通过本章讨论,读者将了解两者之间的区别和联系。本章的第一节是"公债挤出效应的理论分析",对这些理论细节的了解有助于深刻理解我国公债的挤出效应。第二节是"我国公债挤出效应分析",将详细介绍公债挤出效应的分类,并将讨论我国公债发行是否产生挤出效应这一问题。

第一节 公债挤出效应的理论分析

通常,公债是政府部门向非政府部门举借的债务。在一定时期内,在社会资金总量一定的条件下,公债发行量的多少涉及资源在私人部门与政府部门之间的再次分配,

---

① 原文为:A national debt, if it is not excessive, will be to us a national blessing. It will be powerful cement to our nation. —Alexander Hamilton(参见:http://www.halexandria.org/dward301.htm。)

因此,公债首先表现为政府部门对资源的占有。分析公债的挤出效应(Crowding-out Effect)也就成为分析公债经济效应的重要部分。

一、IS-LM 模型与公债挤出效应

我们讨论两种情况:第一种情况,假设货币供给不变;第二种情况,假设货币供给变化。

1. 货币供给量不变假设情况下的公债挤出效应

公债发行,政府支出增加,也就是财政扩张,最后整个经济的产出和利率都会上升,但是产出的增加一部分被利率的上升所抵消,产出被抵消的过程我们称为公债的挤出效应。我们用图4-1显示这一过程。

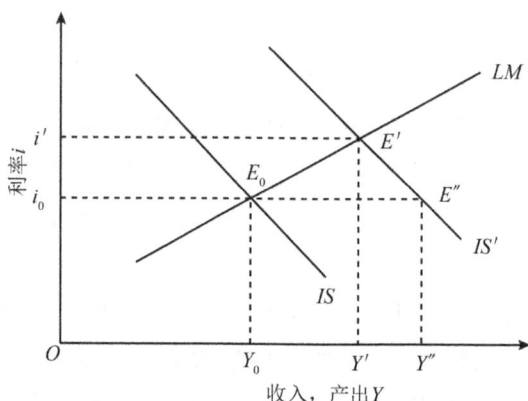

图4-1 货币供给不变下的公债挤出效应

假定利率不变,公债增加,政府支出水平提高,增加总需求水平。为了满足增加的商品需求,产出必须提高,这一过程在图4-1显示为 IS 曲线的移动,从 IS 到 IS'。相应的,均衡点从 E_0 移动到 E''。在 E''处商品市场处于均衡,计划支出等于产出,产出为 Y''。但此时货币市场不再处于均衡状态,收入已经增加,因而需求的货币量也就提高了。由于有过量的真实余额需求,利率因此提高,以维持货币市场的均衡。在利率提高的情况下,厂商计划投资支出下降,因此总需求下降,产出下降。也就是说,考虑到增加政府支出对私人支出的扩张效应与提高的利率对私人支出的抑制效应,E'点才是宏观经济的新均衡点,在该点上,商品市场和货币市场同时出清。

将 E'点与初始均衡点 E_0 比较,可以看出:增加公债提高了收入,也提高了利率。E''点是忽略利率冲击下的均衡点,通过比较 E''点和 E'点,我们可以看到利率增加抑制了公债增加的扩张效应,收入不是增加到 Y'',而是只增加到 Y',原因就是利率上涨降低了投资支出的水平。当公债的增加挤出了私人支出,特别是私人投资支出,此时,挤出效应就发生了,图4-1中的 Y'Y''表示了挤出效应的大小。

2. 货币供给变化假设情况下的公债拉出效应

假设货币当局增加货币供给,则 LM 向右移动,防止利率上升。如图 4-2 所示,IS 和 LM 均向右移动,产量增加,而利率并没有上升。在财政扩张过程中,货币当局通过扩大货币供给,防止利率提高,这被称为预算赤字货币化。其实质是货币当局印制纸币购买公债,政府用该项公债弥补其赤字。

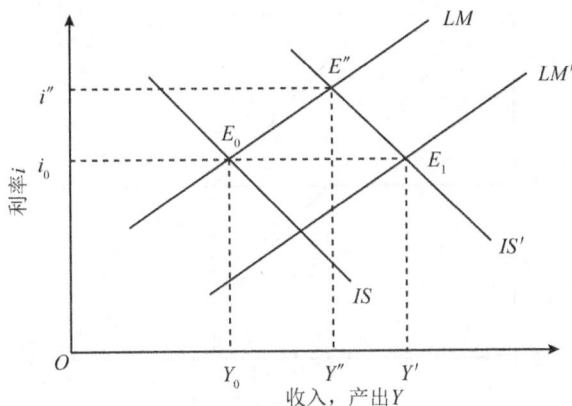

图 4-2 货币供给变化下的公债挤出效应

以上两种情况均假定经济处于未充分就业,现在假定经济的初始状态是充分就业状态。当公债发行、政府支出扩张时,利率上升并产生挤出效应。为了抵消挤出效应,就要实行货币扩张,使利率水平回到初始均衡点,此时公债增加对收入产生扩张作用,但这只是短期内的情形。因为此时收入超出充分就业收入水平,这意味着社会需求过度,资源约束紧张,因此价格水平急剧上涨。价格上涨使实际货币余额减少,实际货币余额减少引起 LM 曲线向左移动,最终导致利率上升产生挤出效应,利率上升直到初始增加的总需求完全挤占为止。收入也随之下降,回到最初的充分就业水平。

3. 影响公债挤出效应大小的因素分析

(1) IS 曲线和 LM 曲线的斜率

从以上的分析可以看出,挤出效应的大小取决于两条曲线的斜率。IS 曲线越陡峭,挤出效应越小,反之则挤出效应越大;从 LM 曲线来看,曲线越陡峭,挤出效应越大,反之则挤出效应越小。有两种极端的情况:如果 LM 曲线是水平的,表明经济陷入流动性陷阱,不会发生挤出效应;如果 LM 曲线垂直,则发生完全挤出的情况。应指出的是,当利率非常低时,人们预期利率不可能再低下去了,即人们预期利率将会上涨,债券未来价格只会下跌。在这种情形下,人们必将卖出债券以持有货币,并不再购买债券,有多少货币就持有多少货币。这种情形即被称为"流动性陷阱"(liquidity trap)或者"凯恩斯陷阱"。在"流动性陷阱"的情况下,投机性货币需求的利率弹性为无穷大,货币需求曲线在某一特定利率水平上变成一条与横轴平行的直线。

上述两种情况是比较重要的分析工具,讨论如下:

第一种情况:流动性陷阱下的零挤出。如果经济处于流动性陷阱之中,利率不因公债的变动而变动,因而投资支出不会遭受削减,增加公债的收入效应不会受到抑制。流动性陷阱意味着在既定的利率水平下,货币供应多少,公众就打算持有多少,因而 LM 曲线为水平的,而且货币数量的变化不会使它移动。即使是凯恩斯也表示过,未曾察觉出现过这样的情况,不过流动性陷阱是理解相对平直 LM 曲线的有用的解释手段。图 4-3 的分析给出了比较清晰的解释。

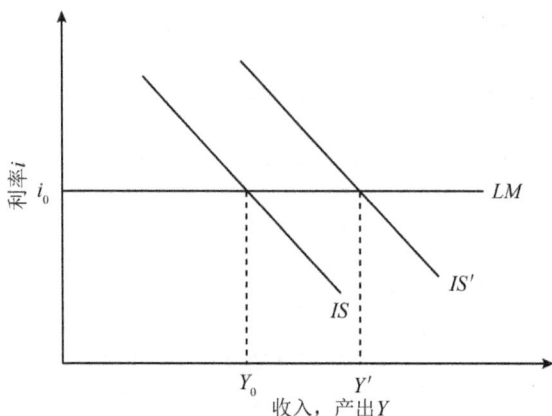

图 4-3　流动陷阱下的公债挤出效应

第二种情况:古典分析下的完全挤出。LM 曲线表述为:$\dfrac{\overline{M}}{P}=kY-hi$。因为货

币需求对利率完全无反应,h 为零,相应于既定的真实货币供给 $\dfrac{\overline{M}}{P}$,只有唯一的收入

水平 Y 使货币市场处于均衡状态。这意味着在该收入水平,LM 曲线是垂直的。垂直的 LM 曲线称为古典分析。将 LM 曲线的表达式重新表述如下:$\overline{M}=k(\overline{P}\times Y)$。这其实就是古典的货币数量论的表达。它认为名义收入水平只决定于货币数量。当然,事实证明货币需求确实对利率有反应。在有着失业资源的经济中,没有完全的挤出。公债增加提高利率也增加收入,因此挤出是程度问题。不过,作为一种极端情况的说明,还是有必要的。图 4-4 解释了古典分析下的完全挤出情况。

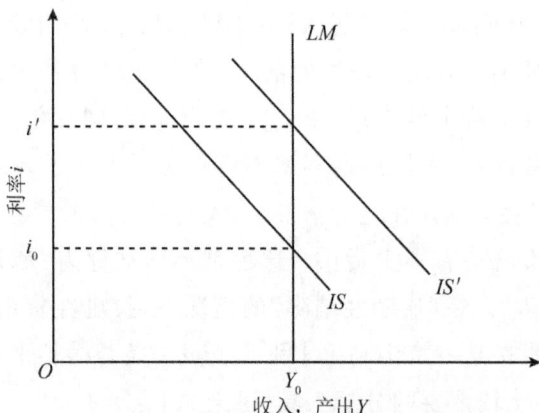

图 4-4　古典分析下的公债挤出效应

如图 4-4 所示,公债的增加,使 IS 曲线移动到 IS',但对收入无影响。但是,政府支出提高而产出无变化,则私人支出必然有抵消性减少。在这种情况下,利率增加挤出的私人支出特别是投资,等于政府支出增加量,而产出毫无变化,被称为完全挤出。

(2)货币供给

如果货币供给没有相应增加或增加额不能满足货币需求增加的需要,则公债扩张将产生挤出效应;反之,则不会产生挤出效应,这个结论我们可以从图 4-2 中很容易得到。不论中央银行直接借款给政府,还是在政府向公众借款的同时,中央银行通过商业银行体系向流通领域增加货币供给,都可以抑制利率因政府支出扩张而上升。因此,货币政策与财政政策配合使用可以抵消挤出效应,即在增加财政支出的同时,增加货币供应量。

二、AS-AD 模型与公债挤出效应

IS-LM 模型的分析是在总需求范围内进行的,没有考虑总供给方面的约束。在 AS-AD 框架内,实际的挤出还并不限于此。因为均衡收入是由 AD(aggregate demand)和 AS(aggregate supply)共同决定的,总需求扩张引起总收入的扩张量还要受到 AS 曲线形状的影响。这种挤出效应是 IS-LM 模型分析过程的延续,是把价格效应纳入分析视野后得出的结论。

我们用图 4-5 来具体分析。

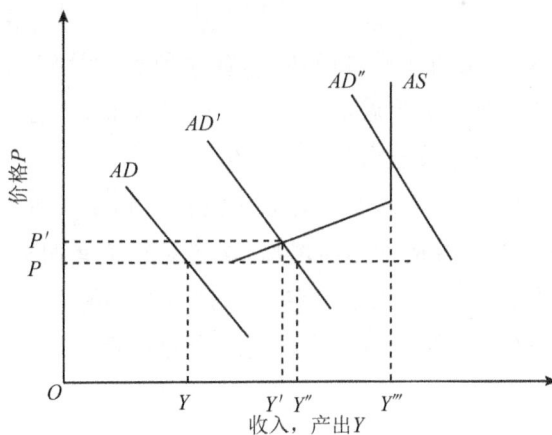

图 4-5

如图 4-5 所示,当 AD 与 AS 相交于 AS 水平区间内的时候,经济处于就业不足和生产能力闲置状态,公债的增加引起 AD 向右移动,总需求增加立即启动现有生产能力,增加就业和供给,价格水平并不因此而上升,财政扩张政策最大限度地发挥作用,此时没有挤出效应。

当 AD' 与 AS 相交于 AS 向上倾斜区间内的时候,总需求的扩张开始遇到总供给的限制。向上倾斜的总供给曲线意味着总供给的持续增长导致劳动力供给紧张,

带动货币工资上升,货币工资上升通过成本加成传递给价格,从而使总供给增加的同时价格水平随之提高。价格水平提高导致实际货币余额$\left(\dfrac{M}{P}\right)$下降和利率水平上升,利率的上升将启动 $IS-LM$ 框架下的挤出机制,使均衡收入水平下降,产生挤出效应。而在图 4-5 中,挤出效应表现为沿新的总需求曲线向左上方移动到与总供给曲线相交处,挤出量为 $Y'Y'''$。此时,供给方消除了需求压力,价格不再上升。需求方也不再有货币真实余额下降和利率上升的压力,收入不再继续降低。从图形上看出,AS 越陡峭,AD 越平缓,挤出效应就越强;反之,挤出效应就越弱。

当 AD 与 AS 相交于 AS 垂直区间内的时候,由于无任何闲置资源可利用,总需求的增加全部转化为价格水平的上升,收入水平受资源限制不可能增加,公债增加的收入效应被完全挤出,收入总是在 Y''' 水平上。

三、分析公债挤出效应的其他模型

以上分析可以说是交易挤出效应,由于公债增加,政府支出增加,引起交易货币需求量的增长,从而挤出了私人消费和投资,这是最为普遍的挤出效应。西方经济学中还有一些分析角度比较独特的挤出效应模型,其中比较有影响的是债券挤出效应模型和筹资挤出效应模型。前者主要考虑政府债券作为一种财富的影响对私人消费和货币需求量的影响,但是,它的生成机理依然是利率的上升,与上述模型一致。货币主义学派的筹资挤出效应模型对挤出效应的分析有所不同,对利率的变动有新的解释。

1. 债券挤出效应模型

公债的增加导致家庭流动性财富增加,尽管这种流动性财富增加可能导致私人消费支出增加,但它也能导致货币需求的增加。这些财富效应会移动 IS 曲线和 LM 曲线,其最后的结果可能是导致挤出效应的发生。

民间部门对商品和货币的需求在一定程度上受家庭的实际净财富的影响,而家庭实际净财富因家庭持有债券的增加而增加,这将对经济有两种影响:第一,它将提高消费支出,从而推动 IS 曲线向右上方移动;第二,它将提高实际货币需求,从而推动 LM 曲线向左上方移动。图 4-6 表示了这一变化过程。

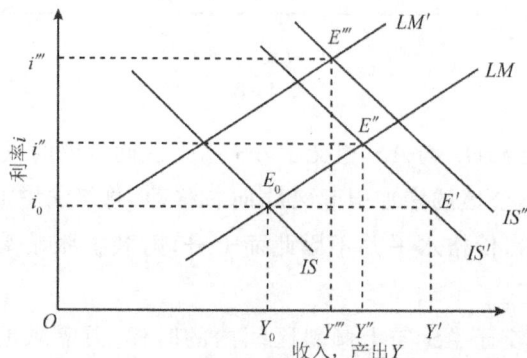

图 4-6 债券挤出效应模型说明

在图 4-6 中，初始经济均衡是 IS 和 LM 曲线的交点 E_0，相应的产出水平为 Y_0，利率为 i_0。如果财政支出增加并仅以公债融资，这种财政政策的最初影响是把 IS 曲线向右移动到 IS′。这种移动的效果是提高了产出和利率。所以，在第一个时期，类似于交易挤出效应的分析，公债增加的最后效应是部分挤出，挤出大小为 $Y''Y'$。

而第一个时期发行的公债将成为下一时期开始时家庭的部分净财富。家庭因为净财富有所增加，增加了消费支出，推动 IS 曲线继续向右移动，而另一种效果是提高实际贷款需求，从而驱动 LM 曲线向左上方移动。此时，挤出效应再次发生。

2. 筹资挤出效应模型

货币主义学派的筹资挤出效应容易与交易挤出效应混淆，主要原因是两者都基于利率这一共同因素的变化。但是，两者还是有明显不同的。图 4-7 是筹资挤出效应模型说明。

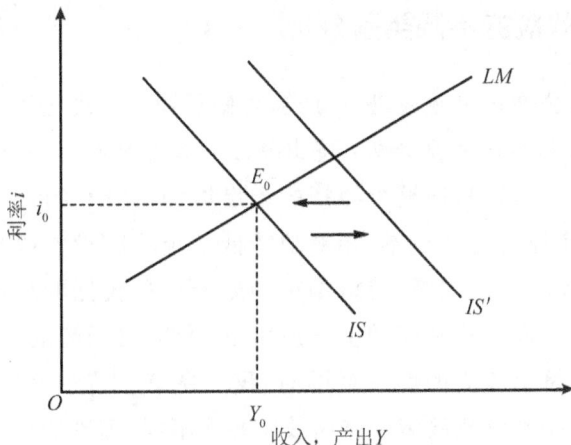

图 4-7 筹资挤出效应模型说明

经济的初始均衡位于 IS 和 LM 曲线的交点 E_0，在该点，利率为 i_0，产出水平为 Y_0。令预算赤字为 ΔG，并用公债融资，发行的公债为 ΔB。财政支出水平增加，使图中的 IS 移到 IS′，但是，这种移动是暂时的。因为私人投资不仅取决于利率，还取决于储蓄供给量，也就是说，私人投资是利率和可动用储蓄量的函数，用公式表示为：$I = I(i, F)$，其中 F 表示储蓄量。如果赤字支出增加，而且增加的支出仅用公债来融资，则 $\Delta G = \Delta B$；如果政府将可用于投资的储蓄全部抽走，即 $\Delta G = \Delta B = F$，则 $\Delta G = \Delta I$，民间部门下降的投资量等于 ΔG，政府多支出的部分恰好是私人少支出的部分，而这些储蓄原本是私人部门投资的来源。这个结果意味着 IS 曲线又回到初始的位置，此时，排挤是完全的。

当然，这只是一个完全挤出的假定，只不过是为了说明一个道理，即政府用公债弥补的财政赤字过大，将可用于私人投资的储蓄全部抽走，则政府支出对收入增长的乘数效应将不复存在，财政政策将趋于失效或失灵。

第二节　中国公债挤出效应分析

以上是对公债挤出效应的理论分析,说明了公债挤出效应的形成机制。公债的挤出效应总是通过利率发生作用,任何一种理论对挤出效应的探讨,都离不开利率的变化。也就是说,公债是否发生挤出效应以及挤出效应的大小,往往要视利率是否变化及其变化程度而定。接下来是对公债挤出效应的现实分析,对我国公债挤出效应的分析必须结合我国的国情进行,即任何结论都必须建立在对国情正确判断的基础上。国情随时间推移而改变,因此,对我国公债挤出效应分析的结论也要随情况的变化做相应改变。

一、公债挤出效应的不同类别分析

结合我国国情对公债挤出效应进行分类,有助于我们对理论和现实的把握。

1. 从挤出效应与利率的关系分析:挤出效应的三个层面

公债发行,政府支出增加,使整个经济的产出增加;公债发行会抬高金融市场的利率水平,从而提高企业的生产成本,相对地降低了企业的投资收益率,企业的投资意愿受到抑制,导致投资规模缩减,使资本市场处于一种较低的均衡水平,总需求下降;最终,产出的增加一部分被利率的上升所抵消,产出被抵消的过程我们称为公债挤出效应。这是公债挤出效应的第一个层面,我们在第一节中已经详细分析。这一层面的挤出效应与扩张性财政政策的挤出效应并无不同,理论的分析是一致的。

政府通过大规模发行公债向社会借款,导致政府在资金需求上和民间进行竞争,这是公债挤出效应的第二个层面。由于全社会的资金水平在短期内的相对稳定性和有限性,政府和民间的这种竞争会使民间部门筹资困难。首先,如果公债利率较高,例如高于储蓄存款利率,私人就会倾向于购买公债等金融资产,而不愿投资实业,而银行也会调整资产结构,多购买公债而少放贷款,此时可能会产生一定的挤出效应。其次,由于商业银行和投资银行与政府联系更紧密,在资金一定的情况下,私人投资需求被压缩,私人只能寻求较高利息的资金来源,从而增加资本成本,降低赢利能力和再投资能力,甚至退出投资领域,还有相当部分企业则由于项目收益水平较低,既无缘在银行内也不可能在银行之外获得融资。

事实上,对于成熟的市场经济国家,这两种解释在内在逻辑上是一致的,因为借贷资金需求上的竞争在资本市场上就体现为利率上升。但是对于我国这样利率还未实现完全市场化的国家,这两种作用机理可能是独立存在的[①]。这也是我们根据我国

[①]　田杰棠:"近年来财政扩张挤出效应的实证分析",《财贸研究》,2002年第3期,第81页。

国情做此分类的原因。这是一种比较重要的划分方法,接下来关于我国是否存在挤出效应的讨论也将根据这一划分展开。

有很多人将公债在投资领域挤出私人投资看作是公债挤出效应的第三个层面。这是一个公债政策是否有效运用的问题,不能等同于公债的挤出效应。因为我们讲的公债挤出效应是以利率为媒介的一个由于私人投资降低引起产出减少的过程,有其特定的含义。不管公债投向哪个领域,只要条件具备,客观上都会发生挤出效应。因为如果没有挤出效应,显然产出会更大,图 4-1 很明显地反映了这一情况。在一定条件下,挤出效应的大小和公共投资的质量和私人投资的质量都没有关系,它的大小由我们在第一节讨论的因素决定,那就是 IS 曲线和 LM 曲线的斜率和货币供给的条件。也就是说,公债投向私人不愿或无力投资的领域,而不是竞争性领域,依然会发生挤出效应。当然,公债投资与私人投资如果不是相互补充关系而是相互替代关系,那么,政府活动在一定程度上剥夺了民间主体的权利,表明政府参与市场过多,损害了市场效率。这意味着公债投资领域必须进行调整与转向,才能保证其可持续性。事实上我国对发行公债所筹资金的使用方向都有严格的规定,近年的公债资金主要用于支持农业、基础设施建设、环境保护等方面。

2. 从挤出效应的大小分类:完全挤出、部分挤出和零挤出

假定 ΔG 代表公债的增加,ΔZ 代表民间部门支出的减少,根据两者的大小关系,可以把公债的挤出效应划分为三种类型:

(1) 如果 $|\Delta G| = |\Delta Z|$,这种挤出是一种完全挤出,例如图 4-4 显示的情形。

(2) 如果 $|\Delta G| > |\Delta Z| > 0$,这种挤出是一种部分挤出,大多数情况都是这种情况,例如图 4-1 显示的情形。

(3) 如果 $|\Delta G| > |\Delta Z| = 0$,这种挤出是一种零挤出,也就是说不存在挤出效应,例如图 4-3 所显示的情形。

当然,这只是一种理论上的划分,现实中大多数都是第二种情形,即部分挤出的情况。公债支出总体上增加了总产出,然而,如果没有挤出效应,显然,总产出要高于已经发生的水平。

3. 从形成机制来划分:直接和间接公债挤出效应

从与私人支出的关系或公债挤出效应的传导过程来看,公债对私人支出的挤出效应可以分为直接和间接两种。直接挤出即政府支出直接取代了本来私人部门要发生的支出,间接挤出指政府支出的增加阻碍了私人支出的增加。这种分类也是一种理论上的划分,因为没有办法确切区分这两种影响。

挤出效应与阿基米德测皇冠的故事

此外,从挤出效应的内容来看,还可分为对投资的挤出和对消费的挤出。当然,由于利率对投资的影响更大,而投资对产出的影响更大,所以一般我们把挤出效应聚焦于对投资的挤出。

二、中国公债挤出效应的探讨及其争论

对于我国是否存在公债挤出效应历来有两种截然相反的观点,这两种观点的理论基础都是一致的,我们在第一节中已经详细讨论过了。之所以得出完全不同的结论,是因为对我国现实的判断有分歧。下面是双方的主要论点及其理论依据。

政府投资对民间投资的影响:挤出还是挤入效应?

1. 我国公债发行并未产生挤出效应

主要理由阐述如下:

首先,从增发公债对利率的影响来看,我国利率与公债发行之间并不存在直接的关联。具体分析:一是我国尚未实行名义利率完全市场化,它主要由中央银行制定和管制,所以公债增发不会影响名义利率的升降。二是虽然1995年以来我国真实利率有所上升,但这主要是因物价水平下降,中央银行没有及时随物价调整名义利率所致。事实上,我国自1996年5月以来,名义利率多次下调。甚至有人认为公债发行和利率上升之间没有必然的联系。原因可能是多种的,例如经济发展的周期性波动、国内储蓄的变动和央行的货币政策的作用等。如果公债发行的规模只是使资金需求更大一些,但没有大到足以使货币市场均衡发生相当大的变化,那么原有利率水平将不会升高。只有当公债发行大到足以使货币市场条件有相当大的变化时,才可能推动对企业贷款利率水平的上升。

其次,从增发公债对借贷资金量的影响看,增发公债没有与民间竞争有限的资金。政府从商业银行筹集的是商业银行的闲置资金,这部分资金即使政府不借,民间部门也借不到或不会借,这可以从银行的超额储备率不断上升得到说明。近几年商业银行的超额准备率都超过7%~10%,存在较大的存贷差额。商业银行近年的资金过剩的主要原因是风险意识增强,企业投资利润较低及产业政策调整的缘故,而且这种过剩是在满足了政府借款需求之后的过剩。由于我国近年来公债发行利率的确定一般采取招标方式进行,因此公债利率的变动方向,基本能够反映市场利率水平的变动方向。而近年来我国公债利率不断走低,说明社会资金供给持续大于需求,挤出效应很弱。

第三,从增发公债对居民消费的影响看,财政增加购买力支出可能挤出居民消费,但这要通过对财政支出结构进行具体分析来确定。通过分析财政购买支出结构和居民消费关系的计量模型发现,我国财政购买支出与居民消费总体上是互补关系,扩大政府支出对居民消费总体上具有扩张效应,没有挤出。

第四,增加公债可能会挤出私人投资。如果将私人部门投资按不同投资效益水平分组,则被财政投资挤出的那一部分私人投资并不是整个私人部门投资中具有高收益率或具有中等收益率的部分。相反,由资本市场的特殊运行机制所决定,被财政赤字挤出的那一部分私人投资必然处于整个私人部门效益最差的那部分投资之中。公债是通过利率水平提高挤出投资的,对那些投资效益水平较好的投资者来说,尽管

市场利率水平的上升必然影响其相对的投资收益水平,但由于其投资项目在新的较高的利率水平下仍有利可图,因而其投资仍将继续,不会被挤出。但对于那些投资收益率高于原有利率水平,但是低于新的利率水平的投资者来说,其理性的行为将是重新审视以致改变其原来的投资决定,从实际投资者队伍中撤出,也就是被挤出。因此,在分析公债的挤出效应时,要区分私人投资的收益水平,如果只分析对私人投资的挤出,则很可能导致对挤出效应的高估。

2. 我国公债发行必然导致挤出效应

支持这种观点的人并不多,他们认为通过公债发行扩大财政支出并未产生挤出效应的观点只是囿于经济学的经典理论,而忽视了我国的具体情况。我国正处在体制转轨时期,由于政府对资金配置过程的强干预仍然存在,所以公债挤出私人投资还有其他多种表现形式。

首先,由于商业银行和投资银行与政府有千丝万缕的联系,政府公债投资需要银行信贷和证券市场的支持,在融资资金有限的情况下,商业银行和证券市场势必压缩其他企业或个人的投资需求。

其次,虽然我国的公债投资对民间投资没有挤出效应,或者说挤出效应不明显,但是近几年来民间投资增长率和国有部门投资增长率之间的差距却呈拉大之势,主要原因是我国还存在着对民间投资的另一种"挤出效应",即对民间投资的歧视和限制。比如某些领域进入门槛过高、融资渠道不通畅、税费负担过重,等等。再比如某些基础设施行业,如通信、邮电、交通等,存在着严重的行政性垄断现象,政府及其下属部门通过行政手段限制其他投资主体的进入,即使进入也对业务范围进行严格限制。这种行政性垄断损害了民间投资者的积极性,减弱了私人投资在相关行业扩张的可能性。

3. 关于我国公债投资有效性的分析与说明

国民经济中的投资项目是有限的,公共资本和私人资本总是会相互影响。我国公债的投资领域往往是私人部门不愿或无力介入的领域。虽然公债挤出效应依然会发生,但对公债投资领域的限定有利于提高效率,有利于经济的整体运行。因为公债投资具有外部经济效应。当某些公共产品的供给存在瓶颈制约并已影响到经济增长时,政府对该部门投资增加是必需的,其总的经济效应是正面的。当消除这些公共品的供给瓶颈时,整个私人部门都会从中受益,从而产生挤入效应(crowding-in effect)。从近些年的经济环境来看,企业投资意愿不足、商业银行资金存贷差较大,公债的发行加大了对私人部门不愿涉及的投资领域的投入,扩大政府投资所进行的社会基础设施建设、技术改造和对高新技术产业的支持等,不仅不会替代私人投资,而且可以通过改善投资环境,增强投资者的信心,刺激和带动私人投资,还会为经济结构的改善、为产业和技术升级、为国民经济后劲的提高与增强创造良好的条件。

【本章小结】

● 公债发行,政府支出增加,也就是财政扩张,最后整个经济的产出和利率都会上升,但是产出的增加一部分被利率的上升所抵消,产出被抵消的过程我们称为公债的挤出效应。

● 挤出效应的大小取决于两条曲线的斜率。IS 曲线越陡峭,挤出效应越小,反之则挤出效应越大。从 LM 曲线来看,曲线越陡峭,则挤出效应越大。有两种极端的情况如下:如果 LM 曲线是水平的,表明经济陷入流动性陷阱,不会发生挤出效应;如果 LM 曲线垂直,则发生完全挤出的情况。

● 如果货币供给没有相应增加或增加额不能满足货币需求增加的需要,则公债扩张将产生挤出效应;反之,则不会产生挤出效应。因此,货币政策与财政政策配合使用可以抵消挤出效应,即在增加财政支出的同时,增加货币供应量。

● IS-LM 模型的分析是在总需求范围内进行的,没有考虑总供给方面的约束。在 AS-AD 框架内,实际的挤出还并不限于此。因为均衡收入是由 AD(aggregate demand)和 AS(aggregate supply)共同决定的,总需求扩张引起总收入的扩张量还要受 AS 形状的影响。这种挤出效应是 IS-LM 模型分析过程的延续,是把价格效应纳入分析视野后得出的结论。

● 债券挤出效应模型主要考虑政府债券作为一种财富的影响对私人消费和货币需求量的影响,它的生成机理依然是利率的上升。货币主义学派的筹资挤出效应模型对挤出效应的分析却不同,对利率的变动有新的解释。

● 对我国公债挤出效应的分析必须结合我国的国情进行,任何结论都要建立在对国情判断的基础上。国情随时间推移而改变,因此,公债挤出效应分析的结论也要随情况的变化做相应改变。例如当以公债筹资为筹资来源的公共投资能够消除公共品供给瓶颈时,也许私人部门投资也会有所增加,从而产生一定程度的公债挤入效应。

【关键术语】

公债挤出效应 IS-LM 模型 AS-AD 模型 流动性陷阱(Liquidity Trap)或凯恩斯陷阱 债券挤出效应 筹资挤出效应 零挤出效应 完全挤出效应部分挤出效应 挤入效应

思考与讨论

1. 运用公债挤出效应理论,讨论近几年我国公债挤出效应的大小。

2. 有一种公债"挤进"私人投资的说法,认为公债投资具有外部效应,有利于私人投资,因而对私人投资有挤进作用,而不是挤出效应。请谈谈你的看法。

阅读与参考文献

[1] 刁厚勤. 论财政政策的三种挤出效应. 东岳论丛,2002,23(2)：22-25.

[2] 多恩布什,等. 宏观经济学(第七版). 范家骧,等译. 北京：中国人民大学出版社,2000.

[3] 贾康. 我国财政政策的简要回顾与效应评析. 财经论丛,2003(1)：26-36.

[4] 刘海虹. 财政赤字的挤出效应分析. 财政问题研究,1996(10)：7-11.

[5] 刘立峰. 国债政策可持续性与财政风险的理论解析. 改革,2002(3)：52-60.

[6] 罗云毅. 挤出效应会被高估吗？经济研究参考,2002(60)：12-20.

[7] 田杰棠. 近年来财政扩张挤出效应的实证分析. 财贸研究,2002(3)：80-82.

[8] 赵志耘. 公债经济效应论. 北京：中国财政经济出版社,1996.

本章测试

第五章 公债负担、公债风险与公债危机

公债风险是潜藏着的公债危机,公债危机则是爆发了的公债风险。

——作者题记

学习目标

1. 掌握公债负担的概念、类型(特别是公债代际负担)及其适度性理论。

2. 了解和掌握公债风险的科学内涵及其公债风险矩阵相关理论知识。

3. 理解公债危机的理论界定、认定标准及其与公债风险之间的联系与差异。

公债负担(public debt burden)存在,就会引致一定的公债风险(public debt risk);而公债风险超越一定极限,势必引爆公债危机(public debt crisis)。显然,公债危机对财政经济活动造成的影响往往是灾难性的,并可能引起严重的社会经济危机,甚至政治危机。本章在理论结合实际的基础上,对公债负担、公债风险、公债危机的相关理论及其关联进行了较为深入和系统的分析。

第一节 公债负担及其限度理论

如果没有任何的公债,就不会有丝毫的公债负担。反过来,只要存在一定规模的公债,就势必产生相应的公债负担。理论上,公债规模越小,公债负担就越轻;公债规模越大,公债负担就越重。事实上,许多发展中国家的沉重公债负担已经成为解释投资与经济崩溃的重要变量。显然,对特定的经济主体来说,公债负担应有个合理的限度。

一、公债负担:概念与类型

1. 公债负担的概念及其争论

萨缪尔森曾说过:"分析'债务负担'是重要的和困难的。就极端来说,我们必须

避免由于私人债务构成沉重负担而假设公债也有不利影响的习惯做法。"①显然,探讨公债负担问题有困难,首先在于究竟什么是公债负担,中外不同的学者往往有着不同的理解。概括起来,主要有如下几种:

(1)公债负担是指生产资本的损失。这是亚当·斯密和李嘉图等古典经济学家为代表的一种观点。这种观点基于政府支出为非生产的理论假设,认为公债是将生产性资本转作非生产性的用途,从而助长消费,造成浪费和生产性资本的损耗,阻碍生产力的发展。

(2)公债负担是指公债的本息支付。这种观点认为,借债还钱是理所当然的,借债时获得收益,还债时构成负担(即本金和利息的经济负担)。

(3)公债负担是指公债利息的支付。即政府发行内债时,国内认购者会将其真实资源转让给政府;政府对外发行公债时,外国认购者也会将其真实资源转移给举债国政府。两者表现为可供本国政府支配的真实资源增加。债务到期时,政府按规定支付利息并到期偿还本金,真实资源转移给债权人。假如扣除物价、利息、汇率变动所带来的风险,那么,偿本所减少的政府所掌握的真实资源,与其举债所获得的真实资源是相等的,所不同的仅仅是增加了一笔政府支付的公债利息。所以从公债的发行到偿还的整个过程来看,公债本金收支相抵,只有利息支付才有可能构成政府的公债负担。

(4)公债负担是指由于公债的存在而引起的产量的损失。政府为了支付利息,就必须征收额外税收。"这些税收因歪曲和抑制的作用而常引起一定程度的产量损失。"此外,如果政府的公债筹资引起了投资的下降,那么,未来的产量损失也不容忽视。"我们以后各代的人将继承很小的资本蓄积,一个具有较小生产能力的经济,从而继承一个较小的产量。"②如果债务早期没有发生,也就不会遭受此种损失。因此,这是一种真正的公债负担。

(5)公债负担是指由于公债发行所需的还本付息资金,来源于税收收入或其他收入等,这样公债偿还就将增加税收或其他收入,使人民的所得减少或需要增大工作量;同时公债的偿债费增多,其他各种有益于社会经济等事业的经费则相应减少。这些都形成了一国人民为偿债所承受的负担③。

上述各种理论观点从不同的角度对公债负担进行了阐释,各自具有一定的合理性和局限性。但无论做何界定,也暂且抛开公债负担是直接负担还是间接负担、形式负担还是实质负担、当代负担还是后代负担的争论,现实经济生活中的公债负担是一种客观的存在,这一点已在当前的理论界达成了较为普遍的共识。

---

① 保罗·D.萨缪尔森、威廉·L.诺德豪斯著,萧琛主译:《经济学》(第12版),商务印书馆1991年版,第588页。

② 阿图·埃克斯坦著,张愚山译:《公共财政学》,中国财政经济出版社1983年版,第24—27页。

③ 邓子基等:《公债经济学:公债历史、现状与理论分析》,中国财政经济出版社1990年版,第364页。

综合或兼容上述定义,本章对公债负担概念做出如下界定:公债负担是指公债的发行及其偿还给经济主体(包括政府、企业以及居民等)引致的各种经济损失以及对国民经济运行所造成的负面效应。显然,全面而准确地理解公债负担的概念,至少应把握以下几点:(1) 公债负担问题源于公债的发行和偿还;(2) 公债负担的承受人既包括发债人政府本身,也包括其他非政府主体(甚至下一代人);(3) 公债负担的具体形式可能是多种多样的(如直接负担和间接负担、短期负担和长期负担等)。

2. 公债负担的不同类型及其简要分析

(1) 直接负担和间接负担。直接负担主要是指公债的偿还会造成政府财政负担(即债务人负担)。政府筹集的债务收入虽可用于弥补财政赤字,产生短期内的"财政平衡幻觉",但当债务到期偿付时,就会产生政府偿债负担问题。如果政府举债的规模过大,超过了政府的偿债能力,就可能产生债务风险甚至债务危机。

间接负担主要是指公债发行和偿还所引发的一系列负担问题:一是纳税人负担。即在应债主体与纳税主体相分离的情况下,纳税人往往是公债负担的最终承载主体。马克思就从"政府债务的最终偿还依靠税收"的分析角度出发,指出公债就是针对纳税人的一种"延期税收"①。二是公债持有者(即债权人)负担。即由于公债强制发行、到期违约、流动性差等原因产生损害公债持有人利益,从而构成公债持有人负担问题。三是公债的国民经济负担。即由于公债引发通货膨胀、损害国民经济增长以及影响国民收入分配等原因而产生的负担问题。1997 年的亚洲金融危机中,泰国货币(铢)的汇率短期内暴跌约 70%,其主要导因就是泰国政府所背负的高额长期债务(债务使其本币在此之前实际上已经贬值)。由于政府是一个社会的法人代表,因此,政府的债务往往就是公共的债务——即政府总会想方设法地将债务负担转嫁出去。例如,政府通过提高税收途径来转嫁债务负担,或通过扩大货币发行量并制造通货膨胀来将债务贬值②,使得政府的债务负担间接地转化为一种公共负担。

(2) 短期负担(当代人负担)和长期负担(下代人负担)。公债负担有短期与长期之分。通常,短期负担意味着当代人负担,而长期负担则意味着下代人负担。由此,公债会引发代际负担及其转移问题。事实上,对于公债的代际负担问题,理论界存在两种观点:当代负担论和下代负担论。当代负担论认为,当代人购买政府发行的公债,实际收入减少或消费能力下降,同时其又向政府纳税以偿还政府债务的本金和利息(相当于政府用当代人的钱来还当代人的债),从而给当代人造成债务负担。下代负担论认为,当代人购买公债是一种资产投向的选择(即不买公债也会去储蓄或买股

---

① 公债负担与税收负担的很大不同在于:税收负担往往发生于现在或当前,而公债负担往往发生于将来或明天。因此,有学者提出,政府支出项目受益于当前的项目宜采取税收筹资方式,而政府支出项目受益于将来的项目则应采取公债筹资方式。

② 美国经济学家弗里德曼认为,通货膨胀不仅使得政府债务贬值,而且使政府从货币发行中得到了一笔额外收入,由此给社会造成的负担就相当于税收。因此,有人就将之称为通货膨胀税(inflation tax)或弗里德曼税。

票等），不存在负担问题，但由于政府的偿债资金来源于下代人的税收，并减少了其可支配收入，即下代人在未享受公债收益时却承担了用于偿债的税收负担，从而产生下代人的公债负担问题。事实上，代际负担问题可从拉美外债中得到部分的说明。例如，由于拉美外债已从 1974 年的 93 亿美元增至 2001 年的 7500 亿美元，占 GDP 的 39%，出口总额的 201%。因此，几乎每一个拉美人一出生就欠债 1550 美元[①]。

事实上，公债代际负担的存在与否以及程度如何，既取决于政府偿债时的税负归宿，还取决于公债资金的使用及投资效率水平。如果政府的公债资金完全用于当代人的消费性支出，若公债累积到下代人并要其纳税偿还时，就会产生纯粹的下代人负担问题，这就是公债负担的代际转移。若政府将公债资金用于投资性项目（如功在当代、利在千秋的"大型防洪工程"建设等），那么，下代人在承受偿债负担时，也会有所受益，其负担程度就会有所减轻。一般来说，下代人负担问题多多少少地存在，是一种客观的经济现象，其负担程度必然与公债资金的投资性质及其效率水平息息相关。

此外应指出，即使公债代际负担问题是客观存在的，其也未必是不合理的或错误的。美国经济学家理查德·A.马斯格雷夫和皮吉·B.马斯格雷夫就认为，把公债负担转嫁到下一代是"公平合理的"。因为下一代所获得的物质财富是现在这一代的遗产，其理应承受一些公债偿还而产生的较高税负。保罗·萨缪尔森更认为："在大量的债务中，存在着实际的负担……可是也存在着大量的有关债务负担的神话……一代人把负担加给下一代的主要方式是耗费掉国家现有的资本品的总量，而不对资本品添增通常的投资，但公债由于具有生产性之特征，确定直接增加国家的物质财富。这种公债实际上代表着一种负数的负担。因为它能够在目前导致更大数额的资本形成和消费。"[②]因此，现代经济中的新兴公债哲学认为公债代际负担即使存在也是应该的，甚至对下代人是有益的（如公债促使更大数量的资本形成和消费增加并为下一代人增加了可继承的遗产）。

（3）名义负担（货币负担）和实际负担（真实负担）。公债的名义负担或货币负担，是指计量公债负担的货币数额，即在一定的物价水平下，人民为了政府偿债而缴纳的一定货币数量的税收；公债的实际负担或真实负担，是由公债货币负担引起的，即人民因为政府债务的税收化而遭受的生活水平下降、消费行为扭曲、不公平分配、生产效率损失等各种社会经济负担。理论上，公债的名义负担（货币负担）与实际负担（真实负担）一致是偶然的，而两者不一致则是经常的和必然的。

（4）中央政府公债负担与地方政府公债负担。不同层级的政府公债，所形成的债务负担也有不同的特点。通常，将不同层级政府债务划分为中央政府公债和地方政府公债两大类别，其公债负担特征主要有两个方面的差异：一是公债负担能力的

---

① 邵鸿烈：《财政学》，浙江人民出版社 2003 年版，第 188 页。

② 保罗·D.萨缪尔森、威廉·L.诺德豪斯著，萧琛主译：《经济学》（第 12 版），商务印书馆 1991 年版，第 588—598 页。

差异性,即由于中央政府拥有更大的税收权力和货币增发权力,因此其公债负担能力远远强于地方政府。二是公债负担水平的差异性,即筹措相同数量的公债,地方政府的举债成本往往高于中央政府,因而地方政府的单位公债负担水平相对较高。基于此,国外许多地方政府为了刺激和推销地方政府公债的发行,往往对地方公债利息附有免税或直接补贴的优惠政策规定,但这种政策会在全国范围造成地方公债政策及其实际负担水平的巨大差异性。因此,美国国会曾于 1969 年通过将"享受免税特权的地方公债发行量控制在 500 万美元以内"的特别法案①。

(5)内债负担与外债负担。通常,内债是政府在国内向本国居民和企业(包括金融机构)举借的、以本币为单位的公共债务;外债是政府在国外向外国政府、居民和企业(包括外国金融机构)举借的、以外币为单位的公共债务。

内债负担与外债负担的主要区别在于:一是由于内债的负担者是本国居民,受益者也是本国居民,其实质是国民财富在本国居民之间的相互清算(即特定年度的债权人与纳税人之间的清算),整体上是"右手欠左手",即自己人欠自己的债,不算是真正的债务负担;外债的负担者是本国居民(表面是本国政府),受益者则为外国人(含外国政府、企业和居民),往往意味着债务国资源不得不以外债利息的方式流向债权国,因而通常会形成真正的债务负担②。二是内债负担可以通过政府有意和无意的通货膨胀政策手段来加以贬值或减轻,但外债负担却不受此影响。三是与内债负担不同的是,外债负担的特殊性还在于其真实负担大小受到了汇率变动的直接影响。例如,在外债到期并需还本付息时,如果本国货币相对于债权国货币或偿债外币的汇率下跌时,这种汇率变动就会直接增大本国的外债负担(包括外债货币负担和真实负担);反之,当本国货币相对于债权国货币或偿债外币的汇率上升时,这种汇率变动就会直接减轻本国的外债负担(包括外债货币负担和真实负担)。也就是说,为了不增加本国外债负担,债务国不宜采取降低本国汇率或汇价的外汇政策③。

二、公债负担限度的理论解释

公债对政府和社会都会产生一种负担,而任何的负担都存在一个限度或适度性问题。因此,理论上必然存在一个最优或最适度的公债规模。通俗地说,公债适度规

模主要是指既能保证政府按期还本付息,又能促进社会经济又好又快发展的公债规模;严格地说,公债适度规模是指边际债务负担(成本)与边际债务收益相一致时所决定的公债规模。

公债规模的适度性主要是由举债成本与举债收益两方面因素共同决定的。这里,假设 MC 代表公债边际成本,即政府多举借额外一单位公债所支付的各种直接和间接成本;假设 MB 代表公债边际收益,即政府多举借额外一单位公债所产生的各种直接和间接收益(包括直接经济效益和间接社会效益)。显然,MB 与 MC 之间的差额代表一定公债规模下的公债净收益额。

应指出的是:(1)公债边际成本具有边际递增的特性。这是因为:随着公债规模的不断扩大,公债利率不断上升,举债费用不断增加,债务管理日趋复杂,这意味着公债所导致的边际成本不断增加。(2)公债边际效益具有边际递减的特性。通常,公债边际收益受到社会经济发展水平、政府债务管理能力、债务管理体制、创新潜力等因素综合决定,并随着债务规模的不断增加而有所递减。

根据图5-1的分析,我们可得出如下几点结论:(1)当公债规模小于 Q_1 时,政府举债的总收益大于总成本(即 $MB > MC$),政府举债的净效益为正(即 $MB - MC > 0$);(2)当公债规模大于 Q_1 时,政府举债的总成本大于总收益(即 $MC > MB$),政府举债的净效益为负(即 $MB - MC < 0$);(3)当公债规模等于 Q^* 时,政府举债的净效益达到最大化值。

上述分析说明,当公债规模小于特定规模临界值(如图5-1中的 Q_1)时,政府公债规模处于适度状态,而公债规模也必然存在理论上的最适度规模水平(如图5-1中的 Q^*)。

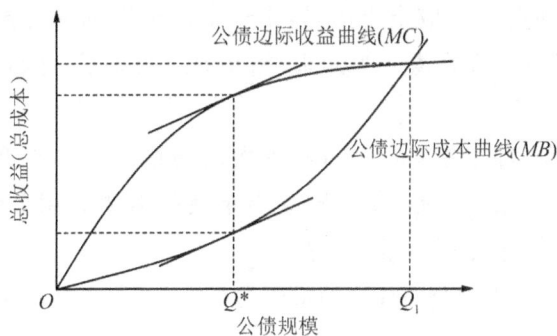

图5-1 公债适度规模

三、公债负担规模的影响因素及其衡量指标

由于公债负担的大小往往直接取决于公债的规模,因此,衡量公债规模就成为分析公债负担限度问题的重要前提。

从根本上说,公债规模主要受制于经济发展水平、社会闲置资源存量、国家资产总量、国际收支情况、政府宏观调控能力、债务资金的使用效益、公债的发行与可能以及公众牺牲程度等诸多因素。根据历史经济数据以及有关研究资料,经济发达国家的负债总额占国家有形资产总量的比率约为50％～70％;经济发展处于中等水平国家的负债总额占国家有形资产总量的比率约为30％～50％;经济发展处于较低水平的国家负债总额占其有形资产总量的比率约为30％或略低[①]。具体就国内债务融资途径而言,公债发行规模的数量界限主要取决于一国经济总量、财政收入水平、未来公债偿付能力、可供公债吸收的居民储蓄余额等经济变量因素。

目前普遍采用的衡量公债规模是否适度的指标主要有三个。

1. 公债依存度

公债依存度,即指政府当年公债收入额占当年财政支出的比重或比率,反映了政府财政支出对公债收入的依赖程度。公债依存度是判断公债规模是否合理适度的重要指标,具体又可分为中央财政债务依存度和地方财政债务依存度。从实践来看,发达国家的政府债务依存度往往在10％以下,发展中国家的债务依存度往往较高,并处于20％以上。

2. 公债负担率

公债负担率,即指公债余额占当年GDP的比重或比率,反映了一国经济总量对未偿付公债的总体负担能力。公债负担率是国际上通行的衡量公债规模适度性的重要指标。目前,世界上许多国家的政府都把60％的公债负担率作为控制本国债务规模适度性的重要指标。

3. 公债偿债率

公债偿债率,即指当年还本付息额占当年财政收入的比重或比率,反映了政府财政的债务清偿能力。从国际经验来看,公债偿债率在7％～15％的范围内处于较为安全水平(不考虑偿债基金)[②]。应指出的是,由于借新还旧的债务清偿机制,公债偿债率和公债依存度之间往往存在着互为因果、相互促进的关系,并易于使政府财政陷入财政困境。

此外,居民负担率(即当年公债发行额占居民储蓄余额的比重)也是一个衡量公债规模的重要指标。应指出的是,由于财政赤字往往需要利用公债来弥补,因此,赤字比率是一个与债务比率相近的重要指标。

总之,公债负担问题作为公债理论的重要内容之一,直接影响到一国公债政策的有效运用,并与国民经济的可持续增长有着密切关系。在运用公债政策时理应特别注意,以避免因公债负担过重而造成巨大的债务风险以及债务危机。

债务美国:历史演变及其复杂成因

① 高培勇、宋永明:《公共债务管理》,经济科学出版社2004年版,第91页。
② 高培勇、宋永明:《公共债务管理》,经济科学出版社2004年版,第87页。

专栏5-1

公债规模的国际警戒线真的存在吗?

OECD 中绝大多数国家在过去的几十年内,经常运用财政赤字政策调节经济,促进经济增长和求得社会稳定。到 1998 年,OECD 中的意大利、比利时和希腊的政府债务占 GDP 的比重超过 100%;接近 100% 的国家有日本、加拿大;这一比重在 50%~70% 的国家有奥地利、丹麦、芬兰、法国、德国、爱尔兰、荷兰、英国、瑞典、西班牙、葡萄牙;占 40% 左右的国家有冰岛、挪威、澳大利亚;只有韩国和卢森堡两国政府债务占 GDP 的比重比较低。

1997 年前后,OECD 国家开始减少赤字、降低政府债务占 GDP 比重。这些国家财政赤字和债务占 GDP 比重下降的主要原因是:(1) 加入欧元体系的国家受到《马斯特里赫特条约》(以下简称《马约》)的限制,要达到将政府财政赤字占 GDP 的比重控制在 3% 以下,政府债务占 GDP 比重控制在 60% 以内的要求,为此许多欧元体成员国家采取了新的宏观经济政策组合。(2) 少数国家由于近两年来经济增长较快,经济运行情况较好,为缩小政府赤字和债务奠定了财力基础。

那么,为什么《马约》把政府债务占 GDP 比重不超过 60%、财政赤字占 GDP 比重不超过 3% 作为加入欧元体系的标准? 目前在衡量我国财政赤字和政府债务规模大小时,常引用这一标准作为国际警戒线。《马约》在确定上述标准时,不是依据现成的科学的经济理论和计算公式。目前在西方宏观经济理论中,并没有解决财政赤字和债务的最佳规模问题。《马约》确定的上述标准是依据欧盟国家建立欧元体系时,德、法等国的财政赤字和政府债务分别占 GDP 比重的现实状况作为标准的。其关键的意义和目的不是 3% 和 60% 的数字本身,而是为了使加入欧元体的成员国都要将财政赤字和债务控制在大致相同的水平之下,以利于欧元体成员国之间在利率和汇率上的协调。值得说明的是,在《稳定和增长法案》中又进一步规定,并不是绝对不准许加入欧元体的国家在任何时候和任何情况下,政府赤字和债务都必须在这一控制和限制线下。当一国出现严重的经济衰退或战争情况时,准许该国政府在短期内突破这一限制,但必须力争尽快将赤字和债务占 GDP 的比重降至这一标准之内。

准确地讲,3% 和 60% 不是赤字和债务的警戒线,而是欧元体成员国的限制线。我们在运用这一限制线时,旨在与目前市场经济国家已存在的赤字和债务规模相比较,说明当我们需要运用这一政策工具时,尚存在余地。但是针对中国的国情,究竟多大规模的赤字和债务是可以接受的,这要将财政放在整个经济状况中,针对不同的经济情况,在经济增长率、社会稳定需要和财政状况之间进行利弊的权衡。具体说是在短期内牺牲经济增长还是牺牲财政平衡、容忍多大程度的经济增长降低与容忍多大的财政赤字之间进行"两害相权取其轻"的政策选择。

此外,如何计算和估价政府债务的绝对额规模？国有企业债券、潜在的社会保障欠账、国有企业亏损(对应于国有银行坏账)应不应该算作政府债务？OECD的一位专家指出,目前他们组织了专门小组在对各国政府债务的口径和范围如何规定和统计等问题进行研究。事实上,OECD国家在政府债务的统计和计算的口径上,还不统一和一致。取得国际上对各国政府债务能够统一和规范的统计口径和范围是十分必要的。

资料来源：倪红日："关于财政赤字政策和国债问题的国际考察及几点认识"，《涉外税务》,1999年第11期,第16—19页。

第二节　公债风险的理论分析与实践考察

一、公债风险：概念与类型

认识风险是认识公债风险的前提。为了正确认识风险,我们需要区分一组概念：(1) 风险与不确定性(uncertainty)。通常,风险与不确定性联系在一起,但20世纪30年代美国学者奈特(F. Knight)在《风险、不确定性和利润》一书中区分了风险与不确定性,认为风险不是一般的不确定性,而是"可测度的不确定性"。由此看来,风险是以客观的统计概率形式存在的随机事件。(2) 风险与冒险(venture)或危险(danger)。虽然风险与冒险或危险都难以事先断定结果,但前者的表述更为中性,而后者的道德批判色彩更为浓厚,其造成的损失或损害程度往往更为严重和可怕。(3) 风险与损失(loss)。风险往往意味着导致收益或损失的可能性,显然,风险并不等于损失。正因为可能的预期收益,才能显示出风险的价值所在。(4) 风险与预期(expectation)。风险既源于客观因素,也往往出自主观预期的偏差。因此,风险与经济主体的具有趋利避害特性的不完全预期行为息息相关。

基于上述认识,现有文献对风险的定义主要分为三类：(1) 风险是指不确定性或可测度的不确定性,即从风险的导因来认知风险的性质和态势[1];(2) 风险是指发生损失的可能性,即主要从风险导致的负面效果或效应来刻画和理解风险[2];(3) 风险是指实际结果与主观预期的偏差与偏离程度,即从风险引致的实际结果与行为主体的主观认识的差异程度来定义风险。显然,上述三种风险概念是从不同角度和层面

---

[1] 富兰克·H.奈特著,王宇等译：《风险、不确定性和利润》,中国人民大学出版社2005年版,第10页。

[2] Haynes, J. Risk as an Economic Factor. *Journal of Economics*, 1895(4)：409—449.

对风险进行的描述。

立足上述风险概念,我们可给出公债风险的三种定义:(1)公债风险是指政府举债及其偿还所造成的、可测定的不确定性结果;(2)公债风险是指政府举债及其偿还能够导致的损失、损害以及各种不良后果的可能性;(3)公债风险是指公债实际运行结果与公债政策主体的主观预期之间发生偏差与偏离的大小程度。

综合起来,我们概括出如下公债风险概念:即公债风险是在不确定性因素影响之下,公债运行的实际结果与公债政策主体的主观预期之间发生偏离,并对财政经济活动造成损失或损害的可能性。由此,可归纳出公债风险的三个特点:(1)公债风险是由不确定性引起或导致的。这里的不确定性,既可指公债风险客观状态的不确定性,也可指公债风险认识主体在主观判断上的随机性。(2)公债风险往往会造成一系列损失、危害或不良结果。(3)公债风险是客观存在的,并在可测定的情况下体现为一定的概率。

从不同的角度和标准,可对公债风险进行不同的分类,并形成不同类型的公债风险构成(见图5-2)。

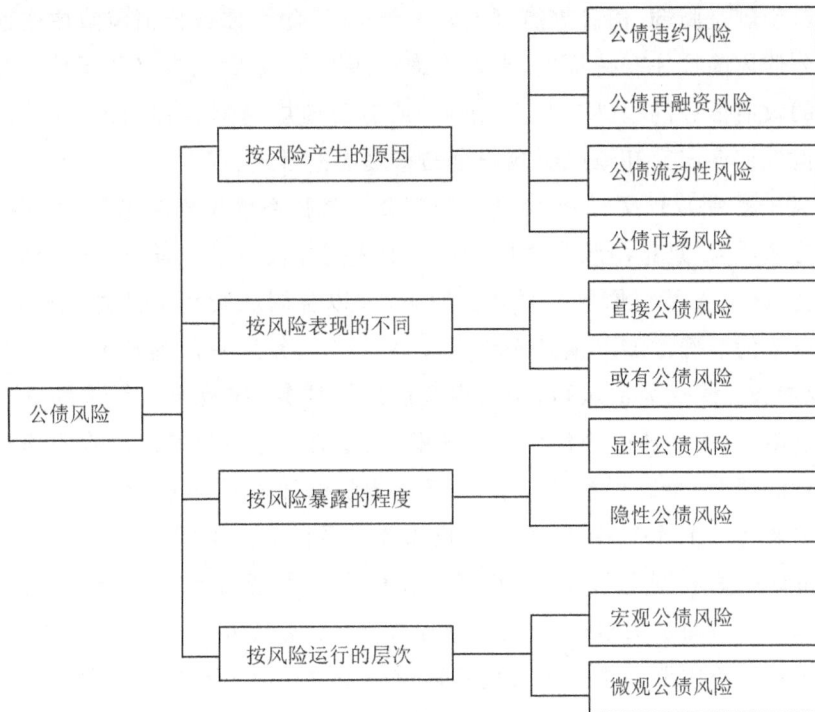

图5-2 公债风险的类别及其构成

1. 按风险产生的原因划分,公债风险可分为公债违约风险、公债再融资风险、公债流动性风险、公债市场风险

主要内容及其区别如下:(1)公债违约风险即公债信用风险,是指由于各种主客观原因,使债务人(政府)不能按期如约偿还到期债务,进而使政府信誉降低并引起诸多不良后果的不确定性。(2)公债再融资风险,是指由于某些特殊因素,使政府借新债还旧债的成本异常增大所造成的不确定性影响。(3)公债流动性风险,是指由于

公债的期限结构不合理、公债筹资与财政收支结构不匹配以及公债市场不发达等原因,造成的公债流动性下降,从而引起的各种不确定性影响。(4)公债市场风险,是指由于利率、汇率以及金融市场供求等因素冲击,对公债到期偿付实际负担所造成的不良后果或不利影响。值得指出的是,公债市场风险按市场的构成层次不同,也可划分为公债现货市场风险、公债期货市场风险和公债期权市场风险。

2.按风险表现的不同划分,公债风险可分为直接公债风险和或有公债风险(contingent liabilities)

直接公债风险,是指政府直接举借的债务并需履行法定偿还义务所形成的公债风险。或有公债风险(又称间接公债风险),是指由政府或有债务(如政府财政担保)所形成的公债风险。应指出的是,隐性公债风险与或有公债风险关系密切,相互包容。例如,许多大量的或有公债风险本身就具有隐性特征,即表现为隐性公债风险;隐性公债风险既可能包含一部分或有公债风险,也可能包含一部分客观存在的,但却未公开披露并被充分认知的公债风险。理论上,一国的政治经济体制越不规范、财政金融监管机制越是脆弱、信息披露制度越不健全,其隐性债务公债风险往往越大[①]。

或有公债风险往往有待证实,未来不确定性极大,需要从未来的不确定性分析来判断现在的政府债务的"真实"状况,因此,或有公债规模测算相当困难,其已经成为严重影响世界许多国家和地区财政安全的重要债务形式。

3.按风险暴露的程度划分,公债风险可分为显性公债风险和隐性公债风险

显性公债风险,是指由政府显性债务所形成的公债风险。通常,显性债务主要有以下几个特点:(1)债权债务关系较为明晰,并以合同或契约形式加以确定;(2)债务负担可以较为准确地加以预见或预期;(3)显性债务是一种既定事实下的"历史债务"或客观债务。隐性公债风险,是指由政府隐性债务(如政府所做出的具有法律效力的支付承诺等)所形成的公债风险。这里,隐性债务是指没有反映在政府预算账面或未被公开的债务,由此导致许多尚处于隐蔽状态而不易被察觉感知的公债风险。隐性债务主要有以下几个特点:(1)债权债务关系目前尚不明晰;(2)债务负担规模往往难以准确估算和测定[②];(3)隐性债务往往是一种"推定债务"或道义上的债务。

4.按风险运行的层次划分,公债风险可分为宏观公债风险和微观公债风险

宏观公债风险主要是指由于公债管理及其相关政策的不当对国民经济稳定运行所造成的不确定性影响。从具体表现来看,宏观公债风险的主要表现有:公债发行对私人投资产生挤出效应,公债的货币化引发通货膨胀效应,公债发行导致市场利率

---

① 与社会保障制度不健全易于引发隐性公债风险一样,一国金融市场的不稳定也极易造成大量隐性公债风险。因为当金融市场体系出现危机时,市场往往对政府造成相当大的财政压力,并期望政府出面提供超过其法定债务义务的资金援助,从而导致隐性债务的产生。

② 我国2015年1月1日正式生效的新预算法,已明确规定地方政府在一定条件下可自行发行债券。但在之前相当长时间内,我国地方政府既无税收立法权也无自主发债权。在巨大财政压力下,许多地方政府举借并承担了大量隐性债务,从而引致了大量隐性债务风险。

的上升和投资的减少,公债导致资本外流、经济动荡以及政治危机。微观公债风险主要是指公债的发行、使用和偿还等微观操作环节的不确定性变化对财政偿债成本以及财政收支运行所造成的可能性影响。总体上,宏观公债风险与微观公债风险相互交织和渗透,而且宏观公债风险是以微观公债风险为重要基础的。

此外,国内也有学者从公债运行环节,将公债风险划分为 7 大组成部分,即公债发行规模风险、公债发行结构风险、公债流通规模风险、公债流通结构风险、公债使用风险、公债偿还规模风险和公债偿还结构风险[①]。

二、公债风险矩阵与公债风险管理

运用公债风险矩阵对政府债务风险进行鉴别和分类研究,是一种重要且流行的公债风险研究理论与方法。目前,国际上普遍采用财政风险矩阵法,这种方法由世界银行高级经济学家 Hana Polackova Brixi 最早提出,对政府债务进行界定和区分。在此风险矩阵中,政府负债可按不同标准划分为两种类型:一类是显性负债和隐性负债;另一类是直接负债和或有负债。由此,可形成表 5-1 所示的公债风险矩阵。

表 5-1 Hana Polackova Brixi 提出的公债风险矩阵模型

负 债	直接负债 (即在任何条件下都会履行 责任的政府负债)	或有负债 (即在特定条件下会发生的 偿债责任)
显性负债 (即由法律或契约认同的政府负债)	1. 由预算法规定的支出; 2. 长期有约束力的预算支出(公务员薪金,公务员养老金支出)。	1. 对于下级政府、公有企业与私人部门的未偿债务进行担保; 2. 对各种贷款提供保护伞; 3. 对贸易、私人投资的政府担保; 4. 政府保险计划(对存款、最起码的养老金支付、粮食保护等)。
隐性负债 (即反映公众期望或出于利益集权压力而由政府承担的"道义"责任)	1. 公共项目的未来再支出成本; 2. 未来的公共部门养老金,其未经法律的确认; 3. 法律未要求的社会保障计划; 4. 未经法律确认的未来保健计划。	1. 对于下级政府、公有企业的坏账与欠款的清偿; 2. 对私有企业债务的清偿; 3. 投资基金、失业基金、社会保障基金破产时进行救援; 4. 当私人资本流动发生逆转时参与联合救援活动; 5. 当灾难发生时做出的超常救援。

资料来源:Brixi,H.P. and Schick,A. Government at Risk:Contingent Liabilities and Fiscal Risk. The World Bank,2002.

在借鉴上述公债风险矩阵理论方法的基础上,刘尚希、于国安在《地方政府或有负债:隐匿的财政风险》一书中提出了中国式的矩阵债务结构模型(如表 5-2),并指出不同的债务结构会对经济产生不同的影响,因而具有不同的风险状态:趋向收敛

[①] 杨大楷等:《国债风险管理》,上海财经大学出版社 2001 年版。

或者发散。此外,他们认为,仅仅关注债务总量是远远不够的,而认清不同债务类型的来源、不确定性程度及其风险可控性,对把握公共债务与经济总量关系、改善政府财政风险状态具有重要意义。因此,必须改善公共债务结构,降低整个债务的不确定性程度(即公债风险)。在一定意义上,这比控制债务规模总量更为重要。

表5-2 中国地方政府财政风险矩阵

负 债	直接负债	或有负债
显性负债	1. 来自中央政府的国债转贷; 2. 政府统借统还外债; 3. 从中央借的专项借款; 4. 拖欠上级财政周转金; 5. 拖欠行政事业单位人员工资和离退休费; 6. 拖欠工程款。	1. 政府担保的外债; 2. 政府担保的国内债务。
隐性负债	1. 扩大义务教育及发展成人教育的支出; 2. 改善基础设施建设滞后状况的支出; 3. 应由地方承担的粮食亏损补贴挂账; 4. 社会保障计划。	1. 为国有企业改革所支出的一些相关成本; 2. 政策性投资公司的呆坏账损失; 3. 未根据国家有关规定提供担保或允诺承担偿还责任的债务; 4. 在政府直接干预下形成的国有企业、国有政策性投融资机构债务; 5. 地方金融机构支付缺口; 6. 项目单位不能偿还从政府借用的资金; 7. 下级政府财政危机。

资料来源:刘尚希、于国安:《地方政府或有负债:隐匿的财政风险》,中国财政经济出版社2002年版,第147页。

三、中国公债风险的有无与大小问题

如前所述,公债风险是与公债负担或公债规模相伴随的一种经济现象。在其他因素保持不变的情况下,公债风险随着公债的产生而产生,并随着公债规模的扩大而趋于增加。由于中国公债规模的大量客观存在,因此,我国存在一定程度的公债风险似乎是一个可以接受的事实或结论。

对于我国公债风险的大小判断充满争议。例如,国外金融机构巴克莱集团曾发布研究报告:2012年中国政府总负债占GDP(2012年为51.93万亿)的62%～97%,即政府负债最高将达50.44万亿,最少也有32.24万亿,蕴含了巨大的财政风险。巴克莱认为中国官方低估了政府的潜在负债。例如,地方政府发行的债券,铁道部、国有政策性银行、资产管理公司、国有商业银行以及金融系统的不良贷款都可以说是潜在的负债。此外,中国政府也在改善社会福利如医疗、教育和养老保险等方面面临支出压力,到底是62%还是97%取决于养老金缺口的假设。在我国,审计署曾于2013年8—9月组织全国审计机关5.44万名审计人员,按照"见人、见账、见物,逐笔、逐项审核"的原则,对中央、31个省(自治区、直辖市)和5个计划单列市、391个市(地、州、盟、区)、2778个县(市、区、旗)、33091个乡(镇)的政府性债务情况进行了全面审计。审计内容包括政府负有偿还责任的债务,以及债务人出现债务偿还困难时,政府需履行担保责任的债务(以下简称政府负有担保责任的债务),债务人出现债务偿还困难时,政府可能承担一定救助责任的债务(以下简称政府可能承担一定救助责任的债务)。审计结果发现:截至2013年6月底,全国各级政府负有偿还责任的债务20.69万亿元,负有担保责任的债务2.93亿元,可能承担一定救助责任的债务6.65亿元,总体债务规模达到30.27万亿元,占当年GDP的比率约为51.48%(低于国际通常使用的60%的负债率控制标准参考值)。但从局部来看,截至2012年年底,我国有3个省级、99个市级、195个县级、3465个乡镇政府负有偿还责任债务的债务率高于100%。但总体上,从我国经济发展水平、政府性债务的现状和资产与负债的相互关系来看,目前我国政府性债务风险总体可控,但有的地方也存在一定的风险隐患[1]。

值得指出的是,2017年5月美国三大信用评级公司之一的穆迪公司(Moody's)近20年来首次下调了中国的信用评级(从Aa3下调到A1)。穆迪公司表示,降级反映了中国财政实力中期内将削弱的预期,体现在整个经济体内债务水平的攀升和经济增速的放缓,大环境是中国人口结构的变迁(老龄化)和生产力的增幅较小。不出预料的是,中国政府批评穆迪的做法是不了解中国的法律和金融制度,低估了中国调整经济结构、实现经济可持续增长的潜力。

综上,当前我国公债风险没有近忧但有远虑。从长期、远期来看,如果把控不好,未来中国发生债务危机的可能性不是没有。

专栏5-2

朱镕基:我国有能力偿还国债,没有任何风险

在2001年3月15日,当时的朱镕基总理在回答新华社记者提问时说,中国的财政赤字是增加比较多。但是所有的国债都是用于基础设施建设。因此,我国有能力使国债得到偿还,没有任何风险。

朱镕基说:"去年我跟美国的前财政部长鲁宾先生在新疆见面时问他,现在中国实行积极的财政政策,你有什么意见?他说你现在国债的余额是多少?我说1.2万亿元,包括了历年借的国债,占我们国民生产总值的14%。他很干脆地说,没有任何危险,离大家公认的警戒线还差得很远。当然,我并不是因为他说了这个话就放心了。从去年的实践看,财政收入一年增加1960亿元,我手里有钱,真金白银都回来了。"

---

[1] 王永吉:"审计署发布全国政府性债务审计结果",中国新闻网,2013年12月30日。

朱镕基说:"这次全国人民代表大会通过我们国务院今年再发1500亿元国债,用于现有项目的建设和西部地区大开发的新建项目。我估计明年可能还需要再发1500亿元。我估计两年以后,现有的项目都完成了,西部地区的大开发已经初具规模,随着国有企业进入良性循环,财政收入的增加,社会资金渠道的开通,我相信今后就不需要再发这么多国债,或者说不需要再发这种建设性的国债了。"

资料来源:"朱镕基总理说:我国有能力偿还国债 没有任何风险",新华网,2001年3月15日,http://news.xinhuanet.com/zhibo/20010315/434535.htm。

第三节 公债危机与公债风险:从理论到现实

政府债务负担必然导致相应的债务风险,而债务风险意味着财政风险,其发展到一定阶段(如超越某临界点)则会产生债务危机或财政危机。

一、公债危机的界定及其存在区域

1. 公债危机的理论界定

近20多年来经济理论界对公债危机及其触发机制问题进行了大量的探讨和研究。科勒和基欧在总结前人研究成果的基础上,对政府公债危机及其机理进行了较深入的研究。

在科勒看来,当政府不能采取稳健性财政原则进行举债和消费时,过高的政府债务将使公众逐渐降低对政府偿债的信心,这对导致政府再融资成本的上升,降低财政政策的操作空间,严重时使政府无法进行财政债务融资,最终导致政府使用违约,债务危机爆发。如果公债投资者或公众预见到政府有债务违约的企图或可能,在政府进行再一次债务融资时,必然会要求提高新债的收益率以作为公债投资风险补偿。在极端情况下,无论政府新债收益率或利息率多么具有投资诱惑力,现实和潜在的投资者都拒绝购买,这必然意味着政府公债危机的爆发。

按照上述分析,公债危机表面上是因政府债务风险过大而出现了债务违约(即不能按时履约),本质上则是政府丧失了债务信用,或者说政府因失去了公众的信任而出现了信用破产。由此,公债危机可界定为因政府丧失债务信用、出现债务违约行为时导致的一系列不良后果或损害性影响。针对上述公债危机概念,需要做出以下必要的解释:(1)公债危机是现实存在的,即由债务风险预期变成了债务违约现实;(2)债务危机往往会带来诸多不良后果或损害性影响,如债务危机出现后会大大破坏政府的声誉和形象;(3)公债危机有大型危机与小型危机之分,即不能因为公债危机较小而否定公债危机本身的存在;(4) 公债危机有局部危机和整体危机之分,即公债危机既可能在局部地区存在,也可能在全国范围内存在。

2. 公债危机的存在区域

在假设银行和消费都是风险中性的条件下,科勒和基欧的 KMV 模型显示,当前政府债务水平是银行、消费者和政府行为的决定函数,如果政府债务负担水平较低,由于存在违约成本或风险(这里的违约成本包括资本积累下降、产出总量降低、政府在资本市场再融资能力丧失等),即使不举政府新债,政府对旧债进行按期偿还也是最优的政策选择,因而不会发生任何的债务危机。一旦公债规模超过了一定临界值或警戒水平,由于债务违约会增加预期收益,这时,政府就会选择违约[1]。此时,消费者选择较低积累水平,银行会因此而拒绝购买政府债券,则政府支出须全部由税收来筹资。在此情况下,公债危机爆发的概率取决于政府债务水平(B_t)和不确定性重大冲击事件,但公债危机爆发的关键却在于政府能否实现借新债还旧债[2]。

可见,公债危机是政府收支矛盾过度激化以及债务风险过度积累下的一种剧烈爆发。在公债危机时期,政府公债政策失去了公众的信任,公众不再购买政府新债,而政府在短期内又无法调整和增加税收与其他财政收入,这样,公债风险预期中的违约就会转化成现实。在科勒看来,一旦政府负债水平、债务期限结构、私人资本存量等影响政府债务安全的经济变量进入了危机区域(crisis zone),公债市场参与群体的信心就会丧失,进而会触发或引爆公债危机。科勒和基欧在构建政府、银行、消费者(公众)等经济主体的效用最大化函数和各自的预算约束方程的条件下,建立了确定自发性公债危机区域的量化模型,并对自发性公债危机触发原理进行了探讨。其提出的公债危机区域如下:

$$b_1^B(K_0) < B \leqslant b_2^B(K_0) \tag{5-1}$$

式中,B 是政府债务负担规模;$b_1^B(K_0)$ 是满足政府不发新债也能还旧债的违约政策函数及其约束条件的最大发债规模 B 值,即政府不发生债务危机的上限[3];$b_2^B(K_0)$ 是满足政府只有发新债还旧债才能保持不违约的政策函数及其约束条件的最大发债规模 B 值。在参与特定约束条件下,当政府债务规模 B 小于 $b_2^B(K_0)$ 时,只要政府当期不违约,银行(公债持有人)就会考虑以适当的风险价格买进政府新债;而当 $B > b_2^B$ (K_0) 时,无论是否能够发行新债,债务违约都会更有助于实现政府利益最大化。在信息完全和对称条件下,银行会准确预期到政府即将违约,于是就不会购买政府新发

---

[1] 显然,科勒模型假设政府债务的违约主要取决于政府意愿并认为这是政府债务与私人债务的最重要差别,即政府债务违约不是由流动性困难或资不抵债引起的。换言之,启动违约是政府在权衡利弊后的主动选择。

[2] 周成跃、周子康:《当代国债风险问题研究概况评述》,中国财政经济出版社 2004 年版,第30—34 页。

[3] 政府债务违约的边际效用是随着违约债务金额而递增的,而违约成本只与债务违约行为相关,而与违约金额无关。因此,小于 $b_1^B(K_0)$ 的债务水平不会发生债务危机,而大于 $b_1^B(K_0)$ 的债务水平只能求助于政府新债,否则就会出现政府违约行为。

行的债券,于是,债务违约就从预期变为现实,公债危机一触即发。

科勒和基欧运用相关公债危机模型曾对 1994 年的墨西哥进行了诊断和分析,发现一旦公债负担率高于 10％,就意味着公债风险进入了危机区域;而当公债规模高于 65％时,就极易发生政府债务违约,当政府债务期限由 8 个月延长到 16 个月时,则公债危机区域的下限就会升高 20％[①]。应指出,即使公债规模进入了科勒式的危机区域,也并不意味着公债危机就必然爆发(如同工兵进入雷区就不一定会触雷身亡一样)。如果政府信誉良好,管理措施得当,也可以避免公债危机的爆发。例如,阿勒西亚等人的研究指出,意大利在 1987—1988 年就曾处于公债危机区域,但良好的政府信誉使其免受公债危机袭击。

通常,当政府发现自身处于公债危机区域时,最佳公债管理政策主要有两种操作策略:(1)削减财政支出,降低公债规模;(2)延长债务期限,提高危机区域上限。由于足够长的公债期限为政府预算调整赢得了时间,有助于在经济发展中消除公债危机,因此后者在公债政策实践中得到较多应用。然而,削减财政支出、降低公债规模是从根本上远离公债危机、消除公债危机可能性的重要措施;而更新公债品种、延长偿债期限则是暂时延缓公债危机的发生,只是权宜之计。试想,如果一旦公债危机已经启动或发生,更新公债品种、延长偿债期限又有什么实际作用呢?

二、公债危机与公债风险的简要比较:联系与差异

公债风险与公债危机之间虽有所不同,但两者之间的联系却相当紧密。理论上,如果没有公债风险,就不可能有任何的公债危机。政府负债必然导致公债风险,而公债风险发展到一定阶段就会产生公债危机。可以说,公债危机的形成和爆发,往往是公债风险积累到一定程度的必然结果。进一步分析,公债风险与公债危机之间具有明显的依存关系,即公债风险中往往蕴藏着公债危机因素,在适当的诱因影响下(常常是意想不到的外部事件),公债风险"从海底浮出水面"的显性部分,往往就是人们眼中的公债危机。换而言之,高度的公债风险是一座"活火山",应对和处理不当,则随时会引爆一场公债危机。

在某种程度上,我们可以不严格地认为:没有爆发的债务危机称为债务风险,失去控制的债务风险就是债务危机。

如前所述,公债风险与公债危机是两个不同的概念,因此,两者之间的差异或区别也是显著的。这主要表现在以下几个方面:

(1)两者性质不同。即公债风险的性质是政府举债后产生不良后果或违约损失的不确定性;而公债危机的性质则是政府因债务违约而出现了信用破产。

(2)表现形式不同。即公债风险是指向未来的,其表现形式往往是隐性或隐藏的各种不确定性;而公债危机则是一种现实结果,其所造成的破坏性影响往往是已经

① 周成跃、周子康:《当代国债风险问题研究概况评述》,中国财政经济出版社 2004 年版,第 35 页。

显现的事实。也就是说,公债风险与政府举债如影随形,而公债危机往往表现为意外情况、紧急事件和现实威胁。

(3) 影响程度不同。即公债风险对财政经济活动以及政府自身信誉的影响程度较弱;而公债危机对财政经济活动以及政府自身信誉的影响则相对较深。也就是说,在公债危机情况下,财政经济活动往往经历剧烈波动或动荡,而政府信誉也往往处于破产境地,进一步的债务融资变得不太可能。

(4) 涉及面不同。即公债风险的涉及面往往主要是政府财政收支活动;而公债危机的涉及面往往较广,即通常会波及社会经济的方方面面,甚至会以"传染病"式的效应涉及其他国家和地区。

三、中国是否存在公债危机?

目前,许多学者的研究表明,我国的显性债务风险较低,但综合债务风险较高,有债务风险而无债务危机,因此必须具备债务风险意识,构建债务危机防范和预警机制。

但如果我们以科勒的公债危机定义为评价基准,则我国许多地方政府已经陷入了公债危机的境地,即我国存在局部的公债危机。调研发现,我国许多地方政府债务规模不仅普遍较大,而且增长速度较快。例如,2006 年北京部分区县已经进入了偿债高峰期,由于对本地区政府债务规模的科学分析不够,缺少对偿债高峰期到来的提前考虑,出现了债务逾期无力偿还、以贷还贷、以贷还息、拖欠工程款等现象。因此,国务院发展研究中心宏观经济部地方债务课题组负责人魏加宁(2004 年)认为:"债务风险对于政府威信和社会稳定的影响是直接的……目前中国地方政府债务风险实际上已经超过金融风险,成为威胁中国经济安全与社会稳定的头号杀手。"[①]地方政府债务风险较大,会导致诸多不良后果:(1) 欠账不还破坏了政府的公信力。当无力偿还部分债务时,地方政府也常常本能地选择赖账。由于政府是公权力部门,债权人追债的成本很高、难度很大,当政府带头赖账不还,容易对整个社会诚信体系造成巨大伤害。在北京举行的"2006 中国信用高峰论坛"上,国家发改委经济研究所消费研究室主任陈新年表示,如果没有信用制度,我国 GDP 将损失 10%～20%。(2) 加剧了乱收费等现象的蔓延。乱收费、乱摊派和乱罚款是地方政府转嫁债务负担的一个重要途径。中央党校研究室副主任周天勇曾指出,目前,全国各级政府统计内的预算外收费高达 5000 亿元,统计外的预算外收入至少 3000 亿元,两项相加即超过 8000 亿元,而这些绝大部分来源于政府乱收费和乱罚款,"政府乱收费和乱罚款是扰乱市场经济秩序的最大祸根"。(3) 使地方政府卖地的冲动变得更加强烈。卖地既是地方政府转移债务负担的重要途径,也是掩盖债务危机的重要方式。尽管早在几年前,就有许多专家对我国

---

① 梁朋等:"地方政府债务危机比金融风险更加凶险",《瞭望东方周刊》,2004 年 10 月 3 日。

地方政府的债务负担表示担忧,但是,危机始终没有爆发,其中一个重要原因就在于地方政府通过卖地获取的巨额收入,在一定程度上延缓了危机的爆发。但是,一旦我国房地产市场出现大的波动,地方政府无法继续用卖地收入填补相关缺口,债务危机或许会突然爆发,对这一危险有关部门应有足够的认识和警惕性[①]。

地方财政危机一隅:我国部分城市公务员已发不出工资

值得指出的是,我国乡镇政府因债失信问题相当严重。通常,乡镇政府的欠账对象既包括信用社等银行机构,也包括政府干部、企业职工以及部分农民(许多农民甚至成了政府"拖欠款的大户")。由于地方政府债务"雪球"越滚越大,政府公信力日渐减弱。在中国某些地方,"乡镇政府在外面吃饭难、买办公用品难,甚至小车加油也难。那几年,乡里几个主要干部一年有一半的时间都在为还债奔波。由于长期拖欠,不少乡镇办公电话被电信局切断。甚至,石钟乡财政所的保险柜被职工抱回了家……因此,有专家惊呼:'目前我国乡镇财政已经陷入了政策性亏损,作为中国行政体制链条上最薄弱的环节,乡镇财政危机和债务危机的扩大,可能会演化为政府诚信危机甚至行政危机。'"[②]在中国某些地方,"沉重的政府负债和债务危机,压得当地官员心力交瘁。一些地区财政局财务室被外地法院贴上了封条,'五湖四海'的讨债者纷至沓来,向政府讨要属于自己的财物……"[③]实践中,导致中国地方政府债务危机的原因往往也是多种多样的,主要包括:政府直接介入生产性、竞争性领域,投资失败或经营不善所致的政府债务;不自量力,"打肿脸充胖子",盲目攀比,举债大搞形象工程、政绩工程;"生之者寡,食之者众",高昂的行政成本让财政入不敷出;大建楼堂馆所等负债;盲目担保等连带负债;历史遗留问题让政府负债,等等。可见,我国基层政府债务危机在某种程度上已经是一个带有全国性的普遍现象。

可以说,目前我国存在局部的、地方性的公债危机问题,这种公债危机在总体上虽然还处于可控制范围,但在我国某些地区已然处于失控的境地,并对地区政府财政以及社会经济发展造成了较为严重的损失和危害。

中国部分城市债务或达千亿 远高于破产的底特律

专栏5-3

20世纪80年代发展中国家的债务危机

发展中国家的债务危机起源于20世纪70年代,并于1982年由墨西哥发端而突然爆发。1976—1981年,发展中国家的债务迅速增长,到1981年外债总额积累达5550亿美元,以后两年经过调整,危机缓和,但成效并不很大。到1985年年底,

---

① 王清江:"地方政府债务过重威胁经济安全",《上海证券报》,2007年1月16日。

② 魏晓东:"政府因债失信",华龙网,2005年4月15日。

③ 孙秀岭:"靠什么渡过政府债务危机?",《法制日报》,2004年11月24日。

债务总额又上升到 8000 亿美元,1986 年年底为 10350 亿美元。其中拉丁美洲地区所占比重最大,约为全部债务的 1/3。1985 年,这些国家的负债率高达 223%。发展中国家受债务困扰严重的主要是巴西、墨西哥、阿根廷、委内瑞拉、智利和印度等国。

这次债务危机有内外两方面的原因:从各发展中国家内部因素看,20 世纪 60 年代以后,广大发展中国家大力发展民族经济,走上了"负债增长"之路,举借外债失控是这场危机的直接导火线。由于各方面的原因,借入的外债未能迅速促进国内经济的发展,高投入,低效益,造成了还本付息的困难。从外部因素看,导致债务危机的原因包括:(1) 国际经济环境不利。80 年代初世界性经济萧条,是引发债务危机的一个原因。(2) 70 年代后期,国际金融市场的形势对发展中国家不利。国际信贷紧缩、对发展中国家贷款中私人商业贷款过多,也导致 80 年代的债务危机。(3) 美国 80 年代初实行的高利率,加重了发展中国家的债务负担。债务危机的爆发对发展中国家造成严重的财政经济困难和社会问题。例如,墨西哥 1982 年的通货膨胀率高达 100%;巴西 1982 年年底外债总额占 GDP 约 1/3,还本付息占其当年出口创汇的 93.1%,工业产值下降 9.5%。因此,有人说 20 世纪 80 年代是拉美"失去的十年""痛苦的十年"。

世界银行发展报告显示,目前发展中国家的债务危机一直延续至今,仍未解除。债务危机问题像是一个"幽灵"在拉美等发展中国家徘徊,困扰着发展中国家的社会经济发展。

资料来源:苏振兴:"债务问题成为拉美动荡之源",《中国社会科学院院报》,2006 年 6 月 11 日。

专栏5-4

公债危机的认定标准与美国俄亥俄州的财政危机法

20 世纪 70—80 年代,美国经历了许多重大的地方政府债务违约事件(如 1975 年纽约市债券违约、1978 年的克利兰夫政府违约等)。为此,美国政府间关系委员会对地方财政危机问题进行了系统研究,并向各州提出了加强对地方财政的监控,并防止地方财政危机的建议。

俄亥俄州政府采纳了该委员会的这一建议,并建立了"地方财政监控计划"体系,并赋予了其法律地位。这一监控体系是上级政府对下级政府财政状况的一种预警系统,以防止州及其所辖地方政府财政陷入更深的困境。1979 年通过、1985 年修订了《地方财政紧急状态法》,其具体的操作规定如下:州审计局是负责"地方财政监控计划"体系执行的机构。它的第一步工作是对地方政府进行财政核查,以确定地方财政是否进入紧急状态。其判断依据是,按罗列的三种情况,如果地方财政符合其中之一,则由审计局宣布该地方财政进入"预警名单"。这三种情况是指:

第一,应付款比例过高。具体评价指标有两个:(1)在财政年度末,普通预算中逾期超过30天的应付款再减去上一年年末预算余额后,超过这一年预算收入的1/12。(2)截至财政年度末,普通和专项预算中逾期超过30天的应付款,减去普通及专项预算余额后超过该财政年度的可使用收入的1/12。

第二,赤字比率过高。即上一财政年度的总赤字,减去所有可被用于弥补赤字的普通和专项预算的资金,超过本年度普通基金预算收入总额的1/12。

第三,可用财力不足。即财政年度末,地方政府金库所持有的现金及可售证券,减去已签出的支票和担保余额,其价值少于普通和专项预算的节余额,而且此差额超过前一年财政年度金库收入的1/12。

只要上述情况中的一种或几种出现,州审计局就应发布书面通告,宣布对地方财政进行监督。在州审计局确定上述情况不再存在,并宣布从"预警名单"中将其撤销前,该监控程序一直有效。如果州审计局发现该地方财政状况进一步恶化,并达到"财政危机"的程度,则将该地方政府从"预警名单"移至"危机名单"。

为了判断该地方财政是否恶化,俄亥俄州的《地方财政紧急状态法》对此做了详细的描述,即确定了构成地方政府"财政危机"的具体条件。这些条件大致可归结为以下六种"测试",分别是:(1)是否有债务违约。即债务违约是否达30天以上。(2)是否有工资拖欠。即未能在30天内支付雇员的工资(除非政府雇员同意延期支付工资90天)。(3)是否要求额外转移支付。即要求从其他地方政府向该地方政府进行税收再分配。(4)是否有其他支付欠款。即逾期30天以上应付账款,在减去现有现金余额后,其结果超出前一年普通预算或全部预算收入的1/6。(5)赤字规模是否过大。即预算总赤字减去可用于抵补赤字的预算余额,其结果超出前一年收入的1/6。(6)现金短缺是否严重。即未承诺支付的现金和可售证券余额大于前一年预算收入的1/12。

1979—1985年,根据上述测试条件,俄亥俄州曾有10个地方政府被宣布处于"财政危机"状态。根据美国的财政危机法,只要一个地方政府被宣布处于"财政危机"状态,该州就应该成立"财政计划和监督委员会",由该机构对该地方政府财政管理进行监督和控制。在该委员会进行第一次会议后的120天内,地方政府的首席执行官(同时也是该委员会的成员)必须向监督委员会提交一份财政改革计划。这一计划应包括以下主要内容:消除目前财政危机;消灭所有预算赤字;收回被挪用的投资基金和专项基金的资金,恢复这些基金的余额;避免今后出现财政紧急情况;恢复地方政府长期发行债券的能力。……通过这套监控体系,中央财政对地方政府的财政状况进行详尽的监控,有助于地方政府避免更为严重的债务危机问题,从而也避免上一级政府财政陷入危机困境。

资料来源:傅志华:"外国政府如何防范地方财政风险",《广东财政》,2002年第3期,第52—53页。

【本章小结】

● 公债负担的存在,就会引致一定的公债风险,而一旦公债风险超越极限或临界点,势必引爆公债危机。这是公债负担、公债风险与公债危机之间的基本理论关联。

● 公债负担是指公债的发行及其偿还给经济主体(包括政府、企业以及居民等)引致的各种经济损失以及对国民经济运行所造成的负面效应。应指出的是,上述概念中的经济损失和负面效应往往是确定性的。公债负担有很多不同的类型,研究表明内债负担与外债负担存在着很大的区别,而公债代际负担问题也确实存在。此外,理论上必然存在一个最优或最适度的公债负担规模。这里,公债适度规模主要是指既能保证政府按期还本付息,又能促进社会经济又好又快发展的公债规模,或者说,公债适度规模是指边际债务负担(成本)与边际债务收益相一致时所决定的公债规模。

● 公债风险是在不确定性因素影响之下,公债运行的实际结果与公债政策主体的主观预期之间发生偏离,并对财政经济活动造成损失或损害的可能性。这里的不确定性,既可指公债风险客观状态的不确定性,也可指公债风险认识主体在主观判断上的随机性。公债风险是客观存在的,并在可测定的情况下体现为一定的概率。依据不同的标准,公债风险可有不同的类型,并形成一定的公债风险矩阵。在我国,与公债风险有无问题相比,公债风险的大小问题争议更大。

● 控制各级政府公债风险,重心应放在强化政府预算约束,尽力减少政府的财政机会主义行为,降低公共债务的不确定性程度上(尤其是或有负债),以减少过度的公债负担对经济总量的扰动和妨碍,防止产生不确定性"叠加"和陷入恶性循环。"解铃还须系铃人",政府的公债风险控制还得靠政府自身的改革。尽管一国或地区的经济总量往往难以控制,但政府的公债债务总量与结构却易于控制。从此角度讲,公债风险是可控的,但须以公开透明的公债风险管理制度安排的构建和配合为前提。

● 公债危机是因政府丧失债务信用、出现债务违约行为时导致的一系列不良后果或损害性影响。公债危机表面上是因政府债务风险过大而出现了债务违约(即不能按时履约),本质上则是政府丧失了债务信用,或者说政府因失去了公众的信任而出现了信用破产。因此可以说,公债危机是一种信心危机。应强调的是,公债危机是一种现实的存在,并会带来诸多不良后果或损害性影响,如债务危机出现后会大大破坏政府的声誉和形象。世界上许多国家,通过完善财政体制、加强制度管理(如法律监管)构筑了防范政府债务风险的应急机制和制度"防火墙"。

【关键术语】

公债负担 公债适度规模 公债代际负担 公债风险 直接公债风险 公债违约风险 公债再融资风险 公债流动性风险 公债市场风险 公债危机 或有公债风险 显性公债风险 隐性公债风险 公债风险矩阵

思考 与 讨论

1. 如何理解公债负担？从理论和实践双重角度探讨公债负担的限度性。

2. 什么是内债负担和外债负担？两者之间有何差异？

3. 公债风险与不确定性是一回事吗？在全面理解公债风险概念的基础上，试探讨公债风险的结构与类别。

4. 什么是公债危机？试剖析公债危机与公债风险两者之间的联系与差异。

5. 在您看来，目前中国存在公债风险还是公债危机？在结合实践基础上，请阐明理由。

阅读与参考文献

[1] 高培勇,宋永明. 公共债务管理. 北京：经济科学出版社,2004.

[2] 刘尚希,于国安. 地方政府或有负债：隐匿的财政风险. 北京：中国财政经济出版社,2002.

[3] 周成跃,周子康. 当代国债风险问题研究概况评述. 北京：中国财政经济出版社,2004.

[4] 邓子基,等. 公债经济学：公债历史、现状与理论分析. 北京：中国财政经济出版社,1990.

[5] 张德勇. 中国县乡债务：问题与对策. 财贸经济,2006(7)：75－80.

[6] 梁朋,等. 地方政府债务危机比金融风险更加凶险. 瞭望东方周刊,2004－10－03.

拓展阅读：《我的家乡底特律 60 年破产之路》

本章测试

第六章 公债市场投资分析

决定经济国策的两个关键要素是国债利率和国家投资回报率。

——陈志武：《金融的逻辑》

学习目标

1. 了解作为投资品的公债的基本性质、投资特性以及主要类型，并理解公债在投资组合中的重要地位。

2. 深刻理解我国公债市场的作用、功能及其分布，掌握公债收益率相关理论知识。

3. 了解公债投资面临的可能风险以及防范措施，理解消极型和积极型两种不同类型的公债投资策略。

在投资市场中，公债通常被称为"金边债券"或"银边债券"，因其收益较高且风险较小而受到稳健型或风险规避型投资者的偏好。理论上，经济学将市场参加者或投资者按照风险偏好相对地分为三类：风险厌恶者（risk-avoider）、风险爱好者（risk-lover）和风险中性者（risk-neutral）。其中，风险厌恶者是指投资者对投资风险的偏好状态，其效用随货币收益的增加而增加，但增加率递减。或者说，投资者所获确定性投资所得大于有风险条件下的期望收益，或者两者相等时，投资者更偏爱确定性投资收益所得，这时的投资者就是风险规避者或风险厌恶者；风险爱好者是指投资者对投资风险的偏好状态，其效用随货币收益的增加而增加，且增加率递增（即效用函数的二阶导数大于零）。换言之，投资者可能获得的确定性投资收益小于有风险条件下的期望收益，或者两者相等时，投资者更偏爱风险投资所得，这时的投资者就是风险爱好者。风险中性则指投资者对投资风险的偏好状态，其效用随货币收益的增加而增加，但增加率保持不变（即效用函数的二阶导数等于零）。也就是说，当投资者在无风险条件下的投资收益和有风险条件下期望收益水平相等时，这时的投资者为风险中立者。

金边债券的历史由来

应指出的是,公债投资风险较小但并不等于没有风险,投资者的风险偏好也仅具有相对意义。此外,投资者的风险态度与风险承受能力的关系较为复杂,风险承受能力可能是决定风险态度的重要因素,但投资者的风险态度取向显然受到多重因素的综合影响。本章重点从投资品的角度,对公债债券投资以及公债市场做简要分析。

第一节　作为投资品的公债分析

一、公债的主要参数、基本性质与投资特性

(一) 公债债券的主要参数

公债债券的主要参数是指构成公债债券的基本要素。这里主要以公债债券为例展开讨论,通常包括如下要素。

1. 公债债券面值

公债债券面值是指债券发行时所设定的票面金额,代表着发行人借入并承诺于未来某一特定日期(如债券到期日),偿付给债券持有人的金额。目前我国发行的公债债券,一般是每张面额 100 元,如 10000 元的本金就可以买 100 张债券(这种情况只适用于平价发行,溢价发行和折价发行则另作别论)。这里的"每张面额 100 元"可理解为债券的面值。在进行债券交易时,通过统计某种债券交易的数量,可以清楚地表明债券的交易金额。

在债券的票面价值中,通常要规定票面价值的币种,即以何种货币作为债券价值的计量标准。确定币种主要考虑债券的发行对象。一般来说,在国内发行的债券通常以本国本位货币作为面值的计量单位;在国际金融市场筹资,则通常以债券发行地所在国家或地区的货币或以国际上通用的货币为计量标准。此外,确定币种还应考虑债券发行者本身对币种的需要。

币种确定后,还要规定债券的票面金额。票面金额的大小不同,可以适应不同的投资对象,同时也会产生不同的发行成本。票面金额定得较小,有利于小额投资者购买,持有者分布面广,但债券本身的印刷及发行工作量大,费用可能较高;票面金额定得较大,有利于少数大额投资者认购,且印刷费用等也会相应减少,但却使小额投资者无法参与。因此,债券票面金额的确定,也要根据债券的发行对象、市场资金供给情况及债券发行费用等因素综合考虑。

2. 净价交易

净价交易指公债债券现券买卖时,以不含应计利息的价格报价并成交的交易方式,即债券持有期已计利息不计入报价和成交价格中。在进行债券现券交易清算时,买入方除按净价计算的成交价款向卖方支付外,还要向卖方支付应计利息,在债券结

算交割单中债券交易净价和应计利息分别列示。目前债券净价交易采取一步到位的办法,即交易系统直接实行净价报价,同时显示债券成交价格和应计利息额,并以两项之和为债券买卖价格;结算系统直接实行净价结算,以债券成交价格与应计利息额之和为债券结算交割价格。净价和利息这两项在交割单中分别列示,以便于公债交易的税务处理。全价、净价和应计利息三者的关系如下:全价=净价+应计利息,亦即:结算价格=成交价格+应计利息。

3. 债券期限

公债债券的期限即在公债债券发行时就确定的债券还本的年限,债券发行人到期必须偿还本金,债券持有人到期收回本金的权利得到法律的保护。债券按期限的长短可分为长期债券、中期债券和短期债券。长期债券期限通常在 10 年以上,短期债券期限一般在 1 年以内,中期债券期限则介于两者之间。公债债券的期限越长,债券持有人资金周转越慢,在银行利率上升时有可能使投资收益受到影响。公债债券的期限越长,债券的投资风险也越高,因此要求有较高的收益作为补偿,而收益率高的债券价格也高。所以,为获取与所遭受的风险相对称的收益,债券持有人当然对期限长的债券要求较高的收益率,因而长期债券价格一般要高于短期债券价格。

4. 剩余期限

剩余期限是指公债债券距离最终还本付息还有多长时间,一般以年为计算单位,其计算公式如下:剩余期限=$\dfrac{债券最终到期日-交易日}{365}$。

5. 票面利率

公债债券的票面利率即债券券面上所载明的利率,在债券到期以前的整个时期都按此利率计算和支付债息。在银行存款利息率不变的前提下,公债债券的票面利率越高,则债券持有人所获得的债息就越多,所以债券价格也就越高。反之,则越低。

6. 应计天数

应计天数是指起息日或上一理论付息日至结算日的实际天数。

7. 应计利息

应计利息是指自公债债券的上一利息支付日至买卖结算日产生的利息收入。具体而言,零息债券是指发行起息日至交割日所含利息金额;附息债券[①]是指本付息期起息日至交割日所含利息金额;贴现债券没有票面利率,其应计利息额设为零。应计利息的计算公式如下(以每百元债券所含利息额列示):应计利息额=$\dfrac{票面利率}{365}$×已计息天数×100。

---

① 附息债券(coupon bonds)是指在债券券面上附有息票的债券,或是按照债券票面载明的利率及支付方式支付利息的债券。息票上标有利息额、支付利息的期限和债券号码等内容。持有人可从债券上剪下息票,并据此领取利息。附息债券的利息支付方式一般会在偿还期内按期付息,如每半年或一年付息一次。与之相对应,零息债券(zero-coupon bonds)就是指票面利率为零的债券,即债券没有定期的支付利息的机制,只是到期一次性还本付息。贴息债券(discount bonds)则是一种发行时不规定利息率,也不附息票,只是按一定折扣(以低于面值的价格)发行或出售的一种债券。

8. 到期收益率（Yield to Maturity，YTM）

到期收益率是指公债债券上得到的所有回报的现值与债券当前价格相等的收益率。它反映了投资者如果以既定的价格投资某个公债债券，那么按照复利的方式，得到未来各个时期的货币收入的收益率是多少。到期收益率又称最终收益率，是投资购买公债的内部收益率，即可以使投资购买公债获得的未来现金流量的现值等于债券当前市价的贴现率。它相当于投资者按照当前市场价格购买并且一直持有到满期时可以获得的年平均收益率，其中隐含了每期的投资收入现金流均可以按照到期收益率进行再投资。到期收益率 $=\dfrac{\text{收回金额}-\text{购买价格}+\text{总利息}}{\text{购买价格}\times\text{到期时间}}\times100\%$。

示例：某种公债债券面值 100 元，10 年还本，年息 8 元，名义收益率为 8%，如该债券某日的市价为 95 元，则当期收益率为 8/95，若某投资者在第一年年末以 95 元市价买进面值 100 元的 10 年期债券，持有到期，则 9 年间除每年获得利息 8 元外，还将每年获得本金盈利 5 元，到期收益率为 $\dfrac{(100-95)+98}{95\times9}\times100\%\approx9\%$。

9. 持有期收益率

债券持有期收益率是指买入公债债券后持有一段时间，又在债券到期前将其出售而得到的收益，包括持有债券期间的利息收入和资本损益与买入债券的实际价格之比率。持有期收益率是投资者最关心的指标，但如果要将它与债券收益率、银行利率等其他金融资产的收益率比较，须注意时间的可比性，可将持有期收益率化为年收益率。公式：公债债券持有期收益率 $=\dfrac{\text{年利息收入}+\dfrac{\text{卖出价格}-\text{买入价格}}{\text{持有年数}}}{\text{买入价格}}\times100\%$。示例：某投资者于 2013 年 1 月 1 日以 120 元的价格购买了面值为 100 元、利率为 10%、每年 1 月 1 日支付一次利息的 2012 年发行的 10 年期国库券，并持有到 2018 年 1 月 1 日以 140 元的价格卖出，则该公债债券的持有期收益率 $=\dfrac{100\times10\%+\dfrac{140-120}{5}}{120}\times100\%\approx11.7\%$。

10. 修正持久期

修正持久期是用于债券分析的一个重要概念，即用于衡量价格对债券收益率变化的敏感度指标。由以下公式定义：

$$\frac{dP}{P}=-D^{*}dy$$

这里，dy 表示收益率的一个小幅度波动，dP 表示相应的价格波动，$\dfrac{dP}{P}$ 表示价格波动的百分比。示例：修正持久期 $D^{*}=5$，收益率上升 100 个基点，即 $dy=1\%$，则有 $\dfrac{dP}{P}=-5\times1\%=-5\%$，也就是说价格下降 5%。由此可以看出，修正持久期 D^{*} 是价格对收益率变化的敏感度。在市场利率水平（如银行基准利率）发生一定幅度波动时,修正持久期越大的债券,价格波动越大(按百分比计)。

(二) 公债债券的基本性质

通常,公债债券的发行者往往是借入资金的各级政府部门(即债务人),投资者往往是出借资金的经济主体(即债权人)。据此,必然形成公债投资如下的基本性质。

1. 公债体现了发行者和投资者之间的债权债务关系

从法律约定以及公债债券发行者的承诺来看,发行者不管是中央政府还是地方政府,都需要履行在一定时期还本付息的承诺——还本付息也是债务信用的最基本特征。正因为此,公债反映了发行者和投资者之间的债权债务关系,而且是这一经济关系的重要法律凭证。这里,公债债券代表债券投资者的权利,这种权利不是直接支配财产,而是一种经济意义上的债权。可见,拥有公债债券的人是债权人,而债权人不同于财产所有人。

2. 公债债券属于有价证券

从投资的角度来看,公债债券反映和代表一定的市场价值。通常,公债债券本身有一定的面值,代表债券投资者投入资金的量化表现。同时,持有公债债券可按期取得利息,利息也是债券投资者收益的价值表现。另一方面,公债债券与其代表的权利联系在一起,拥有债券也就拥有了债券所代表的权利,转让公债债券也就将公债债券所代表的权利一并予以转移。由于公债债券的利息通常是事先确定的,所以,公债债券又被称为固定利息证券。

3. 公债债券是一种虚拟的资本债券

尽管公债债券有面值,代表了一定的财产价值,但它也只是一种虚拟资本,而非真实的资本。因为债券的本质是证明债权债务关系的证书,在债权债务关系建立时所投入的资金已被债务人占用,因此,公债债券是实际运用的真实资本的证书。公债债券的流动并不意味着它所代表的实际资本也同样流动,且公债债券是独立于实际资本之外的另一种价值存在。

二、公债定价的影响因素与基本原理

公债债券的发行价格(bond issuing price),是指公债债券原始投资者购入公债债券时应支付的市场价格,它与债券的面值可能一致也可能不一致。当债券票面利率等于市场利率时,债券发行价格等于面值,即平价发行;当债券票面利率低于市场利率时,公债仍以面值发行就不能吸引投资者,故一般要折价发行——即发行价格低于债券的票面名义价值;反之,当债券票面利率高于市场利率时,债务人仍以面值发行就会增加发行成本,故一般要溢价发行,即公债发行价格高于债券的票面名义价值。

影响或决定公债债券发行价格的基本因素包括:(1)债券面额。即债券市面上标出的金额,公债发行者可根据不同认购者的需要,使债券面值多样化,既有大额面值,也有小额面值。(2)票面利率。票面利率可分为固定利率和浮动利率两种。一般地,发行者应根据自身资信情况、风险承受能力、利率变化趋势、债券期限的长短等决定选择何种利率形式与利率的高低。(3)市场利率。市场利率是衡量债券票面利率高低的参照系,也是决定债券价格按面值发行还是溢价或折价发行的决定因素。(4)债券期限。期限越长,债权人的风险越大,其所要求的利息报酬就越高,其发行价格就可能较低。

1962年,著名学者伯顿·马尔基尔(Burton Malkiel)在对债券价格、债券利息率、到期年限以及到期收益率之间的关系进行了研究后,提出了债券定价的五个定理。至今,这五个定理仍被视为债券定价理论的经典。

定理一:债券的市场价格与到期收益率成反比关系。即到期收益率上升时,债券价格会下降;反之,到期收益率下降时,债券价格会上升。

定理二:当债券的收益率不变,即债券的息票率与收益率之间的差额固定不变时,债券的到期时间与债券价格的波动幅度之间成正比关系。即到期时间越长,价格波动幅度越大;反之,到期时间越短,价格波动幅度越小。

定理三:随着债券到期时间的临近,债券价格的波动幅度减少,并且是以递增的速度减少;反之,到期时间越长,债券价格波动幅度增加,并且是以递减的速度增加。

定理四:对于期限既定的债券,由收益率下降导致的债券价格上升的幅度大于同等幅度的收益率上升导致的债券价格下降的幅度。

定理五:对于给定的收益率变动幅度,债券的息票率与债券价格的波动幅度之间成反比关系。即息票率越高,债券价格的波动幅度越小。

三、公债债券的主要类型及其异同比较

在国内公债债券市场上,公债债券主要有以下几种类型,如图6-1所示。

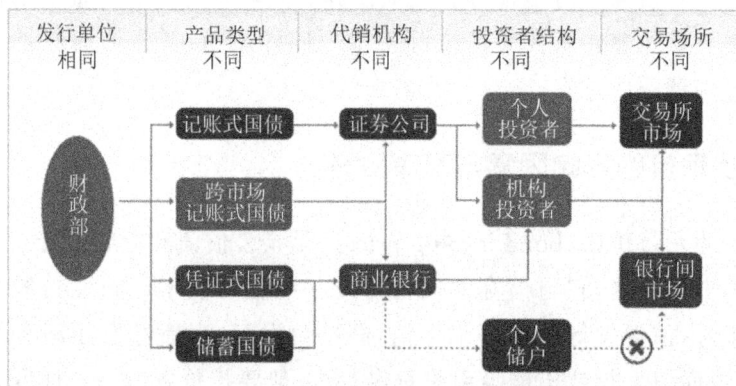

图6-1 不同类型公债债券的简要比较

1. 记账式公债(电子式公债)

记账式公债是指没有实物形态的票券,投资者持有的公债登记于证券账户中,投资者仅取得收据或对账单以证实其所有权的一种公债。在我国,上海证券交易所和深圳证券交易所已为证券投资者建立电脑证券账户,因此,可以利用证券交易所的系统来发行债券。我国近年来通过沪、深交易所的交易系统发行和交易的记账式国债

就是这方面的实例。如果投资者进行记账式债券的买卖,就必须在证券交易所设立账户。所以,记账式公债又称无纸化公债。

2. 凭证式公债

凭证式公债的形式是一种债权人认购债券的收款凭证,而不是债券发行人制定的标准格式的债券。我国近年通过银行系统发行的凭证式国债,券面上不印制票面金额(而是根据认购者的认购额填写实际的缴款金额),是一种国家储蓄债,可记名、挂失,如以"凭证式国债收款凭证"记录债权,不能上市流通,从购买之日起计息。在持有期内,持券人如果遇到特殊情况,需要提取现金,可以到购买网点提前兑取。提前兑取时,除偿还本金外,利息按实际持有天数及相应的利率档次计算,经办机构按兑付本金的一定比例收取手续费。

通常,凭证式公债和电子式公债的区别主要在于购买方式和付息方式,凭证式公债到期一次性付息,只能通过柜台购买,而电子式公债每年付息,可通过柜台和网银购买。

国债仍是居民投资首选?

3. 无记名式公债

无记名式公债是一种票面上不记载债权人姓名或单位名称的债券,通常以实物券形式出现,又称实物券。实物债券是一种具有标准格式实物券面的债券。在标准格式的债券券面上,一般印有债券面额、债券利率、债券期限、债券发行人全称、还本付息方式等各种债券票面要素。有时,债券利率、债券期限等要素也可以通过公告向社会公布,而不再在债券券面上注明。

4. 储蓄公债

所谓储蓄公债是政府面向个人投资者发行,以吸收个人储蓄资金为目的,满足长期储蓄性投资需求的不可流通的记名公债品种。

5. 公债柜台交易

公债柜台交易是指柜台记账式公债交易,是银行通过营业网点(含电子银行系统)与投资人进行债券买卖,并办理相关托管与结算等业务的行为。在我国,此业务于2002年6月3日推出。

6. 公债回购交易

公债回购交易是指证券买卖双方在成交的同时就约定于未来某一时间以某一价格双方再进行反向成交的交易,是一种以有价证券为抵押品拆借资金的信用行为。其实质内容是:证券的持有方(融资者、资金需求方)以持有的证券作抵押,获得一定期限内的资金使用权,期满后则须归还借贷的资金,并按约定支付一定的利息;而资金的贷出方(融券方、资金供应方)则暂时放弃相应资金的使用权,从而获得融资方的证券抵押权,并于回购期满时归还对方抵押的证券,收回融出资金并获得一定利息。

应指出的是,公债债券在投资组合中的重要地位往往是不可或缺的。这里,投资组合是由投资人或金融机构所持有的各类债券、股票、衍生金融产品等组成的投资产品集合。显然,基于风险分散的投资原理,投资组合的目的在于分散风险,即"不能将所有的鸡蛋都放在同一篮子里"。考虑到公债债券的特殊投资特性,其往往是各类基金投资核心组合的重要选项。图 6-2 分析了公债债券在投资组合中的地位。

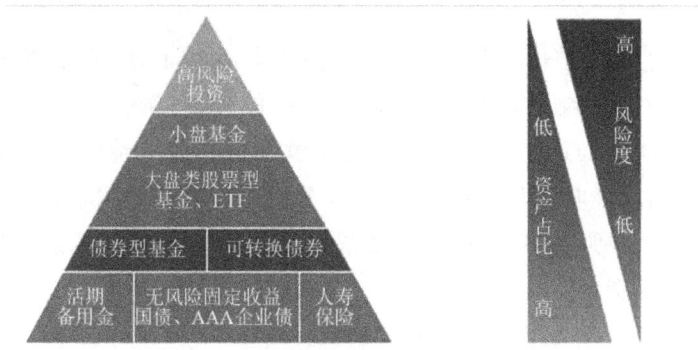

图 6-2　公债债券在投资组合中的地位分析

专栏 6-1

400 亿国债 90 分钟被"疯抢"而光

经历 2015 年的数次降息之后,我国银行存款利率降低,各类理财产品的收益率也逐渐下降,人们购买国债的热情再度被点燃。据北京晚报报道,为抢年化收益 4.42% 的国债,不会使用网银的老人们甚至深夜到自助银行打地铺守候。如此火爆的国债销售场面已经五年没有出现了。

2016 年 4 月 10 日,当年首期电子式储蓄国债销售的第一天,网银和柜台同步销售,3 年期国债票面年利率为 4%,最大发行额 200 亿元;5 年期国债票面年利率为 4.42%,最大发行额也是 200 亿元。虽然本期国债的销售日期为 4 月 10 日—4 月 19 日,但事实上,本期国债从发售到售完,仅用了不到一个半小时的时间。银行理财经理表示,2016 年以来的国债销售一直很火爆,上月的凭证式国债也是不到一天时间就售完。

记者在某银行网点碰到不少排队买国债的老人,银行刚开门,老人们就被告知该行国债额度已售完,老人们为此非常生气。银行人士表示,电子式国债一般上午八点半开始在全国统一发售,而银行网点的开门营业时间多是上午九点。因此建议中老年人不妨适当学习电子渠道的操作方法。需要提醒的是,网银购买国债需要提前开通"网上国债账户"。

银行部门人士提醒,国债流动性好,大多数都能够提前兑付,但会损失利息并且支付交易费用,因此适合 3~5 年长期不会动用的资金,期限越长利息越高。对于低风险偏好的投资者而言,在股市大跌及持续的降息通道下,储蓄国债仍是个不错的选择。

资料来源:李冲:"400 亿国债 90 分钟被'抢'完",《扬子晚报》,2016 年 4 月 11 日。

第二节 公债市场的一般性分析

一、中国公债市场的兴起与发展

公债市场是政府债券发行以及投资对已发行债券进行转让、买卖和交易的场所。公债市场是证券市场的重要组成部分,通常由发行市场(一级市场)和流通市场(二级市场)组成。公债一级市场和二级市场是紧密联系、相互依存的。一级市场是二级市场的基础和前提,只有具备了一定规模和质量的发行市场,二级市场的交易才有可能进行。同时,二级市场又能促进一级市场的发展,二级市场为一级市场所发行的债券提供了变现的场所,从而增强了投资者的投资热情,有利于新公债债券的发行。

中华人民共和国成立后,我国首次公债债券的发行主要是为了解决财政赤字和通胀问题,即在 1950 年中央人民政府批准发行了人民胜利折实公债。此后,由于特殊的历史原因,我国经历了一段较长时间的既无外债,也无内债时期。既然没有内外债,就自然不存在公债市场。这种状况出现的原因主要是计划经济的制度约束,此外,我国当时的"文化大革命"等混乱情况也不可能为公债市场的产生提供必要的条件。

改革开放后,我国公债市场真正迎来发展的契机。梳理起来,主要可分三大阶段。

1. 以场外交易为主的初级阶段(1981—1991 年)

由于在这段时间内市场经济并未建立,市场参与主体也没有发行债券的意识和需求,我国债券的交易和发行仍是以满足政府需求为主,国有企业也希望寻找除银行贷款之外的其他资金融通渠道,在行政审批后尝试发行企业债。在此时期,公债债券不能公开转让,只能以场外交易的形式自愿展开。而在 1986 年,东北的沈阳率先成立了官方批准的柜台交易市场,允许企业债券交易,与此同时,政府也进一步推出除国库券之外的其他品种债券,包括国家建设债券、国家重点工程建设债券、特种国债、保值公债等,以增加债券市场的品种。1988 年,随着国债发行规模的扩大,如何增加其流动性成为首要问题。为此,我国政府开始设定部分地区作为转让试点,允许部分已发行的国库券上市转让。到 1991 年年初,国债流通转让的覆盖区域大大增加,更多城市也纳入其中,柜台交易机制逐步建立。虽然柜台市场仍然属于场外交易市场,并且在全国也未建立统一的债券市场,但我国公债债券市场的活跃度大大提高,债券的流通交易量增加,调动了市场参与者和投资者的积极性。

值得指出的是,我国 20 世纪 80 年代恢复公债发行初期主要采用单一行政摊派发行模式,主要是由当时的主客观条件所决定的。主要包括:(1) 我国公债发行时间不长,人们对公债的认知度不高;(2) "拨乱反正"后全国开始以经济建设为中心,全面建设在短期内引致大量的投资资金需求;(3) 公债市场刚起步,流通市场更落后,限制了人们购买公债的积极性;(4)当时人们收入水平有限,投资意识淡薄,储蓄偏好较强。

2. 以交易所交易为主的快速发展阶段(1991—1997 年)

在我国,随着 1991 年证券交易所的成立,公债债券进入场内交易阶段。而 1995 年国债招标发行试点获得成功,公债利率的确定逐步以市场为导向,这也意味着中国债券发行的市场化改革拉开序幕。此后,上海、深圳两大交易所也丰富了交易品种,国债和企业债陆续进入市场,并且开发了国债期货市场,加入了国债回购等不同的交易方式,这些使得我国债券市场的投资者在债券种类和交易形式上有了更多的选择。而在市场监管和基础设施建设上,1992 年 10 月,国务院证券委员会(简称国务院证券委)和中国证券监督管理委员会(简称中国证监会)宣告成立,国务院证券委是国家对证券市场进行统一宏观管理的主管机构,标志着中国证券市场统一监管体制开始形成。此外,还成立了两家自律监管机构(中国国债协会及中国证券业协会)以及全国性的国债登记托管机构,并开发了交易所电子交易系统。1997 年 8 月,国务院研究决定将上海、深圳证券交易所统一划归中国证监会监管。1998 年 4 月,根据国务院机构改革方案,决定将国务院证券委与中国证监会合并组成国务院直属正部级事业单位。经过这些改革,中国证监会职能明显加强,集中统一的全国证券监管体制基本形成。目前,中国证监会是国务院证券委的监管执行机构,依照法律法规对证券市场(含公债市场)进行监管。在这一时期,我国初步建立公债债券交易市场,债券交易品种得到丰富,交易方式不断创新,与场外交易方式相比,交易所市场显得更加具有组织性、法制性和正规性。

3. 以银行间市场交易与交易所交易并重的多元化阶段(1997 年至今)

1997 年股票市场过热,银行资金也集聚其中,主要以债券回购形式为主。因此,央行要求各商业银行转换交易场所,改在全国同业拆借中心进行债券交易,银行间债券市场就此形成。从最初的仅仅 16 家商业银行,不断发展完善,此后,各类金融机构在央行等各政府部门的许可下也开始加入银行间债券市场,扩大债券市场的覆盖面,市场成员不断增加,交易规模不断扩大。银行间债券市场已然成为中国债券市场的主导力量。在银行间债券市场的债券发行情况方面,2016 年中央国债登记结算有限责任公司(简称中央结算公司)发行国债 2.75 万亿元,同比增长 52.45%;发行地方政府债 6.04 万亿元,同比增长 57.57%;发行政策性银行债 3.35 万亿元,同比增长 29.78%;发行商业银行债 0.37 万亿元,同比增长 82.03%;发行信贷资产支持证券 0.35 万亿元,同比下降 11.67%。据统计,在 2016 年我国银行间债券市场各总券种发行量占比中,地方政府债占 31%,国债占 14%,政策性银行债占 17%,其他各类债券占 38%[①]。应指出的是,2016 年是我国债券市场发展的重要一年,债券市场增量和存量规模继续扩大,地方政府债务置换有序展开,债券市场发展一度成为社会关注的焦点。

---

① 资料来源:2016 年中国债券统计报告,中国债券信息网。

综上所述,中国债券市场的机构参与者的范围大大拓宽,市场外部制度建设日趋完善,而与此相关的法律法规也充分发挥其规范和引导的作用,使得债券市场得到有序发展。微观结构的优化也使得债券市场极大地推动了直接融资的发展,促进了整个社会融资结构的优化,提高了证券市场效率。

二、中国公债市场的分布与功能

在公债市场中,公债承销机构和公债认购者以及公债持有者与证券经纪人从事的直接交易,公债持有者和公债认购者从事的间接交易,都是社会资金的再分配过程,最终使资金需要者和公债需要者得到满足,使社会资金的配置趋向合理。若政府直接参与公债交易活动,以一定的价格售出或收回公债,就可以发挥诱导资金流向和活跃证券交易市场的作用。

1. 公债债券发行一级市场

债券发行市场主要由发行者、认购者和委托承销机构组成。只要具备发行资格,不管是国家、政府机构和金融机构,还是公司、企业和其他法人,都可以通过发行债券来借钱。认购者就是最初的投资者(主要有社会公众团体、企事业法人、证券经营机构、非营利性机构、外国企事业机构和个人等)。委托承销机构就是代发行人办理债券发行和销售业务的中介人,主要有投资银行、证券公司、商业银行和信托投资公司等。债券的发行方式有公募发行、私募发行和承购包销三种。公债发行按是否有金融中介机构参与出售的标准来看,有直接发行与间接发行之分,其中间接发行又包括代销、承购包销、公开招标发行和拍卖发行四种方式。

(1)直接发行。一般指作为发行体的财政部直接将国债券定向发行给特定的机构投资者,也称定向私募发行,采取这种推销方式发行的国债数额一般不太大。而财政部每次国债发行额较大,如美国每星期仅中长期国债就发行100亿美元,我国每次发行的国债至少也达上百亿元人民币,仅靠发行主体直接推销巨额国债有一定难度,因此使用该种发行方式较为少见。

(2)代销方式。指由公债发行体委托代销者代为向社会出售债券,可以充分利用代销者的网点,但因代销者只是按预定的发行条件,于约定日期内代为推销,代销期终止,若有未销出余额,全部退给发行主体,代销者不承担任何风险与责任,因此,代销方式也有不尽如人意的地方:不能保证按当时的供求情况形成合理的发行条件;推销效率难尽人意;发行期通常较长,因为有预约推销期的限制。所以,代销发行仅适用于证券市场不发达、金融市场秩序不良、机构投资者缺乏承销条件和积极性的情况。

(3)承购包销发行方式。指大宗机构投资者组成承购包销团,按一定条件向财政部承购包销公债,并由其负责在市场上转售,任何未能售出的余额均由承销者包购。这种发行方式的特征是:承销者是作为发行主体与投资者间的媒介而存在的;承购包销是用经济手段发行国债的标志,并可用招标方式决定发行条件,是公债发行转向市场化的一种形式。

（4）公开招标发行方式。指作为公债发行体的财政部直接向大宗机构投资者招标，投资者中标认购后，没有再向社会销售的义务，因而中标者即为公债认购者，当然中标者也可以按一定价格向社会再行出售。相对承购包销发行方式，公开招标发行不仅实现了发行者与投资者的直接见面，减少了中间环节，而且使竞争和其他市场机制通过投资者对发行条件的自主选择投标而得以充分体现，有利于形成公平合理的发行条件，也有利于缩短发行期限，提高市场效率，降低发行体的发行成本，是公债发行方式市场化的进一步加深。

（5）拍卖发行方式。指在拍卖市场上，按照例行的经常性的拍卖方式和程序，由发行主体主持，公开向投资者拍卖公债，完全由市场决定公债发行价格与利率。公债的拍卖发行实际是在公开招标发行基础上更加市场化的做法，是公债发行市场高度发展的标志。由于该种发行方式更加科学合理、高效，所以目前西方发达国家的公债发行多采用这种形式。

2. 公债债券交易二级市场

根据市场组织形式，公债债券流通市场又可进一步分为场内交易市场和场外交易市场。

（1）证券交易所。证券交易所是专门进行证券买卖的场所，如我国的上海证券交易所和深圳证券交易所。在证券交易所内买卖债券所形成的市场，就是场内交易市场，这种市场组织形式是债券流通市场较为规范的形式，交易所作为债券交易的组织者，本身不参加债券的买卖和价格的决定，只是为债券买卖双方创造条件，提供服务并进行监管。场外交易市场是在证券交易所以外进行证券交易的市场。

（2）柜台市场。柜台市场为场外交易市场的主体。许多证券经营机构都设有专门的证券柜台，通过柜台进行债券买卖。在柜台交易市场中，证券经营机构既是交易的组织者，又是交易的参与者。此外，场外交易市场还包括银行间交易市场，以及一些机构投资者通过电话、电脑等通信手段形成的市场等。目前，我国债券流通市场由三部分组成，即沪深证券交易所市场、银行间交易市场和证券经营机构柜台交易市场。（具体的市场分布及其运作机制见图6-3。）

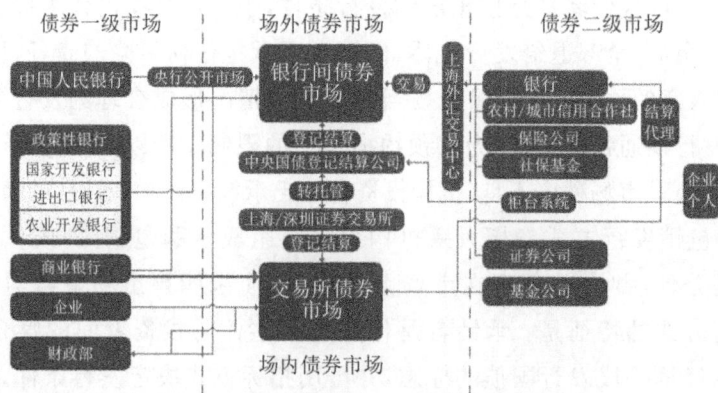

图6-3 中国债券市场的分布及其运作机制

概括起来,公债市场的功能主要有:

(1)公债作为财政政策工具,公债市场为政府债券的发行和偿还提供了有效的渠道。

(2)公债作为金融政策工具,公债市场具有调节社会资金运行和提高社会资金效率的功能。也就是说,公债市场可以进一步引导资金流向,实现资源要素的优化配置。

(3)公债作为重要的投资品种,公债市场还能够为社会闲置资金提供良好的投资场所。政府债券由于风险小,投资收益回报稳定,成为投资者青睐的理想对象。

(4)公债市场还是传播和获取宏观经济信息的重要场所。

投资匈牙利国债可以出国移民?

第三节　公债投资的风险防范与投资策略

一、公债投资的风险及其防范

任何投资都有风险。投资风险不仅存在于投资对象的价格变化之中,也可能存在于投资对象的信用之中。因此,投资者应正确评估公债债券投资风险,明确未来可能遭受的损失。

尽管和股票投资相比,公债债券的利率一般是固定的,但债券投资和其他投资一样,仍然是有风险的。

商场如战场:茅盾名著《子夜》中的公债投资故事

1. 违约风险

违约风险是指发行公债债券的借款人不能按时支付债券利息或偿还本金,而给债券投资者带来损失的风险。在所有债券之中,财政部发行的国债,由于有中央政府作担保,往往被市场认为是金边债券,所以债券违约风险较低或接近于零。但除中央政府以外的地方政府和国有企业发行的债券(如城投债)则或多或少地有违约风险。因此,信用评级机构要对债券进行信用评价,以反映其违约风险的大小。一般来说,如果市场认为一种债券的违约风险相对较高,那么就会要求债券的收益率较高,从而弥补可能承受的风险损失。

风险规避方法:违约风险一般是由于发行债券的经济主体财政状况不佳或信誉不高带来的风险,所以,避免违约风险的最直接的办法就是不买质量差或信誉低的债券。在选择债券投资时,要仔细了解债券发行者的财政状况(包括以往债券支付情况)。在持有债券期间,应尽可能对债券发行者的财政运行状况进行了解,以便及时做出卖出债券的抉择。同时,由于国债的投资风险较低,保守的投资者应尽量选择投资风险低的国债。

2．利率风险

公债债券的利率风险是指由于利率变动而使投资者遭受损失的风险。毫无疑问，利率是影响公债债券价格的重要因素之一：当利率提高时，债券的价格就降低；当利率降低时，债券的价格就会上升。由于债券价格会随利率变动，所以即便是没有违约风险的国债也会存在利率风险。

风险规避方法：应采取的防范措施是分散债券的期限，长短期配合。如果利率上升，短期投资可以迅速地找到高收益投资机会，若利率下降，长期债券却能保持高收益。总之，不要把所有的鸡蛋放在同一个篮子里。

3．购买力风险

购买力风险是指由于通货膨胀而使货币购买力下降的风险，是债券投资中最常出现的一种风险。通货膨胀期间，投资者实际利率应该是票面利率扣除通货膨胀率。若公债债券利率为 10％，通货膨胀率为 8％，则实际的收益率只有 2％。实际上，在 20 世纪 80 年代末到 90 年代初，由于国民经济一直处于高通货膨胀的状态，我国中央政府发行的国债的市场销路并不好。

风险规避方法：对于购买力风险，最好的规避方法就是分散投资，以分散风险，使购买力下降带来的风险能为某些收益较高的投资收益所弥补。通常采用的方法是将一部分资金投资于具有较高保值增值性能的投资产品上，如不动产（如房产）、股票、期货等，但带来的风险也会随之增加。

4．变现能力风险

变现能力风险是指投资者在短期内无法以合理的价格卖掉债券的风险。如果投资者遇到一个更好的投资机会，他想出售现有公债债券，但短期内找不到愿意出合理价格的买主，要把价格降到很低或者很长时间才能找到买主，那么，他不是遭受降价损失，就是丧失新的投资机会。

风险规避方法：针对变现能力风险，投资者应尽量选择交易活跃的债券，如国债等。冷门债券因市场活跃度低最好不要购买。在投资债券之前也应考虑清楚，应准备一定的现金以备不时之需，毕竟公债债券的中途转让不会给持有债券的人带来好的回报。

二、两种不同类型的公债投资策略：消极型和积极型

总体上，公债投资策略可以相对地划分为两种：消极型投资策略和积极型投资策略。每位投资者可以根据自己资金来源和用途来选择适合自己的投资策略。具体地，在决定投资策略时，投资者应该考虑自身整体资产与负债的状况以及未来现金流的状况，以达到收益性、安全性与流动性的最佳结合。一般而言，积极型投资者一般愿意花费时间和精力管理他们的投资，通常他们的投资收益率较高；而消极型投资者一般只愿花费很少的时间和精力管理他们的投资，通常他们的投资收益率也相应较低。

（一）消极型投资策略

消极型投资策略是一种不依赖于市场变化而保持固定收益的投资方法,其目的在于获得稳定的债券利息收入和到期安全收回本金。因此,消极型投资策略也常常被称作保守型投资策略。这里介绍几种公债投资技巧。

1.购买持有——最简单的公债投资方法

购买持有是最简单的公债投资策略,其步骤是：在对债券市场上所有的债券进行分析之后,根据自己的爱好和需要,买进能够满足自己要求的公债债券,并一直持有到到期兑付之日。在持有期间,并不进行任何买卖活动。这种投资策略虽然十分粗略,但却有其自身的好处：(1)这种投资策略所带来的收益是固定的,在投资决策的时候就完全知晓,不受市场行情变化的影响。它可以完全规避价格风险,保证获得一定的收益率。(2)如果持有的债券收益率较高,同时市场利率没有很大的变动或者逐渐降低,则这种投资策略也可以取得相当满意的投资效果。(3)这种投资策略的交易成本很低。由于中间没有任何的买进卖出行为,因而手续费很低,从而也有利于提高收益率。因此,这种购买持有的投资策略比较适用于市场规模较小、流动性比较差的公债。

具体在实行这种投资策略时,投资者应注意以下两个方面：首先,根据投资者资金的使用状况来选择适当期限的公债债券。一般情况下,期限越长的债券,其收益率也往往越高。但是期限越长,对投资资金锁定的要求也就越高,因此最好是根据投资者的可投资资金的年限来选择债券,使公债的到期日与投资者需要资金的日期相匹配。其次,投资者投资公债债券的金额也必须由可投资资金的数量来决定。一般在购买持有策略下,投资者不应该利用借入资金来购买债券。

购买持有这种投资策略也有其不足之处。首先,从本质上看,这是一种比较消极的投资策略。投资者在购进公债债券后,可以毫不关心市场行情的价格变化,可以漠视市场上出现的投资机会,因而往往会丧失提高收益率的机会。其次,虽然投资者可以获得固定的收益率,但这种被锁定的收益率只是名义上的,如果发生通货膨胀,那么投资者的实际投资收益率就会发生变化,从而使这种投资策略的价值大大下降。最后,市场利率的上升会使得购买持有这种投资策略的收益率相对较低。由于不能及时卖出低收益率的债券,转而购买高收益率的债券,因而在市场利率上升时,这种策略会带来一定的损失。

2.梯形投资法

梯形投资法,又称等期投资法,是消极投资的一种变形。即每隔一段时间,在公债发行市场认购一批相同期限的债券,每一段时间都如此,这样,投资者在以后的每段时间都可以稳定地获得一笔本息收入。示例：某投资者在2012年6月购买当年发行的3年期的债券,在2013年3月购买了当年发行的3年期的债券,在2014年4月购买当年发行的3年期债券。这样,在2015年7月,投资者就可以收到2012年发行的3年期债券的本息和,此时,其又可以购买2015年发行的3年期公债,这样,他所持有的三种债券的到期期限又分别为 1 年、2 年和 3 年。如此滚动下去,投资者就可以每年得到投资本息和,从而既能够进行再投资,又可以满足流动性需要。梯形投资法的优点在于,采用此种投资方法的投资者能够每年得到本金和利息,因而不至于产生很大的流动性问题。同时,在市场利率发生变化时,梯形投资法下的投资组合的市场价值不会发生很大的变化,因此公债组合的投资收益率也不会发生很大的变化。此外,这种投资方法每年只进行一次交易,因而交易成本比较低。

3. 三角投资法

三角投资法也是一种较常用的消极型公债投资技巧。所谓三角投资法,就是利用公债投资期限不同所获本息和也就不同的原理,使得在连续时段内进行的投资具有相同的到期时间,从而保证在到期时收到预定的本息和。这个本息和可能已被投资者计划用于某种特定的投资安排。三角投资法和梯形投资法的区别在于,虽然投资者都是在连续时期(年份)内进行投资,但这些在不同时期投资的债券的到期期限是相同的,而不是债券的期限相同。示例:投资者决定在 2020 年进行一次"结婚 30 周年"国际旅游,因此,他决定投资公债以便能够确保在 2020 年得到所需资金。这样,他可以在 2015 年投资当年发行的 4 年期债券,在 2016 年购买当年发行的 3 年期债券,在 2017 年购买当年发行的 2 年期债券。这些债券在到期时都能收到预定的本息和,并且都在 2019 年到期,从而能保证有足够资金来实现美好的"珍珠婚之梦"。这种投资方法的特点是,在不同时期进行的公债投资的期限是递减的,因此被称作三角投资法。它的优点是能获得较固定收益,又能保证到期得到预期的资金以用于特定的投资或消费目的。

(二)积极型投资策略

积极型投资策略是指投资者通过主动预测市场利率的变化,采用抛售一种公债并购买另一种公债的方式来获得差价收益的投资方法。这种投资策略着眼于债券市场价格变化所带来的资本损益,其关键在于能够准确预测市场利率的变化方向及幅度,从而能准确预测出债券价格的变化方向和幅度,并充分利用市场价格变化来取得差价收益。因此,这种积极型投资策略一般也被称作利率预测法。这种方法要求投资者具有丰富的公债投资知识及市场操作经验,并且要支付相对比较多的交易成本。投资者追求高收益率的强烈欲望导致了利率预测法受到众多投资者的欢迎,同时,市场利率的频繁变动也为利率预测法提供了实践机会。

利率预测法的具体操作步骤如下:投资者通过对利率的研究获得有关未来一段时期内利率变化的预期,然后利用这种预期来调整其持有的债券,以期在利率按其预期变动时能够获得高于市场平均的收益率。因此,正确预测利率变化的方向及幅度是利率预测投资法的前提,而有效地调整所持有的债券就成为利率预测投资法的主要手段。

1. 利率预测及其方法

利率预测是积极型投资策略的核心。但利率预测是一项非常复杂的工作。利率作为宏观经济运行中的一个重要变量,其变化受到多方面因素的影响,并且这些影响因素对利率作用的方向、大小都十分难以判断。从宏观经济的角度看,利率反映了市场资金供求关系的变动状况。利率除了受到整体经济状况的影响之外,还受到以下几个方面的影响:(1)通货膨胀率。通货膨胀率是衡量一般价格水平上升的指标。一般而言,在发生通货膨胀时,市场利率会上升,以抵消通货膨胀造成的资金贬值,保证投资的真实收益率水平。而借款人也会预期到通货膨胀会导致其实际支付的利息的下降,因此,他会愿意支付较高的名义利率,从而也会导致市场利率水平的上升。(2)货币政策。货币政策是影响市场利率的重要因素。货币政策的松紧程度将直接影响市场资金的供求状况,从而影响市场利率的变化。一般而言,宽松的货币政策,如增强货币供应量、放松信贷控制等都将使市场资金的供求关系变得宽松,从而导致市场利率下降。相反,紧的货币政策,如减少货币供应量,加强信贷控制等都将使市场资金的供求关系变得紧张,从而导致市场利率上升。(3)汇率变化。在开放的市场条件下,本国货币汇率上升会引起国外资金的流入和对本币的需求上升,短期内会引起本国利率的上升;相反,本国货币汇率下降会引起外资的流出和对本币需求的减少,短期内会引起本国利率的下降。

目前,我国主要有以下两种利率:(1)官方利率。这是由中国人民银行确定的不同期限或不同类别的存、贷款利率,即管制利率。这是我国金融市场上的主导利率,对整个金融市场,包括债券市场都有较大的影响。(2)场外无组织的资金拆借利率。由于某些金融机构和工商企业缺乏正常的融资渠道,尤其是非国有企业在信贷上受到限制,使得它们只能通过私下资金的拆借来融资。由于这些拆借主体的资金来源和资金获得条件都不尽相同,因而利率较为混乱。当然,在对非国有经济的政策支持和对私下融资的限制、打击下,这种状况会逐渐得以改善。投资者在对社会经济运行态势和中央银行货币政策抉择做了综合分析后,可尝试对未来市场利率的变动方向和变动幅度做出较为理性的预测,并据此做出自己的公债投资决策。

2. 公债债券调整策略

在预测了市场利率变化的方向和幅度之后,投资者可以据此对其持有的公债债券进行重新组合。这是因为,市场利率将直接决定债券的投资收益率。显然,债券投资的收益率应该同市场利率密切相关。也就是说,在市场利率上升时,债券投资的预期收益率也会相应上升,在市场利率下降时,债券的预期收益率也会相应下降。一般地,在计算债券价格时,我们就直接用市场利率作为贴现率,对债券的未来现金流进行贴现。因此,我们可以对市场利率变化和债券价格变化之间的关系做出准确的判断,并据此来调整持有的债券。调整组合的目的是,在对既定的利率变化方向及其幅度做出预期后,使持有的债券的收益率最大化。例如,由于市场利率与债券市场价格成反向变动关系,因此,在市场利率上升时,债券的市场价格会下降,正确调整策略是卖出所持有的公债债券。反之反是,即在市场利率下降时,债券的市场价格会上升,正确的调整策略则是买入公债债券。

示例:上交所的9908公债券在2000年2月28日的收盘价为99.38元,计算得到其相应的到期收益率为3.55%。若2月29日,市场利率下降到3.29%,则9908公债券的价格将上升到101.49元,上涨了2.11元;若2月29日,市场利率上升到3.81%,则9908公债券的价格将下降到97.38元,下跌了2.2元。问题在于,公债债券的种类有很多,期限、票面利率各不相同,那么到底应该选择哪种类型的债券呢?下面两个策略将告诉我们如何选择不同类型(不同期限、不同票面利率)的债券。主要考虑如下:(1)债券的期限同债券价格变化之间的关系是有规律可循的。无论债券的票面利率的差别有多大,在市场利率变化相同的情况下,期限越长的债券,其价格变化幅度越大。因此,在预测市场利率下降时,应尽量持有能使价格上升幅度最大的债券,即期限比较长的债券。也就是说,在预测市场利率将下跌时,应尽量把手中的期限较短的债券转换成期限较长的债券,因为在利率下降相同幅度的情况下,这些债券的价格上升幅度较大。相反,在预测市场利率上升时,若投资者仍想持有债券,则应该持有期限较短的债券,因为在利率上升相同幅度的情况下,这些债券的价格下降幅度较小,因而风险较小。(2)债券的票面利率同债券的价格变化之间也是有规律可循的。在市场利率变化相同的情况下,息票利率较低的债券所发生的价格变化幅度(价格变化百分比)会比较大,因此,在预测利率下跌时,在债券期限相同的情况下,应尽量持有票面利率低的债券,因为这些债券的价格上升幅度(百分比)会比较大。由此,可以得到有关债券调整策略的基本原则:在判断市场利率将下跌时,应尽量持有能使价格上升幅度最大的债券,即期限比较长、票面利率比较低的债券。也就是说,在预测市场利率将下跌时,应尽量把手中的短期、高票面利率国债转换成期限较长的、低息票利率的债券,因为在利率下降相同幅度的情况下,这些债券的价格上升幅度较大。反之,若预测市场利率将上升,则应尽量减少低息票利率、长期限的债券,转而投资高息票利率、短期限的债券,因为这些债券的利息收入高,期限短,因而能够很快地变现,再购买高利率的新发行债券,同时,这些债券的价格下降幅度也相对较小。

专栏6-2

美国的国债收益率为负值是如何发生的?

目前,全球约有四分之一的政府债券收益率低于零。2016年年初日本央行实施负利率后,10年期日本国债收益率跌至负值。10年期德国国债收益率也距负值区间一步之遥。现在,10 年期美国国债实际收益率自 2012 年以来首次降为负值。10 年期美国国债收益率最近报 1.72%,比最新发布的消费者价格指数(CPI)升幅 2.3%要低。根据这一指标,10 年期美国国债的实际收益率为-0.58%。

美国、德国、日本等国的国债收益率走低反映了几年来许多投资者和政策制定者面临的困境:全球需求疲弱,全球增长欠佳以及低通胀对越来越宽松的货币政策已形成免疫力。在日本和欧洲,约四分之一政府债券的名义收益率为负值,表明决策者接受负利率政策作为其重振经济的最新举措。

通胀是债券持有者面临的主要威胁。很多债券持有者之所以关注实际收益率是因为它反映了投资者投资固定收益资产所获的实际购买力。投资者在无法获得足够通胀补偿的情况下依然愿意购买 10 年期美国国债,这让很多分析人士感到困惑。有些分析人士担心,如果市场人气恶化,这种情况容易引发债券市场动荡。

虽然,美国的名义收益率不会很快为负,但投资者表示,海外低利率政策将拉低美国名义收益率,进一步拖累美国国债实际收益率进入负值区域。市场预计,2016 年结束前,10 年期美国国债名义收益率将从最近的 1.72%降至历史最低水平 1.25%,即使市场不会再度剧烈动荡,从而导致股市、高风险债券和美国国债收益率重新试探 2016 年 2 月份低点。10 年期美国国债名义收益率上一次触及历史低点是在 2012 年欧元危机最严重时期,当时收益率为 1.40%。

美国通胀率低于美联储 2.00%中期目标的局面已经持续多年。可即便如此,长期美国国债实际收益率落入负值区间还是欧元危机以来首次。若 10 年期美国国债收益率降至 1.50%,或将引发市场抛售,导致美国国债市场幻觉破灭。

资料来源:崔凯:"10 年期美国国债实际收益率为负值",https://www.jrzj.com/164897.html。

【本章小结】

● 经济学将市场参加者或投资者按照风险偏好相对地分为三类:风险厌恶者(risk-avoider)、风险爱好者(risk-lover)和风险中性者(risk-neutral)。公债通常被称为"金边债券"或"银边债券",因其收益较高且风险较小而受到稳健型投资者或风险规避型的偏好。公债债券在投资组合中具有重要的地位。

● 公债投资的主要因素包括:债券面值、净价交易、票面利率、债券期限、剩余期限、应计利息、预期收益率、持有期收益率等。公债的基本性质主要体现为:公债反映了发行者和投资者之间的债权债务关系;公债债券属于有价证券;公债债券是一种虚拟的资本债券。

● 公债发行包括平价发行、折价发行和溢价发行三种形式,而影响或决定公债债券发行价格的基本因素包括:债券面额、票面利率、市场利率、债券期限等。

● 在我国,公债债券有记账式公债(电子化公债)、凭证式公债、无记名公债、储蓄公债等不同投资类型,不同公债债券具有不同的投资特性。

● 公债市场是证券市场的重要组成部分,通常由发行市场(一级市场)和流通市场(二级市场)组成。公债一级市场和二级市场是紧密联系、相互依存的。一级市场是二级市场的基础和前提,只有具备了一定规模和质量的发行市场,二级市场的交易才有可能进行。同时,二级市场又能促进一级市场的发展,二级市场为一级市场所发行的债券提供了变现的场所。从发展来看,我国公债市场发展经历了三个阶段:以场外交易为主的初级阶段(1981—1991年),以交易所交易为主的快速发展阶段(1991—1997年),以及以银行间市场交易与交易所交易并重的多元化阶段(1997年至今)。

● 公债市场的功能主要有:公债作为财政政策工具,公债市场为政府债券的发行和偿还提供了有效的渠道;公债作为金融政策工具,公债市场具有调节社会资金运行和提高社会资金效率的功能;公债作为重要的投资品种,公债市场还能够为社会闲置资金提供良好的投资场所。此外,公债市场还是传播和获取宏观经济信息的重要场所。

● 理论上,公债投资也存在一定风险,包括信用风险、利率风险、购买力风险、变现能力风险等。总体上,公债投资策略可以相对地划分为两种:消极型投资策略和积极型投资策略。每位投资者可以根据自己资金来源和用途来选择适合自己的投资策略。

【关键术语】

风险厌恶者或风险规避者　金边债券　债券面值　净价交易　票面利率　债券期限　剩余期限　应计利息　预期收益率　持有期收益率　平价发行　折价发行溢价发行　记账式公债　凭证式公债　无记名公债　储蓄公债　信用风险利率风险　购买力风险　变现能力风险　消极型投资　积极型投资

思考与讨论

1. 作为投资品的公债都包括哪些基本参数或主要因素?试解释其基本含义。

2. 试与其他投资类型相比较,解释公债投资的基本性质。

3. 在我国公债市场上,公债债券都有哪些不同品种?试分析其异同。

4. 简要分析公债市场的功能作用。

5. 公债投资也存在风险吗?试结合国内外公债市场实践进行简要分析。

6. 如何识别消极型投资策略和积极型投资策略?结合自身情况进行适当的讨论。

💬 阅读与参考文献

[1] 全国人大常委会预算工委. 关于规范地方政府债务管理工作情况的调研报告,2015 - 12 - 15.

[2] 李琦,王亮. 地方政府破产与财政重建的一般过程分析. 社会科学战线,2011(5):258 - 259.

[3] Moody's. Special Comment:Loans to Local Government Financing Vehicles Pose Risks to Chinese Banks,2013 - 07 - 18.

如果彩票中了 500 万,你会采取什么样的投资组合?

本章测试

第七章　公债经济效应分析

经济增长并不等于一切,但从长期来看,经济增长意味着一切。

——保罗·克鲁格曼

学习目标

1. 了解宏观经济波动与经济增长的相关理论以及公共政策的重要性。

2. 掌握公债政策目标、政策手段、政策传导机制等政策三要素的主要理论内涵。

3. 理解公债的准货币属性及其与货币效应相关的理论知识。

4. 重点掌握公债政策与财政政策、货币政策之间的关联以及三种政策之间搭配的必要性,理解公债政策(包括减税公债政策与增支公债政策)与经济增长的理论关系,掌握公债政策对短期经济和长期经济增长的不同影响机制。

第一节　经济波动与经济增长的理论回顾

一、经济波动的理论回顾

经济稳定与经济波动是一个问题的两个方面,经济稳定意味着经济波动的终结,经济波动则意味着经济稳定的破坏。历史发展表明,经济增长从来就不是沿着一条平滑曲线递进的,而总是有着繁荣与萧条的周期性交替。西方市场经济国家在1857—1937年的80年间共发生了10次世界性经济危机,1948—1992年共发生了6次世界性经济危机;美国经济增长率在1948—1994年经历了9次大的紧缩和4次小的衰退。应指出的是,如果一国经济轨迹过于起伏跌宕,则会影响其总体经济增长绩效。这也就是经济增长的稳定性或波动性问题。显然,经济增长的稳定性越大或者波动性越小,则总体经济增长绩效就越大,也就越能确保增长的长期性。

自19世纪以来,经济稳定与经济波动理论(又称经济周期理论)几乎是每一个经济学家都有所涉足的研究领域,相关的研究文献也浩如烟海。在古典经济学家看来,经济波动一般指经济总量扩张与收缩变动的经济运行现象,主要是通过经济总量(如GDP)上升和下降的交替变化来加以观察和考察。在此基础上,经济周期则是指国民经济波动的循环运行过程。1860年,朱格拉(Clement Juglar)将经济周期定义为"重复发生的,虽然不一定是完全相同的经济波动形式"。1929年,哈耶克(Friedrich A. von Hayek)认为经济波动是对均衡状态的偏离,而经济周期则是这种偏离状态的反复出现。米切尔(Wesley Clair Mitchell)在其1927年出版的《商业循环问题及其调整》(*Business Cycles:The Problem and Its Setting*)一书中,将经济周期定义为"经济变量水平的扩张和收缩的系列"。上述概念都是被经常引用的古典经济周期定义。与古典经济学家不同,现代经济学家对经济周期的定义也有了一些重要改变,认为经济周期是经济增长率的周期性变动。例如,1977年,卢卡斯(Robert E. Lucas)对经济周期的定义是:"经济周期是经济变量对平稳增长趋势的偏离。"即经济周期是经济增长率的上升和下降的交替过程。米切尔和伯恩斯(F. Burns)在1946年出版的《衡量经济周期》(*Measuring Business Cycles*)一书中将经济周期界定如下:"经济周期是主要以工商企业形式组织其活动的波动形态。一个周期包含许多经济领域在差不多相同的时间所发生的扩张,跟随其后的是相似的总衰退、收缩和复苏,后者又与下一个周期的扩展阶段相结合;这种变化的序列是反复发生的,但不是定期的;经济周期的长度从一年以上到十年不等;它们不能再分为性质相似的、振幅与其接近的更短的周期。"这个定义是西方经济学界公认的经典定义。由以上对经济周期定义的分析可以看出,不同历史时期的不同理论流派的学者对经济周期的定义是不一样的,但概括起来讲,古典经济周期时期强调的是经济总量的扩张和收缩,而现代经济周期时期则强调经济增长率上升与下降的交替变动。正是因为经济运行的周期性,我们才有可能预测经济的波动性运行及其路径与结果,从而为实施适当的稳定经济政策提供重要基础。

经济波动的不同解释与盲人摸象的故事

应指出的是,经济波动既可以是周期性波动,也可以是非周期性波动。此外,由于经济波动是经常性的、动态的和必然的,而经济稳定往往是非经常性的、脆弱的和有条件的,因此,经济学家更倾向于从经济波动的角度或以经济波动为前提讨论宏观政策的操作问题。这里回顾和评价了经济波动理论方面的研究成果,梳理了经济波动理论的发展脉络,并以此作为后续讨论的基础。

1. 杰文斯的经济周期理论:太阳黑子说

太阳黑子说因1878年英国经济学家W.S.杰文斯发表的一篇论文而名噪天下。杰文斯认为,太阳黑子的周期性变化能够影响地球气候的变化,进而影响到农业生产。经过观察与研究,杰文斯发现十年左右会出现一次太阳黑子,而商业危机也是大概十年一次,于是他就将这两种现象结合起来,创立太阳黑子说经济周期理论。他认为,十年左右出现一次的太阳黑子现象会使农业歉收,而经济危机一般出现在农业歉年,于是太阳黑子就会导致经济危机。同时,他还研究了农业对整个经济的影响,认为农业生产的周期性波动会造成人们生活必需品及某些原料供应的周期性波动,其结果会导致工商业的周期性波动。总的看来,杰文斯的经济周期理论是第一次世界大战之前很有影响的外生经济周期理论。该理论的积极意义在于:在杰文斯所处的时期,农业经济占了国民经济相当大的比重,因此,社会经济的盛衰直接受到了农业丰收与否的影响。该理论的局限性在于:直接将太阳黑子出现的周期与经济周期联系在一起,并认定两者有必然联系,显然是简单而片面的;特别考虑到农业在 GDP 中的比重日益下降,农业因素的宏观经济影响力也大大降,这样,太阳黑子对经济周期性波动的影响力就显得更加微弱。

2. 诺德豪斯的经济周期理论:政治选举说

在西方民主社会中,政治竞选人在选举时都会提出一定刺激经济的政治主张和发展计划,以争取更多的政治选票。当政之后,政治领导人往往会在一定程度上信守承诺,采取货币政策与财政政策,使经济短期内取到较好的运行结果,从而使选民感觉到他们的执政信誉,并相信本届政府有继续执政的能力。1975 年,美国经济学家诺德豪斯率先探讨了政府竞选行为所导致的经济周期性波动问题。诺德豪斯认为,政治选举行为在短期内会刺激经济,但其消极后果在选举一年以后才能感受到,这时政府政策又必须转向以适应经济正常发展的要求,由此导致的经济周期性波动可以通过实际可支配收入、价格水平和失业率来划分。实践证明,这种机会主义政治经济周期常常被很多政治党派与组织所利用。当然,这一理论也受到了理性预期学派的严厉攻击。理性预期学派认为:所有公开的或者能够被准确预期到的政府政策干预都将是失败的。

3. 凯恩斯主义经济周期理论:有效需求不足说

凯恩斯认为,有效需求包括消费需求和投资需求,它主要由三大基本心理因素,即边际消费倾向、资本边际效率、货币需求(流动性偏好)和货币供给构成。这些因素相互作用造成有效需求不足,从而引起失业和萧条。因此,他强调加强政府对经济的干预,采取财政政策和金融政策,增加公共开支,降低利率以刺激投资和消费,提高有效需求,实现充分就业。第二次世界大战以后,以凯恩斯这一理论为基础形成了凯恩斯主义。凯恩斯主义学派的经济周期理论是以总需求中的投资分析为中心来探讨投资变动的原因及其对经济周期的影响。可见,凯恩斯主义学派将经济周期发生的原因从外因论转向了内因论,这有着积极的理论意义。

4. 萨缪尔森的经济周期理论:乘数—加速数动态模型

在凯恩斯之后,西方一些经济学者对凯恩斯主义理论进行了发展和完善,萨缪尔森是其中的杰出代表。由于凯恩斯在《就业、利息和货币通论》中只分析了投资变动对收入的乘数作用,萨缪尔森于 1939 年发表了《乘数分析和加速数原理的相互作用》一文,将收入或消费变动对投资的加速作用也引入进来,通过乘数与加速数相互作用的原理,说明了经济体系中一个小的经济扰动也会引起一个大的周期性波动的原因(即蝴蝶效应)。

5. 卢卡斯的经济周期理论：理性预期周期说

理性预期学派，亦称新古典宏观经济学，产生于 20 世纪 70 年代，是向凯恩斯主义理论发起挑战的一个极其重要的学派，主要代表人物是美国经济学家罗伯特·卢卡斯（Robert Lucas）。理性预期学派认为，"货币是中性的"，随机的货币因素的冲击导致了经济的周期波动；由于价格和工资是灵活的，人们也能够充分利用所有可获得信息（即理性预期的存在），政府干预经济的政策往往是无效性的；而由于政策的无效性，政府就不应干预经济，即应使经济回归到原来的自由主义状态。"新古典宏观经济学的关键性假设在于，由于理性预期的存在，政府不可能通过系统的经济政策来愚弄人民。"[①]由于其理论观点及政策主张与货币学派有密切联系，因此它也被称为激进的货币主义或新古典宏观经济学。

6. 熊彼特的经济周期理论：技术创新周期说

熊彼特于 1939 年提出技术创新理论，认为创新或劳动生产率变动所带来的影响会在经济中传播并引起波动，即总供给冲击造成了经济的周期性波动。他认为，创新是对原有生产函数的改变，是在生产和销售经营中发现并使用前所未有和与众不同的生产方式，主要包括新产品的创新，新的生产方式和生产工艺的使用，海外新市场的开拓，原材料和半成品的新来源以及企业的组织创新和制度创新。由于创新活动的浪潮是一阵一阵的，率先成功的创新活动为企业家带来了赢利机会，从而引发其他企业家的模仿，于是造成了经济的迅速扩张，经济进入上升阶段。随着创新活动的消化吸收，生产资料的价格提高，市场上产品的供应日益增多，企业利润就会减少，加之信贷的紧缩，经济就会逐渐萧条，从而进入下降阶段。由于创新是一个连续不断的过程，一次创新造成的下降不能被下一次创新所造成的上升完全抵消，于是经济生活出现周期性波动。

7. 货币学派理论、供给冲击理论和实际经济周期理论

货币学派理论将经济周期归因于货币和信贷的扩张与收缩，认为货币才是影响总需求的最基本因素（弗里德曼）。

供给冲击理论（Supply Shocks）认为，经济的波动可用供给冲击来解释（如税收改革、汇率变动、福利政策的供给影响），典型的例子是 20 世纪 70 年代的石油危机。

实际经济周期学派是在理性预学派的基础上产生出来的，认为随机实际因素的冲击导致了经济的周期波动，这些实际因素的冲击，既包括个人需求偏好的变化、政府需求的变化等来自需求方面的冲击，也包括技术进步带来的生产率变动、生产要素供给的变动等来自供给方面的冲击。该学派的主要代表人物是美国的基德兰德（F.E. Kydland）、普雷斯科特（E. Prescott）和普洛泽（C.I. Plosser）。

综上，不同经济学家从不同的视角对宏观经济波动进行了不同的解释，但经济波

---

① 保罗·萨缪尔森、威廉·诺德豪斯著，萧琛等译：《宏观经济学》（第十六版），华夏出版社 1999 年版，第 260 页。

动似乎是永远无法消除的问题。由此我们想到美国总统约翰·肯尼迪在 1962 年的一段话："稳定经济的任务,要求我们能够控制住经济,使之不至于偏离持续高就业之路太远。就业率过高将导致通货膨胀,而过低又意味着衰退。灵活审慎的财政政策和货币政策,能够帮助我们在这两条路中间穿过一条'狭窄的通道'。"[1]

"二战"前美国总统罗斯福如何通过"国债救市",使美国经济摆脱大萧条?

二、经济增长的理论回顾

1971 年诺贝尔经济学奖得主库兹涅茨在他的名著《现代经济增长》(1966)一书中,对现代经济增长做了如下定义:"一国的经济增长是指人均或每个劳动者平均产量的持续增长,绝大多数增长常伴随着人口增长和结构的巨大变化。"[2]简言之,所谓经济增长就是人均产出的持续增长。通常经济学家用一国人均实际 GDP 的增长率来衡量经济增长,并由此得出如下结论:各国人均收入水平差别很大;经济增长具有累积效应;国与国之间经济增长率的差别很大。例如,孟加拉国的经济增长率在整个 20 世纪中几乎没有任何增长。孟加拉国普通居民过着和他们曾祖父母一样贫穷和悲惨的生活。

1. 哈罗德—多马模型

第一个现代经济增长模型是哈罗德—多马模型(Harrod - Domar Model),由英国经济学家哈罗德和美国经济学家多马在 20 世纪 30 年代末和 40 年代中期分别提出,后来的经济学家将其统称为哈罗德—多马模型。哈罗德模型建立在一系列严格的假设基础上,这些假设包括:(1) 社会只生产一种产品,这种产品既可以作为消费品,又可以作为资本品;(2) 生产过程中,只有劳动和资本两种生产要素,这两种生产要素的比率是固定的,不能互相替代;(3) 生产的规模收益不变,生产每单位产量需要的生产要素的数量保持不变;(4) 不存在技术进步。

在上述假设的基础上,哈罗德试图把凯恩斯的国民收入决定理论长期化和动态化。哈罗德采用了凯恩斯的储蓄—投资分析方法,集中考察了三个重要的经济变量。

(1) 储蓄率 s,表示总储蓄 S 占国民收入 Y 的比例,$s = \dfrac{S}{Y}$;

(2) 资本 — 产出比率 V,表示每生产一单位产出必须投入的资本 K 占国民收入 Y 的比例,$V = \dfrac{K}{Y}$;

(3) 有保证的国民收入增长率 G_w,指 s 和 V 既定时,为了使储蓄 S 全部转化为投资 I 所需要的国民收入增长率。

哈罗德认为,要实现均衡的经济增长,国民收入增长率必须等于储蓄率 s 与资本 — 产出比率 V 两者之比,即:

---

① 保罗·萨缪尔森、威廉·诺德豪斯著,萧琛等译:《宏观经济学》(第十六版),华夏出版社 1999 年版,第 271 页。

② 西蒙·库兹涅茨著,戴睿、易诚译:《现代经济增长》,北京经济学院出版社 1989 年版,第 1 页。

$$G_W = \frac{s}{V} \qquad\qquad (7-1)$$

公式(7-1)为哈罗德模型的基本公式。它反映了经济增长率与储蓄率和资本—产出比率之间的相互关系。由于模型假设资本—产出比率 V 是固定不变的,因此对于任何一个给定的储蓄率 s,能够实现经济均衡增长的有保证的增长率 G_W 只有一个唯一的值。举个例子,如果每生产 100 亿元的国民产出需要投入资本 300 亿元,则资本—产出比率 $V = \frac{300}{100} = 3$。如果储蓄率为 18%,那么有保证的增长率 $G_W = \frac{18\%}{3} = 6\%$。

哈罗德还区分了实际增长率、有保证的增长率与自然增长率这三个不同的增长率的概念。其中,实际增长率 G 指实际形成的增长率;自然增长率 G_N 是一国所能实现的最大经济增长率,是由长期的人口增长率与劳动生产率所决定的,比如人口增长率为 $x=1\%$,劳动生产率增长率为 $y=3\%$,则自然增长率 $G_N = x+y+xy \approx 1\% + 3\% = 4\%$。

哈罗德利用实际增长率、有保证的增长率与自然增长率这三个概念来分析经济长期稳定增长的条件与波动的原因。哈罗德认为,长期实现经济稳定增长的条件是实际增长率、有保证的增长率与自然增长率相一致,即:

$$G = G_W = G_N \qquad\qquad (7-2)$$

然而在实际经济中,这三种增长率往往不一致,这就会导致经济的波动。

如果实际增长率与有保证的增长率不一致,会引起经济中的短期波动。

当实际增长率大于有保证的增长率($G > G_W$)时,这意味着实际储蓄率大于合意的储蓄率,这会引起经济累积性扩张,出现通货膨胀。

当实际增长率小于有保证的增长率($G < G_W$)时,这意味着实际储蓄率小于合意的储蓄率,这会引起经济累积性收缩,出现失业。

在经济中,实际增长率与有保证的增长率的一致是偶然的,所以经济会产生波动,在扩张和收缩的交替中发展。

如果有保证的增长率与自然增长率不一致,则会引起经济的长期波动。

当有保证的增长率大于自然增长率($G_W > G_N$)时,这表明储蓄的增长率超过了经济中人口增长与技术进步所能允许的程度,这时生产的增加受到劳动力不足和技术水平的限制,经济中出现了储蓄过度的现象,从而出现长期停滞的状态。

当有保证的增长率小于自然增长率($G_W < G_N$)时,这表明储蓄的增长率还没有达到人口增长与技术进步所能允许的程度,这时生产的增加不会受到劳动力不足和技术水平的限制,这将刺激企业进行新的投资,增加雇佣工人,扩大生产,从而刺激经济长期繁荣。由于实际增长率、有保证的增长率与自然增长率经常发生背离,因此在哈罗德—多马模型中,均衡的经济增长是很难实现的。

2. 索洛模型

罗伯特·索洛(Robert M. Solow)(1924—),1924 年生于美国纽约的布鲁克林,1947 年获哈佛大学经济学学士学位,1949 年获哈佛硕士学位,1951 年获哈佛哲学博士学位。从 1949 年起,索洛一直在麻省理工学院任教。作为一名职业经济学家,索洛将大部分研究重点放在了促进对经济增长机制的理解上。1987 年,瑞典皇家科学院宣布将本年度的诺贝尔经济学奖授予美国经济学家罗伯特·索洛,以表彰他在研究产生经济增长与福利增加的因素方面所做出的特殊贡献。据该委员会宣称,索洛的得奖是因为他在 1956 年提出了一个用以说明存量的增加是如何使人均产值增长的数学方程式,它可用来衡量各种生产因素对发展所做出的贡献。根据这一方程式,国民经济最终会达到这样一种发展阶段:在那个阶段以后,经济增长将只取决于技术的进步。诺贝尔奖奖金委员会主席林德贝克认为,正是索洛的理论,使工业国家愿意把更多的资源投入大学和科学研究事业,这些方面是促使经济发展的"突击队"。

索洛对经济学的贡献主要是:(1)长期增长理论,特别是增长过程中的均衡条件、动态效率、单位资本收入增长的原因与不可再生资源的作用;(2)宏观经济理论,特别是对市场不能出清的原因的系统考察,失业的性质及其与通货膨胀的关系,以及存量与流量的作用,资本与利率理论。

1956 年,索洛发表了一篇题为"对经济增长理论的一个贡献"的经典论文,其中对哈罗德—多马模型提出了批评。索洛把哈罗德—多马模型中的均衡增长路径形象地称作"刀锋",就是说均衡增长路径就像一把刀的刃锋一样狭窄,以致经济很难沿着这一路径增长。然而现实中的经济增长完全可以避免"刀锋"式的经济增长路径。在此基础上,索洛教授提出了一个经济均衡增长的模型,被称作索洛模型(Solow Model),这也是迄今为止最重要的一个经济增长模型。

索洛模型与哈罗德—多马模型的根本区别在于它采用了不同的生产函数。在哈罗德—多马模型里,资本—产出比例是固定的,劳动和资本之间不可相互替代。而索洛模型则允许劳动和资本之间相互替代,其生产函数的形式是:

$$Y = F(K, L) \tag{7-3}$$

式中,Y 表示国民收入,K 为资本,L 为劳动。该生产函数表明,在一定的生产技术条件下,国民收入取决于所运用的资本和劳动数量。这一生产函数具有以下特征:

(1)生产函数为一次齐次函数,即规模报酬不变,如果 K 和 L 都增加一倍,产出也增加一倍;

(2)资本和劳动之间具有充分可替代关系,从而资本—产出比例 V 不是固定的;

(3)生产服从边际报酬递减,给定一种要素数量不变,则随着另一要素的数量每增加一个单位,国民收入的增加数量是逐渐减少的。

具有上述特征的生产函数被称作新古典生产函数,正是在此意义上,索洛模型又被称作新古典经济增长模型。

完整的索洛模型还引入了外生的技术进步 A,其生产函数的形式是:

$$Y = AF(K, L) \tag{7-4}$$

索洛模型主要存在两个方面的问题。第一个问题是索洛模型将储蓄率看作是外生的和不变的,它不考虑消费者(家庭)的最优消费和储蓄决策问题。第二个问题是索洛模型将技术进步看作是外生的,而经济增长本身又取决于技术进步,这意味着索洛模型没有真正地回答经济增长的核心问题。

索洛模型之后的大多数经济增长模型都是在对索洛模型的上述缺陷进行批评的基础上展开的,从而索洛模型是几乎所有经济增长问题的出发点。

3. 新增长理论

在索洛模型中,技术进步 A 是外生的,然而导致经济增长的关键又恰恰是技术进步。那么究竟是什么导致了技术进步,其背后的经济因素是什么?只有理解了技术进步,我们才能真正理解经济增长的机制。

最近几十年的经济增长理论大多致力于使技术进步内生于模型,这类理论被称作内生经济增长理论,或新增长理论。美国经济学家琼斯指出,"它的一个重要贡献在于指出了当追求利润最大化的企业或发明家在试图寻求更新更好的'捕鼠器'时,技术进步就产生了"。换言之,人类追求利益最大化的动机导致了技术进步。从这个角度来看,技术进步和经济增长就是经济发展的一种内生结果。在新增长理论中,最初也是最杰出的贡献分别由保罗·罗默(《报酬递增和长期增长》(1986),《内生技术进步》(1990))和卢卡斯(《论经济发展的机制》(1988))做出。下面我们对罗默模型的主要思想做一个非技术性的介绍。

罗默模型通过引入期望从其发明中获利的研究人员从事的研究工作,将技术进步内生化。罗默模型认为经济中有 3 个生产部门:最终产品部门,生产最终产品 Y;中间产品部门,生产资本品;研究开发部门,生产新知识(技术)。

罗默模型的框架和索洛模型相似,包括一个生产函数和一系列生产投入要素的方程。一个根本的区别在于索洛模型中技术进步 A 是外生的,而罗默模型中有一个描述技术进步的方程,从而 A 是内生的。

根据罗默模型,$A(t)$ 表示 t 期的知识存量,$\dot{A}(t)$ 表示 t 期产生的新知识数量,它是从事研究开发的人力资本数量 $H_A(t)$ 的一个函数:

$$\dot{A}(t) = \varphi H_A(t) A(t) \qquad (7-5)$$

这里要满足资源约束 $H_A(t) + H_Y(t) = H(t)$,其中 $H_Y(t)$ 表示从事最终产品生产的人力资本数量,$H(t)$ 表示经济中总的人力资本数量。

当经济沿着均衡增长路径时,人均产出($\bar{y}$)、人均资本存量($\bar{k}$)以及知识存量($A(t)$)必然以同样的比率增长。没有技术进步,也就没有经济增长。

罗默模型的一个重要贡献在于构造了一个追求利润最大化而导致内生技术进步的个体微观经济。

4. 经济增长的源泉

尽管各种经济增长模型之间存在着较多分歧,但对于究竟是哪些变量构成了经济增长的源泉这个问题,经济学家们在很大程度上达成了共识。1957 年,索洛在"技术进步与总生产函数"一文中对经济增长进行了核算,他将产出的增长分解为资本、

劳动和技术进步的增长之和,也就是将公式(7-4)转化为增长率的形式:

$$\frac{\dot{Y}}{Y} = \alpha \frac{\dot{K}}{K} + \beta \frac{\dot{L}}{L} + \frac{\dot{A}}{A} \tag{7-6}$$

要特别说明的是,这里$\dot{A}/A$表示知识存量的增长率,也可以理解为任何能够导致生产函数移动的因素,或者说产出增长中所有不能用资本和劳动的增长来解释的部分,因此,$\frac{\dot{A}}{A}$有时也被称为全要素生产率(TFP)的增长或索洛残差。

索洛并没有区分物质资本和人力资本的区别。曼昆、罗默和威尔在1992年"对经济增长经验研究的一个贡献"一文中发展了索洛模型,引入了人力资本(用H表示),将公式(7-4)扩展为:

$$Y = AF(K, H, L) \tag{7-7}$$

相应的,我们可以给出公式(7-7)的增长率形式:

$$\frac{\dot{Y}}{Y} = \alpha \frac{\dot{K}}{K} + \beta \frac{\dot{H}}{H} + \gamma \frac{\dot{L}}{L} + \frac{\dot{A}}{A} \tag{7-8}$$

式中,α、β和γ分别表示物质资本、人力资本和劳动的产出弹性(或收入份额)。

部分是由于曼昆、罗默和威尔取得了很好的实证效果,部分是由于内生经济增长理论的发展,人力资本作为生产函数的一个独立变量才被经济学家广为接受。总结一下,经济增长的源泉包括:物质资本、人力资本和劳动三种投入要素的积累以及全要素生产率的增长(技术进步)。

(1)物质资本。物质资本又称有形资本,是指用于生产物品和劳务的机器设备、建筑物、存货等的存量。资本的重要特征是,它是一种被生产出来的生产要素,也就是说,资本是生产过程的投入,也是过去生产过程的产出。资本是用于生产各种物品和劳务,包括更多资本的生产要素。

(2)人力资本。人力资本是指劳动力通过教育、培训和经验而获得的知识和技能的积累。这些知识和技能的积累也是一种重要的资本存量,它体现在劳动者的质量上,是无形的资本存量,但确实能够有效地提高国民产出。同物质资本一样,人力资本也是一种被生产出来的生产要素。

(3)劳动。这里的劳动是指劳动力的数量。劳动的增加来源于人口自然增长、劳动参与率的提高、移民和劳动时间的增加。在经济发展初期,人口增长迅速,经济增长的一个重要源泉就表现为劳动力数量的增加。而在经济发展到一定阶段之后,人口增长率下降,劳动时间缩短,这时一国经济增长就更多地依赖于劳动力质量的提高,而后者主要来源于人力资本的积累。

(4)技术进步。这里,技术进步是做广义理解的,它是任何能够导致生产函数移动的因素,或者说它代表了经济增长中所有不能用资本和劳动的增长来解释的部分。一般认为,技术进步主要包括知识的进步与运用、规模经济的实现以及资源配置的改善。

知识的进步与运用是技术进步最重要的内容。它包括新技术的发展及其在生产中的运用、新工艺的发明与使用,等等。规模经济是指由于企业生产规模扩大而引起的平均成本下降与生产率提高。资源配置的改善是指在资源优化配置的过程中,经济效率提高了,相应的生产率也提高了。在经济发展的初期阶段,资本和劳动的数量增加十分重要。但随着经济发展,技术进步发挥着越来越重要的作用,并成为经济增长的引擎。

三、促进经济增长的公共政策

一项公共政策,如果能够促进经济增长,那么它一定是通过影响经济增长的源泉来促进经济增长的。由于经济增长是指人均收入的持续增长,从而劳动要素积累(人口增长)与经济增长的关系是不明确的。我们主要考察能够促进物质和人力资本积累及技术进步,进而推动一国经济增长的公共政策。主要有以下几种形式。

1. 鼓励私人储蓄与投资

提高经济增长的一种方法是把更多现期资源投资于资本的生产。由于资源是稀缺的,把更多资源用于生产资本就会减少用于生产现期消费的物品与劳务的资源数量。由资本积累所引起的增长并不是免费午餐,它要求社会牺牲一些现期消费,以便未来享有更多消费。因此,鼓励私人储蓄和投资是政府可以促进经济增长的一种方法。

经验数据表明,增长和投资之间存在密切的正相关关系。把 GDP 中相当大的部分用于投资的国家往往有较高的经济增长率。反之,仅把 GDP 中一小部分用于投资的国家往往增长率较低。

假设一国政府实施一种提高国家储蓄率的政策,那么,随着一国储蓄的增加,更多的资源用于生产资本品,这就引起生产率的提高和 GDP 更为迅速的增长。但是,这种高增长率能持续多长时间呢?传统观点认为,资本要受到边际收益递减的制约。由于收益递减,储蓄率增加所引起的高增长只是暂时的。随着高储蓄率使积累的资本增多,从增加的资本中得到的收益一直在减少,因此,经济增长的速度放慢。但是这需要相当长一段时期。

2. 吸引国外投资

一国增加新资本的另一种方法是吸引国外投资。来自国外的投资有两种基本形式:一是外国直接投资(FDI),即由外国实体拥有并经营的资本投资;二是外国间接投资,也称外国有价证券投资,是通过在国外发行股票和债券的方式,用外国货币筹资,但由国内居民经营的投资。在这两种情况下,外国人提供了本国资本存量增加所必需的资源。

外国的投资是促进一国经济增长的一种方法,即使这种投资的一部分收益要流回外国所有者手中,这种投资也增加了一国资本存量。此外,来自外国的直接投资也是穷国向富国学习先进技术的一种方式。

3. 提供基础设施

基础设施,比如道路、桥梁、水利工程,对于经济增长而言,显然也是一种重要的投入要素,只有具备完善的基础设施,才能更多地吸引私人投资。由于大多数基础设施具有纯公共产品或准公共产品的性质,要达到基础设施的有效率提供,需要由政府部门采取公共提供(如果是纯公共产品)或者与私人部门混合提供(如果是准公共产品)的方式。提供基础设施需要大量的公共资本性支出,一国税收收入往往不足以弥补其来源,政府还需要发行大量的公债为巨额的基础设施投资筹集资金。

4. 发展教育

教育,就是人力资本投资,对一个国家的长期经济增长来说,教育资本和物质资本投资是同样重要的。

经济学家认为,人力资本对经济增长特别重要,因为人力资本会带来正外部性。在一国经济中,劳动者的知识、技能水平越高,劳动生产率也将越高。鉴于人力资本投资对提高生产率的重要性,政府鼓励人力资本的投资,并且以发展公共教育的形式对人力资本投资给予补贴,是促进一国经济长期增长的一项重要政策。这里发展公共教育需要大量资金投入,公债同样可以作为一项重要的筹资来源。

5. 保护产权,促进政治稳定

政府加快经济增长的另一个办法是保护产权,并促进政治稳定。经济学的一个重要命题就是市场交易的前提就是明晰的产权以及对产权的尊重。在市场经济中,法律制度的作用是界定并执行产权。一国政府应致力于法制建设,保护产权,以实现经济的快速增长。

产权的一个威胁是政治不稳定。一国政治不稳定会导致对产权的不尊重,会使国内居民缺乏储蓄投资和开办新企业的激励,也会减少外国人在本国投资的激励。因此,保持一国的政局稳定是经济增长的必要条件。

图7-1给出了一个公共政策促进经济增长的简要框架。

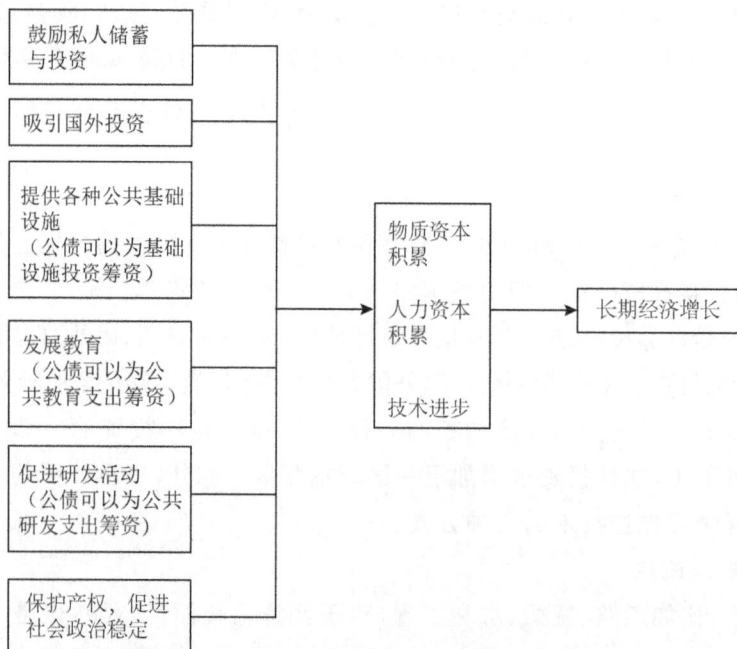

图7-1 公共政策与经济增长的关系

第二节 公债政策的金融性或货币性分析

在现代经济社会中，公债既属于财政政策范畴，又属于金融或货币范畴。在金融实践领域，公债政策往往是中央银行实施以公债为载体的货币政策的重要工具，并对货币供应量和市场利率产生重要影响。

一、公债：特殊的金融品种或准货币

公债不是货币，但却具有一定的货币属性，因此，公债可视同为一种特殊的金融品种或准货币。

在西方国家，经济学家对货币通常有一个较为流行的定义：货币是在商品和劳务的支付或债务的偿还中被普遍接受的一种重要资产。显然，货币不仅指通货或流通中的现金（Currency，M_0）。由于人们更专注于作为货币内在特征的流通手段和支付手段职能，即充当商品和劳务的交易媒介职能。由此引出货币的第二层含义，即通货加活期存款（即 M_1 层次）。问题在于，一些在某种程度上发挥着流通手段和支付手段职能，却又不像 M_1 层次的货币那样具有完全流动性的金融资产，是否应归入货币的范围。现代货币金融理论认为，货币是一种金融资产，强调货币的价值贮藏职能，而金融机构的定期存款、储蓄存款以及其他一些短期流动性资产都是潜在的购买力，并具有不同程度的流动性，因而可以形成更广义的、不同层次的货币供应量指标（如 M_2、M_3 等）。目前，各国通行的做法是以流动性作为货币层次划分的标准。对于金融资产的流动性，其通常的定义是金融资产迅速变现而不致遭受损失的能力。但在货币层次的划分中，流动性则更加强调货币同现实购买力的关联程度，亦即同媒介商品和劳务直接交易的密切程度。1994 年 12 月 28 日颁布的《中国人民银行货币供应量统计和公布暂行办法》将我国货币供应量划分为 M_0、M_1、M_2 以及 M_3 等几个层次，各层次所涵盖的内容如下：

$M_0 =$ 流通中的现金

$M_1 = M_0 +$ 单位活期存款 $+$ 个人持有的信用卡存款

$M_2 = M_1 +$ 居民储蓄存款（包括活期储蓄和定期储蓄）$+$ 单位定期存款 $+$ 其他存款

$M_3 = M_2 +$ 金融债券 $+$ 商业票据 $+$ 大额可转让定期存单等

与此有所不同的是，国际货币基金组织（IMF）则将货币划分为以下三层次：

$M_0 =$ 现钞 $+$ 铸币

$M_1 = M_0 +$ 商业银行活期存款 $+$ 其他活期存款

$M_2 = M_1 +$ 准货币（即定期存款和政府债券）

　　显然,政府发行的公债券具有"准货币"或"货币近似物"特性,主要有以下几个理由:(1)作为一种重要的金融资产,公债的安全性或信誉度相当高,甚至仅次于现金;(2)公债的市场流动性相当高,即公债持有者通常都可在债券到期时将公债转换成现金(如同定期存款),或将未到期的政府公债在债券市场或金融市场上出售来变换成现金;(3)公债的流动性往往跟公债本身的期限、可转让性、币种等特性有关,而由于短期公债的收益大大高于长期公债,其市场风险却远远小于长期公债,因此,短期政府公债往往被称为"仅次于现金的有价凭证"。

　　在理论和实践中,公债与货币两者之间有着紧密的关系,而且这种关系在不同历史阶段往往具有较大的差异。在"商品货币"时代,即货币是由具有内在价值与使用价值的某种特定商品(如贵金属)充当时,货币的特性正如弗里德曼所言,"原则上就根本不需要政府来控制。社会的货币量将取决于生产货币商品的成本,而不是其他东西。货币量的变动将取决于生产货币商品技术条件的变化和对货币需求量的变化"。那么,此时的公债与货币便是两种完全不同的事物:公债仅是政府的负债,是由政府控制的;而货币则是民间经济行为的体现,与政府无关。公债的任何变化将不会对货币量变动产生影响。但当转向"制度货币"时代时,即自动调节的商品本位逐步让位于含有信用因素的混合制后,只要"一旦引入信用因素,即使信用在最初是由私人提供,要想避免政府对他们的控制是困难的",以至于货币完全变为由政府制度予以确保的纯粹信用形态的纸制"法币",特别是当发行这种信用货币的机构集中到作为政府组成部分的中央银行手中时,货币便完全变为政府的一种负债。尽管这种负债与公共财政管理机构代表政府发行的公债仍然是不同的范畴,各自具有不同的特性,但在作为政府负债这一层意义上,两者是一样的。在当代"制度货币"环境中,由于公债与货币都是政府财政赤字的融资工具,两者之间存在相互替代和互补的关系,因此,公债与货币间的关系及其相互影响正日益变得复杂而紧密。

　　尽管公债是一种"准货币",但两者的经济效应往往有所不同。由于现代国家的中央政府垄断着绝大部分公债与货币发行权,因而从原则上讲,中央政府可以选择公债发行或货币发行作为其超额支出的融资渠道,并产生两种具有不同流通机制与表现形式的债务。但由于公债是附有利息的债务,期满时需要偿还本息,这不仅会增强对政府运用债务资金的约束,从而使资源的使用效率有某种程度的保障,并且也使公众对公债发行引发的未来增税产生一定预期,从而使公债对经济增长的影响趋于复杂化。但现代法定信用货币,尤其是最典型的现金通货是没有附着票面利息的单纯流动性资产。当中央政府通过货币发行支持财政赤字开支时,尽管也形成政府债务,然而它却只是一种不具有未来增税预期的流动性资产。这无疑不会对政府形成像公债发行那样强的约束。对一般公众而言,因没有增税预期而不会将货币发行作为政府的债务对待,由此增加的货币持有额使其流动性增加,名义货币购买力增大,消费不仅不会得到抑制,反而会增加,也就不会有公债融资时的李嘉图等价定理。

　　由于我国金融市场尚不发达、银行利率尚未完全实现市场化、货币市场相对狭小以及公债存量相对有限,因此,公债的金融资产效应及其影响尚不明显。

二、公债、基础货币与货币供应量

公债与基础货币和货币供应量之间的关系十分复杂,并受到一国金融市场、金融体制、财政制度等方面的影响。事实上,公债的发行、流通、使用、偿还等各个环节都会对货币供应量产生重要影响。概括地讲,公债与货币供应量增长之间存在两种主要的理论联系:(1)政府在无法偿还巨额债务时,通过增加货币存量并制造通货膨胀来使债务贬值(内债),并取得相应的收入;(2)中央银行通过公开市场购买政府债券,为此需要增加高能货币的供应量,货币即被"印刷"出来。

1.公债发行过程中的货币效应分析

作为一种重要的金融资产,不同的公债认购主体,对基础货币和货币供应量的影响机理和途径都是不同的。具体分析如下:

(1)社会公众作为公债认购主体条件下的货币效应。社会公众认购公债的实质是一种储蓄或投资行为,它用以认购公债的资金无非来源于两个方面:一是出自储蓄资金或原本用于投资支出的资金;二是出自消费资金或原本用于消费支出的资金。不论两种资金来源各自所占的比率如何,当社会公众认购公债时,货币由商业银行账户向中央银行账户转移;而当财政部门将发行公债所得收入用于支出时,又意味着货币由中央银行账户向商业银行账户转移。前者表现为货币供给的总量收缩,后者表现为货币供给的总量扩张。如果两者的变动规模相等,但方向相反,其结果,除有可能引起市场利率的短时波动外,一般只会造成政府支出和民间支出的转移,而不会增加或减少经济中的货币供应量。

(2)商业银行作为公债认购主体条件下的货币效应。如果商业银行的超额准备金未全部用于其资产业务,它便可以用超额准备金来认购公债。当商业银行用超额准备金认购公债时,意味着货币由商业银行账户向中央银行账户转移。当财政部门将发行公债所得货币用以安排支出时,又意味着货币由中央银行账户向商业银行账户转移。在这一过程中,由于用以认购公债的超额准备金是商业银行原未动用的准备金,所以前者不会带来货币供给总量的收缩,后者却仍表现为货币供给的总量扩张。两者相抵,其结果,便是货币供给总量以相当于商业银行认购公债额一倍的规模增加。这一点同商业银行向企业和家庭发行贷款或从事证券投资的情形是类似的。如果商业银行的超额准备金已经全部用于其资产业务,它便只能用收回贷款或投资的办法来筹措认购公债资金。当商业银行以收回贷款或投资所得货币来认购公债时,其对货币供给的影响便同社会公众认购公债相同。

应指出的是,银行购买政府公债的货币效应往往是与货币乘数紧密关联的。

(3)中央银行作为公债认购主体条件下的货币效应。中央银行认购公债主要有两种途径:一是直接从财政部门认购;二是间接通过金融市场买进。这两种途径并无本质差异,其对货币供给的影响及其传导过程只是略有区别。当中央银行从财政机关直接认购公债时,它是以在财政机关的财政金库存款账户上加记一笔相应数额货币的方式来进行的,这就意味着相应数额的基础货币被"创造"出来;而当财政部门把这笔货币用作支出而拨付时,又意味着这笔货币由中央银行账户流入商业银行账户。具有高能作用的基础货币的创造,并由中央银行账户向商业银行账户转移,必然带来货币供给量的倍数扩张。

当中央银行从公开市场上购买政府债券时,其可能的交易对象是社会公众和商业银行。如果中央银行从社会公众手中购入政府债券时,它通常是以签发支票的方式来进行的。当政府债券出售者将中央银行支票交存商业银行,并通过商业银行与中央银行结算而相应形成商业银行持有的中央银行负债时,基础货币便被"创造"出来且由中央银行账户流入商业银行账户,从而也会导致货币乘数的扩张效应。

2.公债流通过程中的货币效应分析

在一个发育较为成熟的公债交易市场中,公债的自由买卖不仅能融通资金,而且会产生较强的货币效应,即对货币供给量发生影响。这种货币效应表现在以下两方面:(1)公债扮演"准货币"的角色,充当流通手段和支付手段,从而增加了流通中的货币量;(2)公债交易对流通中货币的吸纳,等于减少相应的货币供给量。这时,公债交易所能吸纳的货币量是由公债的成交量与成交次数两个因素共同决定的,它与成交额成正比,与成交次数成反比。

理论上,在公债流通过程中,中央银行与商业银行之间和中央银行与公众之间的公债交易所引致的货币效应,尽管在程序和机理上基本相同,但前者的货币效应强度(即对货币供给量的增加)更大,即后者的货币效应强度相对较弱。

3.公债偿还过程中的货币效应分析

政府发行的公债最终需要偿还,其偿债资金的来源通常有三种:发行纸币、发行新债和增加税收。下面分别进行讨论。

(1)货币发行条件下的偿债货币效应。政府通过中央银行发行纸币来偿还公债是现实可行的。这种偿债方式,便捷且容易操作,但却会直接增加市场上的货币流通量,有导致需求拉动型通货膨胀的经济风险,从而对经济的长期发展极为不利。

(2)发行新债还旧债条件下的偿债货币效应。发行新债偿还旧债生产的货币效应,取决于新债还旧债的具体方式,方式不同则货币效应不同,其经济影响也有差异。以新换旧的货币效应着重体现在影响货币需求上。如果政府以发行长期公债来替换短期公债,可能会抬高长期公债利率,降低短期公债利率。由于长期利率上升对投资的紧缩性影响一般大于短期利率对投资的扩张性影响,而且由于公债期限的延长意味着公债流通性(即公债变现程度)下降,所以,这种转换会产生抑制货币需求效应。显然,这种借新还旧法适宜于紧缩性财政政策和货币政策。反之,如果政府以发行短期公债来替换长期公债,则会产生刺激货币需求效应。

(3)增税还债条件下的偿债货币效应。通常,增加税收偿还公债往往被认为是偿债方式中最为稳定的一种。在增税时,公众手持的现金和商业银行存款会相应减少,使得商业银行的准备金减少,从而抑制了公众的投资和消费需求,减少了市场货币流通量。但应注意的是,政府财政增税会使其在中央银行的存款相应增加,当政府运用这笔存款偿还公债时,因公债持有者的不同而最终产生不同的货币效应。首先,如果政府财政归还公众持有的公债,会使公众手中持有的现金和商业银行存款增加,银行准备金亦会有所增加。这在某种程度上抵消了因增税而引起的居民手持现金和商业银行存款以及准备金减少的影响。因此,综合起来看,增税还债法对货币供给量的总体影响可能是中性的。其次,如果政府财政归还商业银行持有的公债,会使商业银行资产方的公债相应减少,但它同时会使商业银行的准备金增加并可能恢复到增税前的水平甚至以上,这不仅能抵消因增税而紧缩货币的效应,而且由于超额准备金有所增加,实际上会引起货币供给的增加。

综上所述,公债的货币效应(即其与基础货币以及货币流通量和供应量)之间的关系是相当复杂的,公债的发行、交易和偿还等环节都会对货币产生不同的效应,并往往因各自交易对象的不同而会引致不同性质和程度的货币效应。

4. 公债的通货膨胀效应

凯恩斯主义学者认为,公债发行量的增长,会通过扩大社会有效需求和扩张货币供应量而引起通货膨胀。它是以公债的过度增长和公债急剧货币化为前提。显然,公债增长导致通货膨胀,必须满足以下两个条件:(1)公债增长本身通过公债的扩张性货币化效应,直接引发货币的过度供给和物价上涨,从而产生通货膨胀;(2)货币供给本身已达到通货膨胀的临界水平,公债的注入恰好引发了通货膨胀。前者的主因是公债过度增长,次因是中央银行维持银行正常运转的货币供给;后者的主因是中央银行货币扩张,次因是政府公债的推波助澜。

由此,不难引申出两点结论:(1)不引致过度货币供给的公债增长,与通货膨胀无关;(2)引发货币过度供给的公债增长,必将造成通货膨胀。

三、公债与金融政策"三大法宝"之间的关联机制

1. 公债与公开市场业务之间的关联

公开市场业务(也称公开市场操作),是指中央银行在公开市场上买卖有价证券(主要指公债),以影响货币供应量与市场利率,从而调节社会信用活动规模的一种货币政策手段。因此,公开市场业务的实质是以货币供应量和市场利率为中介目标的调控手段。当金融市场上货币流通量偏少,资金匮乏时,中央银行就在公开市场上买进有价证券,相当于中央银行向社会投放一笔基础货币,将会引起货币供应量的增多,从而满足社会货币流通量增加的需要。同时,中央银行在在公开市场上买进有价证券,会增加有价证券的需求,促使证券价格上升,致使利率水平下降,社会融资成本降低,投资的预期收益提高,投资规模扩大,从而达到扩张经济的目的。

当金融市场上货币流通量过多时,中央银行就在公开市场上卖出有价证券,这实际上意味着中央银行从社会回笼基础货币,将会引起货币供应量的减少,从而达到收

缩信用的目的。同时,中央银行在公开市场上卖出有价证券,会使证券供给增加,证券价格下降,证券收益上升,从而持有货币的机会成本提高,致使利率水平上升,融资成本提高,投资的预期收益下降,投资规模减少,从而达到紧缩经济的目的。

无论是在发达的市场经济国家,还是在新兴市场经济国家,公开市场业务都已成为最常见的货币政策工具,其公开市场操作基本都是通过公债二级市场,以公债为操作对象而实现的。西方的公开市场业务非常活跃,中央银行通过公开市场业务的买进卖出很有效地调控着货币供应量。在我国,1996年4月9日,中国人民银行首次通过中央国债登记托管公司向14家商业银行总行买进2.9亿元面值的国债,这标志着我国公开市场业务操作的正式启动,也标志着我国金融宏观调控从此进入了一个新的阶段。经过几年的发展,公开市场业务已成为我国重要的货币政策工具之一,对于增加中央银行基础货币投放、传导中央银行货币政策意图、调剂商业银行的资金头寸、配合财政政策的实施等方面都发挥了重要作用。

2. 公债与贴现率政策之间的关联

政府债券越来越多地成为贴现业务。当社会公众因缺少流动资金而陷入流动性困境,可以将其持有的政府债券用于向商业银行贴现,以满足资金融通的需要。若商业银行感到准备金不足,也可以将其持有的政府债券用于向中央银行再贴现,以扩大其信贷资金来源。而中央银行对商业银行再贴现的过程,就是货币供应扩张的过程。当市场上流通的货币供应量过多时,中央银行就提出更高的要求,商业银行必须支付更多的利息才能取得再贴现资金,而贴现利率在各国货币市场上几乎都起着基准利率的作用。因此,中央银行调整商业银行以国库券为工具的再贴现利率,事实上这改变了整个社会的融资条件,借入资金使用成本提高,这就抑制了对货币资金的过度需求。

3. 公债与存款准备金政策之间的关联

在西方国家,由于政府短期债券具有很高的流动性,可以作为准备金,有些国家已经将它纳入了货币统计的范围内,成了中央银行监控的目标。将政府债券也视为一种准备金,在一定程度上刺激了商业银行购买政府债券的积极性,并为证券的发行和流通提供了便利。

第三节　宏观经济稳定中的公债政策:目标、内容与传导机制

根据政策主体的不同,公债政策有狭义与广义之分。狭义公债政策,是指财政部门运用各种公债工具和措施,以实现一定时期既定目标的公债方针、措施与准则;广义公债政策,是指财政部门、中央银行以及宏观经济管理机关等政府部门运用各种公债工具和措施,以实现一定时期既定目标的公债方针、措施与准则的总和。若无特别

指出,本节主要是从狭义角度来讨论公债政策问题。

实践中,不管宏观经济因为什么原因导致了经济波动而破坏了经济稳定(第一节中的不同理论有不同的解释),依靠市场经济自身的力量往往难以实现经济稳定,在此情况下,就需要通过或诉诸政府干预(如实施一定的公债政策)来进行相机抉择调节。理论上,公债政策由政策目标、政策内容和政策传导机制三要素组成。因此,公债政策就是财政部门运用相关公债政策手段,并借助公债传导机制,实现特定公债政策目标的过程。

一、公债政策目标

公债政策目标,即公债政策所要实现的期望值。公债政策目标是公债政策的核心内容,明确了公债政策的方向和路标。从目标的实现期限与难度来看,公债政策目标可分为直接目标和最终目标。

1. 公债政策的直接目标

公债政策的直接目标是与政府借款操作有关或与政府债务管理有关的政策目标。具体包括:(1)弥补财政赤字,满足政府筹资需要;(2)降低财政支出筹资成本;(3)满足不同投资者的投资需求,保证公债顺利发行;(4)维护公债市场稳定,执行经济调控政策。

2. 公债政策的最终目标

公债政策的最终目标,又称公债政策的战略目标。从经济稳定的角度来看,公债政策的最终目标是实现更高层次的政府宏观经济政策目标,如实现社会总供求的平衡(总量平衡与结构平衡)。

具体包括:

(1)促进经济稳定发展。这主要是指配合政府财政政策,通过公债发行的数量、结构、流通、使用与偿还等政策手段,调控社会总供求水平,促进经济稳定发展。这里,将促进经济稳定发展作为公债的重要战略目标之一,将社会闲置"游资"资本和货币进行充分利用,既有必要性,也有可能性。例如,凯恩斯主义就认为,在以公债融资为主要内容的赤字财政政策下,债务人是政府,债权人是公众,政府与公众的根本利益是一致的;由于政府的政权是稳定的,这就保证了公债偿还是有保证的,通常不会引起信用危机;公债资金致力于稳定发展经济,从而使政府有能力偿还债务的本金和利息。这就是一般意义上的凯恩斯主义"公债哲学"。

(2)优化调节经济结构。通过结构性公债政策,可以调节经济结构,协调经济比例,最终实现产业结构高度化、资金投向合理化以及积累与消费比例关系协调化的战略目标。理论上,合理的经济结构与经济比例,既是公债政策得以顺利实施的重要经济基础,又是公债政策反作用于宏观经济的战略着力点和落脚点。操作上,主要有三种途径:一是通过公债资金的使用投向直接调整投资结构和经济结构(包括区域结构、产业结构);二是通过公债筹资的转换机制减少即期消费需求并增加预期投资需求;三是通过公债市场的资金吞吐,间接地调节投资结构和经济结构。

(3) 实现金融市场和物价的基本稳定。这主要是指配合政府的货币或金融政策,保证中央银行宏观调控的有效性,控制通货膨胀,实现金融市场以及物价水平的基本稳定。实践中,运用公债政策有时不仅是为了筹措财政资金以满足公共需求,而且还在于利用公债政策来实现一定的金融或货币政策目标(如基于公债市场的公开市场操作)。

综合来看,上述公债政策的具体目标和战略目标应有所兼顾平衡,其目标选定及其优先主次主要依据特定的财政经济状况而定。

二、公债政策内容

公债政策从公债运行的不同阶段来看,可分为公债的发行政策、流通政策、使用政策和偿还政策;从对公债的调节和控制角度来看,也可分为公债的总量政策、结构政策(见图7-2)。

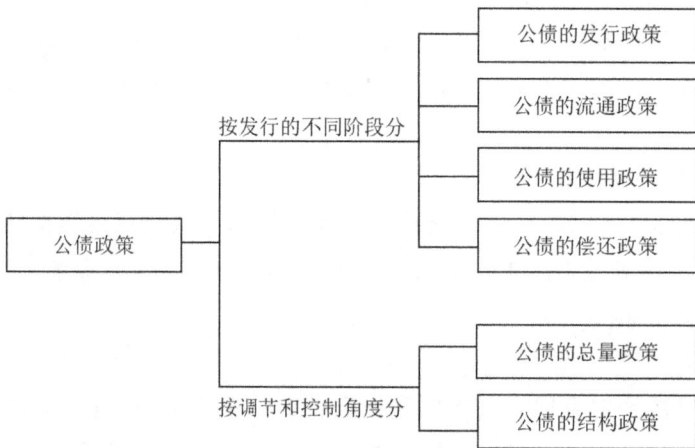

图7-2 公债政策内容的构成体系

1. 按发行的不同阶段分

(1) 公债的发行政策,包括对发行方式、发行对象的选择,以及发行价格的确定方式。

(2) 公债的流通政策,是指公债发行后的交易、买卖或转让政策,它涉及公债流通市场参与者的行为规范、公债交易方式的创新和完善、健全交易的清算和托管等设施的建设以及市场法规的健全。

(3) 公债的使用政策,是对公债收入的使用方向和结构的决策。它涉及如何实现公债资金的收益率大于应支付的利息率,并合理安排公债资金,促进经济结构的调整。

(4) 公债的偿还政策,即政府根据不同时期的政府经济目标和财政金融形势,选择适当的方式和时间偿还公债本息。

2. 按调节和控制角度分

（1）公债的总量政策，是指应根据一国的财政经济实力以及公债管理水平来发行公债，实现公债的适度规模。

（2）公债的结构政策，是指对公债的期限结构、利率结构、持有人结构等进行优化决策，以实现公债结构的合理化。

理论上，不同类型的公债政策有不同的适用范围。由于市场调节不能自发地保持经济稳定，这就需要政府采取包括公债政策在内的宏观经济政策，对宏观经济运行进行相机抉择调节，即在经济出现高涨时，采取紧缩性政策；在经济出现衰退时，采取扩张性政策；在正常情况下，则尽可能采取中性政策，由市场自发调节。按照上述思维逻辑，公债政策也可分为扩张性、紧缩性和中性政策三类。

当经济运行状况呈现出通货紧缩的形势，需要政府实施扩张性的经济政策时，则实行扩张性公债政策，即相机扩大公债发行规模，以刺激消费需求和投资需求，进一步扩大社会总需求。在公债的期限结构上，用短期公债调换长期公债，提高短期公债在全部公债规模中的比重，以此引起市场流动性的增加，从而扩大需求总量。在发行对象选择上，扩大面向银行系统发行公债的规模，增加银行系统持有公债的比重，从而扩大全社会的货币供应量，并通过调低公债发行利率，引导整个金融市场利率水平随之下降，以刺激投资和消费，提高社会总需求水平。

与上述情形相反，当经济运行状况呈现通货膨胀趋势并日益严重，需要政府实施紧缩性的经济政策时，则采取紧缩性公债政策，即相机压缩公债的发行规模，以抑制消费需求和投资需求；扩大长期公债的发行量，或用长期公债调换短期公债，提高长期公债在全部公债规模中的比重，以此引起社会流动性的减少；扩大面向非银行系统发行公债的规模，减少银行系统持有公债的比重，以减少全社会的货币供应量[①]；调高公债发行利率，以诱导整个金融市场利率水平随之上升，抑制消费需求和投资需求水平，进而达到降低社会总需求的目的。

三、公债政策传导机制

通常，公债政策从开始实施到最终产生调节效果，其间需要一系列连锁反应和时间间隔过程，即公债政策的传导机制。确切地说，公债传导机制是指公债发行、公债流通、公债利用与偿还、公债管理等环节对经济运行产生影响的调节过程中，公债政策要素与经济运行各要素之间的因果关联与影响机制。

公债政策的传导机制需要借助一些公债中间指标或中介变量。公债政策的中间指标或中介变量，是公债管理当局或公债管理部门用以测量公债经济活动趋势

---

① 就公债发行政策取向而言，在通货膨胀时期，公债发行的主要对象应是居民和企业；在通货紧缩时期，公债发行对象主要应是商业银行。这有利于建立适应市场经济要求的宏观经济调控机制，有利于充分发挥公债的准货币政策工具作用。

以及协调公债政策直接目标与最终目标的一系列数量化参考指标。由于公债政策对于宏观经济调控的作用,主要是通过其对经济活动的流动性效应(liquidity effect)和利息率效应(interest rate effect)来实现的,因此,公债政策中间传导变量主要有公债流动性指标和公债利息率指标两大类。这里,公债政策的流动性效应,是指公债政策通过调整公债的流动性程度,来影响整个社会资金的流动性状况,从而对宏观经济施加扩张性或紧缩性影响。公债政策的利息率效应,则指通过调整公债发行或实际利率水平,影响金融市场利率的升降,从而对宏观经济施加扩张性或紧缩性影响。

公债政策中间变量或中介指标的具体分析如下。

1.公债的流动性比率指标及其传导过程

公债的流动性比率,是指公债资产的市场变现能力和程度,具体包括两个指标:(1)公债券流动率,即指上市交易的未到期公债余额占全部金融资产余额的比率。该指标反映了应债者在金融资产市场上对公债资产的选择程度,并在一定程度上反映了公债资产对实物资产的替代互补关系。(2)公债累计余额流动率,即指上市交易的公债余额占未到期的公债累计余额比率。该指标反映了公债资产本身的实际变现程度,同时反映了公债政策制定者的调控意图。公债的流动性比率指标的传导过程如图7-3所示。

图7-3 公债流动性比率指标的传导机制及其过程

理论上,政策制定者改变公债流动性比率的操作策略主要有两种:(1)变动政府公债券的期限构成。由于短期债券变现能力强,流动性高,对经济有扩张性作用;长期债券变现能力弱,流动性低,对经济有紧缩性影响,因而政府相机决定公债发行的期限种类,就可以起到稳定经济的作用。进一步考虑,政府债券的相机调换,同样可作为政府实施经济扩张或经济紧缩政策的调节策略。(2)调整公债应债来源结构。通常,在个人、家庭、企业和银行的公债认购主体中,银行部门认购或持有公债,通常会通过信贷规模的相应扩大而增加货币供给量。因而,相机决定政府债券的应债来源,也是影响经济的政策手段。另外,中央银行有选择性地买卖期限不同的政府债券,通过调节不同投资者持有的债券比例可以影响金融市场以及社会经济的流动性,最终达到调节经济活动水平的战略目标。

2.公债的利息率指标及其传导过程

公债利息率也是一个重要的公债政策中间指标。公债利率是金融市场上最能反映政府宏观政策调控意图的代表性利率指标,往往成为其他市场利率的基准指标。其公债政策传导机理和过程如图7-4所示。

运用公债利息率这个公债政策中间指标的主要策略有:(1)调整公债发行利率。

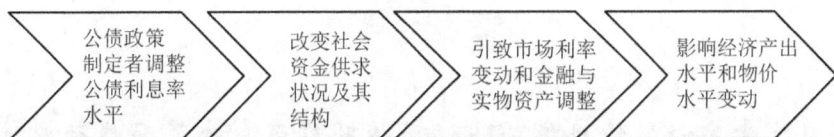

图 7-4 公债利息率指标的传导机制及其过程

在现代市场经济条件下,公债利率是金融市场上的一种最能体现政府宏观经济政策意图的利率,因而是对市场预期有重大影响的代表性利率。它的高低通常可对金融市场的利率升降产生直接影响。因此,公债发行利率的相机决定便成为政府对市场利率水平施加影响,从而贯彻其宏观经济政策意图的重要途径。(2)调整公债实际利率水平。由于债券价格同利息率呈反方向变动,与债券投资收益成正向变化,因而通过中央银行或财政部门的公债管理机构在公债二级市场上相机买卖政府公债,就会影响到公债的实际利率水平,进而影响资金以及资源的流量和流向。

四、公债政策发挥作用的条件

公债政策能否有效发挥作用,取决于一系列约束条件。主要有:

1. 公债期限品种的多元化

公债品种的多元化(如既有短期公债、中期公债和长期公债,又有可流通公债和不可流通公债),可以满足公债市场上不同投资者的安全性、流动性和收益性的投资组合需要,从而使公债政策作用发挥调节效力。

2. 公债与其他金融品种之间的结构匹配性

只有当金融市场既有公债券,又有股票、公司债券、银行票据等不同类型的有价证券并形成相对合理的市场结构时,才能形成真正意义上的金融市场,也才能形成合理的债券价格与利率,从而使得公债政策发挥对其他有价证券以及金融市场的影响力。

3. 公债规模的适度性

只有当公债规模占金融资产存量或 GDP 达到一定规模时,其才能对各种金融资产和有价证券的市场价格、货币流通量以及宏观经济运行产生重要的影响。公债规模本身过小或过大,都将严重制约公债政策的有效发挥。

4. 较发达的金融市场支持

发达的金融市场,是指具有金融资产的多样化、金融机构的多样化、金融监管的法制化等特征的金融市场。事实上,在现代市场经济条件下,短期公债政策往往依托一国中央银行的公开市场操作业务。显然,没有较为发达和完善的金融市场支持,公债政策就很难发挥其应有的积极调节功能。

法国财政赤字和公债规模"双超标"使欧盟财政政策面临两难选择

2003年,法国的财政赤字占GDP的比例由2002年的3.2％上升到4.1％,大大超过欧盟《稳定与增长公约》规定的3％的上限。与此同时,法国的公共债务与GDP之比从上年的58.6％上升到63％,也突破了该公约规定的60％的上限。《稳定与增长公约》规定凡放松财政控制、预算赤字再度超过占GDP 3％的国家,如不能按期纠偏,应向欧洲中央银行交纳一定数额的无息储金。如在一定期限之内仍不能达标,储金便转成罚款。罚款额根据超标程度而定,最低为GDP的0.2％,最高罚款额GDP的为0.5％,但经济出现严重衰退的国家可免于罚款。应指出的是,《稳定与增长公约》是由欧盟各成员国于1996年共同签署的具有法律约束力性质的文件,目的是防止某些国家通过扩大财政赤字来刺激经济,并保证欧元的坚挺和稳定。

欧盟财政部长理事会于2004年3月决定暂时放松对法德两国的财政赤字限制,在15个成员国之间引发了一场激烈争论,凸显出欧盟在刺激经济增长与保持平衡稳定之间越来越难以做出取舍。欧盟委员会负责经济与金融事务的委员佩德罗·索尔韦斯就表示,欧盟财政部长理事会放弃对法国和德国财政问题采取行动的决定,将影响欧盟的信誉并妨碍欧洲的经济增长。

2003年11月25日,理事会拒绝了欧盟委员会有关法国和德国财政问题的建议,决定"暂时中止"有关两国财政指标超标的处理程序,使德法有更多时间将其财政比例降至欧盟《稳定与增长公约》规定的水平。《亚洲华尔街日报》日前对此问题发表了分析文章。文章称,很多经济学家认为德法两国增加公共支出并大幅减税对于刺激经济增长是绝对必要的。而《经济学家》也发表文章支持这一观点,认为欧盟财政部长理事会的决定将避免德法两国出现严重衰退。反面例子是,葡萄牙政府在2001年出现财政赤字超标后,通过紧缩开支等措施在第二年便重新达标,但此后却陷入严重衰退,进而导致赤字再次失控。葡萄牙政府宣布,2003年的财政赤字将达到GDP的5％。

放松对德法两国财政赤字限制的长期影响不容乐观,尤其是欧盟一体化进程可能因此出现曲折。

首先,如果德国和法国的财政赤字失控,欧洲央行就可能在经济出现实质性改善之前过早提高利率,从而抑制经济复苏,让欧盟其他国家背负德法两国过度支出的账单。

其次,如果《稳定与增长公约》对欧盟成员国的约束标准不一,将影响市场对欧盟各国风险的判断。不同风险水平形成不同的市场利率,导致欧洲央行统一利率及统一的货币政策难以为继。

第三,如果明年财政"纪律"不能加强,欧盟制定的经济政策就可能只是一纸空文,对成员国不再具备约束力。其结果是,欧元信誉降低,欧元汇率频繁波动,从而进一步拖累欧洲经济复苏。

正是看到了以上几个潜在危险,欧盟委员会主席普罗迪呼吁,为了单一市场和单一货币,欧盟成员国应共同努力确保经济政策的协调,并确保这一进程不会因追求短期目标或成员国自身利益而受到威胁。欧盟负责货币政策的执委索尔韦指出,欧盟财长们的做法动摇了各国费力达成的《稳定与增长公约》,为未来"开创了一个危险的先例"。他认为,此举不仅影响了欧盟各国政府和欧元的信誉,也使成员国在控制财政赤字方面变得"缺乏动力"。索尔韦斯还警告说,法德等国的财政赤字如果不能得到及时控制,从中期看将影响到债券市场,导致利率上升,并降低欧元区的经济增长率。

值得指出的是,在欧盟 15 个成员国中只有荷兰、西班牙、奥地利和芬兰 4 国主张对法德的财政赤字问题采取严厉措施,以维护《稳定与增长公约》的有效性。

资料来源:徐蓉蓉:"欧盟财政政策面临两难选择",《经济参考报》,2003 年 12 月 3 日。

第四节　公债政策与财政政策、货币政策的搭配和协调

作为重要的政府宏观经济管理政策手段,公债政策通常不直接对经济产生作用,而是通过财政政策和货币政策间接地对经济产生影响。例如,公债发行既是弥补财政赤字的重要方式,又是中央银行开展公开市场业务的重要前提。因此,公债政策就成为财政政策和货币政策的"接合部",对三种政策进行搭配和协调并形成"政策组合"(policy mix)对增强政府调控功能就显得十分重要。

一、公债政策与财政政策、货币政策的内在联系

公债政策与财政政策、货币政策三者之间既存在共同性,又有特殊性,共同性构成了三种政策协调配合的基础条件,而特殊性则显示了各自不可替代的政策功能(见图 7-5)。

1. 公债政策与财政政策的内在联系

财政政策(fiscal policy),是指政府运用财政收支等政策手段调控或达成既定经济目标的一系列计划、方针和措施。从实践来看,世界各国财政收支往往是不平衡的,并主要表现为财政赤字,而弥补财政赤字的主要方式则是公债。从此角度讲,作为弥补财政赤字的基本和重要方式,公债是财政政策得以贯彻实施的基础性条件。

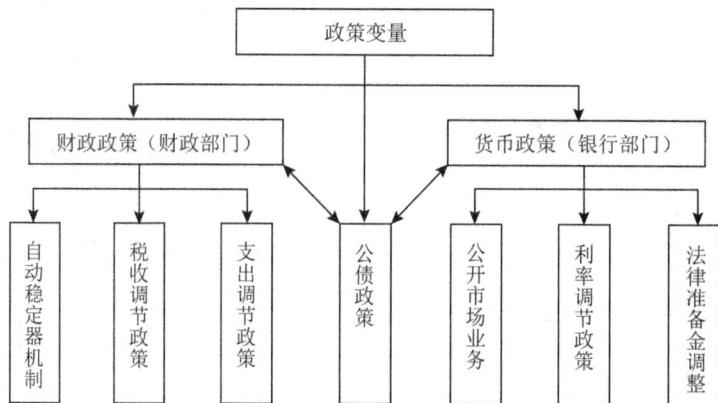

图7-5 公债政策与财政政策、货币政策的内在关联

基于此,公债政策与财政政策之间就引申出密切的内在联系。这种联系主要体现在以下三个方面。

(1)公债发行过程中的政策联系。主要体现在:一是公债利率的高低直接影响公债本身的还本付息,而公债的发行方式、程序及其机构的选择会产生不同的公债发行费用,从而直接或间接地影响即期和未来的财政支出水平;二是公债的发行时机、发行规模、发行地域、发行对象以及发行币种的选择,都会对财政收入产生直接或间接的影响;三是公债发行期限的设计,既会影响到即期财政收入,也会影响到未来的财政支出和偿债负担。

(2)公债流通过程中的政策联系。主要体现在:一是公债流通市场的效率高低,会直接影响到公债的顺利发行,从而影响到财政收入或债务筹资;二是公债流通市场为加强债务成本管理、购销政府债券提供了重要条件。

(3)公债偿还过程中的政策联系。这种联系主要体现在:公债偿还方式、偿还时点、偿付程序、偿付币种等都直接决定财政支出规模与结构的时序安排,并对财政支出造成不同程度的压力和负担。显然,这种财政压力会对进一步的公债政策操作产生一定程度的抑制效应。

2.公债政策与货币政策的内在联系

货币政策(monetary policy)是指一国中央银行运用公开市场业务、调整贴现率、改变法定准备金率(即"三大货币武器")等实现既定经济目标所采取的各种方针和措施。如前所述,政府债券是中央银行实施公开市场业务的最主要操作对象,由此,公债的存在使中央银行公开市场业务成为现实可能,而且公债政策本身的运作(如公债发行的数量、方式、条件以及应债来源的选择等)必然会直接或间接地影响到中央银行货币政策工具(主要是公开市场操作以及贴现率政策)的选择及其效果。

概括地讲,在财政政策中,发行公债是弥补财政赤字的重要手段,是财政收入政策的重要组成部分。与此同时,公债的还本付息又构成财政支出政策的一部分。就货币政策而言,中央银行在公债市场上的公开市场业务,则是调节货币供给量的一个重要政策工具。

当然,公债所连接的财政政策功能和货币政策功能并非等量齐观。公债首先是作为弥补财政赤字的最佳方式,其最基本目标应是满足政府的借款需求。其次是当公债数量达到一定规模、二级市场形成并发展起来后,公债方可成为重要的货币政策工具。

二、公债政策与财政政策、货币政策的矛盾与差异

尽管公债政策与财政政策和货币政策有着紧密的关系,但公债政策有着自身独特的运行规则,这就必然会在公债政策、财政政策与货币政策之间产生不一致的矛盾和冲突问题。这方面的矛盾与差异性主要表现在:

(1)直接政策目标的矛盾与冲突。例如,公债政策的直接目标之一就是降低举债成本。为此,在财政政策上应控制公债的发行规模,但举债规模的控制是以减少或消除财政赤字为前提的,这就与财政政策促进经济增长等目标相悖。再如,低利率时期多发行长期公债,高利率时期多发行短期公债,是公债政策降低举债成本的重要途径,但低利率往往发生在经济发展低落时期,此时大量发行长期公债会驱使长期利率上升,阻碍投资增长和长期经济增长;而高利率往往发生在经济高速增长时期,此时大量发行短期公债就好比在一定程度上增发货币,从而抵消货币政策效应。

(2)政策运作过程中的相互抵消问题。这主要表现在当政府扩大公债规模时,市场货币供应量减少,会加剧货币政策的紧缩性效果。在财政政策上,也表现为当期财政收入增大,及临时性财政支出扩大,可能导致"寅吃卯粮"现象,从而加重了后代还本付息的负担,产生公债的代际不公平负担问题。

三、公债政策与财政政策、货币政策的协同运作

由于在公债的发行和流通过程中,财政政策和货币政策会从不同的角度提出不同的原则和要求,这些原则和要求可能是一致的,也可能是不一致的。例如,财政原则一般要求降低发债成本,并从收支平衡角度来安排债务规模,因而往往偏向低发行利率、中长期国债、控制发行规模。而中央银行为便于公开市场操作则更关注公债的高流动性,因而往往希望多发行短期公债,并要求公债达到一定的规模。可见,在政府调控宏观经济过程中,很有必要在公债政策与财政政策、货币政策之间进行搭配和协调。此外,由于公债在两大政策工具中的特殊地位与功能,使其有可能成为财政政策与货币政策协调配合的最佳结合点。

公债政策与财政政策、货币政策进行搭配和协调运用中应注意的问题主要有:

(1)在总体目标上,公债政策应与财政政策、货币政策通过"政策组合"形成"政策合力"。即公债政策应当同财政政策、货币政策基本保持一致,其经济作用力不能与两大政策所追求的调控目标相悖。

（2）财政政策与货币政策两大实施主体（即中央银行和财政部）在公债发行和流通中的相互协调是关键。显然，在公债发行中，既考虑财政原则，也考虑央行公开市场操作的需要，从而选择合适的公债规模和期限结构，实现财政政策与货币政策的相对平衡。例如，美国的公债发行不仅期限结构合理，而且在绝大多数年份，公债发行净额都要大于赤字额，在此情况下，公开市场操作也就成为美联储最重要、最有效的货币政策工具。

（3）建立发达和完善的公债发行和流通市场，是连接财政政策和货币政策的重要政策操作平台。对中央银行来说，一个发达的公债市场是开展公开市场业务的基本依托，也是货币政策效应发挥作用的"传导器"。而对财政来说，发展公债市场，积极鼓励金融机构、非金融机构和公众参与公债市场，可以挖掘应债潜力，扩大公债增发空间，满足财政债务筹资需要。这意味着，一国公债市场越发达，公开市场操作的宏观经济效应就越明显，财政政策与货币政策的协同配合效果就越好。

事实上，通过公债市场为政府融资增发公债并将一部分公债货币化，不仅是为了解决财政赤字问题，更重要的是由此形成和发展健全的公债市场，一方面能给货币政策实施提供更多的市场化手段和更有效率的传导机制，另一方面财政政策与货币政策也将获得更为市场化的沟通渠道和协调配合机制，这对于宏观经济调控体系的健康运行是极为重要的。

（4）商业银行的真正商业化是发挥货币政策与公债政策传导机制的重要前提。理论上，只有真正实现商业银行的商业化，才能有效地疏通货币政策和公债政策的传导机制。在不健全的商业银行治理结构下，金融资源运行机制被扭曲，往往会使中央银行的政策信号在向下传导时一层一层被消解。因此，加强商业银行的市场化改革，不仅是中央银行开展公开市场操作的需要，也有利于整个宏观金融调控体系政策效应的发挥，同时也是完善财政政策与货币政策协调配合的前提条件。

专栏7-2

基于公债的公开市场业务：财政政策与货币政策的连接点

公开市场业务，是指中央银行通过买卖有价证券（主要是公债）来吞吐基础货币，从而调节经济运行的一种货币政策手段。通过公开市场业务，公债日益成为货币政策的重要支点、渠道或工具。公债在成为央行货币政策调节工具的同时，也使货币政策对财政政策产生某种支持（公债购买者）。由此，公债本身将财政政策和货币政策予以紧密连接。

通常，中央银行拥有两种公开市场操作策略：主动性操作和防御性操作。前者指中央银行主动调整基础货币总量，改变货币市场利率的运行趋势；后者指当金融体系流动性出现季节性或临时性的变化时,中央银行通过公开市场操作来"对冲"其影响,保持基础货币总量和货币市场利率的稳定,进而保证金融体系的稳定。

我国央行公开市场业务始于 1996 年,但当年仅交易 20 多亿元。2000 年以来,公开市场已成为中国人民银行对货币进行微调的最基本工具,其在中国宏观调控体系中的作用日益彰显(如 2000 年的公开操作,回笼基础货币最多时约 3300 多亿元)。2016 年我国货币政策"变奏"(如从"稳健灵活"转向"稳健中性")。当年央行仅有一次降准,也未使用基准利率工具,货币政策操作以央行新创设的工具为主,公开市场操作日趋常态化。据统计,2016 年我国央行通过逆回购向市场投放的流动性共计 24.85 万亿,是 2015 年的 6.66 倍。在我国,利率走廊机制还在尝试。一般认为上限是 SLF 利率①,下限是超额准备金的利率。目前我国央行每个工作日都进行公开市场操作,不让市场利率波动太大。

理论上,中央银行公开市场操作最理想的工具是市场容量大、期限比较短的国库券。主要三个原因:(1) 以公债为操作对象,不会造成货币价格的大幅波动;(2) 短期政府债券能够有效地传导货币政策的意图;(3) 短期政府债券是一种零风险金融资产,可作为其他所有金融资产定价的基准(包括衍生金融资产)。

资料来源:"2016 年央行通过逆回购向市场投放流动性 24.85 万亿",《21 世纪经济报道》,2017 年 1 月 19 日。

第五节 公债政策对短期经济增长的影响

经济增长是一个长期问题,然而长期实际是由若干个短期组成的。因此要全面把握公债政策对经济增长的影响,就需要分别从公债政策对于短期经济和长期经济两个层次的影响来理解公债与经济增长的关系。

经济学中的短期和长期含义有何不同?

---

① 常备借贷便利(Standing Lending Facility,简称 SLF),是全球大多数中央银行都设立的货币政策工具,但名称各异,如美联储的贴现窗口(Discount Window)、欧央行的边际贷款便利(Marginal Lending Facility)、英格兰银行的操作性常备便利(Operational Standing Facility)、日本银行的补充贷款便利(Complementary Lending Facility)、加拿大央行的常备流动性便利(Standing Liquidity Facility)等。其主要作用是提高货币调控效果,有效防范银行体系流动性风险,增强对货币市场利率的调控效力。借鉴国际经验,我国的中国人民银行于 2013 年年初创设了常备借贷便利,主要功能是满足金融机构期限较长的大额流动性需求。对象主要为政策性银行和全国性商业银行,期限为 1~3 个月,利率水平根据货币政策调控、引导市场利率的需要等综合确定。常备借贷便利以抵押方式发放,合格抵押品包括高信用评级的公债债券类资产及优质信贷资产等。

一、宏观经济学的三类模型

曼昆在他非常流行的教科书《宏观经济学》中，对现代宏观经济学的分析框架做了一个总结。他指出，根据各种宏观经济模型适用的时间范围不同，可以将宏观经济模型分为三类。

1. 短期模型

这类模型假设价格是黏性的，而且，由于这种价格黏性，资本和劳动有时得不到充分利用（有时可能被过度利用）。一般认为价格黏性对解释我们观察到的逐月和逐年的经济波动是重要的。

2. 长期模型

这类模型假设价格是有伸缩性的，从而资本和劳动得到了充分利用。这类模型还把资本、劳动和技术都作为既定的。这些假设最适用于几年的时间范围。在这个时期内，价格可以调节到均衡水平，而资本、劳动和技术都是相对不变的。

3. 特长期模型

也就是经济增长模型，这类模型分析了资本存量、劳动和可以获得的技术革新的时间范围。它们旨在解释在几十年的时期中经济如何运行。

进而曼昆指出，"当我们分析经济政策时，重要的是要记住它在所有时间范围内影响经济。因此我们必须根据所有这些模型的观点来得出结论"。[①]

通常宏观经济学把研究对象确定为"短期"的经济波动和"长期"的经济增长。这里所谓"短期经济"是一个潜在生产能力不变的经济，它实际上包括了曼昆提到的第一和第二类模型；而所谓"长期经济"是一个生产能力可变的经济，它实际上对应于曼昆提到的第三类模型。

本节我们讨论的"短期经济"对应于曼昆的第一和第二类模型，从而我们在本节中如果提到短期和长期，实际上都是指"短期经济"中的短期和长期。

二、两类不同的公债：减税公债和增支公债

"短期经济"是一个潜在生产能力不变的经济，从而公债政策对于国民产出的影响是通过影响总需求而起作用的。

为了把握公债对总需求的影响，我们需要区分两类公债。首先我们考虑一个初始状态：政府每期都实行预算平衡政策，从而有 $G=T$，并且我们假定每期的支出保持不变，同样每期的税收也保持不变。

现在考虑政府决定保持公共支出不变，同时削减税收，而意味着出现预算赤字，政府通过发行公债弥补赤字，我们将这类公债称作减税公债。

---

① 参见 N. 格里高利·曼昆著，梁小民译：《宏观经济学》（第四版），中国人民大学出版社 2000 年版，第 218—219 页。

如果政府决定增加公共支出,同时保持税收不同,这同样会导致预算赤字,需要发行公债弥补赤字,我们将此类公债称作增支公债。

下面我们将分别就减税公债和增支公债对总需求的影响展开分析。我们首先考虑价格黏性的情况,再考虑价格完全伸缩的情况。我们暂时假定消费者具有财富幻觉,即不考虑李嘉图等价定理的情况。我们将在本节的最后部分考察李嘉图等价成立的情况。

三、价格黏性模型下的公债效应

在"短期经济"中的短期,价格是黏性的,即总需求的变化不会导致价格的变化,从而国民产出由总需求决定。

1. 减税公债

假定消费者具有财富幻觉,那么减税公债就意味着减税和消费者可支配收入的增加。根据宏观经济学理论,在价格不变的前提下,减税对于国民产出具有乘数效应。

考虑政府发行了数量为 ΔB_T 的一项减税公债,对于具有财富幻觉的消费者而言,相当于减税,幅度为 $\Delta T = -\Delta B_T$。这意味着消费者的可支配收入增加了 $-\Delta T = \Delta B_T$,导致消费者的消费支出增加了 $-MPC \times \Delta T$,这里 MPC 是指边际消费倾向,是小于1的正数。根据国民收入恒等式,$Y \equiv C + I + G$,则意味着国民收入 Y 增加了 $-MPC \times \Delta T$,收入增加又导致第二轮消费增加 $-MPC \times (MPC \times \Delta T)$,这一过程将无限进行下去。这样,对国民收入的总效应就是:

$$消费的第一轮变动 = -MPC \times \Delta T$$
$$消费的第二轮变动 = -MPC^2 \times \Delta T$$
$$消费的第三轮变动 = -MPC^3 \times \Delta T$$
$$\vdots$$
$$\Delta Y = -(MPC + MPC^2 + MPC^3 + \cdots) \times \Delta T$$

这样,减税乘数为:

$$\Delta Y / \Delta T = -(MPC + MPC^2 + MPC^3 + \cdots) = -MPC/(1-MPC)$$

由于减税公债 $\Delta B_T = -\Delta T$,从而减税公债乘数为:

$$\Delta Y / \Delta B_T = MPC/(1-MPC) \tag{7-9}$$

这里要说明的是,减税公债乘数成立有三个条件:(1)消费者具有财富幻觉;(2)价格黏性,如果价格完全伸缩,则总需求的变动不能影响产出;(3)利率不变,如果减税导致利率提高,会挤出部分私人投资,从而会使乘数效应下降。

2. 增支公债

假定消费者具有财富幻觉,那么增支公债就意味着政府支出的增加和国民收入的增加。我们假定政府支出的增加是用于增加政府购买,那么根据宏观经济学理论,在价格不变的前提下,政府购买的增加对于国民产出具有乘数效应[1]。

---

[1] 这里要指出,如果增支公债用于增加政府的转移支付,则其效果和减税公债一致。

考虑政府发行了数量为 ΔB_G 的一项增支公债,则政府购买支出增加 $\Delta G = \Delta B_G$,根据国民收入恒等式,$Y \equiv C + I + G$,则意味着国民收入 Y 增加了 ΔG。对于具有财富幻觉的消费者而言,这意味着消费者的可支配收入增加了 ΔG,导致消费者的消费支出增加了 $MPC \times \Delta G$,这意味着国民收入 Y 增加了 $MPC \times \Delta G$,收入增加又导致第二轮消费增加 $MPC \times (MPC \times \Delta G)$,这一过程将无限进行下去。则对国民收入的总效应为:

$$政府购买的最初增加 = \Delta G$$
$$消费的第一轮变动 = -MPC \times \Delta G$$
$$消费的第二轮变动 = -MPC^2 \times \Delta G$$
$$消费的第三轮变动 = -MPC^3 \times \Delta G$$
$$\vdots$$
$$\Delta Y = (1 + MPC + MPC^2 + MPC^3 + \cdots) \times \Delta G$$

这样,政府购买乘数为:

$$\Delta Y / \Delta G = 1 + MPC + MPC^2 + MPC^3 + \cdots = 1/(1 - MPC)$$

由于增支公债 $\Delta B_G = \Delta G$,从而增支公债乘数为:

$$\Delta Y / \Delta B_G = 1/(1 - MPC) \tag{7-10}$$

由于消费者的边际消费倾向 MPC 小于1,从而可知增支公债的乘数效应大于减税公债的乘数效应。同样,增支公债乘数的成立也需要符合上述三个条件。

四、价格完全伸缩模型下的公债效应

在"短期经济"中的长期,价格是完全伸缩的,从而总供给曲线是垂直的,这样总需求的变化只会导致价格的变化,却不能改变一国的国民产出。

图 7-6 中,$\bar{Y}$ 是潜在的国民产出,它由一国潜在的生产能力决定,即 $\bar{Y} = AF(\bar{K}, \bar{L})$。长期总供给曲线 LAS 是一条垂直线,表示在长期中,总供给等于 $\bar{Y}$。从而一项政府的增支或减税政策尽管能推动总需求 AD 曲线移动,但由于长期中价格是完全

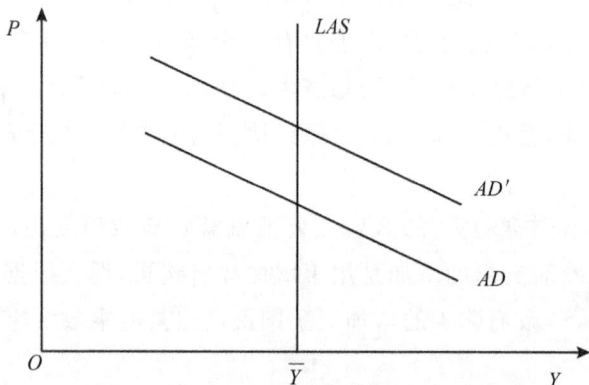

图 7-6 长期总供给曲线

伸缩的,从而 AD 曲线只能改变价格,但不能改变国民产出。从而长期中,无论是增支公债,还是减税公债都不能通过影响总需求来改变一国的实际国民产出,只能改变价格和名义变量。

五、经济增长中的李嘉图等价定理

现在我们考虑消费者是向前看的,那么当政府发行公债时,消费者能够理性地认识到这项公债在未来要通过增加税收来偿还,也就是说现在的公债相当于未来的税收,这就是所谓的李嘉图等价定理。

1. 减税公债

对于减税公债,向前看的消费者认识到减税只是暂时的,未来政府必然要增加税收来偿还债务,理性的消费者会把由于减税而增加的收入储蓄起来,用于支付未来的税收,从而减税公债不具有减税效应,不能对国民收入产生任何影响,前面提到的在消费者具有财富幻觉时的减税公债乘数不再成立!

2. 增支公债

对于增支公债,向前看的消费者认识到公共支出增加了,尽管目前政府没有增加税收,而是通过公债筹资,但未来必然会增加税收来偿还债务。理性的消费者会把原先用于消费的一部分资金储蓄起来,用于交纳未来增加的税收。从而增支公债意味着支出和税收同时以同样的数量增加了,它对于经济的影响相当于一个平衡预算乘数。根据宏观经济学理论,平衡预算乘数为 1,一项数量为 ΔB_G 的增支公债,它在短期能够导致产出增加同样的数量,即 $\Delta Y/\Delta B_G = 1$。当然,在长期,由于价格完全伸缩,增支公债不能改变实际国民产出,只能改变价格和名义变量。

我们可以把上面分析的公债对于"短期经济"(生产能力不变的经济)的影响概括为八种情况,如表 7-1 所示。

表 7-1 公债对于生产能力不变经济的影响

公债		消费者具有财富幻觉	消费者向前看(李嘉图等价定理)
减税公债	短期	$\Delta Y/\Delta B_T = MPC/(1-MPC)$	对经济没有影响
	长期	不能改变实际国民产出,只能改变价格和名义变量	对经济没有影响
增支公债	短期	$\Delta Y/\Delta B_G = 1/(1-MPC)$	$\Delta Y/\Delta B_G = 1$
	长期	不能改变实际国民产出,只能改变价格和名义变量	不能改变实际国民产出,只能改变价格和名义变量

第六节　公债政策对长期经济增长的影响

一、公债政策影响长期经济增长的机制原理

公债对于经济增长的机制是首先公债转化为公共支出，进而以公共支出的形式对经济增长产生作用。

那么公共支出又是如何影响经济增长的呢？我们在第一节已经指出，一项公共政策，如果能够促进经济增长，那么它一定是通过影响经济增长的源泉来促进经济增长的，大致包括以下几种途径：（1）公共支出用于基础设施等投资，能够提高一国的物质资本存量，从而促进经济增长；（2）公共支出用于教育，能够促进一国的人力资本积累，从而有利于增长；（3）公共支出用于研发投资，能够促进一国知识存量的积累和生产率的提高，从而提高经济增长的速度；（4）公共支出一般性地用于提供各类公共产品，补贴正外部性，实际上提高经济中资源配置的效率，而资源配置优化本身是一种广义的技术进步，它能够引起生产函数的移动，从而促进经济增长。

图 7-7 概括了公债影响经济增长的机制。这里要说明的是，并非所有的公债和公共支出都会促进经济增长。有些纯粹消费性的公共支出，如公款吃喝，政绩工程等公共支出，对于经济增长非但没有促进作用，甚至反而损害了经济的效率，阻碍了经济增长。据此，我们区分两类公共支出，生产性的公共支出和非生产性的公共支出。其中生产性的公共支出能够促进经济增长，非生产性的公共支出不能促进甚至阻碍经济增长。相应的，我们将那些转化为生产性公共支出的公债称为生产性公债，而将那些转化为非生产性公共支出的公债称作非生产性公债。

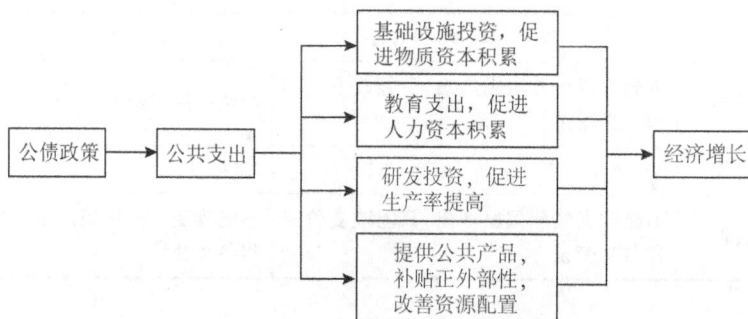

图 7-7　公债影响长期经济增长的机制原理

二、公债影响长期经济增长的理论模型

上面我们讨论了公债影响经济增长的机制。下面我们假定公债全部转化为生产性的公共支出,在此基础上我们建立一个生产性公债/公共支出促进经济增长的模型,这个模型是由美国经济学家巴罗在1990年的重要论文"一个简单内生增长模型中的政府支出"中提出的。

我们假定经济中有 N 个企业,所有企业都是同质的,每个企业产量为 y,则总产量 $Y=Ny$。一个代表性企业的最终产品生产函数形式为 $y=y(k,G)$,二阶可微,满足 $\frac{\partial y}{\partial k}>0,\frac{\partial y}{\partial G}>0,\frac{\partial^2 y}{\partial k^2}<0,\frac{\partial^2 y}{\partial G^2}<0$,具体形式设定为:

$$y=Ak^{1-\alpha}G^{\alpha} \tag{7-11}$$

其中,$0<\alpha<1$。k 表示每个企业拥有的资产,总资产 $K=Nk$。G 表示政府生产性公共支出提供的公共基础设施总量(流量)。假定公共基础设施是具有非竞争性和非排他性的纯公共产品,从而 G 以总量的形式进入所有企业的生产函数。这样的函数设定表示生产性公共支出对于产出是有贡献的,其贡献份额为 α。假定政府通过总额税(T)和公债(B)的方式为公共支出筹资,李嘉图等价定理成立,则政府的预算约束是:

$$G=T+B \tag{7-12}$$

为了最大化经济增长的速度,政府的目标是:

$$\text{MAX}_G Ny(k,G)-G \tag{7-13}$$

一阶条件为:

$$N\frac{\partial y}{\partial G}=1 \tag{7-14}$$

根据假定,$y(k,G)$ 满足 $\frac{\partial y}{\partial G}>0,\frac{\partial^2 y}{\partial G^2}<0$,上述一阶条件是充分必要的。尤其是,当 $y=Ak^{1-\alpha}G^{\alpha}$ 时,上述条件可以推出 $\left(\frac{G}{Y}\right)^*=\alpha$。这意味着最大化经济增长速度的政府生产性支出占 GDP 的比例为 α。

在这里,公债作为一种公共支出的筹资方式,转化为生产性公共支出,向社会提供基础设施服务,进而影响国民产出。尤其是当税收收入不足以弥补生产性公共支出时,公债将作为一种必要的手段来筹集资金,用于提供各类公共基础设施,促进经济增长。

三、公债与经济增长的关系考察:西方国家的历史经验

1. 凯恩斯革命之前

在 20 世纪 30 年代经济危机爆发和随后的凯恩斯革命以前,公债在西方世界并未成为政府用来促进经济增长和稳定经济波动的常用工具。当时西方各国的政府规

模还普遍比较小，政府部门收支以"量入为出"为原则，从而公债的规模和影响力不大。

尽管如此，公债作为弥补政府支出的手段还是出现了。据法国历史学家布罗代尔考证："公债于13世纪在西欧普及，法国由美男子菲利浦开风气之先，意大利无疑更早，威尼斯的旧债行起源时间太久，已无从考察。"[①]

我们以英国为例来考察公债在西方世界的发展。从18世纪到第一次世界大战期间，英国一直是西方世界最发达的国家，英国的发展史基本代表了这段时期西方的强盛过程。在英国历史上公债制度对其强大国力的积蓄与维持具有相当作用。英国公债制度的建立与稳定及其对增强英国竞争力的贡献，开始于17世纪下半叶的金融革命（大致在1688—1756年），通过这场革命，英国将关税和消费税归国家管理，设置了专门的财政管理机构，这引起了英格兰银行的监督以及国会的干预。这种财政结构的改建使英国能够指定某些稳定的财政收入作为付息来源，从而进一步扩大公债发行，并为公债期限结构的长期化奠定了制度基础，最终促成了18世纪大量长期公债向永久公债的转变。这种转变在使英国成为西方最大举债国的同时，也成为稳定英国经济的基础[②]。

总的来看，从18世纪到20世纪30年代之前这段时期，西方主要国家的公债规模总体呈上升趋势，公债范围日益扩展，经济不断增长，公债对经济增长的作用逐步显现出来。

2. 凯恩斯革命之后

20世纪30年代的大萧条以后，西方国家普遍采取了扩张性财政政策。特别是凯恩斯革命以后，在凯恩斯主义理论的指导下，利用赤字性财政支出手段以实现充分就业、摆脱萧条受到各国政府重视，由此关注的焦点也集中于公债与经济增长的关系上。

30年代以后，西方世界的经济取得了长足增长。其中，按1980年价格计算，1960—1990年，美国、日本、德国、英国的GDP年均增长率分别为3.2%、7.3%、3.1%和2.4%，上述国家的人均GDP年均增长率分别为2%、5.3%、2.6%和2.9%。与此同时，西方各国的公债规模也逐年增加。到1996年，美国、日本、德国、英国的公债余额占GDP的比率分别达到63%、97.3%、60.4%和54.4%。

1929—1990年，美国经历了12次经济增长周期。我们发现，当经济增长由谷底向高峰转移时，公债余额占GDP的比率就会上升，如果没有上升，则经济增长由谷底向高峰的持续时间要长些。

比如，整个30年代，美国50%以上的政府支出是靠公债融资支持的，联邦财政由

① 费尔南·布罗代尔著，乐文译：《中世纪欧洲经济社会史》（第二卷），上海人民出版社1999年版，第574页。
② 都晓芳："公债与经济增长的关系"，山西财经大学硕士学位论文，2004年。

1930 年 7.38 亿美元的财政盈余到 1931 年第一次出现 4.62 亿美元的财政赤字,到 1932 年赤字猛增加到 27.35 亿美元,然后到 1940 年的 39.18 亿美元,10 年内赤字增长了 7.48 倍,年均增长 23.83％。公债总额由 1931 年的 161.8 亿美元,增长到 1940 年的 484.49 亿美元,年均增长 11.18％。但这带来的结果是失业率由 1931 年的 15.9％下降到 1940 年的 1.2％。作为一个相反的例子,从 1961 年的谷底到 1969 年的高峰转移期间,公债比率是逐年下降的。但是这一次,经济从谷底到高峰的转移的持续时间是 12 次增长波动中最长的,长达 106 个月。

在 70 年代的"滞胀"时期,联邦财政赤字占 GDP 比率由 1975 年的 3.5％下降到 1981 年的 1.6％,债务余额占 GDP 比率由 34.9％下降到 32.9％,但失业率到 1982 年为 9.6％,比 1975 年高出 1.1 个百分点,通货膨胀率也连年上升,1980 年为 12％。也就是说,这段时间内赤字与公债的减少并未带来失业率与通货膨胀率的下降。1982 年开始的增长启动伴随着公债比率上升幅度是自 40 年代以来最猛烈的。里根总统上台后实施了以公债融资支撑的减税政策,预算赤字占 GDP 的份额由 1981 年的 1.9％上升到克林顿总统上台时的 5.8％,公债余额占 GDP 比重由 32.9％上升到 69.2％,增长了 37.3 个百分点。然而这次经济增长的启动是 20 世纪下半叶以来最为成功的,使美国经济从 1983 年起步进入了战后历时最长的稳定增长时期,通货膨胀率下降到了 3％以下,失业率降到了 4.5％,成为战后美国经济的最好时期。财政赤字得益于经济稳定增长而日渐充裕,终于在 1998 年出现了 39 年以来的第一次盈余,对债务的依赖下降。

与此同时,曾经作为最大债权国的日本进入了极端严重的衰退期。日本从 20 世纪 80 年代开始"重建财政",实行平衡预算政策,增税减支,限期停止赤字国债发行,对经济调控偏重于金融货币政策,到 90 年代末,日本银行的再贴现率已经降到不能再降的地步,然而经济仍不见起色。在国内国际压力下,日本政府只好重新启用扩张性财政政策,减税增支,大量发行公债。

这些国家的历史经验表明,公债作为一种扩张性财政政策的筹资手段,在一定条件下具有促进经济增长的作用,同时也有调节和稳定经济增长周期的作用。这当然有赖于政府对经济增长形势的正确判断以及对公债政策的正确使用,否则将会适得其反。

凯恩斯革命以后,西方各国政府在充分运用公债政策、发挥公债对经济增长作用的同时,也不断促进公债制度的健全完善。公债种类不断丰富,持有者日益向银行、保险公司、共同基金管理机构集中,公债发行日益市场化。公债流通市场无论在组织机制,还是参与者、交易方式与规模上都成为金融市场的主要组成部分,使其发行与交易成为形成市场基准利率和影响资产价格进而影响经济运行的机制,也就使得公债对经济增长的影响面进一步拓宽。

专栏7-3

中国以增发公债为主要特征的积极财政政策的经济增长效应

众所周知,我国政府为了有效扩大内需,从1998年开始实行积极财政政策,到2004年起转为稳健的财政政策,积极财政政策实施了整整6年时间。从宏观经济学的角度看,积极财政政策的实质是一种扩张性财政政策。实行扩张性财政政策有两种手段:减税和增支。我国实行积极财政政策,没有选择减税,而是选择增加公共支出,主要用于公共投资。为了给扩大的公共支出筹资,需要大量增发公债,6年间,基本上每年增发国债1000亿~1500亿元,从而增发公债就成了我国实施积极财政政策的主要特征。

那么这种以增发公债为特征的积极财政政策对经济增长的效果好吗?答案是肯定的。在一篇重要的文献中,郭庆旺等人(2004)对我国积极财政政策与经济增长之间的关系进行了经验研究。其研究结果表明:为实施积极财政政策而实行的增发公债政策,每年拉动经济增长在2%以上,其经济增长的正效应非常明显,见表7-2。

表7-2 积极财政政策的国债效应

指标类型	1998年	1999年	2000年	2001年	2002年
长期建设国债发行情况/亿元	1000.00	1100.00	1500.00	1500.00	1500.00
财政支出乘数	1.74	1.66	1.59	1.57	1.56
GDP/亿元	78345.20	82067.50	89442.20	95933.30	104790.60
增发国债拉动经济增长/%	2.22	2.22	2.67	2.45	2.00

资料来源:郭庆旺等:"积极财政政策的乘数效应",《财政研究》,2004年第8期,第13—15页。

【本章小结】

● 经济稳定与经济波动是一个问题的两个方面,经济稳定意味着经济波动的终结,经济波动则意味着经济稳定的破坏。历史发展表明,经济增长从来就不是沿着一条平滑曲线递进的,而总是有着繁荣与萧条的周期性交替。

● 公债政策是指中央政府运用各种公债工具和措施,以实现一定时期既定目标的公债方针、措施与准则。公债政策目标是公债政策的核心。公债政策目标可分为直接目标和最终目标。

● 公债政策传导机制是指在公债发行、公债流通、公债利用与偿还、公债管理等环节对经济运行产生影响的调节过程中,公债政策要素与经济运行各要素之间的因果关联与影响机制。公债政策的传导机制需要借助一些公债中间指标或中介变量,主要有公债流动性比率指标和公债利息率指标。

● 公债不是货币,但却具有一定的货币属性,因此,公债被视为"准货币"或"货币的近似物"。公债与基础货币和货币供应量之间的关系十分复杂,并受到一国金融市场、金融体制、财政制度等方面的影响。理论上,公债与货币供应量增长之间主要有两种联系:政府在无法偿还巨额债务时,通过增加货币存量并制造通货膨胀来使债务贬值(内债),并取得相应的收入;中央银行通过公开市场购买政府债券,为此需要增加高能货币的供应量,货币即被"印刷"出来。

● 经济增长是人均产出的持续增长。从各国的增长实践来看,各国人均收入水平差别很大,经济增长具有累积效应,国与国之间经济增长率的差别很大。

● 经济增长理论的发展经历了三个阶段,从早期的哈罗德—多马模型,经过由索洛等人开创的新古典经济增长理论,发展到现在的由罗默和卢卡斯开创的内生经济增长理论(也称为新增长理论)。

● 经济增长的主要源泉包括物质和人力资本积累以及技术进步(或者说全要素生产率的增长)。公共政策能够通过促进经济增长的源泉,进而推动经济增长,主要包括鼓励储蓄与投资,吸引国外投资,提供公共基础设施,发展教育,促进新技术的研究开发,保护产权和促进社会稳定,等等。其中公债政策作为一项公共支出的收入来源起到了举足轻重的作用。

● 在"短期经济"(生产能力不变的经济)里,公债政策能否促进 GDP 扩张,关键在于消费者是否是"向前看"的,或者说李嘉图等价定理是否成立;在"长期经济"(生产能力可变的经济)里,公债转化为生产性公共支出,向全社会提供公共基础设施、教育、科研等公共服务,进而促进了经济增长。

● 1998—2003 年,中国为实施积极财政政策而实行了增发公债的积极公债政策,每年拉动经济增长在 2%以上,对经济增长具有很强的正向效应。

【关键术语】

经济波动 经济增长 公债总量政策 公债结构政策 公债政策目标 公债政策传导机制 通货膨胀税 准货币 公开市场业务 积极公债政策 减税公债 增支公债

思考与讨论

1. 试分析公债政策的特殊性及其与财政政策、货币政策之间的联系。

2. 根据专栏 7-1 有关案例素材,法国财政赤字和公债规模"双超标"会有什么样的财政经济后果? 法国财政赤字和公债规模"双超标"为什么会使欧盟财政政策面临两难选择? 请阐述观点并做简要分析。

3. 为什么公债被称为"准货币"? 公债与通货膨胀之间有什么样的逻辑关联?

4. 简述公债政策促进短期经济和长期经济增长的机制。

5. 讨论和评价公债政策对我国经济增长的影响及其程度。

阅读与参考文献

[1] 查尔斯·I. 琼斯. 经济增长导论. 舒元,等译校. 北京：北京大学出版社,2002.

[2] 戴维·罗默. 高级宏观经济学. 苏剑,罗涛,译. 北京：商务印书馆,1999.

[3] 都晓芳. 公债与经济增长的关系. 太原：山西财经大学,2004.

[4] 费尔南·布罗代尔. 中世纪欧洲经济社会史(第二卷). 乐文,译.上海：上海人民出版社,1999.

[5] 高培勇,宋勇明. 公共债务管理. 北京：经济科学出版社,2004.

[6] 郭庆旺,等. 积极财政政策的乘数效应. 财政研究,2004(8)：13 - 15.

[7] 胡寄窗. 西方经济学说史. 上海：立信会计出版社,1999.

[8] 李素梅. 国债的货币效应初探. 现代财经,2003,23(11)：28 - 30.

[9] 刘恒. 当代中国经济周期波动及形成机理研究. 成都：西南财经大学出版社,2003.

[10] N. 格里高利·曼昆. 宏观经济学. 梁小民,译. 北京：中国人民大学出版社,2000.

[11] 西蒙·库兹涅茨. 现代经济增长. 戴睿,易诚,译. 北京：北京经济学院出版社,1989.

[12] Barro, R. J. Government Spending in a Simple Model of Endogenous Growth. *Journal of Political Economy*, 1990, 98(5)：S103 - S127.

[13] Cass, D. Optimum Growth in an Aggregative Model of Capital Accumulation. *Review of Economic Studies*, 1965, 32(3)：233 - 240.

[14] Domer, E.D. Capital Expansion, Rate of Growth, and Employment. *Econometrica*, 1946, 14(2)：137 - 147.

本章测试

第八章　地方公债管理政策的考察与比较

公债并不是解决公共基础设施筹资的全部答案。由于基础设施的维护是需要反复进行的,因此其融资问题应当纳入公共设施的日常运营活动。

——约翰·L.米克塞尔[①]

学习目标

1. 掌握地方公债的概念、种类、特征和功能。
2. 了解我国目前的地方公债现状以及国内外的地方公债政策。
3. 了解并判断我国地方政府公债政策的改革取向。

公债按发行主体的不同可分为中央政府公债和地方政府公债。中央政府公债,也称国债,是指由一国中央政府举借的债务。地方公债,亦称市政债券(municipal bonds),是指由一国地方政府发行的公共债务,主要是为了满足地方经济与社会公益事业发展的需要,是政府公债体系的重要组成部分。作为政府缓解地方财政困难、完善财政分税体制和加强资本运营的重要手段,地方公债正被越来越多的发展中国家所关注。

市政债券的起源及其类别

第一节　地方公债的一般性分析

一、地方公债的概念和特征

地方公债是地方政府公债的简称,是与中央政府公债(国债)相对应的概念。通

---

① 约翰·L.米克塞尔著,白彦锋、马蔡琛译:《公共财政管理:分析与应用》(第六版),中国人民大学出版社 2001 年版,第 598 页。

常,地方公债是地方政府为满足地方经济与社会公益事业发展的需要,在承担还本付息责任的基础上,按照有关法律的规定向社会举借的债务,其中以债券形式发行的地方公债称为地方政府债券(简称地方债券)。地方公债一般用于交通、通信、住宅、教育和环保等地方性公共基础设施的建设,是政府公债体系的重要组成部分。

从国际经验来看,地方公债一般具有以下几个基本特征:

(1)信用较好。地方公债以地方政府的税收收入或项目的收益作为担保,信用仅次于国债,运行规范,违约率低,被称为"银边债券"。

(2)融资成本较低。由于地方公债借助于地方政府的信用,而且运作规范,通过担保、保险、评级等手段提高安全性,所以融资利率较低。另外,地方公债收入一般可免税,从而有利于地方政府以较低的成本满足地方经济,促进地方建设的资金需要。

(3)限定使用范围。各国地方政府发行公债筹集的资金一般用于社会公益性项目和基础设施的建设,债券的用途在有关的地方政府法、地方财政法或专门的市政债券管理条例中有明确的规定。地方公债的这种偏重资本性项目的特点,是为了达到为地方经济发展提供软件和硬件支持,促进社会再生产的目的。

(4)期限较长。这是由公债资金的用途所决定的,公债资金主要投向那些建设周期长,回报率低的项目,所以地方公债多为长期债券,最长可达三四十年。短期地方公债所占的比例较低,多用于地方财政资金的短期周转。

(5)流动性良好。地方公债制度比较发达的国家,大多有比较完善的地方债券市场。

二、地方公债的经济功能

地方公债的经济功能主要表现在以下几个方面:

(1)促进地方公用基础设施的建设。公用基础设施的建设是地方经济发展的基础,如地方公路、电力、港口、环境、教育等社会公用项目。一般来说这些基础设施建设有周期长、投入资金量大、回收期长、收益率比较低等特点,私人投资无力或不愿意,需要政府来进行投资。但地方政府受财力所限,没有足量的资金投入,而发行地方公债则正好可以弥补地方公用基础设施资金不足的矛盾。

(2)平衡地方财政收支。地方政府作为一级相对独立的预算单位,要对自己的财政收支平衡负责,但在实际经济运行过程中地方财政很难时时保持平衡,大多数情况下会出现财政赤字。从世界各国的经验来看,弥补财政赤字最主要的方式是举借债务。

(3)利于地方经济调控。在现代社会,公债还是政府实施经济调控的有效工具。发行地方公债可以把居民个人手中和企业的闲置资金暂时有偿地转移到政府手中,使经济运行过程中过多的货币流入政府的账户,可以在一定程度上缓解经济总量的供给失衡状况;而地方政府把债务收入用于生产建设,特别是用于城市基础设施建设,将扩大城市经济中积累的规模,压缩消费水平,优化地方经济结构。

(4)满足投资者的投资需求,完善债券市场体系。地方公债是"银边债券",相对于商业债券而言,具有风险小、收益安全可靠的特点。地方公债能很好地满足居民个人、企业、金融机构等投资者的投资需要。同时,地方公债是债券市场体系的重要部分,缺少了地方公债市场的债券市场是一个不完整的债券市场体系。

三、地方公债发行的理论依据

1. 从政府职能划分理论考察

在市场经济条件下,政府具有四重身份,一是社会成员共同政治利益的代表(凭借行政管理权力);二是社会管理者(凭借社会管理权力);三是国有资本所有者(凭借生产资料所有权);四是宏观经济管理者(凭借宏观经济管理权)。在地方政府管辖范围内,地方政府同样要履行经济建设职能和地区经济调控职能,以弥补市场缺陷。例如,调整本地区经济结构,促进地方经济发展。随着市场经济的发展,地方政府调控地方经济运行、优化地方经济结构、优化区域资源配置的责任越来越大。地方经济建设职能和经济调控职能已经成为地方政府的必要职能。因此,地方政府有必要通过发行地方公债筹集地方政府资本金,通过地方政府国有资本的运营来调节控制经济运行,以满足地方政府履行经济建设职能的需要。中央政府和地方政府职能的进一步划分,为建立地方公债制度提供了理论依据。

2. 从公共产品层次考察

按照公共财政理论,公共产品根据受益范围的不同可以分为全国性公共产品和地方性公共产品。受益范围遍及全国的是全国性公共产品;受益范围仅限于特定地域空间消费者的是地方性公共产品。地方性公共产品在其受益范围内无法排除他人从消费中受益,一旦超出这个范围就具有排他性。虽然部分公共产品具有外部性,其受益范围不仅仅局限于本地,但地方公共产品的成本和受益基本上在一个区域之内,其供给着眼于满足本地居民的需要,成本也应由本地居民负担。地方公共产品有纯公共产品和准公共产品之分。纯公共产品包括用来满足地方社会公共需要、地方公众生产和生活服务,主要包括环境治理、教育、公安和公共卫生保健等公共产品;准公共产品包括公共工程和公共服务,如公路、铁路、机场、港口、大坝、给排水工程、电力、电信、环境卫生设施等。此外,一些外部性较大、社会效益明显的基础性、主导性产业也具有准公共产品的特征。对于地方纯公共产品应当以税收等公共收入供应资金,对于地方准公共产品则应当以地方公债、地方政府国有资本投入供应资金。

地方政府通过举债筹资将有助于提高地方准公共产品的提供水平,更好地发挥地方政府职能作用。

3. 从财政分权理论考察

适度的财政分权体制改革也需要地方公债的存在。目前,我国地方政府财权与事权的配置严重扭曲,导致地方政府有事权需要,而无财权保证,许多地方政府只能维持基本的经费开支——"吃饭财政"。在目前分税体制基本稳定、转移支付制度调节余地有限的情况下,赋予地方政府举债权无疑是可行的政策选择。可见,财政分权理论也为地方政府发行地方公债提供了理论依据。

第二节　国外地方公债管理政策考察

在西方大多数发达国家,地方财政独立于中央财政,地方政府经常利用发行公债来进行融资,地方政府发行公债以成为一个相当普遍的现象。美国、日本、法国、德国、英国等西方发达国家都有着十分完善和成熟的地方公债市场。地方公债市场不仅已经成为地方政府融资的重要来源和资本市场的有机组成部分,而且已经在这些国家的经济发展尤其是在地方经济的发展中扮演着越来越重要的角色,发挥着重要的作用。本节主要对美国、日本和法国的地方公债加以考察。

一、美国地方公债及其管理

美国是一个联邦制国家,实行三级财政体制,即联邦财政、州财政和地方财政。除了联邦政府可以发行公债外,州和地方政府也可以发行州地政府(即州政府和地政府)公债来筹措一部分财政资金,一般来说,美国的地方公债主要是州地政府公债,又称为市政债券。

1. 地方公债的期限结构与持有者分布

美国州地政府公债的绝大部分是一年以上期限的长期债券(见表 8 - 1)。一年以内期限的短期债券所占比例很小。这是因为州地政府公债往往与特定基本建设项目相挂钩,其期限通常是根据用款项目的期限而定。而基本建设的周期一般较长,用款需较长的时间,只有长期债券才能适应基本建设资金筹措的需要。从市政债券持有者分布来看(表 8 - 2),家庭是美国市政债券的主要持有人。另外,在市政债券的购买者结构中,商业银行的作用已经下降,这是因为 20 世纪 80 年代美国的税制改革规定,如果商业银行使用存款来购买免税债券,商业银行对这些存款支付的利息将不能从联邦税收的税基中扣除,这种变化使商业银行开始脱离市政债券市场。

表 8 - 1　美国市政债券的发行情况　　　　　　　　单位:10 亿美元

年　份	长期市政债券发行	短期市政债券发行	合　计
1975	25.3	0.6	25.9
1980	46.3	9.0	55.3
1985	206.9	22.4	229.3
1990	128.0	35.3	163.3

续　表

年　份	长期市政债券发行	短期市政债券发行	合　计
1991	172.8	44.7	217.5
1992	234.7	43.4	278.1
1993	292.5	47.8	340.3
1994	165.1	40.6	205.7
1995	160.0	38.5	198.5
1996	185.0	42.2	227.2
1997	220.6	46.3	266.9
1998	286.2	34.8	321.0
1999	226.8	37.1	263.9
2001	—	—	342.9
2002	358.0	72.0	430.0

数据来源：Thomson Financial Securities Data。

表8-2　美国市政债券持有者分布状况　　　　　单位：%

市政债券持有者	1985 年	1990 年	1995 年	2000 年
未到期债券合计	100.0	100.0	100.0	100.0
家庭	40.5	48.5	35.5	34.2
共同基金	4.1	9.5	16.3	14.7
货币市场基金	4.2	7.1	9.9	14.7
封闭式投资基金	0.1	1.2	4.6	4.6
银行个人信托基金	5.6	6.8	8.4	6.7
非金融合作企业	3.0	2.1	2.8	2.2
政府主导型企业	0.2	0.3	0.3	0.2
州和地方一般基金	0.9	1.0	0.4	0.1
商业银行	27.0	9.9	7.2	7.3
储蓄机构	0.4	0.3	0.2	0.2
寿险公司	1.1	1.0	0.9	1.3
财产及人身伤亡险公司	10.3	11.6	12.4	12.8
州和地方退休基金	0.1	0.0	0.1	0.1
经纪商和交易商	2.3	0.7	1.0	0.7

资料来源：约翰·L.米克塞尔著，白彦锋、马蔡琛译：《公共财政管理：分析与应用》(第六版)，中国人民大学出版社 2001 年版，第 620 页。

2.美国地方公债的种类

美国州地政府长期债券主要有普通债券和收益债券。普通债券以州地政府的税收及其他财政收入担保,作为其还本付息的来源。发行普通债券筹得的款项可用于各种基本建设,不受具体项目的限制。收益债券则是以特定基本建设工程的收益担保,靠其收入(如桥梁、公路的通行费等)偿还本金和支付利息。同时,收益债券也是为了建设某项特定工程,特别是能创造盈利的工程而发行的,专款专用,不得挪用于其他工程项目。

州地政府发行的短期债券从其用途来看主要有预付税款券、预付收入券、城市改造工程债券等多种。其中预付税款券和预付收入券这两种债券都是为弥补州地政府财政收支不同步所产生的差额而发行的。在美国,州和地方政府在个别月份也常会出现一些赤字。所以,州地政府就把预付税款券和预付收入券作为弥补财政年度内季节性资金短缺的一种办法。这类债券的到期日即为各种重要税收的缴纳期,债券持有人到期就可用这种债券来抵付税收。而城市改造工程债券主要是城市改造机构为城市改造工程筹集短期资金所发行的短期债券,这种债券一般由州地政府作担保。

3.美国的市政债券

市政债券最早起源于美国。1812年,纽约市政府需要筹资建设一条运河,发行了第一支市政债券。其后,美国州政府和地方政府不断以发行债券的方式为地方政府的经济发展及基础设施建设筹集资金。其后,美国市政债券不断发展,成为美国债券市场重要品种之一。

从发行主体看,美国市政债券的发行主体广泛,主要为地方政府及其相关实体,包括州政府、城市、乡镇、学区、住房中心、公共医疗、机场、港口等。目前,全美共有约5万余个市政债券发行主体,绝大多数是发债规模较小的主体。而发债规模较大的主体多为较大的地方政府及其授权机构,如加利福尼亚州政府、洛杉矶运输局、长岛公用电力局、纽约、新泽西港务局等。从每年的发行规模来看,2003—2014年,美国市政债券发行量每年在3000亿～5000亿美元。其中,2014年美国共发行市政债券3320.84亿美元,占美国全部债券品种发行总量的5.65%。从存续规模看,1980年美国存量市政债券规模为3994.40亿美元;1987年存量首次突破万亿,达1.01万亿美元。截至2014年年底,美国市政债券余额为3.63万亿美元,占美国各类存续总量的9.46%,占美国GDP总量的21%[①]。

4.美国市政债券管理与市场监管

美国对市政债券的管理和市场监管,主要是通过发行人、市场机制以及透明的法律来约束州和地方政府的借债行为。例如,美国一些州关于市政债券的管理与监管规定如下:(1)州信用不能用于私人利益;(2)债券要首先用于改进长期项目;(3)大宗发行证券需要投票同意。不少州还要求每一种债券的收益都必须记入专项基金,

---

① 资料来源:Sifma、Wind资讯。

并不得与政府其他基金混在一起。另外,对州以下的地方政府,如果债务不能偿还,债权人可以依法起诉要求强制执行;如果没有可扣押财产,经上级批准,地方政府可以提高税率以偿还债务。从以上方面可以看出,美国市政债券发行对于发行人或债务人的约束是十分严格的。

中国版"市政债券"
啥模样?

二、日本地方公债及其管理

日本地方公债主要是指地方各级政府(都道府县和市町村)的举债。

1.地方公债的种类和发行方式

日本地方债大体可以分为普通债和公共企业债两大类,两种发行方式主要是借款和发行债券。借款时需向债权者提交借款证书,一般又称证书借款。发行债券具体又有三种形式:(1)募集,即首先公布地方公债的发行条件,让投资者们提交认购申请书竞价,按价格高低顺序让申请者交纳现金后发行债券。根据募集对象的多少和是否公开投标又可分为公募和私募。(2)销售,即首先公布发行条件(包括价格)和销售期间,在规定期间内提交申请书者,按先后顺序销售债券。(3)支付债券,即地方政府对债权发行者约定在以后支付现金的一种债券。在实际操作中,日本地方公债多以证书借款方式发行,1990年年末地方政府债务余额中有72.5%属于这一方式。在发行债券方式中支付公债占有相当大的比重,约占发行债券方式地方公债余额的1/2①。

2.地方公债的使用范围

日本《地方公债法》明确限定和规定了地方公债的用途。该法在规定"地方政府的财政支出必须以地方公债以外的收入作为财源"的基础上,规定"某些支出可以以地方公债作为财源"。"某些支出"原则上是建设性支出。从实际情况看,地方公债资金一般用于以下各项事业:(1)交通、煤气和水道等公营企业所需经费。(2)对地方公营企业提供的资本金和贷款。(3)灾害紧急事业费、灾害后的生产恢复事业费和灾害救济事业费。(4)文教、卫生、消防及其他公共设施的建设。此外,在特殊情况下,以特别立法的形式可发行上述目的以外的地方公债。据统计,到1990年年末在日本地方政府公债余额中,有28.4%属于地区综合开发事业债,9.9%属于义务教育设施建设事业债,6.8%属于公营住宅建设事业债,一般公共事业债和购买公共用地事业债分别占6.2%和3.4%②。

3.日本地方公债的管理

日本地方政府发行地方公债受到中央政府严格的监管,主要体现在两个方面:(1)对地方公债发行实行计划管理。第二次世界大战以后,日本中央政府(主要由大

---

① 张海星:"美、日地方公债及启示",《财经问题研究》,2001年第2期,第42—45页。
② 张海星:"美、日地方公债及启示",《财经问题研究》,2001年第2期,第42—45页。

藏省和自治省)每年都编制地方公债计划,其主要内容包括地方公债发行总额、各种用途、各种发行方式的发债额。(2)对各地方政府发行地方公债实行协议审批制度①。各地方政府要发行公债必须向自治省上报计划,经自治大臣批准后方可发债。地方公债计划与协议审批制度相互配合,构成了日本严密的地方公债管理制度。这种管理政策有效地防范了地方公债的膨胀,指导并规定了地方公债资金的用途,有利于具体落实各个地方政府的发行额,并强化了中央与地方财政的联系和中央对地方财政的指导。

三、法国地方公债及其管理

1. 地方政府公债概况

在法国,各级地方政府均可以对外举债。在1982年政治体制改革以前,除中央政府可直接采取发行国债和向银行借款两种方式外,地方政府对外负债的主要方式是向银行借款,地方政府只有在中央政府特许的情况下才可以发行地方债券。1982年政治体制改革以后,地方政府的自主权扩大,地方政府可以自主决策发行地方债务,不需要中央政府进行审批管理(或特许)。但从实践来看,目前法国地方政府对外发行债券只限于省级政府,市(镇)政府还无权直接发行债券,市(镇)政府对外负债的形式仍然是向银行借款。

目前法国各级地方政府采取对外举债方式筹集资金的做法已经比较普遍。据法国经济与财政部国库司"债务管理中心"透露,目前60%~80%以上的地方政府都采取了不同形式对外负债,地方政府负债或发行地方债券约占法国政府对外发行公债总额的10%~15%。地方政府对外负债和发行地方债券,已经成为法国各级财政对外负债的重要组成部分和重要的运作方式之一。

2. 地方公债的使用范围及偿还

在法国,各级地方政府无论采取向银行借款还是对外发行地方债券的形式,所筹集的资金只能用于投资或建设地方公共工程,不能用于弥补政府经常预算缺口。对地方政府对外负债或发行地方债券,中央政府不承担偿还责任,只能由地方财政偿还。因此,发行地方公债一般都采取以政府资产作为抵押或担保方式。实践中,地方债券的利率水平通常高于中央政府发行的国债,但由于有地方财政作为担保,其利率水平也低于企业债券。

地方政府的偿债资金来源主要包括地方税收、中央对地方各类补贴(拨款)和发行新的地方政府债券(借新还旧)等。一般来说,法国各级地方政府的自律性很强,很少出现地方政府对外负债"过度"和滥发债券而形成地方财政破产的情况。但是一旦出现地方政府对外负债和发行地方债券不能够到期偿还、政府运转不灵的情况,则由各省省长直接执政,原有的地方政府或地方议会则宣告解散,其债务由中央政府先为

---

① 协议审批制度是指自治大臣在审批时,要与大藏大臣协议,并尊重和听取大藏大臣的意见。

代偿,待新的地方议会和政府经选举成立后,通过制订新的增税计划偿还原有的债务和中央先行代偿的垫付资金。

3. 地方公债的管理

法国各级地方政府对外举债,由地方议会和政府自主决策,严格按相应的法律和法规运作,中央政府原则上不采取审批等直接管理方式进行干预。但这并不等于中央政府对地方政府举债不进行监管,地方政府的对外举债(包括向银行借款或发行地方债券)仍然处在中央政府的严格监控之下。中央政府对各级地方政府的负债和财政运行情况进行监控,主要依赖以下三个机构组织实施:(1)审计法院严格的司法监督。法国的审计法院是一个独立的国家机构,其权力由法国国民议会授予,不受行政权力干预。(2)法国经济和财政部的严格监控。法国经济与财政部于2001年8月在国库司下面特意成立了"债务管理中心",专门对各级政府的债务情况进行日常监督和管理。(3)经济和财政部派驻省、市的财政监督机构的监管。一般情况下,地方政府发行公债要向经济和财政部驻本地的监督机构进行咨询,征求意见。

四、国外地方公债管理政策的比较

1. 共同点

(1)都允许地方政府举债,但一般不得用于弥补预算赤字。美国是一个联邦制国家,各州与地方政府都拥有较大的自主权。一般来说,州地政府的举债主要受制于各自立法会的管理与监督,只要不违法联邦宪法,联邦政府基本不加干涉。从州地政府的预算立法来看,虽然也允许地方政府举债,但一般不允许地方公债用于弥补长期预算赤字,而只允许弥补短期的季节性周期赤字。日本虽然是单一制国家,但是根据《地方自治法》,允许一般地方公共团体,即都道府县与市町村政府举债,但同时规定,各地方政府要实行收支平衡预算,从而也表明举债资金不得用于弥补预算赤字。法国的地方政府有自主发行地方公债的权力,但是举债资金也同样不能用于弥补政府经常预算缺口。

(2)债务资金的期限都比较长。在美国和法国,一年以内的短期公债很少,大量的是长期公债,一般都是10年以上的。在日本,地方债主要来源于政府性的资金,属于中央政府对各级地方政府的支持,因而期限也比较长,有的长达30年。

(3)基层政府的债务都占一定的比重。在美国,从未付债务的总额来看,地方政府的债务份额一直在60%以上。从日本市町村所接受的政府性资金与都道府县相比,其份额也在60%以上,由于政府性资金是日本各级地方政府举债资金的主要来源,因而也在一定程度上说明了中央政府对基层政府在债务资金的供给上较大。法国地方政府负债或发行地方债券约占法国政府对外发行公债总额的10%~15%。

2. 不同点

(1)地方政府举债的具体方式存在差异。美国各级地方政府举债基本采用发行各种市政债券的方式,而日本除了个别实力较强的都道府县政府能够以公募的方式发行政府债券以筹集资金以外,绝大部分都道府县政府都不能以发行政府债券的方式筹集资金,而是以借款的方式,即给予债权人以借款收据的方式筹集资金,借款是日本地方政府举债的主要方式。法国地方政府举债主要是向银行借款和发行债券,且对外发行债券只限于省级政府,市(镇)政府还无权直接发行债券,市(镇)政府对外负债的形式仍然是向银行借款。

(2)地方债的用途限制存在差异。在美国,地方债的用途相对较为宽泛,特别是直接用于促进工业经济发展的债务,而日本和法国都规定地方公债的用途主要集中于建设性的交通、水道和一般公用事业等地方公共工程。

(3)地方公债的资金来源存在差异。由于目前美国地方公债的持有者主要是以家庭为主,因此地方公债的资金来源主要是私人资金。而日本地方公债的资金则以政府性资金为主,即主要源于中央政府的投融资资金。法国地方公债的持有者则主要以银行、企业和家庭为主。

(4)地方公债的筹资成本存在差异。由于美国和法国地方公债的发行主要是通过资本市场发行和运作的,因此地方公债的发行及筹资成本直接受制于资本市场中利率的波动,由于不同政府的信誉等级不同,所发行的公债利率也有一定的差异,因此,地方公债的筹资成本相对较高,差别也较大。就日本而言,其地方公债以借款形式为主,而且主要资金来源是政府性资金,因此,不仅筹资成本较低,而且基本不受债券市场的影响。

专栏8-1

美国市政债券的信用评级

信用是市场经济的基础。市场经济的发展越深入,对信用的要求就越高。为减少投资风险,增加市场透明度,信用评级应运而生。所谓信用评级,是指独立的第三方信用评级机构对债务人就某一特定债务能否准时还本付息的能力及意愿加以评估,并发表其客观的评级意见。在美国市政债券市场上,多数债券的信用评估都是由穆迪投资公司和标准普尔公司来进行的。穆迪投资公司早在1919年就开始对市政债券进行信用评级了,而标准普尔公司最早是在1940年。附表列示了这两家公司在评价市政债券时所使用的标准,并列示了与每种信用状况相关的一般风险因素。一般来说,借款单位所具有的信用等级评价有关特征并不是评估出来的,而是其本身就具有的。信用评估公司在对市政债券评估的过程中,以下四方面的因素有着重要的影响:

(1)经济因素。发债单位运营所依赖的经济环境是十分重要的。经济的强劲增长,可以为债券带来强大的收入基础。这也会降低债券的信用风险。

(2) 债务状况。发债单位的债务历史和增长状况也很重要。与政府资源相关的较高债务负担和较高偿债要求,将会带来债务的信用风险问题。此外,还要考虑的因素包括:偿债计划,与融资对象工程相关的债务期限结构,发债机关以前的赖债状况等。

(3) 政府因素。信用调查要考虑:发债政府所表现出来的敬业精神,债务人员的管理能力,预算全过程的质量(包括审计、文档、拨款和控制等),政府财务报告的质量。对预算批准的推迟将不是一个有利因素。

(4) 财务分析。信用调查要全面考虑:资金的平衡问题,财政支出的未来发展趋势,税基的充分性,新生债务的可能性(如对养老金的需求等),财务计划的充分性等。

穆迪公司和标准普尔公司的债信评级标准见表 8-3。

表 8-3 穆迪公司和标准普尔公司的债信评级标准

穆迪公司	信用等级
投资质量最好;投资风险最小,被认为是"金边债券"(gilt edge)	Aaa
投资质量较好;与 Aaa 级相比,收益的可靠程度略低,将来可能会出现较大的波动	Aa
信用等级属于中上等,本金和利息有充分的安全性;将来可能会有些风险	A
信用等级属于中等:既不具有高度的保险性,也没有太差的安全性;现在还具有足够的安全性,但长期内的可靠性存在问题	Baa
含有投机因素;不很保险;不管情况如何,本金和利息都只具有中等保险性	Ba
缺乏可投资价值	B
信用状况较差;可能出现赖债现象,从而危及本金或利息	Caa
含有很高的投机因素;有赖债或者其他明显的缺陷	Ca
最低的信用级别;可投资前景极差	C
标准普尔公司	信用等级
最高的信用等级:债务质量最好,出现赖债的可能性最低;管理质量良好,债务比例较低	AAA
较高的信用等级:安全性只比上一种稍差;赖债的可能性也只比上一种稍大	AA
中上等信用级别:具有安全的投资价值;只是在地方经济基础、债务负担或财政平衡等方面存在缺陷	A
中等信用级别:最低的一种可安全投资的种类;可能具有一种以上的基本缺陷;赖债的可能性较高	BBB
中等级别:几乎不存在投资价值的投机型债务;风险和不确定性相对较低	BB
低信用级别:几乎不存在任何投资价值	B
容易赖债:能否按时还债要取决于企业状况、财务状况和经济状况	CCC
信用状况稍逊于 CCC 级	CC,C
这种债务不会支付利息	CI
赖债	D

资料来源:约翰·L.米克塞尔著,白彦锋、马蔡琛译:《公共财政管理:分析与应用》(第六版),中国人民大学出版社 2001 年版,第 611—612 页。

第三节　中华人民共和国成立以来地方政府债券的历史沿革与正式发行

据记载,晚清推行改革新政期间,地方裁决、地方发行、利率自定、还款自筹的"1905年广东公债",应属中国历史上完全意义上的地方公债债券。当然,广东省单独发行地方债券仍须得到中央政府(即晚清朝廷)的批准方可执行。随后直隶公债、福建公债、安徽公债、湖南公债等都大致如此[①]。值得指出的是,中国近代史上的地方债券也大致出自广东,如民国元年(1912)广东军政府发行的"广东地方劝业有奖公债"。不难发现,辛亥革命和讨袁、护法、东征、北伐等革命战争,给广东发行债券提供了独特的历史和现实条件。民国时期,除国民政府和北洋政府发行大量的债券外,各省政府也发行了一些债券。例如,为扩充军备、弥补行政经费不足、筹措建设经费以及归还旧债,浙江省政府先后发行了1912年的浙江爱国公债、1925年的浙江善后公债、1926年的浙江整理旧欠公债、1932年的浙江省金库券、1934年的浙江省地方公债、1938年的浙江省六厘公债(筹备国防特种费用)、1941年的浙江省战时公债、1943年的同盟胜利公债等[②]。

中华人民共和国成立至今,伴随着我国公债的发展,地方公债也经历着"断与续"。本节主要介绍中华人民共和国成立以来地方政府债券所经历的不同发展阶段。

一、中华人民共和国成立初期的地方政府债券实践

在此时期,我国先后发行过两种不同类型的地方公债:1950年东北人民政府发行的"东北生产建设折实公债"和1958年及以后我国各地不同程度发行的"地方经济建设公债"。

1. 东北生产建设折实公债

1950年2月15日,东北人民政府颁布《1950年东北生产建设折实公债条例》。当年3月发行了第一期生产建设折实公债,11月发行本年第二期生产建设折实公债。此次公债发行以实物为衡量标准,以"分"为计量单位(即按沈阳市高粱米5市斤、"五福牌"白布1市尺、粒盐5市斤、原煤34市斤的市价总和来计算),采用行政摊派方式发行,公债偿还期3年,自1950年起每年抽签还本1/3,公债利率为年息2%。当时计划发行3054万分(折合人民币3543.64万元),实际完成3629万分(折合人民币

---

① 周育民:"清末内债的举借及其后果",《学术月刊》,1997年第3期,第64—70页。
② 叶青、宋燕:"试论中国地方公债的百年变迁",《风云际会财政史》,东北财经大学出版社2009年版。

4204.60万元），超额完成计划的18.69%。在发行过程中，东北各阶段分配的认购指标不一，但以工商界为主（见表8-4）。

表8-4 东北生产建设折实公债的发行情况分析

发行对象	发行情况			
	计划发行/万元	实际发行		超额完成率/%
		金额/万元	比重/%	
职工	353.6	487.8	22.6	37.9
农民	425.0	290.0	6.9	−31.8
工商界	2410.0	2968.5	70.6	23.2
市民及其他	354.0	458.3	10.9	28.5
合计	3524.6	4204.6	100.0	18.7

资料来源：夏锦良：《公债经济学》，中国财经出版社1991年版，第216页。

2. 地方经济建设公债

1958年4月2日，中共中央做出《关于发行地方公债的决定》，明确1959年起停止发行国家经济建设公债，但允许各省区在确有必要的情况下发行地方经济建设公债。同年6月5日，全国人大常委会通过并颁布《中华人民共和国地方经济建设公债条例》，制定了各地发行公债的基本管理制度。随后，我国江西、东北等省区根据实际情况，不同程度地发行了地方经济建设公债。

当年发行地方公债的背景条件与具体规定如下：

（1）发行背景和目的：为了便于各地筹集工农业大跃进所需的资金，促进人民节约储蓄，有利于鼓足干劲、力争上游、多快好省地建设社会主义。

（2）发行及支出管理：省、自治区、直辖市认为确有必要的时候，可以发行地方经济建设公债，由省、自治区、直辖市人民委员会拟定具体办法，经本级人民代表大会通过后执行，并且报国务院备案。省、自治区所属专员公署和自治州、县、自治县、市人民委员会推销的公债收入，大部分应当留归各专区和自治州、县、自治县、市支配，一部分由省、自治区调剂使用。

（3）发行数量及推销方式：省、自治区、直辖市对于地方经济建设公债的发行数量，应当根据需要和可能加以控制，并且必须在自愿认购的原则下组织推销，不要使工人、农民和其他劳动人民因为认购过多而造成生活上的困难。

（4）票面金额与发行利息：地方经济建设公债的票面金额不宜过高。公债的利息，年利率一般不宜超过2%。在必要的时候，也可以发行无息公债。

（5）债券流通与偿还情况：地方经济建设公债债券不得当作货币流通，不得自由买卖。地方经济建设公债可以分期偿还，偿还期限一般不宜超过五年。利息于还本时一次付清。

值得指出的是，20世纪50年代后期，高度集中统一的计划经济体制在我国逐渐确立,社会经济状况发生了根本性变化,这使得通过发行公债筹资建设资金的做法既无必要也无可能。此后我国进入约 20 年的"既无内债,又无外债"的债务空白时期,地方公债也就销声匿迹了。

二、国债转贷地方的代发代还模式(1998—2010 年)

改革开放以来,我国一直坚守地方政府无权发行公债的财政防线,这一财政思想甚至写入了 1994 年颁布的《中华人民共和国预算法》(以下称"旧《预算法》")。例如,旧《预算法》第 28 条明确规定:"除法律和国务院另有规定外,地方政府不得发行地方政府债券。"尽管如此,我国各级地方政府明里暗里、直接间接地举借了大量债务。主要分为两类:一是直接债务(如商业银行担保贷款);二是隐性债务(如借助地方投融资平台举借的各类债务)。

1998 年我国实施积极财政政策后,曾采用中央财政发行国债再转贷地方政府的变通做法,即中央财政代发代还模式。主要做法是:中央财政将部分新增国债项目资金转贷给地方(相当于中央政府借钱给地方政府),用于国家确定的国债资金建设项目,由地方政府还本付息,不列入中央财政预算,也不做财政赤字处理(见表 8 - 5)。随着 2005年我国财政政策从积极转向稳健,2006 年起中央财政不再把国债资金转贷给地方政府。

表 8 - 5　1998—2008 年中央国债资金转贷地方政府的情况　　单位:亿元

年　份	1998	1999	2000	2001	2002	2003	2004	2005	2006	2007	2008
国债转贷地方金额	580	300	500	400	250	250	150	100	0	0	0
中央政府自留金额	500	800	1000	1100	1250	1150	950	700	600	500	300
国债项目合计	1080	1100	1500	1500	1500	1400	1100	800	600	500	300

资料来源:全国人大会议上财政部长所做的历年财政预算报告。

由于 2008 年下半年国际金融危机的冲击和蔓延,经国务院特别批准,2009—2011 年我国财政部开始每年代理发行 2000 亿元的地方政府债券,以缓解财政收支压力。与国债转贷地方的方式相比较,相同点都是中央财政代为发行(即名为中央政府借钱,但实为地方政府用钱),但差异也是明显的:2009—2011 年的地方政府债券融资金额被要求纳入地方财政预算管理,加强了对地方财政预算的约束,克服了国债转贷地方模式的弊端。尽管如此,财政部代理发行的地方政府债券采用了记账式国债发行渠道,由中央财政统一代办和偿还。也就是说,地方政府债券的发行条件、发行价格、信用等级等发行要素都与国债基本相同,仍难以体现各地方政府的实际偿债能力和财政状况差异。

三、地方政府债券的自发自还试点模式(2011—2014 年)

在此时期,我国地方政府发债试点包括两个不同的阶段:地方政府自行发债试点阶段和地方政府自主发债试点阶段。这里,地方债券的自发自还模式是指试点地区在国务院批准的发债规模限额内,自行组织本地区政府债券发行、支付利息和偿还本金的机制。

1. 地方政府的自行发债试点(2011—2013 年)

经国务院批准,2011 年 10 月我国财政部发布了《2011 年地方政府自行发债试点办法》,批准上海市、浙江省、广东省以及深圳市试点自行发债改革。此次试点省(市)的地方政府债发行规模 229 亿元,采用记账式固定利率付息债券,期限分别为 3 年和 5 年。试点地区发行政府债券实行年度发行额管理,全年发行债券总量不得超过国务院批准的当年发债规模限额(发债规模限额当年有效且不得结转下年)。地方政府自行发债试点省(市)的政府债券仍由财政部代办还本付息。尽管如此,此次地方政府自行发债试点中,地方政府可以自行组建承销团,自行明确定价机制,自行管理招标现场,从而让地方债发行工作更加市场化。2011 年 11 月 15—25 日,四家自行发债试点的地方政府在 10 天之内都完成了公债招标,顺利完成了 2011 年的地方政府债券发行任务。显然,上述试点都是我国经济发达地区,地方政府信用较强,因此,发行市场和认购倍数都优于市场预期。随后,江苏、山东两省也于 2013 年加入地方政府自行发债试点行列。

2. 地方政府自主发债试点(2014 年)

2014 年 5 月 22 日,我国财政部发布《2014 年地政府债券自发自还试点办法》,持续推进地方政府债券改革。与之前相比,此次改革的主要创新和突破在于:(1)从财政部代行还本付息改为由发债试点地方政府自主发行和偿还。这意味着地方政府债券首次以地方政府信用资质为基础走向了市场化。为此,财政部要求各试点地区建立偿债保障机制,统筹安排综合财力,及时支付债券本息,切实履行偿债责任,维护政府信誉。(2)地方政府债券期限有所拉长,即从 2013 年的 3 年、5 年和 7 年拉长至 5 年、7 年和 10 年(结构比例为 4∶3∶3)。(3)首次要求对地方政府债券进行信用评级,并要求公开披露发债主体的债券基本信息、经济财政状况以及历史债务数据。财政部要求试点地区按照有关规定开展债券信用评级,择优选择信用评级机构。(4)地方债券试点范围有所扩大,即从前期的 6 个扩大至 10 个。例如,经国务院批准,2014 年上海、浙江、广东、深圳、江苏、山东、北京、江西、宁夏、青岛等 10 省(市)开展地方政府债券自发自还的试点工作,总发债额度为 1092 亿元。与此同时,2014 年我国财政部仍代理发行 908 亿元的地方政府债券。

四、新《预算法》下的地方政府债券正式发行模式(2015 年至今)

在我国,于 2014 年 8 月 30 日修订且于 2015 年 1 月 1 日生效的新《预算法》抛弃了旧《预算法》"地方政府不得发行债券"的法律禁令,但从五个方面对地方政府举借债务做出限制性规定:(1)限制主体,即经国务院批准的省级政府可以举借债务。

（2）限制用途，即举借债务只能用于公益性资本支出①。（3）限制规模，即地方政府举借债务的规模由国务院报全国人大或者全国人大常委会批准，省级政府在国务院下达的限额内举借的债务，并报本级人大常委会批准。（4）限制方式，即举借债务只能采取发行地方政府债券的方式，不得采取其他方式筹措。（5）控制风险，即举借债务应当有偿还计划和稳定的偿还资金来源，国务院建立地方政府债务风险评估和预警机制、应急处置机制以及责任追究制度。

随着新《预算法》的实施，2015年我国地方政府被赋予正式举债融资职能，由此我国地方政府债券发行进入新的历史阶段并具备一些新的特点。

我国《预算法》修订后应重点关注的重点和亮点

1. 区分了两种不同类型的地方债：一般债券和专项债券

地方政府债券市场上出现了一般债券和专项债券两个品种。2015年3月和4月，我国财政部分别发布《地方政府一般债券发行管理暂行办法》和《地方政府专项债券发行管理暂行办法》。两者的共性在于：一般债券和专项债券都作为地方财政收入，同样采用全口径预算管理。两者的差异主要在于：一般债券纳入一般公共预算管理，募集资金用于没有收益的公益性项目，偿债资金安排主要来自税收收入或一般公共预算收入；专项债券则纳入政府性基金预算管理，投资具有一定收益但收益不能完全覆盖债务本息的公益性项目，偿债资金主要来自土地出让收入以及其他专项收入。

2. 增量与存量债务的处理：新增债券与置换债券

新增债券主要解决增量债务问题。例如，2015年我国地方政府新增债券发行上限为7714亿元，其中包含5000亿元的一般债券、1000亿元的专项债券，以及以前年度发行并于2015年到期的地方债1714亿元。总体上，各省市获得的发债额度与地区的经济规模、存量债务率相关，经济实力越强、债务率越低的省份获批额度更多，基本体现了对地方整体债务风险的适度控制。

置换债券主要用于解决存量债务问题。这里，地方债置换是指地方政府在利率适度的条件下，通过借新债来还旧债，将所欠的债务延后的一种方式，以用来缓解地方债务的偿还压力。2015年，我国财政部分别于3月、6月和8月下达的三轮债务置换额度分别为1万亿、1万亿和1.2万亿元，当年总置换债务规模高达3.2万亿元，几乎覆盖了当年到期的全部债务，地方政府的偿债压力顿时缓解。置换债券由地方政府自发自还，并且必须用于当年到期的债务。显然，债务置换的意义主要在于：延长债务期限、降低存量债务成本、缓释系统性金融风险。

3. 发行方式：公开发行与定向置换结合

通常，公开发行是地方政府债券较为常规和惯用的发行方式。从地方债券的发

---

① 地方政府举债严禁用于经常性支出或楼堂馆所建设，此限制相比部分发达国家的规定更加严格，但在我国财政监管体系尚待完善的背景下，有一定的合理性。

行方式选择上,我国不同省份的选择有所差异。西部各省以及黑龙江、辽宁等地方政府以公开发行为主,这些地区的金融环境欠发达,地方政府财政实力一般,定向置换与商业银行协商过程中的优势有限,不利于降低负债成本。相比之下,我国中东部各省的公开发行与定向置换的规模差距较小,甚至公开发行的地方债券比重较大。从成本角度看,考虑定向发行的置换债不具备流动性,且财政存款的"筹码作用"边际减小,公开发行的债务利率通常会低于定向置换。

4. 地方政府债务风险管控:实施债务余额限额管理制度

为进一步规范地方政府债务管理,防范和化解财政金融风险,经国务院同意,我国财政部于 2015 年开始对地方政府债务实施限额管理。地方政府债务总限额由国务院根据国家宏观经济形势等因素确定,并报全国人民代表大会批准。年度预算执行中,如出现下列特殊情况需要调整地方政府债务新增限额,由国务院提请全国人大常委会审批:当经济下行压力大、需要实施积极财政政策时,适当扩大当年新增债务限额;当经济形势好转、需要实施稳健财政政策或适度从紧财政政策时,适当削减当年新增债务限额或在上年债务限额基础上合理调减限额。

5. 建立健全地方政府债务风险防控机制

主要措施有:(1)全面评估和预警地方政府债务风险。中央和省级财政部门要加强对地方政府债务的监督,根据债务率、新增债务率、偿债率、逾期债务率、或有债务代偿率等指标,及时分析和评估地方政府债务风险状况,对债务高风险地区进行风险预警。(2)抓紧建立债务风险化解和应急处置机制。各省、自治区、直辖市政府要对本地区地方政府债务风险防控负总责,建立债务风险化解激励约束机制,全面组织做好债务风险化解和应急处置工作。列入风险预警范围的地方各级政府要制订中长期债务风险化解规划和应急处置预案,在严格控制债务增量的同时,通过控制项目规模、减少支出、处置资产、引入社会资本等方式,多渠道筹集资金消化存量债务,逐步降低债务风险,确保不发生区域性和系统性风险。(3)健全地方政府债务监督和考核问责机制。地方各级政府要主动接受本级人大和社会监督,定期向社会公开政府债务限额、举借、使用和偿还等情况。审计部门要依法加强债务审计监督,财政部门要加大对地方政府违规举债及债务风险的监控力度。将政府债务管理作为硬指标纳入政绩考核,强化对地方政府领导干部的考核。地方政府主要负责人作为第一责任人,要切实抓好本级政府债务风险防控等各项工作。对地方政府防范化解政府债务风险不力的,要进行约谈、通报,必要时可以责令其减少或暂停举借新债。对地方政府违法举债或担保的,责令改正,并按照预算法规定追究相关人员责任。

五、中国地方公债规模及其增长态势

我国地方公债不仅包括显性债务,即由法律与契约规定而形成的债务,还包括隐性债务,即政府必须支付的由道义责任所决定的债务。其中,显性的政府债务又可分为直接债务和或有债务,隐性的政府债务也可以分为直接债务和或有债务。这样,从不同的角度,政府的公债可以分为四种类型:显性的直接债务、隐性的直接债务、显性的或有债务和隐性的或有债务。前面两类是指已经成为政府财政事实的债务事项,不论是法律上明确的,还是没有明确的,政府的财政都必须承担责任;后面两类是指债务事项已经产生,尽管具体数量还不能确定,但将来可能成为政府的债务事项。

解密地方政府隐性债务的六种情形

在我国,审计署 2013 年曾对全国政府性债务进行了一次大规模全覆盖的审计,发现 2013 年 6 月底地方政府负有偿还责任的债务约为 10.89 万亿元,或有债务约为 7.01 万亿元。随后,根据全国人大常委会审议资料,截至 2014 年年底,我国地方政府负有偿还责任的债务余额为 15.4 万亿元,地方政府或有债务余额为 8.6 万亿元。一年半间地方债猛增 4.5 万亿元,曾引起市场各方诸多疑问。此外,据中债资信统计,2014 年城投债券发行量创历史新高,2014 年全国城投债券总计发行 1224 支,发行规模约为 1.39 万亿元。不过,随着 2014 年 8 月份新《预算法》获通过,明确建立以政府债券为主的地方政府举债融资机制,剥离融资平台政府融资职能之后,地方城投债券发行的政策也相应地逐步趋紧,发行量逐步萎缩。

全国人大地方债调研报告 十大问题敲响债务警钟

总体上,截至 2015 年年末,我国地方政府债务的债务率为 86%(我国已明确将债务率不超过 100% 作为我国地方政府债务的整体风险警戒线),风险总体可控,但也有个别地区债务风险较高。因此,有学者认为"不能盲目地沉浸在风险可控这样一个乐观的估计之中"。如 2014 年我国已有 100 多个市本级、400 多个县级的债务率超过了 100%,一些地方政府事实上的"破产"问题值得警惕。此外,地方政府债务的过快增长态势也值得担忧。典型的例子是贵州。2013 年 6 月底,贵州负有偿还责任的债务规模为 4622 亿元,到 2014 年年底提高到 9079 亿元,一年半时间增长了 96%[①]。

正是基于上述背景,2014 年 10 月 2 日,国务院发布《加强地方政府性债务管理的意见》(国发〔2014〕43 号),在赋予地方政府依法适度举债权限的同时,强调建立规范的地方政府举债融资机制,对地方政府债务规模实行限额管理(如 2015 年地方债限额为 16 万亿元),并严格限定地方政府的举债程序和资金用途。2016 年 11 月,国务院办公厅印发《地方政府性债务风险应急处置预案》(以下简称《预案》)。同时,经国务院批准,当年我国财政部还印发了《地方政府性债务风险分类处置指南》(以下简称《指南》)。根据《预案》和《指南》,我国将建立地方性债务风险分级响应机制,实施债务高风险地区财政重整。《预案》还明确,地方政府依法承担地方政府债券的全部偿还责任,中央实行不救助原则,省级政府对本地区政府性债务风险应急处置负总责,省以下地方各级政府按照属地原则各负其责。按照政府性

---

① 陈益刊:"地方债一年半激增 4.5 万亿 风险总体可控",《第一财经日报》,2015 年 8 月 31 日。

债务风险事件的性质、影响范围和程度等情况,各地方应合理划分Ⅰ～Ⅳ级风险事件级别,相应实行分级响应和应急处置。市县政府年度一般债务付息支出超过当年一般公共预算支出10%的,或者专项债务付息支出超过当前政府性基金预算支出10%的,必须启动财政重整计划。

城市财政透明度普遍较低　地方债公开成顽疾

专栏8-2

具有中国特色的地方投融资平台债务及其风险控制

在我国,地方融资平台通常是指由地方政府及其有关部门通过财政拨款或注入土地、股权等资产方式设立,承担政府投资项目融资功能,并拥有独立法人资格的公共经济实体。从地方政府角度把握地方融资平台风险有以下几个要义:(1)地方融资平台的实际载体往往是国有城投公司、国有资产管理公司或其他类似名称的国有经营实体。(2)地方融资平台的组建、出资、投资、收益分配及其实际运作经营等基本由地方政府掌握和负责。例如,县市级的财政局长往往兼任国有城投公司的董事长。(3)地方融资平台中的"融资"二字本身,已经说明融资往往是该平台十分重要甚至唯一重要的功能。事实上,许多地方政府设立地方融资平台的初衷和目的,往往就是为了市政建设等公共投资融资资金。(4)地方政府往往拥有一家或数家地方融资平台,这些平台通过各种借贷行为(如商业借款、发行企业债等)为地方政府融通了大量资金,而这些资金在地方市政建设和社会发展中发挥了至关重要的积极作用,承担了政府投资应承担的大量社会责任。地方融资平台本身为破解中国地方政府"投资之谜"提供了生动有力的"脚注",在一定程度上是解读中国地方政府"小财政、大城建"之困惑现象的重要钥匙。

不可否认,地方融资平台在刺激经济、保障民生以及推动区域社会事业快速发展的过程中发挥了重要作用,但其导致的财政风险与金融风险值得关注和担忧。从地方融资平台风险的形成机理来看,地方融资平台风险首先由平台公司自身的经营风险引起,而平台公司的经营风险本身又由偿债来源风险、违规挪用风险、法人治理公司、期限结构风险、项目产出风险等五大风险源构成。在此基础上,平台公司风险会引发金融运行风险(即银行呆坏账风险)。由于地方财政是地方融资平台风险的最后承担者,相应的金融风险必然会转化为地方财政风险。考虑到地方融资平台风险的巨大性、隐蔽性(即不公开透明性)、普遍性及其复杂关联性,这种风险就具备一些系统性风险的基本特征。银监会统计数据显示,2009年年末,我国地方政府融资平台的贷款余额为7.38万亿元,同比增长70.4%。

地方融资平台风险的产生有一定的现实必然性。归纳起来,地方融资平台的风险成因主要有:(1)财税体制是地方融资平台风险产生的诱因。例如,1994年我国分税制财税体制改革使得中央财政收入的比重不断提高,但财权上收和事权下放的倾向则使得地方财政日益捉襟见肘。由于地方政府事权较多,但财源有限,旧《预算法》又不允许地方政府公开举债,因此,地方政府只好成立地方投融资平台,进行了投融资体系的探索与创新,通过向银行贷款进行融资,并在贷款的过程中提供各种形式的担保,从而导致地方融资平台风险快速聚集。(2)政绩竞赛是地方融资平台风险猛增的主因。在我国,地方官员政绩竞赛的核心往往是区域GDP增长速度的快慢,而GDP增长变化情况对地方官员的职位保留及其升迁影响较大。不难发现,投资特别是地方政府投资是短期内刺激区域GDP增长的最有力和最常用的政策工具,而地方官员政绩考核制度环境的激励和刺激强化了地方融资平台的投融资风险增长机制。(3)银行竞争是地方融资平台风险扩大的"助推器"。客观上讲,地方政府融资平台比较特殊,具有"准财政"的性质,其承贷主体、用款主体和还款主体往往不一致,这易于导致银行对资金使用的监管存在盲区。许多地方的商业银行为了争取地方政府投资项目,在地方政府支持或担保的情况下,往往对地方融资平台公司各种项目的还贷风险情况要么掌握信息有限,要么"睁一只眼闭一只眼"视而不见,导致地方融资平台的债务风险迅速放大。(4)平台自身缺陷及其监管不足也是地方融资平台风险膨胀的重要原因。地方融资平台的自身缺陷包括"先天性不足"和"后天性失调"两种,前者是指平台公司及其业务的泛化(即没有实质项目支撑,纯粹为从商业银行贷款而凭空拼凑一个平台),后者是指平台公司成立后资本金严重不足、平台资金随意挪用和滥用、治理结构混乱等。

地方投融资平台是我国特殊历史时期的产物,其在某种程度上规避了旧《预算法》地方政府不得发债的禁令,同时又可为地方基础设施投资提供重要的融资渠道,但由此引发的风险必须积极面对。在此背景下,2010年国务院颁布《关于加强地方政府融资平台公司管理有关问题的通知》(国发〔2010〕19号),明确要求对各地方的投融资平台进行清理和规范。主要原则如下:(1)对只承担公益性项目融资任务且主要依靠财政性资金偿还债务的融资平台公司,今后不得再承担融资任务,相关地方政府要在明确还债责任、落实还款措施后,对公司做出妥善处理。(2)对承担上述公益性项目融资任务,同时还承担公益性项目建设、运营任务的融资平台公司,要在落实偿债责任和措施后剥离融资业务,不再保留融资平台职能。(3)对承担有稳定经营性收入的公益性项目融资任务并主要依靠自身收益偿还债务的融资平台公司,以及承担非公益性项目融资任务的融资平台公司,要按照《中华人民共和国公司法》等有关规定,充实公司资本金,完善治理结构,实现商业运作;要通过引进民间投资等市场化途径,促进投资主体多元化,改善融资平台公司的股权结构。从改革和发展的趋势来看,我国地方投融资平台将完成自身的历史使命并逐渐退出历史舞台。

专栏8-3

我国《预算法》(修正案)允许地方政府发行债券

是否允许地方政府举借债务(特别是发行债券)一直是我国预算法修改的难点和焦点。在我国,1994年通过的旧《预算法》第28条明确规定:"除法律和国务院另有规定外,地方政府不得发行地方政府债券。"这一规定原则上禁止了地方债券的存在。

历经四次审议,2014年8月31日,第十二届全国人大常委会第十次会议表决通过了关于修改预算法的决定(2015年1月1日起施行)。新法将旧法的第28条改为第35条,内容修改为:"地方各级预算按照量入为出、收支平衡的原则编制,除本法另有规定外,不列赤字。经国务院批准的省、自治区、直辖市的预算中必需的建设投资的部分资金,可以在国务院确定的限额内,通过发行地方政府债券举借债务的方式筹措。举借债务的规模,由国务院报全国人民代表大会或者全国人民代表大会常务委员会批准。省、自治区、直辖市依照国务院下达的限额举借的债务,列入本级预算调整方案,报本级人民代表大会常务委员会批准。举借的债务应当有偿还计划和稳定的偿还资金来源,只能用于公益性资本支出,不得用于经常性支出。"法律还规定,国务院建立地方政府债务风险评估和预警机制、应急处置机制以及责任追究制度。

可见,修改后的《预算法》确立了地方政府直接发行债券的法律依据,而在此之前地方政府并无此权利(但很多地方政府都在通过投资工具以及影子银行借贷等方式来规避这项禁令)。

总体来看,新《预算法》进一步规范了地方政府债务管理的有关问题(如明确举债主体,对举债的方式、用途、偿债资金等做出规定,明确债务规模和管理方式,明确地方政府不得在法律规定之外以其他任何方式举借债务等),为地方政府提供了另一条公开直接但须严格监管的融资渠道,从而使地方政府债务风险更加可控,从长期来看有利于解决中国地方政府的债务问题。

【本章小结】

● 地方公债是地方政府公债的简称,是与中央政府公债(国债)相对应的概念。以债券形式发行的地方公债即地方政府债券(简称地方债券)。从投资市场的角度看,地方公债往往被称为"银边债券",具有信用较好、融资成本较低、限定使用范围、期限较长、流动性良好的特点。地方公债的经济功能主要体现为:促进地方公用基础设施建设;平衡地方财政收支;利于地方经济调控;满足投资者的投资需求,完善债券市场体系等。

● 在西方大多数发达国家,地方政府发行公债已经成为一个普遍现象。在美国、日本、法国、德国、英国等国,都有着十分完善和成熟的地方公债市场。地方公债市场已经成为地方政府融资的重要来源和资本市场的有机组成部分。市政债券(municipal bonds)最早起源于美国。

● 从历史来看,"1905年广东公债",应属我国历史上完全意义上的地方公债债券。中华人民共和国成立初期,先后发行过两种不同类型的地方公债:1950年东北人民政府发行的"东北生产建设折实公债"和1958年及以后我国各地不同程度发行的"地方经济建设公债"。之后,我国经历了相当长时期的地方债券空白期。改革开放以后,真正合法合规的地方政府债务发展主要经历了三个发展阶段:国债转贷地方的代发代还阶段(1998—2010年)、地方政府债券的自发自还试点阶段(2011—2014年)以及新《预算法》生效后地方政府债券正式发行阶段(2015年至今)。

【关键术语】

地方公债　地方债券　显性债务　隐性债务　或有债务　市政债券　东北生产建设折实公债　地方经济建设公债　地方债代发代还模式　地方债券自发自还模式　债务置换　债务余额限额管理制度　地方投融资平台债务

思考与讨论

1. 简要评述发行地方公债的理论基础。结合实际,讨论地方公债的特点与功能。
2. 试比较中外地方政府债务发行及其管理的异同。
3. 什么是地方债务置换?试讨论其现实意义及其局限性。
4. 中华人民共和国成立以来我国地方债务发展经历了哪些不同阶段?试分析不同阶段的主要内容。
5. 随着2015年1月1日新《预算法》的生效和实施,我国地方政府债券发行进入新的历史阶段,试讨论新历史阶段我国地方债的新特点。

财政部严禁以 PPP 名义举债　明股实债 PPP 项目何去何从

阅读与参考文献

[1] 樊丽明,等. 中国地方财政运行分析. 北京:经济科学出版社,2001.

[2] 侯荣华,葛建新. 中国财政风险研究. 北京:中国计划出版社,2005.

[3] 蒋洪,等. 财政学. 北京:高等教育出版社,2005.

[4] 刘尚希,于国安. 地方政府或有负债:隐匿的财政风险. 北京:中国财政经济出版社,2002.

[5] 缪小林,伏润民. 我国地方政府性债务风险生成与测度研究. 财贸经济,2012(1): 17-24.

[6] 张馨. 透视中国公共债务问题:现状判断与风险化解. 北京:中国财政经济出版社,2004.

[7] 郑春荣. 中国地方政府债务的规范发展研究. 上海:格致出版社,上海人民出版社,2016.

本章测试

第九章　中国的内债实践：从产生到发展

随着文明时代的向前进展，甚至捐税也不够用了。国家就发行期票借债，即发行公债。

——恩格斯[1]

学习目标

1. 了解和掌握中国内债的发展历程、背景以及不同历史时期的特点。
2. 重点理解 1950 年以来中国内债规模的演变及其风险情况。
3. 了解中国公债市场的兴起、地位及其管理。

第一节　中国内债的历史溯源及其演变

中国的内债经历了漫长的发展过程。纵观我国几千年的文明发展史，中国的内债发展大致可以划分为五个阶段：(1) 古代中国的内债；(2) 晚清时期的内债；(3) 北洋政府时期的内债；(4) 国民政府时期的内债；(5) 中华人民共和国成立以来的内债。本节主要介绍前四个阶段我国内债的历史演变情况，中华人民共和国成立以来的内债将单独放在第二节加以重点论述。

一、古代中国的内债

古代中国几千年的历史进程中偶然会出现一些公债事件，这些事件可视为中国内债的萌芽。在两千多年前的战国时期，周赧王[2]（前 314—前 256）因向高利贷商人借钱不能按时归还，被债主逼债只好躲于高台之上，成语"债台高筑"的典故就是出于此处。

---

① 马克思、恩格斯著，中央编译局译：《马克思恩格斯全集》，商务印书馆 1988 年版，第 21 卷，第 195 页。
② 《史记·周本纪第四》。

东汉时期也有几次皇帝借贷的事例。汉顺帝时，因与外族战争，财政困难，向人民举债，筹集军费。据《后汉书·顺帝纪》记载：汉顺帝永和六年"春正月，诏贷王、侯国租一岁"。同年"秋七月，诏假民有赀者户钱一千"。顺帝汉安二年又"贷王、侯国租一岁"。到汉恒帝时，也出现了皇帝举债之事。《后汉书·恒帝纪》记载：汉恒帝延熹四年"秋七月，减公卿以下俸，乞王侯半租"。一年后，又"换王侯租以助军粮"。唐代亦有类似记载，安史之乱后，藩镇割据，混战不息，唐德宗李适（公元 780 年至 805 年在位）"建中初……河北河南，连兵不息，度支使杜佑计诸道用军月费一百余万贯，京师帑廪不支数月……杞乃以户部侍郎赵赞判度支亦计无所施，乃与其党太常博士韦都宾等谋行括率，以为泉货所聚在于富商，钱出万贯者留万贯为业，有余官借以给军，冀得五百万贯。上许之，约罢兵后以公钱还"[1]。北宋时期也出现过国家举债之事，宋神宗熙宁四年（1071）"诏宣抚司以军兴贷河东民钱，转运司速偿之"[2]。可见，当时仅是一种临时周转性质的短期借款，很快就偿还了。北宋以后的中国历代封建王朝均有向公众举债以充国用的历史记载。

从古代中国内债的发展来看，政府举债的记载并不是很多，具有偶然性和临时性的特点，其未发展壮大起来。究其原因有：一是不具备发行内债的经济基础。国家发行内债是商品经济发展的产物，而我国古代社会还停留在自给自足的自然经济时期，国家举债的潜力和经济基础受到很大程度的限制。二是政府理财观念的限制。在古代，平时的国家财政支出需要都是通过赋税徭役等方式得到满足的。理财主要是以度支用，轻徭薄赋，广贮厚积，充实府库，以备急需。即使是在政府财政极端困难的时期，也往往采取横征暴敛、苛捐杂税等形式来解决政府财政的困难。所以，虽然私债遍布城乡，但是政府举债并不盛行，整个封建社会时期都只是偶尔为之。

二、晚清时期的内债

中国具有现代意义的内债出现于清朝末年。清政府于光绪二十年（1894）第一次效仿西洋的国内公债发行了"息借商款"[3]，被认为是近代中国最早公开发行的内债。发行这次公债的原因是为了应付甲午战争军费的需要。户部在 1894 年 9 月的《酌拟息借商款程折》中奏道："海防吃紧，需饷浩繁""近年以来，帑藏仍有不敷，往往息借洋款，多论磅价，折耗实多，因思中华之大，富商巨资，岂无急公慕义之人？若以息借洋款之法，施诸中国商人，但使诚信允孚，自亦乐于从事""此举，实开风气之先"[4]。但是，在清政府贪污腐败的统治下，借款变成了对官绅的变相捐输和对人民的变相勒索。因此，在光绪二十一年（1895）四月宣布停止息借商款。

清政府的第二次内债是光绪二十四年（1898）发行的"昭信股票"。这一次发行的

---

[1]　《旧唐书·卢杞传》。
[2]　《续资治通鉴长编·神宗》。
[3]　公债按照发行地域分类，可以分为国内公债和国外公债。国内公债即为我们所说的内债。
[4]　《东华续录》，光绪朝，卷 121。

目的是为了偿还《马关条约》所规定的第四期赔款。当时清政府为了偿还即将到期的赔款，原拟举借外债，但是由于各国列强"争欲抵借"，清政府于是决定仿照各国公债形式由户部发行"昭信股票"，名为股票，实为公债。发行额为1亿两，年息5厘，以田赋盐税为担保，分20年还清。由于民众对此项长期公债的不甚信任，加上发行中的各种弊端，人们视购买债券为捐输，再加上经募人员的强行摊派，此次发行的成绩并不比上次息借商款好。由于弊病多，难以继续发行，到戊戌政变发生时遂停止发行，发行额约1100余万两[①]。

昭信股票毁了戊戌变法？

辛亥革命的爆发，使清政府财政日益拮据，为了应付时局，清政府于宣统元年(1911)发行了"爱国公债"。定额3000万元，年息6厘，以部库收入为担保，偿还期为9年，前四年付息，后五年平均抽签还本[②]。由于这时候清王朝已濒临崩溃，公债的认购者寥寥无几。这一"爱国公债"还没发行完，清王朝就被推翻了。

清政府"效法西洋"发行公债失败的原因是多方面的：(1)当时缺乏发行公债的经济基础，这是发行公债失败的根源。中国资本主义经济的产生，如果从洋务派办近代企业算起，也只有40年的时间，而民族资本主义工业，直到19世纪70年代才开始出现。作为近代金融机构的银行，中国当时尚未开办。世界各主要资本主义国家的历史表明，发行公债必须具备两个条件：一是要有一定程度的资本主义经济的发展，二是要有近代化的金融机构与金融市场，这两者当时中国都不具备。(2)当时人们的思想认识和价值观念还比较陈旧，对发行公债缺乏思想上和心理上的准备。由于受两千多年封建传统观念的影响，国人大多缺乏近代经济意识，无论是清朝统治者，还是人民大众，都不把公债当成一种债权债务关系。(3)清朝政府的腐败统治，使发行公债成了各级官吏鱼肉百姓的机会，人们普遍对公债不抱有任何的信任感。

三、北洋政府时期的内债

辛亥革命后，南京临时政府于1912年1月发行的"中华民国军需公债"，具有现代公债的完全形式。不久南京临时政府迁往北京，实现所谓的"南北统一"，标志着民国史上北洋政府统治的开始。北洋政府时期内债发行的情况见表9-1。从1912年开始，由于外债来源受到影响，北洋政府的内债规模呈逐年增加的趋势，1918—1921年，成为内债滥发时期；1922—1926年，由于当时的财政总长周自齐提出整理内债，内债发行缓慢，陷于相对停滞时期。据统计，1912—1928年，北洋政府总共发行了28种内债，发行总额达6.2多亿元[③]。从政府正式发行的公债来看，有短期的国库证券，

---

① 邓子基等：《公债经济学：公债历史、现状与理论分析》，中国财政经济出版社1990年版，第187页。

② 邓子基等：《公债经济学：公债历史、现状与理论分析》，中国财政经济出版社1990年版，第187页。

③ 王宗培：《中国之国内公债》，上海长城书局1933年版，第18页。

也有向银行的借款。在公债与国库证券中，又分为基金有确实的担保与基金无确实的担保；借款可分为盐余借款、国内银行短期借款和银行垫款等，到后期干脆改发国库券为一四库券、使领库券、教育库券、春节库券、治安库券、秋节库券等[①]。可见，北洋政府的内债发行方式是极为混乱的。

北洋政府时期的内债规模之所以不断扩大，其原因有：(1) 辛亥革命后中国的资本主义经济得到了较快的发展。资本主义经济的发展为社会积聚了大量的货币资金，为政府发行公债提供了物质基础。同时，中国民族资本的金融业在辛亥革命之后也有了较快的发展。从 1897 年中国第一家银行设立起来，到 1911 年止，中国共设立本国银行 30 家，资本总额约 2557.7 万元，1912 年一年之内新设立银行达 24 家[②]。银行业的发展为政府发行内债提供了组织条件。(2) 北洋政府财政入不敷出。在南京临时政府时期，财政就十分拮据，不得不靠借债度日。南北统一后，财政紧张的状况并未得到缓解，财政面临崩溃的混乱局面。(3) 北洋政府的公债发行采取了经济方法，主要是由银行购买。当时成立了公债局，因公债基金掌握在帝国主义列强手中，这增加了私人银行购买公债的信心，因而发行情况尚好。

表 9 - 1 北洋政府时期国内公债的发行情况   单位：百万元

年　份	公债发行额	库券发行额	合　计
1912	6.2	—	6.2
1913	6.8	2.2	9.0
1914	25.0	10.1	35.1
1915	25.8	0.4	26.2
1916	8.8	1.8	10.6
1917	10.5	0.2	10.7
1918	139.4	7.0	146.4
1919	28.4	5.3	33.7
1920	122.0	24.7	146.7
1921	115.4	29.0	144.4
1922	83.2	2.2	85.4
1923	5.0	3.5	8.5

---

① 黄天华：《中国财政史纲》，上海财经大学出版社 1999 年版，第 400 页。

② 杜恂诚：《民族资本主义与旧中国政府(1840—1937)》，上海社会科学院出版社 1991 年版，第 159 页。

续 表

年 份	公债发行额	库券发行额	合 计
1924	5.2	0.1	5.3
1925	23.0	—	23.0
1926	15.4	—	15.4
合 计	620.1	86.5	706.6

资料来源：王宗培：《中国之国内公债》，上海长城书局 1933 年版，第 18、26 页。

四、国民政府时期的内债

南京国民政府时期，债务收入仍然是政府收入的重要来源。国民政府一方面用公债来巩固和扩大自己的统治；另一方面又利用公债来积累自己的财富。这一时期内债的发行可以分为三个阶段。

1. 十年内战时期的内债（1927—1936 年）

国民政府成立以后，为了北伐战争和反共的需要，在国内外大量举债。1927—1936 年的十年间，国民党政府共发行了 26 亿元以上的内债，其中 1927—1931 年共发行了 25 种内债，总额达 105800 万元[1]。这个阶段内债得以发行，主要是依靠帝国主义和国内金融资产阶级的支持，以关税、盐税、统税三税为担保。

2. 抗日战争时期的内债（1937—1945 年）

在这一阶段，国民政府以抗战的名义大量发行国内公债，发行额远远超过前一阶段。抗日战争期间，国民政府除了外币公债、关金公债和实物公债外，共发行法币公债 145.76 亿元[2]，由于公债的大量发行，最终导致恶性通货膨胀。到抗战后期，国民党政府的财政政策则从发行内债为主转向发行纸币和借入外债为主。

3. 解放战争时期的内债（1946—1949 年）

这一阶段，由于通货膨胀剧烈，发行的国内公债，总体上不再以法币为本位币，而是采用美元、金圆、实物、黄金等形式（见表 9-2）。实际上，这一时期国民政府的财政收入靠的不是税收和内债，而是美国的援助[3]。

综上，在整个国民政府时期，公债发行的总体特点是滥发滥用，规模庞大，券种繁杂，公债发行与通货膨胀交织在一起，对中华人民共和国成立后公债市场的发展造成了很多消极影响。

---

① 黄天华：《中国财政史纲》，上海财经大学出版社 1999 年版，第 434 页。
② 李士梅：《公债经济学》，经济科学出版社 2006 年版，第 33 页。
③ 据统计，1945—1949 年，美国共花费约 60 亿美元来维持蒋介石政权，但最后还是以失败告终。

表 9 - 2　1946—1949 年中国内债发行情况

年　份	项　目	发行定额	实际发行额
1946	土地债券	3 亿元	3 亿元
	美金公债	4 亿元	8000 万元（美元）
	土地债券	1000 万石	1000 万石
1947	美金公债	4 亿元（美元）	不详
1948	公债	5.23 亿元（金圆券）	不详
	黄金公债	200 万两（黄金）	200 万两（黄金）
1949	黄金公债	1.36 亿元（美元）	不详

资料来源：孙诩刚：《中国财政史》，中国财政经济出版社 2003 年版，第 415 页。

专栏9-1

中国革命战争时期的"红色债券"

根据有关资料，为革命战争筹款筹粮，中华苏维埃共和国临时中央政府于 1931 年 3 月 1 日、1932 年 6 月 25 日、1932 年 10 月 21 日、1933 年 3 月 1 日、1933 年 7 月 22 日、1934 年 6 月 2 日、1934 年 7 月 22 日等多次发行公债。最后发行的革命根据地公债是海南岛琼崖临时人民政府于 1950 年年初发行的"琼崖人民解放公债"。据不完全统计，各根据地总计先后发行的公债有 51 种之多。革命根据地公债发行的特点有：

解放战争时期中共夭折的土地公债

1. 各根据地因地制宜、分散独立发行

由于长期处于敌人的分割、封锁和围剿中，各根据地创建有先有后，各自分散独立与敌人进行斗争。各根据地只能根据各自的形势、灵活地发行各种不同的、差异性较大的公债。各根据地主要以省、边区政府、行政公署的名义发行，少数以县、市名义发行，尚未建立政权的根据地，也有以部队的名义发行公债。由于是各根据地根据自己的实际情况分散发行公债，因而公债的种类、名称、面额、单位、用途、偿还期等具有很大的差异。

2. 公债的面额单位极不相同

在土地革命战争时期，以本根据地发行的货币作为公债的面额单位；抗日战争时期，各根据地则以国民政府的法币为公债单位；解放战争时期，各根据地大多以本根据地发行的货币作为公债的面额单位，有些边疆地区的根据地，则以当地通用的外币作为公债的面额单位，还有一些根据地以黄金和银圆作为公债的发行单位。

3. 以实物公债为主

各根据地发行的公债,有货币公债、实物公债、期票和凭票四种,其中最主要的是实物公债。

4. 根据地发行的公债利率一般较低

利息一般为年利五厘左右,不少公债还是无息的。

5. 根据地公债的发行都是为了筹集战争经费

由于处于敌人的围追堵截和围剿中,根据地政权也是处于飘摇动荡之中,随时有可能遭到国民党的扼杀,不可能建立统一的、稳定的革命政权,也就不可能进行经济建设。因此,发行公债是为了夺取政权也就不难理解了。

第二节　中华人民共和国成立以来的内债规模及其发展变化

一、20 世纪 50 年代的中国内债：被迫利用公债时期

这一时期的国内公债品种主要有两个：一个是 1950 年发行的"人民胜利折实公债"[①]；还有一个是 1954—1958 年连续发行的"国家经济建设公债"。这一时期发行公债,基本上是迫于当时的经济形势,不得已而为之。

1. 人民胜利折实公债

中华人民共和国成立初期,人民政府面临的是一个困难重重的经济形势。由于帝国主义、封建主义和官僚资本主义的压榨掠夺,再加上连年不断的国内外战争,整个国民经济处于崩溃的边缘。一方面,1949 年由于经济极端困难和新区税收需要时间调整,财政收入经过努力最多只有 303 亿斤小米,而财政支出却达 576 亿斤小米,约有 1/2 的财政支出不得不依靠增发通货来弥补[②]。另一方面,解放战争的推进使军政费用逐月增加,财政赤字逐月上升。以上主要两方面原因导致 1949—1950 年发生了四次大的物价上涨,通货膨胀严重。为了克服困难,经中央人民政府委员会批准,1950 年上半年在全国范围内发行第一次人民胜利折实公债。其目的是回笼货币,减少赤字,制止通货膨胀,稳定物价,促进国民经济恢复和争取解放战争的彻底胜利。

1949 年 12 月 2 日,中央人民政府委员会第四次会议通过了《关于发行人民胜利

---

① 1950 年,除在全国范围发行了"人民胜利折实公债"(东北地区未发行)外,东北人民政府还发行了"东北生产建设折实公债"。

② 邓子基等:《公债经济学：债历史、现状与理论分析》,中国财政经济出版社 1990 年版,第212 页。

折实公债的决定》,定于1950年发行人民胜利折实公债,总计发行2亿分,其中第一期为1亿分。考虑到物价波动因素,这次公债发行采取折实发行,公债的募集及还本付息,均以实物为计算标准,其单位定名为"分"。每"分"以上海、天津、汉口、西安、广州、重庆六大城市之大米(天津为小米)6市斤、面粉1.5市斤、白细布4市尺、煤炭16市斤的批发价,用加权平均方法计算,且由中国人民银行每旬公布一次每公分公债折实之金额。债券的面额有1分、10分、100分和500分四种,年利率为5%。公债的发行工作十分顺利,按预定的计划1950年1—3月发行完毕。发行的结果大大超过本期1亿分的计划数,实际发行额1.48亿分,相当于43亿斤细粮[①]。第一期胜利公债发行的结果,回笼了大批货币资金,使预算赤字迅速减少,对稳定物价起了重大作用。此时,国家还在统一财政经济工作、稳定金融物价方面采取了一系列有力措施,从1950年3月起,财政经济状况明显好转,发行人民胜利公债的预定目标已经实现,因此,没必要再发行第二期公债。至此,中华人民共和国成立初期的公债发行工作告一段落。

2. 国家经济建设公债

1953年,我国开始第一个五年计划,进入大规模建设时期。当时,一方面我国的国民经济基础仍然十分薄弱,比如1952年我国的工业水平,不仅落后于苏联1928年的水平,也落后于东欧各民主国家第一个五年计划的水平,更落后于当时西方发达国家的水平。在这种情况下,财政收入相对较少。另一方面,经济上的落后,使得我们要加快建设速度的愿望更加迫切。当时"一五"计划的任务之一,就是集中力量进行苏联援建的156个大型工业项目的建设,为我国实现工业化打下初步基础。按照"一五"计划规定,全国经济建设和文教建设的支出为766.4亿元,这在当时是一笔历史上前所未有的数额。在这种背景下,中央人民政府于1953年12月召开会议,通过了《1954年国家经济建设公债条例》,决定发行国债来筹措一部分资金,解决财政收支差额矛盾。

从1954年开始连续五年共发行了总额为35.44亿元的公债,表9-3显示了我国20世纪50年代国债发行的基本情况,除了1954年发行的债券,偿还期限为8年,其余的偿还期限均为10年。国家经济建设公债的发行,为我国政府提供了大量的建设资金,它们对于"一五"时期及以后的建设事业起到了重要作用。

表9-3　20世纪50年代中国国债发行情况

品　　种	实际发行额/亿元	年利率/%	偿还期/年
1950年人民胜利折实公债	1.48	5	1～5
1954年国家建设公债	8.36	4	1～8
1955年国家建设公债	6.19	4	1～10

---

① 龚仰树:《国债学》,中国财政经济出版社2000年版,第82—83页。

续 表

品　种	实际发行额/亿元	年利率/%	偿还期/年
1956 年国家建设公债	6.07	4	1～10
1957 年国家建设公债	6.84	4	1～10
1958 年国家建设公债	7.98	4	1～10

资料来源：龚仰树：《国内公债经济分析与政策选择》，上海财经大学出版社 1984 年版，第 4 页。

人民胜利折实公债与国家建设公债相比具有各自的特点：（1）在发行目的方面，人民胜利折实公债是为了弥补预算赤字，减少现钞发行，有计划回笼货币；而国家建设公债是为了加快国家经济建设步伐，逐步提高人民物质和文化生活水平。显然前者强调改善财政收支状况的功能，后者强调筹集国家建设资金的功能。（2）在运用次数方面，人民胜利折实公债是一种临时性措施，仅发行了一期，经济情况好转后，原计划的第二期也就取消了。而国家建设公债是一项持续性政策，连续发行了五年，与国家长期的经济发展计划相配合。（3）在债券期限方面，人民胜利折实公债为 1～5 年，期限不是很长；而国家建设公债的期限比较长，最长的达到 10 年。

二、20 世纪 60—70 年代：既无内债又无外债的主动放弃公债时期

1958 年以后，虽然财力需要和可能之间的矛盾依然存在，而且在连续三年的"大跃进"和紧跟着发生的"三年严重困难"的形势下，这一矛盾更为尖锐。但是中国政府分别于 1958 年和 1959 年先后停止了国外公债和国内公债的举债活动，并且随之进入了 1959—1978 年长达 20 年的"既无内债，又无外债"的公债空白时期。国债实践的停止反映了我国当时在经济工作指导思想上对国债的排斥态度。

"既无内债，又无外债"是社会主义优越性的体现？

当时之所以出现这样的局面，一是因为当时社会主义改造已经完成，建立了社会主义制度，经济上采取了比较集中的经济管理模式，政府的收入主要依靠国有企业上缴的利润和各种税收，社会上的闲置资金很有限。二是人们意识形态的偏见，认为政府举债有损于社会主义国家的声誉和形象。社会主义制度确立后，人们阶级观念和阶级意识都很强烈，认为凡是资本主义社会存在的东西都是带着资本主义色彩的，都是社会主义社会应当抨击和唾弃的。由此，人们把公债视为一种不劳而获，带有剥削性质的特征，视为帝国主义垂死腐朽，经济没落的象征。既无内债，又无外债，才是社会主义制度优越性的体现。以上两个主要原因导致了这一时期公债的空白期。

三、20 世纪 80 年代至今：积极利用公债时期

改革开放以来，中国的经济体制逐步由计划体制转向市场体制，财政政策也日益

成为宏观经济运行的重要调节工具，于是，公债也以全新的姿态重新登上了历史舞台。这一时期的公债发展具体又可分为五个阶段。

1. 公债政策恢复和探索试用阶段（1981—1986 年）

20 世纪 80 年代初期，我国重新启用国债政策的经济背景源于我国财力分配结构因经济体制改革而带来的变化。1979 年以前，我国实行的是一种指令性计划和行政手段为主的高度集中的计划经济体制，财政管理体制也基本上采用与之相适应的统收统支模式或收入分成模式。十一届三中全会后，随着经济体制改革的深入，我国先后进行了农村经济、财政体制和以增强企业活力为中心的城市经济体制等一系列改革，这些改革带来了原有的财力分配模式的变化，主要表现为[①]：（1）国家财政集中的资金在相对数方面明显下降。"一五"计划至"五五"计划时期（包括 1963—1965 年的调整时期），我国财政收入占国民收入的比重分别为 32.7%、38.6%、34.2%、31.5% 和 32.3%，而进入 80 年代，"六五"计划时期和"七五"计划时期的这一比重分别降至 25.9% 和 23.9%。同时，财政赤字连年出现，说明在国民收入分配中财政集中的资金相对不足，不能保证财政支出的需要。（2）企业和地方自行支配的资金不断增长。比如，1985 年全国国有企业留利比 1978 年增加了大约 16 倍。又如，全国预算外资金在 1978 年相当于同年预算内收入的 31.0%，而 1984 年这一比重已经变为 79.1%。（3）在国民收入分配中，个人所得部分也在增加。以全国城镇居民家庭人均生活费收入为例，1978 年是 316.0 元，1980 年、1985 年、1990 年和 1995 年分别是 439.4 元、685.3 元、1387.3 元和 3892.9 元。从银行的全国城乡储蓄存款年末余额来看，1978 年仅为 210.6 亿元，1980 年、1985 年、1990 年和 1995 年分别为 399.5 亿元、1622.6 亿元、7034.2 亿元和 29662.3 亿元。财力分配结构的上述变化，使我国再次启用国债政策变得十分必要，国务院在国债发行中断了 22 年之后，从 1981 年开始，每年发行一次中华人民共和国国库券。

这一时期国库券发行的特点有：（1）国库券收入列入财政计划。政府在编制财政预算时，将国库券收入列入正常财政收入范围，成为财政收入的主要项目之一。（2）发行规模比较小，年度发行额都为几十亿元（见表 9 - 4）。1981—1984 年都维持在 40 亿元左右，1985—1986 年大概在 60 亿元左右。（3）发行期限长，券种单一，全部为中长期债券。发行方式采取行政摊派，强调合理分配和自愿认购相结合的原则。（4）国库券不能流通，因而也没有公债的二级市场。

2. 利用公债筹集建设资金的功能正式确立和运用的阶段（1987—1993 年）

经过几年的探索和实践，人们进一步认识到举债是财政筹集建设资金的重要手段之一。1986 年，时任国务委员兼财政部部长的王丙乾指出："四化建设需要大量的资金，发行国库券是筹集资金的主要方式""从现在起要改变以前那种认为发行国库券是权宜之计的观念""国库券发行工作今后要长期进行下去"。这次官方对国库券发行工作的表态，标志着中国政府确立了长期运用公债筹集建设资金的指导思想。

---

① 龚仰树：《国债学》，中国财政经济出版社 2000 年版，第 87—88 页。

1987年,我国的内债规模首次跨上百亿大关,达117.07亿元,年度增长率为87.28%,以后六年,内债规模分别为132.17亿元、263.91亿元、197.24亿元、281.27亿元、460.77亿元、381.32亿元(见表9-4)。这一阶段公债规模的增长主要是由于国家需要筹集大量建设资金,搞基础设施建设和重点建设,解决各项经济建设和社会事业发展的资金缺口,为国民经济发展提供强有力的支持。

3. 公债规模迅速膨胀阶段(1994—1997年)

这一期间我国的内债规模迅速增长,突破千亿元大关,国债规模增长的原因在于我国财政赤字弥补方式的转变。1981—1987年,弥补财政赤字的手段除了发行国债外,还可以由财政向银行透支。1987年国务院做出了财政不得向中央银行透支的明确规定,1994年国家通过的《预算法》使得财政不能再靠向银行透支来弥补财政赤字而改为发行国债。于是发行国债就成了弥补财政赤字和债务还本付息的唯一手段,从而导致政府举借国债规模的飙升。

(四)积极财政政策以来我国公债规模扩大阶段(1998年至今)

1998年,公债政策首次以筹资与调控双重身份登上宏观调控舞台,成为积极财政政策的主角。1998年,中国宏观经济形势发生了重大变化,经济增长由资源约束型转变为需求约束型,长期困扰国民经济的主要矛盾从供给不足,转变为有效需求不足。开始于1997年夏的亚洲金融危机的爆发和蔓延,造成对外贸易萧条,需求锐减。国内由于产业结构调整和其他改革措施引起的预期支出增加使国内消费市场长期低迷,需求下降。为了应对经济形势的变化,拉动经济增长,我国实行了积极的财政政策,其中一个重要的措施是扩大国债规模和加大财政支出,以期达到拉动内需,刺激经济增长的目的。2004年开始,我国财政政策由积极和扩张性的财政政策向中性财政政策转变,各级政府发债规模有所降低。随着2008年以来我国积极财政政策的再次启动,各级政府债务迅速扩大和膨胀(见表9-4、9-5和9-6)。

目前我国的政府债务(主要是内债)包括中央国债、地方一般债务和地方专项债务这三类。数据显示,截至2015年年底上述三类债务实际余额分别为10.66万亿元、9.93万亿元和6.08万亿元,上述三项债务数据相加,至2015年年底中国政府债务规模总计26.67万亿元,当年GDP总额为67.67万亿元,负债率约为40%。相比世界主要经济体,我国政府负债率和财政赤字率(2016年财政赤字占GDP比率约3%)均处于较低水平,适当提高仍然是安全可行的。

表9-4 20世纪80年代以来中国内债规模及其变化

年 份	国内债务额 /亿元	国内其他债务 /亿元	国内债务合计 /亿元	年度变化额 /亿元	年度增长率 /%
1981	48.66	—	48.66	—	—
1982	43.83	—	43.83	−4.83	−9.93
1983	41.58	—	41.58	−2.25	−5.13

年　份	国内债务额 /亿元	国内其他债务 /亿元	国内债务合计 /亿元	年度变化额 /亿元	年度增长率 /％
1984	42.53	—	42.53	0.95	2.28
1985	60.61	—	60.61	18.08	42.51
1986	62.51	—	62.51	1.90	3.13
1987	63.07	54.00	117.07	54.56	87.28
1988	92.17	40.00	132.17	15.10	12.90
1989	56.07	207.84	263.91	131.74	99.67
1990	93.46	103.78	197.24	−66.67	−25.26
1991	199.30	81.97	281.27	84.03	42.60
1992	395.64	65.13	460.77	179.50	63.82
1993	314.78	66.54	381.32	−79.45	−17.24
1994	1028.57	—	1028.57	647.25	169.74
1995	1510.86	—	1510.86	482.29	46.89
1996	1847.77	—	1847.77	336.91	22.30
1997	2412.03	—	2412.03	564.26	30.54
1998	3228.77	—	3228.77	816.74	33.86
1999	3702.13	12.90	3715.03	486.26	15.06
2000	4153.59	3.41	4157.00	441.97	11.90
2001	4483.53	—	4483.53	326.53	7.85
2002	5660.00	19.00	5679.00	1195.47	26.66
2003	6029.24	3.61	6032.85	353.85	6.23
2004	6726.28	7.99	6734.27	701.42	11.63
2005	6922.87	—	6922.87	—	—

数据来源：根据《中国统计年鉴(2006)》和《中国财政年鉴(2006)》整理得出。

注：2006年起，我国实施债务余额管理制度，上述分类统计方法不再延续。

表 9-5　2005—2015 年中央财政债务余额及其变化

年　份	国内债务/亿元	年度变化额/亿元	年度增长率/％
2005	31848.59	—	—
2006	34380.24	2531.65	7.95
2007	51467.39	17087.15	49.70
2008	52799.32	1331.93	2.59
2009	59736.95	6937.63	13.14

续　表

年　份	国内债务/亿元	年度变化额/亿元	年度增长率/%
2010	66987.97	7251.02	12.14
2011	71410.80	4422.83	6.60
2012	76747.91	5337.11	7.47
2013	85836.05	9088.14	11.84
2014	94676.31	8840.26	10.30
2015	105467.48	10791.17	11.40

数据来源：根据《中国统计年鉴(2016)》和《中国财政年鉴(2016)》整理得出。

表9-6　地方政府债务余额情况

年　份	合计/亿元	一般债务/亿元	专项债务/亿元
2014	154074.30	94272.40	59801.90
2015	160074.30	99272.40	60801.90

注：2014年国务院印发《关于加强地方政府性债务管理的意见》(国发〔2014〕43号)后,对地方政府债务实行规模控制和预算管理。非政府债券形式的债务举措主要分布在地方投融资平台公司等企事业单位,债务资金的举措和使用未经总预算会计核算,因此本表统计没有纳入。

专栏9-2

观测政府债务风险的主要指标及其含义

衡量和观测一国政府的债务风险状况,客观上需要借助一系列存量和增量指标。从国际范围来看,通常有六个指标可以用来盯住政府债务风险。

1. 负债率

负债率,即一国政府年末债务余额占当年GDP的比率,是衡量经济总规模对政府债务的承载能力或经济增长对政府举债依赖程度的指标。国际上通常以《马斯特里赫特条约》规定的60%负债率作为政府债务风险控制标准参考值。

2. 债务率

债务率,即一国政府年末债务余额占当年政府综合财力的比率,是衡量债务规模大小的指标。国际货币基金组织确定的债务率控制标准参考值为90%~150%。在我国,地方政府综合财力=地方公共预算收入+基金预算收入+转移支付和税收返还+地方国有资本经营收入-专项转移支付。

3. 公债依存度

公债依存度反映了财政支出有多少是依靠发行公债来实现的。当公债的发行量过大，公债依存度过高时，表明财政支出过分依赖债务收入，财政处于脆弱的状态，并对财政的未来发展构成潜在的威胁。

4. 偿债率

偿债率，即当年的债务还本付息总额占当年政府综合财力的比率。财政偿债能力越大，政府举债的承受能力也就越大，反之则越小。这一指标说明，公债规模的大小要受到财政收入水平的制约，公债规模应与当期财政收入状况相适应。

5. 逾期债务率

逾期债务率，即指一国或地区政府年末的逾期债务余额占年末债务余额的比重，是反映到期不能偿还债务所占比重的指标。

6. 居民的应债能力指标

居民的应债能力，即一国或地区居民认购公债的现实购买力水平。在我国，城乡居民存款是居民购买公债的主要来源。若居民储蓄率较高，应债能力较强，公债发行也就有了现实基础。近年来，由于居民可供选择的金融资产不断增加，这些指标不能完全反映居民购买国债的能力和潜力，但仍然是居民购买公债的主要依据。一般认为，该指标宜小于100％。

【本章小结】

● 中国的内债发展主要经历了五个阶段：古代中国的内债、晚清时期的内债、北洋政府时期的内债、国民政府时期的内债和中华人民共和国成立以来的内债。在不同的历史阶段，由于政治经济背景的不同，内债实践呈现出不同的特点。

● 1950年以来，我国政界和学界对公债的认识在总体上不断趋向深化和成熟，即从仅仅为了弥补财政赤字和筹集建设资金的被动利用公债阶段，逐渐转变为调节经济、实现宏观调控、促进经济稳定的主动利用公债阶段。中华人民共和国成立以来的内债发行可分为三大阶段：20世纪50年代的被迫利用公债时期；20世纪60—70年代既无内债又无外债的主动放弃公债时期；20世纪80年代至今积极利用公债的发展经济时期。

【关键术语】

息借商款　昭信股票　人民胜利折实公债　国家经济建设公债　国债风险
国债依存度　国债偿债率　居民的应债能力　国债负担率

思考与讨论

1. 简析为什么晚清时期的内债发行会以失败而告终。

2. 评述中华人民共和国成立以来不同阶段我国国债发行的不同背景和规模的演变情况。

3. 结合我国财政经济实际,讨论我国政府的内债风险及其表现。

阅读与参考文献

[1] 丛树海. 财政扩张风险与控制. 北京:商务印书馆,2005.

[2] 邓子基,等. 公债经济学:公债历史、现状与理论分析. 北京:中国财政经济出版社,1990.

[3] 龚仰树. 国债学. 北京:中国财政经济出版社,2000.

[4] 黄天华. 中国财政史纲. 上海:上海财经大学出版社,1999.

[5] 李俊生,李新华. 公债管理. 北京:中国财政经济出版社,2001.

[6] 杨大楷,等. 国债市场体系. 上海:上海财经大学出版社,2000.

[7] 张馨. 透视中国公共债务问题:现状判断与风险化解. 北京:中国财经出版社,2004.

本章测试

第十章　中国的外债变迁：从近代到现代

借外债并不可怕,但主要要用于发展生产,如果用于解决财政赤字,那就不好。[1]

——邓小平

学习目标

1. 了解中国外债的历史演变。

2. 理解近代中国外债的两重性。

3. 掌握中华人民共和国成立以来我国外债与社会经济发展的关系。

近代中国外债是随着中国近代社会从鸦片战争后逐渐沦为半殖民地半封建社会而开始的,也是随着中国清朝从康熙、乾隆的极盛到嘉庆、道光的衰落和西方殖民主义的入侵而产生、发展和演变的。近代中国外债产生于鸦片战争前后,贯穿清末和整个民国时期到 1949 年结束,跨越约 150 年,共有约 1000 笔外债(包括借款、赔款转借款、借新还旧、欠款等)。近代中国外债史是近代中国社会经济的缩影。

中华人民共和国成立后,在帝国主义的封锁下,中国曾大量利用苏联等国的贷款,为建立比较齐全的工业和国民经济体系打下了最初的基础。随着中苏关系的恶化,在苏联的逼迫下还清了所举借的外债,中国进入了"既无内债,又无外债"的时期。1979 年中国步入改革开放以后,开始引进外资并举借外债。中华人民共和国成立以来我国的外债史同样是我国社会经济的缩影。

拓展阅读:《外债史话》

---

[1] 《邓小平文选》(第 3 卷),人民出版社 1993 年版,第 193 页。

第一节　中国外债历史的发端：清政府时期的中国外债

一、近代中国外债的产生

早在第一次鸦片战争结束时，英国侵略者就在勒索巨额赔款（2100 万元）的《南京条约》中，和清政府缔订了关于赔款的债务条款。当时，英国侵略者曾利用低利引诱清政府把赔款变成债款，以便借口延期付赔，长期霸占定海和鼓浪屿。清政府户部也曾一度认为这种低利借款"无害民生，有裨榷务"。但后来由于赔款的按期偿付，英国侵略者的这一阴谋并未得逞。但在《南京条约》中，英国殖民者还是迫使清政府承担了广东十三行破产行商积欠外商的大量债务——"行欠"，从而在 1842 年形成了近代中国第一笔 300 万元的"行欠"外债。此后，清代外债先由地方当局从小额、短期债务开始，到 1867 年左宗棠第二次西征借款起由清朝中央政府借款为主，外债数额逐渐增大，期限也有所延长，借债次数也逐渐增多。到 1894 年中日甲午战争以前，是清政府外债的第一个阶段。甲午战争以后，清政府外债进入第二个阶段。19 世纪 50—70 年代是清朝社会大动荡和财政经济极度困难时期，也是中国外债从小到大、从地方到中央借外债的时期，这是近代中国外债的起步阶段。

在近代中国，严格意义上的第一笔外债是 1853 年的上海洋商借款。这在《清代外债史资料》中有清楚的记载：咸丰三年（1853）二月，上海道台吴健彰为剿灭小刀会起义，募雇英美船 3 艘，议价银洋 13000 元。吴健彰的这一借款，得到了清政府的同意："奏均悉，自应如此办理。"[1]对这笔外债，徐义生在《中国近代外债史统计资料》中曾有提及，但称确数未详[2]。而吴景平则确认为这是"经清廷允准认可、由地方当局筹借的第一批外债，可视作中国近代外债的起源"[3]。1853—1855 年，清政府为了勾结外国侵略势力来共同镇压人民起义，由上海道台经手共向洋商借款库平银 246382 两[4]。

同样性质的外债，还发生在 1858—1859 年。这时第二次鸦片战争中的英法侵略军正占领着广州府城，广东人民奋起抗战，并配合太平军就地起义。但清政府的广东地方官僚，不但不参加抗战，反而把镇压起义抗战的人民作为媚外的手段。但他们费用匮乏，于是两广总督黄宗汉，便以粤海关印票作抵，经由怡和行商伍崇曜向美商旗昌洋行借银 320000 两，月息六厘。这笔外债，后来户部尚书罗惇衍、两广总督毛鸿

---

①　许毅：《清代外债史资料》（上册），中华人民共和国财政部、中国人民银行编印，1988 年，第 1 页。

②　徐义生：《中国近代外债史统计资料》（1853—1927），中华书局 1962 年版，第 4—5 页。

③　吴景平："关于近代中国外债史研究对象的若干思考"，《历史研究》，1997 年第 4 期，第 55 页。

④　根据中国人民银行参事室编著《中国清代外债史资料》（中国金融出版社 1991 年版）第 36 页"中日甲午战争前外债统计表"有关债项计算而得出。

宾、广东巡抚郭嵩焘，强迫广东行商报效，自行归偿；行商则依靠外国侵略者的势力，由领事出面讨债，引起数年的纠葛。直至美国公使蒲安臣直接施加压力，才逼使清政府于 1866—1870 年在粤海关税收中如数还本，利息则归怡和行商伍崇曜负担①。

第二次鸦片战争结束后，清政府和外国侵略者于 1860 年签订了丧权辱国的《北京条约》。1861 年（农历辛酉年）11 月 8 日，慈禧太后、奕訢联合发动政变，推翻肃顺等"八人赞襄政务大臣"，改由两宫垂帘听政与恭亲王议政，并将八大臣拟定的皇帝年号"祺祥"改为"同治"，这就是"辛酉政变"（或称"祺祥政变""北京政变"）。辛酉政变后，清政府更进一步投靠外国侵略者，制定了"借师助剿"的政策，中外反动势力公开勾结起来，外债也日益增加。1861—1865 年，江苏、福建、广东等省的地方官僚，为了镇压太平天国起义军，先后向外国侵略者举借过 14 笔外债。这 14 笔借款大都是在军需急如星火、形势万分紧迫的情况下，由江苏、福建、广东等地方当局举借，数额小（每笔不超过 50 万两）、期限短（都在 1 年以内）、利息高，与关税关系密切。除有极少数的一两笔发生纠纷和拖欠外，都是随借随还，起弥补军需的临时周转作用。可见，中国近代早期的外债从一开始，就带有被迫性、紧急性、地方性、军事性和临时性的特点，不是一般的商业性、建设性外债②。

专栏10-1

广东"行欠"：中国外债的起点

清朝于 1684 年正式宣布"开关"贸易后，中外贸易特别是中西贸易迅速扩大，中西商业信用日趋活跃。在独特的广东洋行制度下，广东十三行封建官商在对外贸易中处于软弱无力的地位，表现为行商不能适应对外贸易发展的需要，往往信用破产，大批倒闭，积欠了大量债务——"行欠"。中国在第一次鸦片战争中失败后，被迫签订第一个不平等条约——《南京条约》。《南京条约》第五条规定："大英商民在粤贸易，向例全归额设行商承办。今大皇帝准以嗣后不必照向例，……且向例额设行商等，内有累欠英商甚多，尚无清还者，今酌定洋银三百万元，作为商欠之数，准明由中国官场赔还。"这样，一笔商业信用，就由兴泰行、天宝行所欠的私债转变为由国家承担的公债——国外公债的雏形。当然，这笔 300 万元的"行欠"外债，尚不具备外债关系中的各个要件，如借款协定、债权方、债款形态、债款数额、折扣、利息率、期限、抵押和担保、用途，等等，它是在清政府被英国侵略者打败的情况下被迫承认的，只能看作是近代中国外债的雏形而已。

资料来源：许毅：《清代外债史资料》，中华人民共和国财政部、中国人民银行总行编印，1988 年，第 148 页。

---

① 徐义生：《中国近代外债史统计资料》(1853—1927)，中华书局 1962 年版，第 1 页。
② 王国华：《外债与社会经济发展》，经济科学出版社 2003 年版，第 122 页。

对于各省举借外债的举动,清政府的心情是矛盾和不平衡的,它深知这是各省继厘金①之后一个比较容易筹饷的手段,拒绝批准或严禁借贷不仅不可能,而且还会因筹不到款而使农民起义的烈火越烧越旺。如果公开表示支持,清政府又担心各省纷纷效尤,财权进一步下移,地方尾大不掉。于是清政府就采取了默认的态度,听任沿海各省在较小范围内自借自还。而此后左宗棠举借的"西征借款"与前述地方性借款有很大的不同。1867年2月,为镇压进入陕西的西捻军与陕甘回民起义军,钦差大臣、督办陕甘军务的左宗棠向清政府提出要求向上海洋商议借银120万两。4月,清政府批准左宗棠的请求,这就是第一笔西征借款。第一笔西征借款不同于以前各次由各省地方当局"先斩后奏"的借款,它是由左宗棠先提出建议,经清政府许可后才由各海关代借的。这一方面说明清政府在农民起义的打击下对外债由默许转变为赞同,另一方面也是清政府力图将对外借款权收归中央的一次成功尝试,从而构成清中央政府第一笔正式对外举借的外债。此后,左宗棠还陆续与外商签订了第二、三、四、五和第六笔借款,合计总数达1875万两,使清朝外债进入了一个新的阶段。由于西征借款受到海关税务司的干涉,从此海关外籍税务司通过签署中国对外借款债票而把持中国借款权,这是中国外债主权沦丧的起点。

二、甲午战争后清政府对外债依赖的加深

清政府在甲午战争前曾举借了60多笔、总数达5260万两的外债,但由于随借随还,属于短期周转性质,故债务负担尚不算重。但自甲午战争开始,或为筹措战费而举借外债,或为偿付赔款而举借外债,或因战败赔款,分期摊还,外加利息,故外债数字节节上升,债务费逐渐增加。从甲午战争直至清朝灭亡的十几年间清政府举借的外债,一般说来有八大政治借款,分述如下。

甲午战争于1894年7月25日爆发后,清政府于8月1日被迫对日宣战。但清政府内部在宣战后,不仅在对日作战意志、决心和战略上存在严重分歧,而且在至关重要的如何筹措战争经费问题上犹豫纷争,对中国在战争中的被动挨打和最后惨败有重大影响。战争伊始,台湾巡抚邵友濂于8月4日率先向清政府提出借款加强台湾防务的建议。9月15日,清政府批准邵友濂向外商借款。邵友濂在上海向外商借款50万两②(拟借150万两,只借到50万两),用于加强台湾防务,这就是甲午战争中的第一笔军备借款"邵友濂上海洋商借款"。同年11月,战争规模进一步扩大,日本攻占了中国的辽东和大连,战局对清政府极为不利。为加强战争力量,清政府必须借入

案例讨论:甲午战争与外债负担

---

① 厘金是清政府在镇压太平天国运动时兴办的一种货物过境税(亦称通过税),其税率是值百抽一。太平天国运动失败后,清地方政府见收入庞大,不肯撤除,逐渐普及全国,以致在一些主要贸易路线上关卡林立,对过往货物重复抽税,严重阻碍了社会经济的发展。这一恶税直至1931年1月才由南京国民政府宣布裁撤。

② 徐义生:《中国近代外债史统计资料》(1853—1927),中华书局1962年版,第28页。

大量外债,以充军费和购买枪械军火。为此,清政府于 11 月 3 日批准天津海关道台盛宣怀向奥地利银行借款的请求。由于奥地利银行受到英国压力,这次借款最后没有成功。由于前线军需迫在眉睫,特别是英国希望通过借款控制战争进程,11 月 4 日,清政府通过总税务司赫德向汇丰银行借款 1000 万库平银两①,年利息 7%,期限 10 年,以关税担保,1895 年 1 月 20 日正式签订借款合同。这就是清末八大政治借款之一的"汇丰银款"。借款用于甲午战争中的沿海防御,其中有 40 万两拨往上海江南机器局用于军火生产②。汇丰银款是第一笔由清政府中央(总理衙门和户部)代表国家向外商借款,也是第一笔在国外正式发行债票的借款,同时也是享有最优先关税担保和偿还权的外债。通过汇丰银款,英国强化了对中国海关的控制。

1894 年 11 月 22 日旅顺失守后,甲午战争进入第二阶段。此后,清政府妥协避战成为主流,完全陷入被动挨打的局面。日军节节进攻,清政府只是忙于乞求列强干预,希望以一定的代价尽快结束战争。但光绪皇帝并不甘心,力求通过借款购械练军做最后一搏。1894 年年底,光绪皇帝指派胡燏在天津练兵,后来拨款近 400 万两作为练兵购械的经费。1895 年 1 月 26 日,按照汇丰银行条件,清政府向汇丰银行借款 300 万镑(约合库平银 18653961 余两)。借款期限 20 年,年利息 6%,以关税担保③。因为以英镑为结算单位,这笔借款被称为"汇丰镑款"。这笔借款留 700 万两在伦敦,作为随时购买军火的费用,其余分拨各地军需。

除汇丰银款和汇丰镑款外,甲午战争中清政府还向列强议借了两笔借款。一是德国瑞记借款 100 万镑,于 1895 年年初即开始商议,到 6 月 20 日才正式签订合同,用于弥补甲午战争期间的军需欠账及战后江南的善后事宜,其中有一部分暗中转拨或购买枪械给了台湾抗日军民。另一笔早经议定的英国克萨镑款(由伦敦克萨银行和麦加利银行经手)100 万镑也拖到 7 月 28 日才签字。瑞记借款和克萨借款折扣分别是 96% 和 95%,期限都是 20 年,年利息均为 6%,均以关税收入为担保,以江苏厘金与盐课收入为还债的款项④。借款合同签字时,战争早已结束,因此,这两笔借款并没有在甲午战争中起到什么作用。

甲午战争以清政府的彻底失败而宣告结束,1895 年 4 月 17 日,中日签署《马关条约》,清政府拿出相当于其财政收入两年半的白银进行赔偿(赔款 2 亿两白银、"赎辽费"3000 万两),割让台湾等战略要地给日本,日本获得相当于其 4 年财政收入的赔款和大片战略重地,从此掌握了远东地区的主导权,使中国的社会经济发展和近代化进程受到严重挫折。

《马关条约》签订后,由于清政府须举债以偿付对日巨额赔款,于是对华贷款成为

---

① 徐义生:《中国近代外债史统计资料》(1853—1927),中华书局 1962 年版,第 28—29 页。

② 王国华:《外债与社会经济发展》,经济科学出版社 2003 年版,第 150 页。

③ 徐义生:《中国近代外债史统计资料》(1853—1927),中华书局 1962 年版,第 28—29 页。

④ 许毅:《清代外债史资料》(上册),中华人民共和国财政部、中国人民银行总行编印,1988 年,第 270、285 页。

帝国主义加剧竞争的对象。俄、法、德三国迫使日本交还辽东半岛这件事,使得清政府的政策筹码更多地押在这三国身上。于是在沙俄财政大臣维特的指使下,彼得堡和巴黎的 10 家俄、法银行,首先组成一个财团,获得了偿付第一期甲午赔款和还辽费用的优先贷借权,其结果就是为数达 4 亿法郎的"俄法借款"。俄法借款 4 亿法郎,折合库平银 1 亿两,期限 36 年,年利息 4%,折扣 94.125%,以关税担保,并附有多项苛刻的政治条款[①],俄、法两国由此而取得了参与中国海关行政管理的特权。

俄法借款在支付第一期赔款和赎辽费后只剩下 2000 万两,第二期赔款 5000 万两尚有 3000 万两缺口没有着落。1896 年 1 月,清政府向英、德两国谈判借款。英国认为俄、法两国再无力出借大借款,就提高了对清政府的要价,使清政府不得不中止谈判,转而向英、德两国之外的美国、法国寻求借款。美国、法国加入竞争,使英国为削弱主要对手俄国、法国的长远目标而降低了要价,促使英德借款合同迅速达成。英德借款总额达 1600 万镑(合库平银 1 亿两),折扣 94%,期限 36 年,年利息 5%,以关税担保"尽先偿还"[②]。同时还附有中国政府 6 个月内不得另借他款等苛刻的政治条件。借款还强化了英国对中国海关的控制。据统计,英德借款中有 7473 万两用于支付对日赔款,有 200 万镑(合 1244 万两)用于向英国、德国订购 6 艘巡洋舰,有约 325 万两用于卢沟桥至保定的铁路修筑[③]。

英德借款在支付上述款项后只余 300 多万两,而赔款还有 8300 余万两未付,如能在 1898 年 5 月 8 日前付清,中国可以少付利息 1000 多万两,加上 50 万两的威海卫驻兵费,可使剩余赔款减为 7300 万两。清政府极欲尽早了结对日赔款,在英德借款后不久就张罗新借款,并准备将关税、厘金、盐税等拿出作为借款抵押。1896 年,李鸿章出使俄国,代表清政府与沙俄签订《中俄密约》,刺激英国、德国加快了新借款的谈判。同时,清政府决定借款兴修铁路,外债政策发生了重大变化,在举借外债问题上最后完全放开了手脚。1898 年 3 月 1 日,英德续借款合同正式签字,借款 1600 万镑,折扣 93%,期限 45 年,年利息 4.5%,以关税及盐税、厘金为担保,清政府对借款不得挪用[④]。英国还通过借款取得在铁路借款、长江流域事业等方面的优势地位,以及对中国厘金、盐税的控制等广泛的政治经济附加条件。同年 6 月,以俄法资本为后台的比利时获得卢汉铁路借款;10 月,英德获得关内外铁路借款[⑤],列强对中国的瓜分争夺达到白热化。

甲午战争战费和赔款所构成的政治借款(汇丰银款、汇丰镑款、克萨镑款、瑞记借款、俄法借款、英德借款、英德续借款),本金总额即达库平银 3.5 亿两,预计未来 20~45

---

① 许毅等:《清代外债史论》,中国财政经济出版社 1996 年版,第 423 页。

② 许毅:《清代外债史资料》(上册),中华人民共和国财政部、中国人民银行总行编印,1988 年,第 404—405 页。

③ 王国华:《外债与社会经济发展》,经济科学出版社 2003 年版,第 154 页。

④ 许毅:《清代外债史资料》(上册),中华人民共和国财政部、中国人民银行总行编印,1988 年,第 479—482 页。

⑤ 王国华:《外债与社会经济发展》,经济科学出版社 2003 年版,第 155 页。

年利息支付将达 5 亿两以上，中国近代外债形势为之一变。

帝国主义瓜分中国的狂潮激起了义和团运动，英、法、德、俄、美、日、意、奥等八国联军于 1900 年（中国农历庚子年）出兵镇压，并攻占了北京。清政府被迫与列强签订《辛丑条约》，要求中国赔款者在 13 国以上，赔款总额达 4.5 亿两。这就是庚子赔款。巨额的赔款绝非清政府短期内所能支付，于是分作 39 年摊还，年息 4 厘（年利）。因此，赔款加上逐年利息，遂成为 9.82 亿两[①]。这个数字，由清政府发出债券，按比例数字，交各国政府收执。这样一来，赔款便转化为外债了。此外，还有补充镑亏（即不足金镑之定数）的借款。这是因为赔款的偿还，根据《辛丑条约》附件规定，应照海关银两市价易成金款，然后付与外国。但世界银价趋跌[②]，于是以银易金，发生镑亏。自光绪二十七年至三十年（1901—1904），镑亏之数达 1000 余万两，磋商数年，减至 800 万两。为补充这笔镑亏，又向汇丰银行借得 100 万镑，年息 5 厘，期限 20 年，每年还本 5 万镑，以山西的烟草税及百货厘金作抵[③]。这样，庚子赔款的三个项目：赔款原额（4.5 亿两）、利息数额、镑亏数额，其总数约为 10 亿两（9.82 亿两，加上 800 万两）。

甲午以后的上述八大政治外债，数额既巨，期限又紧，故不能不责成各省分担。1894—1901 年的八项借款的各省摊解额，1895 年为库平银 922 万两，1902 年增至 477 万两。这八项借款所付本息银数，在 1899 年约占清政府财政总岁入额的 25.9% 和岁出额的 22.8%，到 1905 年约占总岁入额的 41% 和岁出额的 31%[④]，可见晚清甲午以后外债负担之重。

除了上述八大政治借款外，截至辛亥革命爆发前，清政府还向帝国主义列强举借了大量铁路外债，合计达库平银 3.3 亿两，占所借外债总额的 27.47%。[⑤] 此外，辛丑以后，清政府和各省地方还陆续借了一些别的外债，致使偿债支出进一步增加。据宣统二年（1910）底度支部提出的度办三年（1911）预算案数字，清末外债债息的年支出总数达 5164 万余两[⑥]，为辛丑前的 2.15 倍。

甲午战争后晚清外债的陡增对财政的影响，一是破坏了财政收支的平衡，引发了晚清严重的财政危机；二是加剧了清王朝财政的混乱和不统一。不仅如此，它还使中国人民和清政府（及后来的国民政府）在随后的几十年里背上沉重的债务包袱，套上了严苛的政治经济枷锁。通过战争赔款和这些借款，列强在中国掠夺到大量的政治、

---

① 参阅中国银行总管理处经济研究室：《中国外债汇编》，1935 年版，第 32 页。
② 订借时（1901 年），每 1 英镑合关平银 6.66 两，三年以后（1904 年）涨至 7.5 两以上。参见刘秉麟：《近代中国外债史稿》，生活·读书·新知三联书店 1962 年版，第 37 页。
③ 参阅胡钧：《中国财政史》，商务印书馆 1920 年版，第 372、390 页；徐义生：《中国近代外债史统计资料》（1853—1927），中华书局 1962 年版，第 38 页。
④ 徐义生：《中国近代外债史统计资料》（1853—1927），中华书局 1962 年版，第 25 页。
⑤ 徐义生：《中国近代外债史统计资料》（1853—1927），中华书局 1962 年版，第 26 页。
⑥ 赵尔巽等："食货六·征榷·会计"，《清史稿》卷一二五，中华书局 1977 年版，第 3709 页。

外债历史故事：庚子赔款、庚子退款与清华学堂

经济特权和利益,掌握了中国的财政经济命脉,操纵和左右着中国的局势和前途命运,加深了中国社会经济的半殖民地化和政治经济文化危机,加速了中国传统社会经济的消解和清政府的灭亡。

第二节　北洋政府时期的中国外债分析

中华民国北京政府存在了16年,这个政权以北洋军阀为主要支柱,人们习惯称之为北洋政府。北洋政府统治时期,战祸横行、政局动荡,军阀混战连绵不断,使社会生产力遭到灾难性破坏,财政基础彻底动摇。在此时期,庞大的军费支出,又成为耗费社会财富和财政收入的无底洞,加上地方割据势力经常截留属于中央政府的财政收入,造成北洋政府财政收支的巨大缺口。在出多入少的情况下,北洋政府只能靠借债度日,特别是"仰给外债以度岁月"。据统计,北洋政府共举借大小债项约645笔外债,债务总额达15.7亿银圆。就举债的国际环境来讲,正是帝国主义列强在中国划分势力范围的又一次狂潮,既有互相争夺,又有协同瓜分。就国内政局来讲,袁世凯当权,是"大一统",袁氏暴卒,就出现了各派军阀称雄割据的局面,举借外债更乱。下面分别叙述。

一、南京临时政府的外债

清王朝的灭亡是历史的必然,而其在1911年被推翻,是以举借外债为契机的。1911年5月,清政府为取得大宗款项用来填补财政空白,采取饮鸩止渴的办法,举借外债。由于外债是以铁路和矿山为抵押,遂宣布川汉铁路和粤汉铁路国有化。6月13日,清政府与四国银行团的借款合同寄到成都,借款合同的全部内容被披露,清政府借债卖路真相大白,激起广泛的群众抗议运动,保路运动掀起。各地的革命党人联合会党、新军,变和平请愿为武装起义。清政府只得从湖北调军,由钦差大臣端方指挥,入川查办。四川危机立即触发了清政府全面的政治危机。清政府调军入川,造成武汉地区的空虚。湖北革命党人见有机可乘,决定举行武装起义。10月10日武昌起义爆发,11日和12日汉阳、汉口新军起义。武昌起义声势远播,各省响应,仅在武昌起义后的一个月中,全国就有15省宣布独立。1912年元旦,南京临时政府成立,2月12日清帝宣布逊位,根据南北协议,袁世凯代替孙中山当选为中华民国临时大总统。辛亥革命的胜利果实被袁世凯篡夺,从此开始了北洋政府统治时期。

南京临时政府存在的时间之所以不长,主要是列强不借给外债,因而导致了国库空虚,财政窘迫,无法维持。南京临时政府的让权和北迁,既有袁世凯阴谋篡夺的一面,也有孙中山主动退让的一面。之所以如此,除了南京临时政府政治上和行政上的软弱之外,财政基础的脆弱是一个重要原因。南京临时政府秘书长胡汉民回忆说:"一日,安徽都督孙毓筠以专使来,言需饷奇急,求济于政府。先生(孙中山)即批给二十万。余奉令到财政部，则金库仅存十洋。"①造成如此困难的原因有两个方面：一是帝国主义公使团掠取中国海关税款后，1912年1月开始执行《管理税收联合委员会办法》八条，把原来可以动用的"关余"卡住了；二是临时政府辖下省区的各省都督对临时政府不予支持。孙中山请求各省都督"将应解部款，从速完款"，但效果甚微。在这种情况下，临时政府只好举借内债与外债，来应付财政危机。

举借外债是孙中山一贯的主张。1911年12月，他归国途经新加坡时向人表示："此次直返上海，解释借洋债之有万利，而无一害。中国今日非五万万不能建设裕如。"②在路过香港谈及筑路主张时，他一方面强调必须依靠借外债，但同时又指出，应该"一不失主权，二不用抵押，三利息甚轻"③。但由于列强的抵制，孙中山领导的南京临时政府仅向日本三井洋行、大仓洋行借到为数不大的几笔外债。杯水车薪，无济于事。南京临时政府陷入重重的矛盾和困难之中。财政基础的脆弱，进一步加深了行政上和政治上的危机，南京临时政府只存在三个多月就夭折了。

二、北洋外债与政权更迭的四个阶段

"仰给外债以度岁月"的北洋政府，把外债作为维持中央和地方财政的主要来源。特别是对控制中央政府的军事政治集团来说，举借外债往往成为维持其统治的基本条件。正如曾多次任财政、交通总长的曹汝霖在解释其经办外债的理由时说："其时财政困难已达极点，各省应解之款，都为督军扣留；发行国内公债，则旧公债尚未整理，续募为难。"④

北洋政府统治大致可划分为四个阶段，每个阶段四年，而每一段又正好由一个或一系军阀当权。最初的四年（1912—1916）是袁世凯当权，虽然是内战不断（二次革命、护国战争等），外患加剧，但政治上至少还维持着"大一统"的局面，以四国银行团为代表的帝国主义列强，给袁世凯以财政支持，出于对华侵略的共同利益，英、美还希望俄、日两国也加入对中国贷款的行列。当时的北洋政府也力图利用外国银行家之间的竞争来获得借款。1913年4月，《善后借款合同》签订，北洋政府以盐税为抵押向五国银行团举借2500万英镑。善后大借款是为帝国主义侵略和袁世凯北洋军阀势力封建复辟服务的，它的侵略性、政治性和封建军事性决定了善后大借款对中国近代社会经济的发展是起破坏和阻碍作用的。

袁世凯死后，北方军阀中当时以皖系（安福系）势力为最强，它控制着中央政权，由段祺瑞执政。为了打击曹锟、吴佩孚为首的亲美派，段祺瑞借参加对德作战为名，大肆向日本借款，以西原借款数额为最大。西原借款是指日本帝国主义在寺内内阁时期通

---

① 转引自李新、李宗一：《中华民国史》第1编（下），中华书局1982年版，第453页。
② 邓泽如：《中国国民党二十年名迹》，上海人民出版社1984年版，第83页。
③ 转引自李新、李宗一：《中华民国史》第1编（下），中华书局1982年版，第456页。
④ 曹汝霖："西原借款之原委"，《近代史资料》，1979年第1期。

过朝鲜银行董事西原龟三经手秘密或公开贷给北洋段祺瑞政府众多外债的统称,其内容广泛、数额庞杂,总额有 3 亿日元左右。通过西原借款,日本帝国主义扩充了其在中国的政治经济和军事势力,而段祺瑞皖系军阀也因此而获得日本帝国主义的贷款及政治、经济和军事支持,得以维持其 4 年之久的反动统治。西原借款是秘密政治交易,是北洋军阀政府与日本帝国主义相互勾结的产物,不是一般的、普通意义的外债。

段祺瑞垮台,直系曹、吴执掌北京中央政权。直系的后台主要是英国、美国。外债来源也有了变化。吴佩孚当年曾口诛笔伐出卖胶济路权和举借外债的梁士诒内阁,此时则接受了英国 150 万英镑的道济路借款以及其他铁路(津赤线、烟潍线、沧石线)借款和所谓"导淮借款"。美国也供给直系集团军火,价值达 328 万美元。到了奉系集团把持北洋政府时,又回到以日本为主的外债来源。

因此,研究北洋政府时期的外债,必须注意考察当时政权权力的更迭和变化,以及当权者与帝国主义列强的关系。

三、北洋时期的整理外债

1920 年 10 月 15 日,在美国纽约签署协定的美、英、法、日新四国银行团,由于北洋政府和中国人民的反对以及银行团内部的重重矛盾,很难在对华借款问题上取得一致,该银行团也在不知不觉中寿终正寝。而此后的曹、吴统治或奉张统治期间,新借外债很难、很少,除 1925 年 9 月向日本举借购械及参战借款息垫日金 2760 万元外,其他都是零零星星的小额借款。

靠借债度日的北洋政府在南北继续对峙、政局动荡不定、内战不息的局势下,"中央财政困难已极,各省解款完全停止,各项税收常被截留""而各方面应付各款,又急如星火,万不得已即以盐余抵借债款,借应急需,日积月累,为数甚巨"。"国家窘迫于上,商民呼吁于下,况国内迭遭兵燹,市面凋零,危险万状,社会经济与国家财政同陷绝境"[①]。北洋政府财政总长董康"忝莞度支,难安寝馈",于 1922 年 6 月 17 日向国务会议提出组织全国财政讨论会。同年 6 月 20 日,北洋政府设立了以顾维钧为委员长的全国财政讨论委员会。财政委员会设赋税、公债、泉印、会计四股进行研究。关于外债的研究结果提出了整理外债的设想,由交通部、财政部同时进行整理,以恢复国际信用。1923 年 8 月,又成立财政整理委员会,其任务是"审核无切实担保中央各机关之内外债本利实数""研究整理及清算办法""讨论整理债务以后之中央财政方针"。在进行财政整理的同时,1925 年又设立了由财政总长、交通总长、盐务署长、税务督办、烟酒事务督办、各省区民政长官、各省区议会代表组成的财政善后委员会,根据整理财政纲要,分别议定施行。财政整理委员会开始财政整理后,美、英、法、意、日、荷等国均向中国提交整理债务意见书。特别是日本,不仅提出整理债务原则之意见,还详细列出应整理之各债,整理债务假拟计划,并一一列表说明。可见各债权国对中国

---

① 财政部财政科学研究所等:《民国外债档案史料》(第 1 卷),档案出版社 1990 年版,第 286 页。

整理债务的关注，也可见他们的要求与矛盾。

整理内外债又与争取关税自主、裁撤厘金等联系在一起，北洋政府于1925—1926年召开关税特别会议。1922年11月，北洋政府成立了关税特别会议筹备处，1924年4月正式向各国提出召开关税特别会议，于1925年10月在北京召开。关税特别会议的任务是制定国定税则与裁厘，谋求关税自主。为此，要先将积欠无着之债务设法清理，以恢复国家信用。财政部向关税会议提交了承认整理之债务目录，中国代表团向会议提交了《关款存放问题提案》。尽管如此，在关税特别会议上充满着北洋政府和各债权国之间的矛盾及债权国之间的矛盾，会议无法取得一致的意见。1926年7月，各国代表发表宣言，决定暂时停止会议，至此，历时9个月，耗费130万元的关税特别会议，宣告结束。

1927年8月，北洋政府又成立了关盐两税抵借外债审核委员会，对关盐两税抵借之各项外债合同或契约进行审查，前两项是对外债还本息情形进行调查，对各种收支账目及表件进行核对等，同时对关盐两税抵借各项外债保护持票人利益及维持政府信用问题进行研究。审核委员会就外国银行经理中国外债限制时效问题、"善后借款"中俄国发行的部分中所剩余的债票问题等进行了讨论。1928年，北洋政府面临的政治危机和财政危机更为严重，审核委员会也无法继续进行研究与讨论，审核委员会随着北洋政府的垮台而停止。

四、北洋外债与中国经济近代化

北洋政府举借的外债对中国经济近代化的影响如何，是研究这一时期外债中的一个十分重要而又常常被忽视的问题。学术界在对北洋政府举借外债的考察和评述中，偏重于揭露北洋政府的投降卖国和帝国主义的侵略扩张。而事实上，北洋外债对中国近代经济的影响和作用是客观存在的。

在晚清外债中，最大数额的借款是为支付战争赔款而举借的。而北洋政府时期的外债，最大数额是军事、行政费用借款，此外就是实业借款。据统计，军费、行政费借款占64.4%，实业借款占35.5%。因此，除分析军费、行政费借款外，还要考察占外债总额35.5%的实业借款。实业借款虽有移作他用的，但绝大部分还是投入近代企业的创办与建设之中。对占北洋外债总额35.5%的实业借款进行分类考察，其中铁路借款26.49%，矿业借款为0.63%，电信借款为1.68%，工业借款为0.49%，航空航运借款为1.17%，金融事业借款为0.44%，其他实业借款为4.6%。这些实业借款对中国经济近代化产生了一定的影响和作用。

经济近代化是指一个社会的传统经济向近代经济转变的一种趋势，或者是说传统经济成分日趋缩小，近代经济成分日趋增大的过程。传统经济与近代经济的界限如何划定，从现象上可以指出大概，即使用大机器的近代产业部门的建立和发展（如制造业、采掘业、交通运输业等），各类市场体系和制度的建立与完善（商品市场、资金市场、劳动力市场、房地产市场、技术市场、银行制度、交易所和经纪人制度等），以及世界市场的扩大和国际资本流动的增强,等等。我们以此作为界定来分析北洋外债中的实业外债:1912—1927 年,全国新增铁路 4264 千米,除沪杭甬铁路等少数铁路由股东集款或交通部拨款外,都是借外债修筑的。例如,陇海铁路是向比利时和荷兰银公司借款修建的;粤汉铁路是向英、法、德、美四国银行团借款;京绥铁路 1914 年继续修建,先后 4 次借日本东亚兴业株式会社款。这些为修建铁路而举借的外债,不管条件如何苛刻,毕竟是中国经济近代化的表现。除了铁路之外,中国当时的电信业、轮船航运业、金融业的发展,与外债也有极大的关系。

在北洋政府时期,中国一些大的棉纺织业也借外债来更新设备、扩大生产或维持生产。上海宝成第一、二、三厂于 1919—1921 年创办投产,而后遇到了资金困难,先后向日商东亚兴业株式会社借款 530 万日元。上海华丰纺织厂也于 1922 年 7 月,向东亚兴业株式会社借款 100 万日元。天津裕大纱厂和裕源纺织公司于 1921 年 12月,向东洋拓植会社借日款 180 万日元。上海申新纱厂、天津华新纱厂、济南鲁丰纱厂、上海大中华纱厂都先后举借外债。汉口第一纺织公司向英国沙逊、安利两洋行借款 250 万两白银。郑州豫丰纱厂向美国慎昌洋行借款 200 万美元。这些工厂后来虽然有的被兼并、被拍卖,但也有的通过借款,更新了设备,发展了生产。

总之,北洋政府时期的外债有鲜明的特点,其落后性、混乱和恶的一面十分突出,是那一段黑暗历史的重要见证,是总结吸收利用外债经验教训的极好的反面教材。同时,北洋外债也有两重性,在 15.56 亿银圆的外债总额中,也有一部分用于实业、文教,对当时社会经济的发展起到了一定的积极作用。只是北洋外债恶的一面非常突出,其积极的一面往往容易被人忽视。

第三节　国民政府时期的外债分析

国民政府时期(1927—1949),明显地可以分为三个阶段,即 1927—1937 年的十年内战和抗战准备阶段,国民政府官方历史也称为十年经济建设时期;1937—1945 年的八年抗战阶段,也称为抗战建国时期;1945—1949 年的四年国共内战时期。三个阶段的社会政治和财政经济状况各不相同,外债的情况及其在社会政治经济中的地位和作用也不一样,需分别来表述。

一、抗战前国民政府的外债

1927—1937 年的十年中,由于北洋政府乱举滥借导致中国在国际上债信破产,也由于 1930 年前国民党政府内部内战不已,国民政府这时很难借到外债,国民政府主要依靠大量发行内债和其他财税改革措施筹集收入,维持统治。在外债方面,国民政府主要结合关税自主、裁厘改税,通过整理外债恢复债信入手,对各项外债做了大量的整理工作。到1934年年底和1935年，大部分外债得到整理并重新开始偿付，中国在国际资本市场的债信逐渐恢复，外债借用重新起步。

在外债整理尚未进行、中国拖欠大量外债、债信未恢复之前，美国即通过其美国自动电话电器(电气)公司于1928—1929年向中国提供了南京、上海和武汉的自动电话借款共计220余万美元。由于南京国民政府与美国的特殊关系，当1931年中国长江流域发生特大水灾急需救济时，美国也为推销因国内经济危机、市场萧条的农产品，决定用小麦、面粉对中国进行救灾，以麦、面价格作为借款。经国民政府财政部与美国农商部、国务院商定条件，1931年9月起至1932年3月，运到中国的美麦价值921万余美元，以此作为借款，定息年4%，规定自1934年至1936年分3期偿还，这就是"美麦借款"。1933年5月，国民政府又向美国金融复兴公司商借5000万美元，以其中4000万元在美国购买棉花，1000万元购买小麦、面粉返销中国，所得销售款作为借款，年利息5%，分别以统税和海关水灾附加税作第一、第二担保。后来因为中国国内农业丰收，市场不振，遂将棉花类借款减为1000万美元，麦类借款不变。实际运销棉花998万余美元，麦、面710万余美元，共计1708万余美元，以5年为期还清。这就是"美棉及美麦借款"。到1936年国民政府整理各项外债过程中，美棉及美麦借款均未清还，经国民政府与美方协商同意，对上述两项借款予以整理：改发统一债券，延长还款期限，并将两借款合并为1660万余美元，其余条件不变。该借款在抗战时降息，延期到1944年6月清还。值得注意的是，1933年美棉及美麦借款，与救灾没有直接关系，在中国农业丰收，农产品市场低落之时购进大量美棉美麦，实际有对中国倾销美国过剩农产品之嫌。同时，棉麦借款中有相当一部分根据蒋介石的旨意用于"剿共"内战。

经过国民政府整理外债的不懈努力，从1934年下半年开始，中国外债债信逐渐恢复，国民政府采取内外资(债)结合的办法，借入了大量的外债投向铁路修建和电信、公路建设，1935—1937年，中国社会经济出现了良好的发展势头。国民政府还通过各种方式，包括借入外债，如通过1936年4月与德国签订的"中德易货信用借款"，德国政府给中国政府信用借款1亿马克，中国向德国出售农产品以换购战备物资，这一交易一直延续到1939年，双方交易额达1亿多元，为中国抗日战争做了贡献和准备。

二、抗战时期国民政府的外债

抗日战争爆发后，沿江、沿海的关税、盐税大部分丧失，国民政府财政困窘达到极点，为应付庞大的军事支出，国民政府举借了大量外债。国民政府抗战时期的外债具有很强的特殊性，不仅数额巨大，而且条件十分优惠，全部投入抗日战争并使中国最后争取到反侵略战争的胜利。全面抗战爆发后，国民政府将整个社会经济纳入战时轨道，实行经济统制，一切为坚持长期抗战和争取抗战胜利的目标服务。当时的对外方针是最大限度争取外国特别是美国、英国和苏联的支持与援助，尽力保持与外界的联系通道。为支持中国抗战事业，苏联、美国、英国在政治、经济和军事上给予中国非常大的支持和帮助。在经济上，苏联、美国以极为优惠的条件给中国大量贷款，在反法西斯同盟建立后,美国又根据租借法案给了中国大量租借物资,为中国坚持抗日战争和最后取得抗日战争的伟大胜利起到了重要的积极作用。当然,这种援助并非单向的,也不是无偿的,而是通过贸易方式在平等互利、等价交换的原则下实现的。中国也为苏联、美国和英国等提供了其稀缺的农产品、稀有矿产资源等。特别是中国抗战力量的壮大和发展本身就是对世界反法西斯阵营的有力支持。

就借款额而言,除抗战前夕达成的一些借款特别是铁路借款仍然继续加紧进行外,抗战时期的外债共有21笔(美国租借物资未计入),计苏联3项易货借款2.5亿美元,英国8项借款折合美金共计27621.7906万元(2项平准基金借款1000万英镑、3项购车购料信用借款804.7万英镑、财政援助借款5000万英镑及2项小额借款317906美元),美国7项借款共计68600万美元(桐油借款、华锡借款、钨砂借款和金属借款4项共1.2亿美元、平准基金借款5000万美元、财政援助5亿美元、永利化学公司信用借款1600万美元),法国2项借款约合1500万美元,捷克1项军火借款367140英镑[1],共计126023.5万美元(部分数据见表10-1)。

表 10-1 抗战时期国民政府主要外债统计(1938—1944 年)

借款年月	借款名称	借款金额	年息/%
1938 年 3 月	苏联第一次易货借款	5000 万美元	3
1938 年 7 月	苏联第二次易货借款	5000 万美元	3
1939 年 2 月	美国第一次(桐油)借款	2500 万美元	4
1939 年 3 月	英国第一次平准基金借款	500 万英镑	2.75
1939 年 6 月	苏联第三次易货借款	15000 万美元	3
1939 年 8 月	英国第一次信用借款	304.7 万英镑	5
1940 年 4 月	美国第二次(华锡)借款	2000 万美元	4
1940 年 10 月	美国第三次(钨砂)借款	2500 万美元	4
1941 年 2 月	美国第四次(金属)借款	5000 万美元	4
1941 年 4 月	英国第二次平准基金借款	500 万英镑	1.5
1941 年 4 月	美国平准基金借款	5000 万美元	4
1941 年 6 月	英国第二次信用借款	500 万英镑	3.5
1942 年 2 月	美国财政借款	50000 万美元	—
1944 年 5 月	英国财政借款	5000 万英镑	—
合　计		92000 万美元 6804.7 万英镑(按 1∶5 兑换率 折算成美元为 34023.5 万美元)	

资料来源:刘克祥、陈争平:《中国近代经济史简编》,浙江人民出版社 1999 年版,第 644 页。

---

[1] 吴景平:"抗战时期中国的外债问题",《抗日战争研究》,1997 年第 1 期,第 59—66 页。

表 10 - 1 所列仅为抗战时期国民政府所借外债的主要部分。此外，尚有向英、法、比、捷、德、荷等国举借的其他一些小额债款，未能一一列出。

就经济和外债方面来说，抗日战争胜利的意义和收获也是非常大的。首先，因为抗战和抗战胜利，所有中国此前对日本的负债（约占当时中国对外负债的 40%）都被取消，日本在中国（因侵略而来）的数十亿美元投资和财产全部被没收转为中国民族资本和国家财富[①]。其次，抗战中，主要国家都与中国签订了平等新约，它们在中国的租界、治外法权等特权被取消，中国社会的半殖民地因素基本消除——至少在政治上和法律上是如此，为中国以平等地位参与国际事务奠定了基础。同时，长期压在中国人民头上的庚子赔款被取消，其他大部分政治性借款也部分或全部推迟、免除了偿还责任，大大减轻了中国人民的负担。第三，抗战期间借入的大量外债，不但对中国坚持抗战和争取抗战胜利有巨大的积极作用，而且这些外债条件都非常优惠，利息低甚至无息，易货偿还对中国也较有利，没有对中国形成大的负担和压力，这是中国近代以来外债所难以见到的。因此，抗战外债的积极作用和进步意义是十分明显的。

三、抗战胜利后国民政府的外债

抗日战争胜利后的四年，战火弥漫长城内外、长江南北，战争成为这四年的主题。由于战争，中国的财政经济全面崩溃。因此，在国民政府的外债研究中，抗战胜利后四年的外债问题乏人问津。其实，抗日战争胜利在望时，国民政府就有详细的举借外债的计划，"战后复兴事业，百端待举，需要经费至为巨大，必须利用外资，方能依照确定方案，应付裕如"[②]。抗战胜利后，国民政府在举借外债活动中，有四个问题值得我们重视和研究。

1. 对战前旧债的整理和恢复偿付外债

1946 年 4 月，国民政府财政部向行政院提交了《战前外债恢复偿付办法》，8 月，国民政府财政部公债司拟具恢复偿付外债办法。为了落实旧债偿还，国民政府恢复了整理内外债委员会，对旧债进行整理。同时，还计划增设债务事务机构，核销债券。国民政府对有确实担保的外债和无确实担保的外债的偿付提出了设想。1946 年 4 月 20 日，国民政府财政部呈行政院关于战前外债恢复偿付的办法中，以关盐税担保的英法借款、克利斯浦借款、善后借款、英德续借款、芝加哥大陆商业银行借款、马可尼费克斯借款、太平洋拓业公司借款、湖广铁路借款息金，自 1946 年 7 月 1 日起恢复偿付。同年 12 月 24 日，行政院院长宋子文下达了《关于恢复偿付外债应从缓实施密令》[③]。财政部于 1947 年 7 月 17 日代表中国政府向外发表声明，称："此次世界反侵略大战，中国抗战最久，损失最重。现在战争虽已结束，然中国经济与财政复员工作

① 王国华：《外债与社会经济发展》，经济科学出版社 2003 年版，217 页。
② 《民国外债档案史料》（第 2 卷），档案出版社 1991 年版，第 413 页。
③ 《民国外债档案史料》（第 2 卷），档案出版社 1991 年版，第 494 页。

仅方开始,而战后建设需款迫切,构成当前财政上之艰巨负担,尤以外汇方面为然。另一方面,全国工商、交通各业,以及税务行政,又需相当时日方可恢复正常。今日之中国,正如战后其他多数国家,仍须依赖国际之经济援助,发展工商业,以培植偿债能力。"[①]对外债的偿付,国民政府深具决心,但乏实力,因此旧债的整理与偿付,随国民党败退台湾而搁浅。

2. 外债难求,罗掘内债

抗战胜利后的四年中,国统区的财政金融危机年甚一年,举借内外债成为解决财政困难的老办法,由于外债整理与偿付问题一拖再拖,因此,国民政府着力罗掘国内公债。1946—1949 年,国民政府发行了总数为 3 亿法郎、9.41 亿美元、200 万市两黄金、谷麦 1000 万石黄金、5.23 亿元金圆券、3 亿银圆的公债[②]。这一时期举借的内债不仅数额大,还有以下特点:一是由于通货膨胀,国民政府发行的国内公债,除 1946 年 9 月的第二期土地债券以法币为本位外,其他的均采用黄金、美元、金圆券、银圆或实物来计值;二是担保品除国库税收担保外,还有外国贷款、美援担保和外汇基金担保,等等;三是利率高,一般均为年息 4～6 厘,短期库券利率高达年息 2 分、月息 1 分 5 厘;四是发行定额与实发行额相差甚远,如 1946 年 10 月发行的同盟胜利美金公债,定额为 4 亿美元,实发行额为 8000 万美元。1947 年 4 月 1 日、10 月 1 日发行的短期库券定额为 3 亿美元,实发行额为 4248 万美元。1949 年 2 月 1 日、6 月 1 日发行的黄金短期公债定额为黄金 200 万市两,实发行额为 9090 市两。以上特点反映了国民政府统治下债信低下、经济破产、人民贫困的情景。

3. 债权国主要为美国与加拿大

世界资本帝国主义列强几乎都成为近代中国的债权国。晚清时期的债权国有英国、美国、法国、俄国、德国、比利时、丹麦、日本、意大利、奥地利等,北洋时期的债权国有美国、比利时、俄国、德国、日本、法国、英国、奥地利等。国民政府在抗战前与抗战中则向美国、德国、英国、日本、苏联等国借款。但到抗战后,国民政府向外借款中,有两项向加拿大举借,债额为 7275 万加元,其余各项借款都是向美国借的,债额为 14219.3 万美元。这样,近代中国外债的债权国由多国变成美国与加拿大两国。为什么有这种变化?一是第二次世界大战结束后,国际经济形势发生巨大变化,世界资本帝国主义列强中,德国和日本战败,英国、法国、苏联等欧洲国家在世界大战中遭受巨大创伤,美国则成为世界首富。二是美国对华政策所致。美国为了达到战后取代日本、英国,独霸中国的目的,在战后与国民政府签订一系列协定,支持国民政府的统治。加拿大的借款"是与美国借款性质相同的,一方面是商承美国政府意旨,与美国侵华政策相辅并行,一方面是推销战后自己的剩余物资"[③]。

---

① 《民国外债档案史料》(第 2 卷),档案出版社 1991 年版,第 497 页。
② 潘国琪:《国民政府 1927—1949 年的国内公债研究》,经济科学出版社 2003 年版,第 230 页。
③ 刘秉麟:《近代中国外债史稿》,生活·读书·新知三联书店出版社 1962 年版,第 258 页。

4. 关于"美援"问题

研究战后外债，"美援"问题是不能忽视的。战后美国除了向国民政府施放多项贷款外，还向国民政府提供了大量的"美援"。关于"美援"需要研究的问题：一是"美援"概念。有些著作、文章及回忆录中，"美援"概念包括美国向国民政府的贷款，还包括向国民政府的赠予物资。"美援"是美国向国民政府提供的"救济"售让、赠予物资在当年的一种不科学的口语称谓。二是战后"美援"的种类与数额问题。"美援"渠道复杂，有政府、军界、工商界、社会文教团体等，而中国接收方也有政府、金融界、工商界、军界、文教团体等。"美援"种类繁多，有粮食、衣服等，也有工农业和医疗卫生器材，还有军备物资等，基本上是第二次世界大战期间的剩余物资。"美援"的数额至今也没有精确的统计。"美援"的作用，虽然无补国民政府的巨额财政赤字，但也在某种程度上起到了外债的作用。

四、国民政府时期外债的特点

纵观国民政府时期的 22 年，共举借大小外债 108 项，折合国币债务总额达44.98亿元左右，其中军政借款 31 项，债额达 39.03 亿元，占这一时期总额的 86.77％；实业借款 63 项，债额为 3.71 亿元，占总额的 8.23％；教育借款 10 项，债额为 126.95 万元，约占总额的 0.03％；农产品借款 3 项，债额为 2.23 亿元，占总额的 4.96％；其他借款 1 项，债额为 7.5 万元，占总额的 0.001％[①]。尽管我们做了大量的考证和分析研究，这一数字也还是不太准确的，这主要是因为：某些借款是由借贷双方秘密进行的，债额多少一开始就不明确。另外，在旧中国，中外币制、币值有很大变动，汇率、物价波动得也很厉害，这些都影响到对国民政府的外债总额做出一个准确的判断，需要我们进一步深入研究。从用途上说，国民政府时期的外债大部分都被用于军政费用，抗日战争之前和之后阶段所借外债主要是用于发动反革命内战和维护其反动统治，而抗日战争时期的外债主要是用于抗击外敌侵略，具有进步意义。所以，国民政府时期的外债具有功过分明、便于评价的特点。

由于南京国民政府是在蒋介石发动"四·一二"反革命政变、投靠帝国主义的基础上建立起来的，所以，帝国主义列强也就在表面上对国民政府做了一些经济上的小让步，以表示对它的支持。这表现在外债上就是利息较低，折扣少。抗日战争之前所借外债利率一般在 5％ 至 1.5％ 之间，折扣在 99 折至 93 折之间；抗日战争之后所借外债利率在 3.5％ 至 2％ 之间，一般都无折扣。在抗日战争时期，由于中国和同盟国共同作战，国民政府举借的外债不用提供担保，仅指定由中国运售某些货物以售价抵付；借额按全额提供，无折扣；利率低，以实际动用额计算利息。总之，国民政府所借外债，条件比较优惠，不像晚清外债和北洋外债那样条件苛刻（利息高——年利高达 8

---

① 许毅、潘国旗：《从百年屈辱到民族复兴——国民政府外债与官僚资本》，经济科学出版社 2004年版，第 16 页。

厘或 9 厘以上；折扣大——普遍在 95 折至 83 折之间）。

另外，国民政府所借外债的债权国比较集中，在抗日战争之前主要是美国；在抗日战争时期主要是苏联、美国和英国；在抗日战争之后则主要是美国和加拿大，不像晚清时期和北洋时期那样，债权国很多，有美、英、法、德、比、俄、荷、意、葡、西、丹、挪、加和瑞典，在亚洲还有日本。与这一特点相联系，国民政府时期的外债，笔数不多，但每一项的债额较大，如 1942 年向美国财政借款达 5 亿美元之多。而在晚清和北洋时期，由于财政的极端困难，历届政府，不问债额的多少，只要有债可借就行，造成债项多，数额大。如晚清政府共借外债 208 笔，债务总额达 130588.8297 万两（库平银）[①]；北洋政府共举借外债 645 笔，债务总额达 15.7 亿银圆[②]。

总之，南京国民政府建立后，由于国内国际形势变化，以及抗日战争及战后美国支持国民政府打内战的影响，这一时期外债的举借和偿付均出现了新特点，值得进一步研究。

第四节　中华人民共和国成立以后的外债及其演变

一、中华人民共和国举借外债的曲折历程

中华人民共和国的外债历史，从 1949 年中华人民共和国成立到现在，以 1978 年中共十一届三中全会为界，可分为前后两个时期。

1. 中华人民共和国举借外债的第一个时期

从中华人民共和国成立到 1978 年的中共十一届三中全会，为中华人民共和国举借外债的第一个时期。这一时期又可以分为两个阶段。

第一阶段是中华人民共和国成立到 1968 年还清内外债止。这一阶段经历了借债到被迫还债的艰辛苦难。中华人民共和国成立时，中国共产党所接手的是一个一穷二白的烂摊子。与此同时，西方帝国主义国家对中国实行全面封锁，中国别无选择，只有大力争取苏联对我国经济建设的支持与援助。1949 年年底，周恩来、毛泽东先后赴苏，就中苏政治、经济、技术合作及中国利用苏联资金、技术等重大问题，与苏联领导人进行商谈。1950 年 2 月 14 日，中苏两国政府在签署《中苏友好互助同盟条约》的基础上，同时签署了《中苏关于苏联贷款给中华人民共和国的协定》。条约规定：苏联政府以年利 1% 的优惠条件给予中华人民共和国 3 亿美元的贷款，贷款期限

---

① 许毅等：《清代外债史论》，中国财政经济出版社 1996 版，第 40 页。
② 金普森："北洋外债简论"，《浙江社会科学》，1997 年第 1 期，第 85 页。

为 10 年[①]，这是中华人民共和国的第一笔外债。1953 年 5 月 15 日，中苏两国又签署《关于苏维埃社会主义共和国联盟援助中华人民共和国中央人民政府发展国民经济的协定》。同年 9 月，苏联决定增加援助项目，先后共计 156 项，这便是 20 世纪 50 年代著名的 156 项重点工程。

从 1950 年到 1957 年，中苏先后签署了 13 次贷款协议，中国政府向苏联举借的外债额达 68.4 亿旧卢布（合 13 亿新卢布，约相当于 17.1 亿美元）。这些用于引进技术、设备，开展 156 项工程建设的外债，加上抗美援朝战争期间，苏联给予我国购买苏联军事装备、物资的贷款，一共是 74 亿旧卢布，折合成新卢布为 14.06 亿，相当于 18.5 亿美元。这些贷款的年利息是 1％～2.5％，偿还期为 2～10 年。此外，中国还与波兰、捷克、民主德国等先后签订协定，引进成套设备建设项目。

中华人民共和国在实行独立自主、自力更生的经济建设方针和执行"一边倒"外交政策的情况下，较好地利用了苏联等国的优惠贷款，使中华人民共和国的社会经济建设取得巨大成效。苏联的援助与贷款，凝聚着苏联政府和人民对中华人民共和国的真挚友情。

中国 20 世纪 50 年代建设资金的筹措，除有限度地举借外债，主要是立足于国内的筹资。1950 年 1—3 月发行"人民胜利折实公债"，约值 2.58 亿元的内债，弥补预算赤字，稳定物价，恢复国民经济。1954—1958 年，人民政府又连续五年发行"国家经济建设公债"，每期 6 亿元。年年超额完成，总计 5 期的国家经济建设公债实际发行额为 35.44 亿元，超过计划总额的 16.96％。中国通过外债和内债筹集的资金相当于"一五"期间国家预算经济建设支出的 10％以上，可见内债和外债在我国国民经济建设和社会发展中的重要性。

1960 年以后，由于苏联大国沙文主义及中国国内越来越"左"的内外政策所致，中苏关系从 20 世纪 50 年代的兄弟般合作逐渐恶化、破裂，直至对抗、冲突。苏联停止对中国的贷款、技术和人才援助，而且中止、撕毁已经签署的合同，撤走专家，提前逼债。中国政府顶住巨大压力，全国人民勒紧裤腰带将苏联的贷款在 1965 年前全部还清。1968 年，我国政府将全部国家经济建设公债还清。

第二阶段从 1968 年还清国内外债务到 1978 年召开中共十一届三中全会的十年间，中国政府既不借内债，又不借外债，过着"无债一身轻"的日子。

中苏关系的恶化，导致苏联逼债，更谈不上再借新债。西方资本帝国主义特别是美国继续对我国实行封锁和围堵，使中国在 20 世纪的六七十年代近 20 年中基本处于孤立无援、与世隔绝的状态。国内人民的生活保持在最低水平线，政府还能向人民发行什么债券吗？1969 年 5 月 11 日《人民日报》颇为自豪地宣告，中国成为世界上第一个（也是唯一一个）既无内债又无外债的国家。

"无债一身轻"，其实并不轻。在无债的岁月里，中国社会经济的发展最为艰难、

---

① 曹英：《共和国风云五十年》（一），内蒙古人民出版社 2002 年版，第 60—61 页。

缓慢。中国的经济发展水平与世界资本帝国主义国家、发展中国家的差距拉得更大了。"既无内债,又无外债"无助于社会经济的发展,只会延缓社会经济发展的速度与步伐。

在这一阶段里只有两次引资活动值得一提。一是 20 世纪 70 年代初期向西方国家引进预订 43 亿美元成套技术设备,简称"43 方案";二是 1978 年签订对外引进协议额度 78 亿美元成套技术设备,简称"78 计划"。

2. 中华人民共和国举借外债的第二个时期

从中共十一届三中全会到现在是中华人民共和国举借外债的第二个时期。1978年年底召开的中共十一届三中全会是中国历史上的重大转折,不仅对内要进行正本清源、拨乱反正、全面改革,而且要打开国门,对外开放,利用引进国外资金、技术、设备以及管理制度,加快我国现代化建设步伐。

改革开放以来我国外债发展以 1992 年邓小平南方谈话为界可分为两个阶段,1979 年至 1991 年年底为第一阶段,重新举借外债与管理逐步制度化阶段;1992 年至今为第二阶段,我国借用外债飞速发展,外债规模居世界前列,成为世界上仅次于美国的外资流入国。

第一阶段重新举借外债。从 1979 年 11 月比利时政府承诺给我国贷款 3 亿比利时法郎(约合 800 万美元)的外债开始,到 1992 年,已经有日本、意大利、法国、英国、荷兰、联邦德国等 20 多个国家和世界银行、亚洲开发银行、国际货币基金组织、国际农业发展基金会、北欧投资银行等向我国提供贷款。从 1987 年起,我国还直接到美国、日本、欧洲、新加坡和香港地区等资本市场发行债券和股票,进行直接融资。这一阶段举借的外债的特点有:(1)中长期外债居多,在 1987 年以前,由国家财政统借统还的 1 年期以上的外债占我国同期外债的 80% 以上。(2)借款期长,如比利时政府、日本政府的贷款,偿还期均为 30 年,另含 10 年宽限期。(3)利息低,新时期举借第一笔外债是无息的。一般年利率为 3% 左右。意大利、瑞典、丹麦等国还向我国提供无偿的政府赠款。(4)用途广泛,涉及交通运输、能源、邮电通信、石油化工、钢铁冶金、机电制造、农田水利等基础性、骨干性行业。其中交通能源项目占 46.5% 以上。

第二阶段是我国利用外债迅猛发展的阶段,时间是从 1992 年起至今。这一阶段随着我国逐步确立社会主义市场经济体制和进一步、全方位地扩大对外开放,举借外债年均增幅达到 15% 以上,超过同期国内生产总值的增长率。

截至 2014 年年末,我国外债余额为 54793 亿元人民币(等值 8955 亿美元,不包括香港特区、澳门特区和台湾地区的对外负债)。从机构部门看,广义政府债务余额为 3379 亿元人民币(等值 552 亿美元),占 6%;中央银行债务余额为 619 亿元人民币(等值 101 亿美元),占 1%;银行债务余额为 18470 亿元人民币(等值 3018亿美元),占 34%;其他部门债务余额为 26741 亿元人民币(等值 4371 亿美元),占49%;直接投资:公司间贷款债务余额为 5584 亿元人民币(等值 913 亿美元),占

10％。从币种结构看，登记外债余额中，美元债务占 80％，欧元债务占 6％，日元债务占 4％，特别提款权和港币等其他外币债务合计占比 10％。经核算，2014 年年末我国外债负债率为 8.64％，债务率为 35.19％，偿债率为 1.91％，短期外债与外汇储备的比例为 17.78％[①]。我国中央财政承担的国外债务及其与国内债务的比较见表 10-2。

表 10-2 我国中央财政承担的国内和国外债务余额情况   单位：亿元

年 份	国内债务	国外债务	合 计
2005	31848.59	765.52	32614.21
2006	34380.24	635.02	35015.28
2007	51467.39	607.26	52074.65
2008	52799.32	472.22	53271.54
2009	59736.95	500.73	60237.68
2010	66987.97	560.14	67548.11
2011	71410.80	633.71	72044.51
2012	76747.91	817.79	77565.70
2013	85836.05	910.86	86746.91
2014	94676.31	979.14	95655.45
2015	105467.48	1132.11	106599.59

资料来源：《2016 年中国统计年鉴》。

国际上通常采用一些流量指标和存量指标来衡量经济体与外债有关的潜在风险。其中：负债率反映经济体外债规模与其经济实力之间的关系，目前国际上比较公认且相对保守的安全线为 20％；债务率可衡量外债可持续性，通常出口能力越强，外债清偿能力越大，国际公认安全线为 100％；偿债率则是综合反映偿付能力和流动性的混合指标，国际安全线为 20％。而短期外债与外汇储备之比这一指标，反映当经济体偿还外债的其他支付手段不足时，可动用外汇储备资产来偿还外债特别是短期外债的能力，国际安全线为 100％。从外债风险指标来看，我国外债风险安全可控。

二、中华人民共和国外债与社会经济的发展

从上述中华人民共和国举借外债的曲折历程中可以看出：从"一边倒"外交方针下向苏联借债，到被迫还债；从既无外债又无内债，到改革开放后向世界上 20 多个国家或世界金融机构举借外债。借债、无债到举借大额外债，与中国社会经济发展关系

[①] 国家外汇管理局网站。

如何，是值得考察与研究的问题。

20世纪50年代，在我国国民经济建设和社会发展中，向苏联举借的外债以及国内发行的公债，发挥了巨大的作用。由于有效利用了苏联的贷款资金、技术设备和专家人才的支持与帮助，我国社会经济建设发展迅速。1953—1956年，我国工业生产年均增长19.6%，农业生产年均增长4.8%。在生产总量上、增长速度上大大超过中华人民共和国成立前的任何时期，也是中华人民共和国成立后头30年中建设发展最快、最好的时期。

1959年，苏联单方面撕毁合同，1960年撤走专家，逼我国提前还债，给我国社会经济的发展造成了巨大的损害。宿世芳在回顾从苏联进口技术和成套设备，以及苏联撕毁合同的情景时说："回顾过去，既使我们愉快地想到在50年代中苏两国关系友好时，两国贸易大发展的情形；也使我们痛心地想到苏联专家的突然撤退，使我国40个部门的250个企业和事业单位陷入瘫痪的状况。苏联政府背信弃义的行为，不仅破坏了我国这些部门的设计、设备的安装和生产，而且打乱了中国整个国民经济计划，给中国的经济建设和国防建设带来了巨大损失。"[1]

中国还清了苏联的外债，继而还清了国内公债，成为世界上一个既无内债又无外债的国家。缺乏资金，困难重重，依靠自力更生、艰苦奋斗，中华民族还是自立于世界民族之林。但是，"既无内债，又无外债"无助于社会经济的发展，加上经历十年之久的"文化大革命"，中国的国民经济处于崩溃的边缘。中国国民经济发展的挫折、延误，说明利用内外债是社会经济建设发展的重要因素和必要手段。

我国现代化建设事业面临的最大困难，就是缺乏资金，因此改革开放后，一定要吸收外国资金，靠资金来恢复和发展经济。"借外债不可怕，但主要要用于发展生产，如果用于解决财政赤字，那就不好。"[2]因此，考察外债利用在社会经济发展中的作用，主要从两个方面进行分析，即外债的使用方向和外债的使用效益。改革开放以来，举借外债的使用方向，重点投向交通、能源、化工、冶炼、机电产业等，如1979—1991年，我国外债总额近一半投向交通能源等基础设施建设，用以缓解这些"瓶颈"行业对社会经济发展的制约。

总之，中华人民共和国利用外债外资，投向经济急需的行业与部门，实践证明是正确的、成功的，并为我国社会经济建设提供了资金，加快了现代化建设步伐，有效地调整了产业结构，在生产能力和技术水平上产生了质的飞跃。

① 宿世芳："关于50年代我国从苏联进口技术和成套设备的回顾"，《当代中国史研究》，1998年第5期，第51—53页。
② 《邓小平文选》(第3卷)，人民出版社1993年版，第193页。

专栏10-2

中华人民共和国成立后的第一笔外债债券

中国国际信托投资公司(以下简称"中信公司")在日本金融市场发行100亿日元债券,是中华人民共和国成立后第一次在国外发行债券。筹建中信公司和发行日元债券是改革开放初期的两件大事,影响深远。发行外债,结束了我国"既无外债,又无内债"的历史,成为中国经济观念改变的标志性事件。

党的十一届三中全会刚结束,为落实社会主义现代化建设的战略决策,1979年1月17日,邓小平邀请荣毅仁等五位原工商界人士座谈。小平同志提出,要实现社会主义现代化,必须实行对外开放政策,引进国外的资金和技术,把门路搞得宽一点。当年2月,荣毅仁向中央提交《建议设立国际投资信托公司的一些初步意见》,提出"从国外吸收资金,引进先进技术,为四个现代化服务,似有必要设立国际投资信托公司,集中统一吸收国外投资,按照国家计划、投资人意愿,投入国家建设"。这个设想得到了中央领导同志的赞同。1979年6月27日,国务院正式批准成立中国国际信托投资公司。经过近三个月的筹备,10月4日中国国际信托投资公司正式成立。第一次董事会议在北京人民大会堂台湾厅召开,会上宣布了经国务院批准的公司章程。章程规定:中国国际信托投资公司是社会主义国营企业,是国务院直接领导的业务机构。公司的任务是按照中华人民共和国中外合资经营企业法及国家其他有关法令、条例,引导、吸收和运用外国的资金,引进先进技术,进口先进设备,对我国进行建设投资,加速我国社会主义现代化建设。公司注册资本为人民币2亿元。

中信公司为大规模筹集中国经济建设所需要的资金(发行外债融资方式),首先要进行观念上的突破。第二步就是怎么发行,选择哪一国作为中国首次发行外债的国家。

从国际上看,在国际市场发行债券是许多发达国家筹集资金的重要渠道之一,也是国际融资的通用办法之一。发行债券的优点是:金额大、期限长、影响广。许多发达资本主义国家和国际组织都积极采用发行债券筹集资金。1971—1981年,世界银行在日本发行了14次公募债券、2次私募债券,筹得资金4280亿日元;在欧洲发行了2次欧洲日元债券,筹得资金400亿日元。1980年,世界各国在欧洲市场共发行了价值约173亿美元的债券,其中债券发行价值超过10亿美元的有美国、法国、加拿大和日本等。既然发达资本主义国家都可以在国外发行债券筹集资金,那当时资金极度匮乏的中国为什么不能采用这一方式呢? 在比较了几个主要发达资本主义国家之后,中信公司认为首先在日本市场发行债券较为合适。这主要基于四个方面的考虑:一是日元利率低。1981年以来,几乎只有日元和瑞士法郎才能发行票面利率在 10％以下的债券。二是根据日本政府现行有关法令的规定,五年内在著名国际市场发行过两次债券者可以取得在日本发行公募券的资格。因此,先在日本发行一次私募券,然后再在其他市场发行一次私募券,就可以取得在日本发行公募券的资格。这样可为逐步进入国际金融市场铺平道路,届时就可以较低的利率连续发行。三是日元坚挺,可以转换较多的其他货币。四是日本与中国一衣带水,历史关系悠久。自 1972 年恢复邦交以来,两国的友好关系不断发展,两国的经济、技术合作和贸易文化交往发展较快。

中信公司要求在日本发行债券的想法得到了国务院的批准。1981 年 3 月,中信公司向日本野村证券公司发出了发行 100 亿日元私募债券的意向书。野村证券公司是日本四大证券公司中最大的一家,在国际金融市场和日本市场上都有较大影响,其在日本市场上的认购能力和销售能力都比较强,经销的日本国债占很大比重,对大藏省亦有较大的发言权。重要的是,野村证券与中国有关的企业联系密切,对中国的改革开放态度积极。

中信公司与野村证券公司的谈判,正值中日两国处理成套设备合同和 3000 亿日元一揽子贷款问题。日本大藏省为了综合平衡,相当一段时间态度暧昧,宣称要一起解决,使得谈判拖延较久。谈判过程中发生的主要问题是中国哪个机构提供信用担保的问题。由于中信公司成立时间较短,其性质和信用在日本还没有被广泛了解,日本大藏省一度提出要中国政府对债券提供担保,遭到中方的拒绝。经过中信公司与日本金融界认真协商,并向他们介绍了中信公司是国务院直属机构的情况,日方最后做了让步,同意不要担保。

经过近一年的谈判交涉,1982 年 1 月 18 日,关于中信公司拟在日本发行日元私募债券的期限及条件已由有关方面达成协议。中信公司在日本金融市场发行 100 亿日元债券,是中华人民共和国成立后第一次在国外发行债券,数目虽然不算很大,但在国际上反应强烈。日本以及西方的很多报刊、电台纷纷发表消息和评论,认为此举一改中国在贷款方面一向采取的低息借款政策,表明中国在对外经济交往中正变得越来越灵活。此后,在国外发行债券,成为我国筹措建设资金的重要来源,有力地推动了社会主义经济的发展。

资料来源:何仲山:"新中国成立后的第一笔外债",《瞭望新闻周刊》,2009 年 6 月 4 日。

【本章小结】

● 外债是商品经济高度发展使世界经济走向一体化的产物,也是金融国际化的一种表现。1840 年鸦片战争的致命打击,使中国坠入衰落的深渊。从此,中国由无债走上借债以及依赖外债的道路。此后历届政府均向外借款。据粗略统计,清政府举借了 208 项外债,总额超过 13 亿两(库平银),北洋政府(包括南京临时政府)举借外债约 645 项,债务总额达 15.7 亿银圆。国民政府共举借外债 108 项,债务总额折合国币 44.98 亿元。中华人民共和国成立以后的外债，截至 2004 年年底外债余额折合美元 2285.96 亿元。近代中国外债与中华人民共和国成立以后的外债尽管举借的背景、目的不同，但是举借外债可以引进资本、技术、生产力和新的生产关系及生产方式，是一脉相承的。

● 外债是中国资本主义原始积累的一种特殊形式，而中国的资本主义生产关系，主要是通过外债这种形式形成的。例如，清末举借的 208 笔外债中，实业借款有 85 笔，债额占清末外债总额的 28.7％，相当于当时清政府近四年的财政收入。因此，中国的资本主义经济、近代化的大生产都与外债紧密联系在一起。北洋政府时期举借的外债中，实业借款债额达 45462 万银圆，占总数的 28.9％。实业借款虽有被移作他用的，但绝大部分还是投入近代企业的创办与建设中。国民政府接收了北洋政府的官办企业，又举借了 63 笔实业外债，债额达 59661 万银圆，占外债总额的 13.3％。用这些外债款，国民政府兴建了铁路、电信、航空等事业。中华人民共和国成立时，除运往台湾和存在海外的财产外，国民政府留在大陆的官僚资本财产全部转为社会主义全民所有。同时，人民政府还没收了帝国主义的在华资本，形成了中华人民共和国以公有制为基础的社会主义经济基础。由此可见，社会主义生产方式的形成，是借助于晚清政府、北洋政府和国民政府建立的近代化大生产的生产力。中华人民共和国成立后，除了运用国内资金发展经济外，又通过举借外债发展了社会化大生产。

● 中华人民共和国成立以后的外债与近代中国的外债有着巨大的差异，或者说存在着根本的区别，主要有以下两个方面：(1) 国情的变化。近代中国是半殖民地半封建社会，资本帝国主义国家从 1840 年入侵中国后，逐步操纵了中国财政经济命脉和政治、军事力量。资本帝国主义国家借款给中国，成为他们从经济上政治上控制中国的一个重要手段。晚清政府举借外债，是被迫的，实出无奈，不得已而为之。在当时的历史条件下，资本帝国主义不仅对中国进行了高利贷式的掠夺，中国的关税、盐税、厘金、田赋也被抵押殆尽，举借外债意味着丧失更多的主权和经济利益。从这个意义上说，一部近代中国外债史，就是一部资本帝国主义侵华史。中华人民共和国成立以后的外债则不一样。中华人民共和国是主权国家，在对外关系上奉行独立自主的政策，不受制于任何外力。中华人民共和国举借外债，是出于一种强国富民的需求，是一种自觉的、主动的行为。(2) 债项结构与债务投向的不同。近代中国举借的外债主要是军政借款而非实业借款，而且各个时期也不完全相同。晚清政府时期主要是赔款借款，在清政府所借的外债中，军政借款 5794 万两库平银，占外债总额的 4.4％，赔款借款 79388 万两库平银，占外债总额的 60.8％；北洋政府时期(包括南京临时政府时期)，军政借款 68816 万银圆，占外债总额的 43.7％，借新债还旧债 43118 万银圆，占外债总额的 27.4％；国民政府时期，军政借款 64922 万银圆，占外债总额的 14.3％，国防借款(主要是抗日借款)325172 万银圆，占外债总额的 72.3％。中华人民共和国成立以后举借的外债基本上都是实业外债，并主要投向交通运输、能源、石油化工、邮电通信、轻工纺织、科学技术服务业、电力、煤气及水的生产和供应业等。

【关键术语】

"行欠" 上海洋商借款 西征借款 庚子赔款 铁路外债 善后大借款 美麦借款 "美援" 政治外债 实业外债

思考与讨论

1. 中国近代外债是如何产生的？

2. 分析北洋外债的两重性。

3. 试评析国民政府时期的外债。

4. 试评述抗战外债的积极作用以及抗战胜利对中国外债的影响。

5. 中国近代外债与中华人民共和国成立以后的外债有哪些相同点，哪些不同点？

6. 中国政府在 1968 年还清国内外债务到 1978 年召开中共十一届三中全会的十年间，处于既不借内债，又不借外债的"无债一身轻"状态。您对此有何评价？

阅读与参考文献

[1] 陈争平. 外债史话. 北京：社会科学文献出版社,2011.

[2] 刘秉麟. 近代中国外债史稿. 北京：生活·读书·新知三联书店,1962.

[3] 隆武华. 外债两重性——引擎？桎梏？北京：中国财政经济出版社,2001.

[4] 徐义生. 中国近代外债史统计资料(1853—1927). 北京：中华书局,1962.

[5] 许毅. 清代外债史资料(上、中、下). 中华人民共和国财政部,中国人民银行总行编印,1988.

[6] 许毅. 从百年屈辱到民族复兴——清代外债与洋务运动. 北京：经济科学出版社,2002.

[7] 许毅. 从百年屈辱到民族复兴——北洋外债与辛亥革命的成败. 北京：经济科学出版社,2003.

[8] 王国华. 外债与社会经济发展. 北京：经济科学出版社,2003.

本章测试

第十一章　公债与战争：如影随形的"双胞体"

战争不但是军事的和政治的竞赛，还是经济的竞赛。

——毛泽东[1]

学习目标

1. 掌握公债作为战争筹款的重要机制。

2. 了解中外各国的战争公债历史及其主要内容。

3. 掌握公债、战争与经济三者之间的内在关系。

从公债产生的第一天起，它就与战争结下了不解之缘。可以说，现代公债以及公债制度就是因为战争而催生，并在战火中发展起来的。同时，现代战争规模的升级、时间的延长乃至胜负的决定无不与公债相关。与此同时，战争对公债也会产生重要影响。例如，"在战争期间，一些政府的确推行过暂停支付债务本金的政策，并把短期债务转换成长期债务，中止了'债务的运转'"[2]。而在战争结束后，战争双方往往都不同程度地欠下了巨额债务。从某种程度上讲，公债与战争就像一对如影随形的"双胞体"，不离不弃，互相支持。

公债信誉好的国家
在战争中才会胜利？

第一节　公债是战争筹款的重要机制

一、战争与资本市场

金钱是战争的支柱。1499年，法国路易十二询问占领米兰需要什么时，他的大

---

① 毛泽东：《毛泽东选集》（第三卷），人民出版社1991年版，第1024页。

② 亚历桑德罗·米撒尔著，杨志勇等译：《公债管理》，中国财政经济出版社2005年版，第156页。

臣特里武尔齐奥回答说："三件东西：钱、钱、钱！"战争对财政财力而言是一项极其沉重的负担，而这些财力往往需要通过金融市场来筹集，因此，历史上的金融革新常常发生在战争期间。例如，英格兰银行建立于"九年战争"当中；1800年，拿破仑建立法兰西银行来为他的战争筹款助一臂之力；在美国内战中，1861年秋天，银行签署发行第一批公债15000万美元。费城的小银庄成功地促使公众认购这些公债。公债必须用硬币购买，而很少人有多余金币。钱币的问题使银行感到困扰。于是，国会在1862年2月25日通过"法定货币法案"，批准发行纸币15000万美元——这就是有名的美钞起源。在西方中世纪，导致银行家破产的主要原因不是客户挤兑，也不是金融危机，而是国王们不能如期还债，甚至有意赖账。为了更好地筹资，也为了分散风险，很多国家开始向公众发行公债。而战争的长期性和复杂性又使得借债方法和本息支付方式大大地复杂化，这促进了资本市场的发育发展。

公债小故事：英国公债、滑铁卢战役与罗斯柴尔德家族

以拿破仑征服普鲁士后，普鲁士政府的发债为例。普鲁士国家财政正是在1806年征收的10亿法郎拿破仑战争赔款的压力下发展起来的。这笔赔款是于耶拿战役失败后《提尔西特和约》中规定的，普鲁士还于1809年11月被迫缴纳1.2亿法郎的"贡金"。普鲁士仅500万人口，但为了偿还拿破仑的债，同时供养一支25万人的军队，尽管有英国的津贴，普鲁士还是用尽一切征税和借款手段，包括将供应商债权强行转成长期贷款。战后，普鲁士于1818年在伦敦发行公债，1822年发行了皇家海外贸易公司债券，并继续在法兰克福和汉堡借款。与此同时，柏林证券交易所开始出现外国政府在巴黎、伦敦和法兰克福发行的债券的报价。公债的大量发行将德国资本市场以及德国与欧洲其他市场联成一体，从而使德国资本市场得以加快步伐赶上英国和法国。

后来在普法战争中，俾斯麦又打败了拿破仑三世的法国，索要高达50亿法郎的战争赔款。法国发行了著名的首宗和二宗"梯也尔公债"。公债的发行不仅刺激了法国的出口，还将法国资本市场带入大繁荣，使巴黎成为欧洲金融中心。

以上案例无一不说明，战争以及战争之后的相关赔款所引发的公债发行，在很大程度上促进了一个国家或地区的资本市场繁荣，进而促进当地经济的发展。现代资本市场的发展，或多或少地与战争公债相关。

一些经济学家在总结这些战争与金融关系的历史事件之后认为，征税打击"活"钱，因而对经济发展有害；借贷使"死"钱变活，因而对经济发展有利。这当然有点失之偏颇，但是，战争所发行的公债促进了资本市场的发育发展，从而有利于经济的发展，却是不争的历史事实。

二、公债与战争筹款

亚当·斯密在《国富论》关于公债的论述中就指出，由于战时用于国防的开支大大高于平时，使得一国收支平衡被打破，这时，借债或发行公债就成了维持平衡的最重要手段。[1]

在现代历次战争中，公债无不都是战争筹款的主要机制。第一次世界大战期间，各国战争费用由税收筹集的部分，美国为 37.3%，英国为 28.7%，德国为 12.3%，法国为 4.2%[2]，其余部分均以公债或借款等方式支出，可见公债是支撑这次战争的主要财力来源。

以抗日战争为例，参与战争的各方，无论是当时的国民政府、边区政府还是日伪政府，都发行了大量公债，以支撑战争经费。1937 年 7 月 7 日"卢沟桥事变"后，国民政府于当年 8 月 18 日公布《救国公债条例》，财政部为应军费急需呈奉国民政府核准于民国 26 年(1937)9 月 1 日发行了"救国公债"，当年发行总额为 5 亿元，年息 4 厘，分 30 年还清。据有关资料介绍，"救国公债"发行时，在全国引起了强烈反响，不论工人、农民、学生，还是知识分子、民族资本家以及海外华侨都争相购买，做到有钱的出钱，没钱的出力，以实际行动支持抗日救国，表现了全国人民同仇敌忾的精神。这是抗日战争期间国民政府发行的第一笔公债。

事实上，在整个抗战期间，国民政府发行的公债主要有 18 种。其中，有按法币和关金计算的，总额达 150 亿元；此外，还有按英镑、美元计算的外币债券，按谷麦等粮食计算的实物债券[3]。

抗战开始后，中国共产党根据变化了的时局和国情，适时地调整了经济政策，在财政经济方面，提出了一些基本主张，要求"财政政策以有钱出钱及没收汉奸财产作抗日经费为原则。经济政策是整顿与扩大国防生产，发展农村经济，保证战时农产品的自给，提倡国货，改良土产，禁绝日货，取缔奸商，反对投机操纵"。与此同时，还确定了减租减息作为抗日战争时期解决农民土地问题的基本政策。但这些还不足以解决当时边区的财政困难。于是，1938 年 10 月在中共中央六中全会上，毛泽东进一步提出了反侵略战争的十大战时财政经济政策，其中的第六条就是募集救国公债。边区政府在之后陆续发行了抗日救国公债，使财政得到改善。

抗战期间，日本政府为了支撑庞大的军费开支，先后在国内发行了大量公债。由于战争开始之前日本经济并不十分发达，战争期间财政对公债的依存度极高。"九一八事变"后，日本占领中国东北，年耗军费和"满洲建设"费使得财政负担年年增加，这部分负担主要通过发行公债来弥补，公债发行规模也逐年增加，从 1932 年的 500 万日元到 1936 年的 7 亿日元[4]。1937 年 7 月抗日战争全面爆发后，日本政府原想迅速就地解决，无须动用巨额资金，仅在第二年预备费项下支出 1000 余万元，后又追加预算，数额为 9500 万元。而随着淞沪抗战等战事爆发，仅 1937 年军费开支就超过 20

① 亚当·斯密著，郭大力、王亚南译：《国富论》，商务印书馆 1991 年版，第 215 页。
② 吴承明："美国战时公债与金融政策评述"，《财政评论》，1947 年第 1 期。
③ 秦风：《陪都重庆》，广西师范大学出版社 2015 年版，第 25 页。
④ 戴建兵、王晓岚：《罪恶的战争之债》，社会科学文献出版社 2005 年版，第 110 页。

亿元。为弥补巨大的财政差额,日本政府先后发行了各种形式的中国事变公债[1]。如1939年日本共发行公债50.3亿元,其中中日战争公债35亿日元。1942年太平洋战争爆发后,日本公债发行更是暴增,政府公债1943年达270亿日元,1944年达380亿元。到1945年8月底,日本国内公债总额近1175亿日元。

除了在国内发行公债外,抗战期间,日本还通过日伪政权在中国大量发行各种形式的公债,以支撑其侵略开支。在东北,伪满政府从1932开始先后发行了"建国公债""报国公债""满洲兴业公债""兴国公债"等多种形式的公债,债额合计高达40亿元[2]。在华北,日伪政府不仅通过税收和发行新货币进行金融掠夺,还大发中国事变公债,仅1939年就发行了七八次,但仅销出了百余万元。七七事变后,日本借着"开发"华北经济名义,建立了国策公司华北开发株式公社,该公司主要通过发行企业债券实现迅速增长,为日本政府筹集了大量军费。此外,日本政府还通过汪伪政权、台湾伪政权等发行公债为日本筹集经费。

由此可见,整个抗战各方无不把发行公债作为筹集战争经费的重要手段,公债成为抗日战争各方的重要经济支柱。

第二节 不同历史阶段的中国战争公债

中国的战争公债,最早可以追溯到战国时期,当时的周赧王就曾向高利贷商人举债。古代社会还发生过多次因战争而借债的事情,但与现代意义的公债还是有很大的不同。真正意义上的战争公债应该开始于近代清政府的公债。中国近现代的公债大都与战争相关,要么是筹措战争经费,要么是应付战争赔款,可以说,中国近现代公债史,就是一部战争公债史。

一、中国古代的战争公债

东汉汉顺帝时,因与外族战争,财政困难,向人民举债,以济军用。据《后汉书·顺帝纪》记载,汉顺帝永和六年(141)"春正月,诏贷王,侯国租一岁"。同年"秋七月,诏假民有赀者户钱一千"。继这两次举债的两年后,顺帝汉安二年(143)又"贷王、侯国租一岁"。《后汉书·桓帝纪》也记载了两例举债:汉桓帝延熹四年(155)"秋七月,减公卿以下俸,乞王侯半租"。一年以后,又"换王侯租以助军粮,出濯龙中藏钱还之"。

唐代安史之乱后,藩镇割据,混战不息,唐德宗建中初年,河北河南,连兵不息,度支使杜佑估计诸道用军月费一百余万贯,京师帑廪不支数月,"乃与其党太常博士韦

① 陈宗经:《战时日本财政》,商务印书馆1943年版,第89页。
② 吉林金融研究所:《伪满中央银行史料》,吉林人民出版社1984年版,第66页。

都宾等谋行括率,以为泉货所聚在于富商,钱出万贯者留万贯为业,有余官借以给军,冀得五百万贯。上许之,约罢兵后以公钱还"[1]。

南宋时期,内忧外患都很严重,除了用加重赋税等手段来获取财政收入外,也用上了公债手段。宋高宗建炎四年(1130),"用江浙制置司随军转运刘滂议,于民间预借秋笠苗米。御史沈与求奏罢之"[2],到了绍兴五年(1135)"诏预借民户和买绸绢二分"[3]。

诸如上述政府因战争而借债的行为在漫长的封建社会只是偶然发生的,而且随生随灭,没能像西欧那样发展壮大起来。

二、晚清时期的中国战争公债

近代中国战争公债始于晚清。鸦片战争以后,清政府面临内忧外患,国力日渐衰落,加上连年战争不断,财政无以为继,只好内外借债。

咸丰三年(1853),太平天国的势力不断伸展,江苏巡抚薛焕苦于军费罗掘俱穷,向清政府建议举借外债,并说这是"笼络"洋人的一法,朝廷未置可否,实际上是听之任之。这可以说是近代中国政府的第一笔外债[4]。同治四年(1865),清政府为偿还俄国债务,向英国借款 1431662 镑 2 先令,分 20 年偿清[5]。同治六年(1867)3 月,左宗棠为筹充西征军费,用海关税票担保,向上海洋商借银 120 万两。之后,清政府又多次举借外债,大都用于军费。到甲午战争前,共借 39 笔,借款总额 4500 余万库平两,债权人大都是英、德、美、俄等发达资本主义国家,且大都以海关关税作担保。甲午战争爆发时,腐败的清政府军费无从着落,曾向国内发行公债,但发行结果很差,因而改为向国外借债。除借外债银 1100 余万两外,还向汇丰银行借款 500 万英镑。甲午战败后,清政府依马关条约赔款 2 亿两,又辽东归还赎回费 3000 万两,威海卫占领代赔费 150 万两,加上利息共约 2.5 亿两。为偿付这笔巨额赔款,清政府仍然只有乞求外债。在到光绪二十六年为止的五年中,举借俄、法债款 4 亿法郎,英、德债款及续借款 0.32 亿英镑,共计借款 7 次,总额达 3.7 亿两以上[6]。光绪二十七年,八国联军的侵略,再度使中国赔偿巨款,由于不能像日本那样转供第三国的款项不偿付,旋即把赔款转作"欠款"。

晚清政府除对外举债外,也在国内发行公债,只是效果不够理想。清政府发行的第一次公债是光绪二十年(1894)的息借商款,其目的是为应付甲午战争军费的需要。由户部建议向"富商巨贾"借款。指定了六条办法,举借总额并无规定,仅规定分两年

---

① 《旧唐书·卢杞传》。
② 《续资治通鉴长编》卷二一九。
③ 《宋史·高宗纪三》。
④ 卢文莹:《中国公债学说精要》,复旦大学出版社 2005 年版,第 63 页。
⑤ 卢文莹:《中国公债学说精要》,复旦大学出版社 2005 年版,第 79 页。
⑥ 邓子基等:《公债经济学:公债历史、现状与理论分析》,中国财政经济出版社 1990 年版,第 98 页。

半偿本付息,以六个月为一期,月息七厘,债券票面 100 两一张,举债对象为各省官绅和商人。但这次举债成绩并不好,仅发行了 1102 万两。第二次内债是光绪二十四年(1898)发行的"昭信股票",目的是偿付《马关条约》所规定的赔款。发行额为 1 亿两,票面为 100 两、500 两和 1000 两三种,年息 5 厘,以田赋盐税担保,分 20 年还清。但民众对此长期公债不甚信任,加上发行中的各种弊端,因而这次募债成绩并不比上一次好。辛亥革命时期,清政府财政竭蹶,为应付时局,于宣统元年(1911)又发行了"爱国公债"。这时清王朝已濒临崩溃,除了王公世爵、文武官员认购少量外,绝大部分是由清皇室的私钱购买的,发行总额不过 1200 万元。这一爱国公债还没发行完,清王朝就被推翻了。

三、北洋政府的战争公债

在北洋政府时期,由于战争不断,当时的政府财政难以为继,多次向外借债和对内发行公债。民国二年(1913),北洋政府向"五国银行"借款 2500 万镑,偿还期为 47 年,本息合计 4285 万镑。民国三年(1914),"二次革命"爆发,北洋政府向当时的"五国银行"借款,但银行因中国无可靠的偿债担保品,未能成功。第一次世界大战期间,西方国家忙于战事,停止了对外投资,北洋政府转向日本借款。从民国三年开始,北洋政府大量发行内债。民国三年,袁世凯发行"民国三年内国公债",原定发行 1600 万元,实际发行 2493 万元。之后于民国四年(1915)发行"民国四年内国公债"2400 万元,于民国五年(1916)发行"民国五年内国公债"2000 万元,之后的每一年,均发行数额不等的国内公债。

可见北洋政府的财政是"破落户财政",它除了从海关总税分得一点关税剩余部分和盐税剩余部分外,完全靠举债过日子。

四、国民政府的战争公债

1928—1949 年是国民党统治时期。在此期间,国民政府经历了"剿共"、抗日和解放战争等战事,财政经费不足一直困扰着国民政府,为应付财政赤字,国民政府大量举借外债和内债。

国民政府大量举借战争外债是在抗日战争和解放战争期间。抗战爆发后,沿江、沿海的关税皆丧失,财政危机四伏。国民政府为了应付庞大的军费开支,运用"公债政策",除内债外,还借入大量外债。最早给中国贷款的是苏联政府,共计 3 次。第一次是在 1938 年 3 月;第二次为同年 7 月;第三次是次年 6 月。全以易货贷款形式提供。英国从 1939 年 3 月起陆续借款 5 次,多为购货借款。美国参战后,对中国援助的态度更加积极了,除大量借款外,还达成了租借法案协议,以庞大的物资供应中国。由于抗战得到了欧美国家的同情,这些国家纷纷借款,条件比较优惠,这些外债对抗日战争胜利起到了积极作用。总之,在抗战期间,中国共借外债 12 笔,金额为 8.7 亿美元和 0.58 亿英镑。解放战争期间，国民政府曾向美国和加拿大借外债 6 笔，据国民政府财政部公布的材料，举借外债共 8845 万美元和 6000 万加拿大元。

1926 年，广东国民政府北伐，为了筹备军费，在广州先后三次发行有奖公债，共约 1700 万元。又为了拯救中央银行钞票信用向广州各商店摊借 600 万元。汉口的中央银行还代国库发行国库券 900 万元，后又续发行内债 239 万元，共 1339 万元[①]。这些公债为北伐战争的胜利起了积极作用。

自民国十六年（1927）国民政府成立以后，年年发行大量国内公债，其发行规模远超北洋政府时期。据统计，自 1927—1931 年这五年之内共发行内债 10.58 亿元，主要用于筹集内战经费[②]。经过 1931 年的"九一八事变"和接下来的"一二·八事变"，国内经济发生变化，公债信用动摇，国民政府采取减息和延期的方式偿还，使政府信用大大降低，因此在 1932 年停发公债。1933—1935 年，国民政府又发行了 5.78 亿元公债，主要用于内战经费。由于滥发公债，1935 年，国民政府不得不两次宣告债信破产。抗战期间，国内公债发行远超前一阶段。1937 年 9 月，国民政府发行"救国公债"，预定发行 5 亿元，实际发行额 4.92 亿元，由国库税收担保。整个抗战期间国民政府共发行法币公债 145.76 亿元，规模庞大，种类繁多。1946—1949 年，国民政府为应付国内战争继续发行公债，不过由于通胀严重，只能以美元、金圆、稻谷甚至黄金的形式发行。

五、革命根据地政府的战争公债

革命根据地公债是中华人民共和国公债的雏形。在革命战争时期，为了补充战争经费，根据地政府也发行过几次战争公债。

1931 年 11 月 7 日中华苏维埃共和国成立后，由于当时战争频繁、经济封锁等诸多原因，中央苏区的财政经常出现困难，于是中央苏区决定发行革命战争公债券，以保障各革命根据地的需要。中央革命根据地政府发行过两期"革命战争短期公债"。1932 年 7 月，为充分准备革命战争经费，中央革命根据地政府向苏区工农群众发行短期公债 60 万元，利率为年利 1 分，半年还本付息，面额为 5 角、1 元、5 元三种；1932 年 10 月，发行第二期短期战争公债，发行总额 120 万元。

1933 年 1 月，湘赣省根据地发行革命战争公债 8 万元，以国币为计量单位，年利率 1 分，半年还本付息；同年 7 月，发行第二期革命战争公债，总额 15 万元，11 月，发行第三期，总额 20 万元[③]。

抗战时期，边区政府为充实军费，在边区发行了多次公债，为抗日战争的胜利起到了积极作用。如 1938 年 7 月，晋察冀边区政府发行了救国公债，先在北岳区发行，定额 200 万元，年利 4 厘，后又在冀中区发行，定额 100 万元，冀中群众实际认购 154 万元，超

① 千家驹：《旧中国公债史料》，中华书局 1984 年版，第 64 页。
② 千家驹：《旧中国公债史料》，中华书局 1984 年版，第 64 页。
③ 唐滔：《中国革命根据地财政》，中国财政经济出版社 1987 年版，第 11 页。

50％以上；1941 年 11 月,陕甘宁边区政府发行救国公债 618 万元,认购踊跃。

中华人民共和国成立以后,除了朝鲜战争外,中华人民共和国政府没有经历大的战争,因此战争公债并不多。朝鲜战争期间,苏联援助了中国大量军事装备和军用物资,大大缓解了中华人民共和国成立初期战争经费紧张的局面。

第三节　国外的战争公债

国外的战争公债史可以追溯到上古时代。公元前 4 世纪,古希腊、罗马就出现了国家向商人、高利贷者和寺院借债充当军费的情况。但早期公债还只是少量的、偶然的,而且公债的规模也很小。到了封建社会,欧洲国家举债相对频繁,公债得到了一定程度的发展,这一时期的公债也主要是为了补充军费的不足。如英格兰的亨利三世(1216—1272)就曾向他的兄弟、主教们与宗教团体、犹太人和英格兰城市居民以及贵族中的某些成员借过钱。但总的来讲,这一时期由于商品经济并不发达,公债也不很发达。现代公债的真正繁荣是在资本主义社会,这一阶段的战争公债也得到了极大的发展,成为战争财政的主要支柱之一。

一、美国的战争公债

在美国历史上,比较大规模的战争包括独立战争、南北战争、第一次世界大战、第二次世界大战、越南战争以及两次海湾战争等。每一次战争都需要巨额经费,在这些经费当中,有相当一部分是通过发行公债而筹集的。

美国的战争公债可以追溯到独立战争时期。为了筹集独立战争的资金,1776 年美国大陆会议决定发行公债,这是美国历史上第一次发行公债。联邦政府成立后的 1791 年,美国政府发行的公债为 7546.35 万美元,此后一直到 1806 年,美国公债的数量基本维持在 8000 万美元左右。1806 年,由于英美关系进一步紧张,最后引发了 1812—1814 年的英美战争。为应付经济恐慌、修建运河和战争的需要,政府继续发行公债,致使 1807 年和 1812 年(降至 4520.97 万美元的低点)不断下降之后公债数量开始翻升,美国公债数量于 1816 年达到 12733.49 万美元[①]。

美国第一次以战争名义发行长期战争公债是在南北战争时期。当时美国经济刚刚经历 1857 年的经济萧条,财政收入大幅减少,战争还未开始就已经出现了财政赤字。战争使得政府财政支出一下子由原来占经济总量的 2％跃升到占经济总量的

---

① 有关美国公债的数据参见：Financial Management Service, Department of the Treasury, U.S.; Historical Debt Outstanding, 1791 - 2000. http://www.publicdebt.treas.gov/opd/opdpdodt.htm, 2003 -01- 31.

15％,光靠增税已无法解决财政经费不足的问题,于是政府开始直接向公众发行战争公债。在美国内战中,这种新的发债方式是逐步开始实行的。1861年秋天,银行签署发行第一批公债15000万美元。费城杰伊·库克的小银庄成功地促使公众认购这些公债。公债必须用硬币购买,而很少人有多余金币。钱币的问题也使银行感到困扰。1861年11月,由于乘坐英国"特伦特"号船旅行的邦联使者被抓,美国北部和英国之间爆发了潜在的灾难性外交危机。股票和公债下跌,金银被囤积起来,或流出国外,美国北部走向财政危机。于是,美国国会在1862年2月25日通过"法定货币法案",批准发行纸币15000万美元——这就是美国金融历史上有名的美钞。该法案对美国未来的金融历史有着深刻的影响。

在20世纪的两次世界大战中,美国都发行了战争债券。第一次世界大战期间,美国政府一方面要为战争贷款,另一方面,又要为参战国筹集军费,这些主要靠公债来解决。美国政府一共发行了5次战争公债,其中4次名为"自由公债",1次名为"胜利自由公债"。第一次世界大战结束后的1919年,美国公债数额达到273.91亿美元。

1941年,第二次世界大战的烽火已经在欧亚非三大洲熊熊燃烧。希特勒德国军队席卷欧洲大陆,并准备向苏联发动闪电攻击。日本法西斯在发动全面侵华战争之后,正在谋划偷袭珍珠港的美军舰队。当时的美国虽然身处事外,但也感受到了日益逼近的战争气息。当年5月1日,美国财政部宣布发行国防债券,罗斯福总统从财政部长亨利·摩根索那里购买了第一份国防债券。7个月之后的12月7日,日本海军发动了对珍珠港的袭击,美军太平洋舰队遭到重创。第二天,罗斯福总统在国会发表了著名的演说,正式向德、意、日法西斯宣战。财政部发行的国防债券也随即更名为战争债券。从1942年11月到1945年12月,美国政府发行了8期战争债券(见表11-1),每次销售都超过了预定计划。

"二战"期间的战争公债宣传海报长啥样?

表11-1 第二次世界大战期间美国战争公债的发行及认购情况

发行时间	计划发行数/亿美元	实际认购数/亿美元
1942年11月23日—1942年12月23日	90	130
1943年4月13日—1943年5月1日	130	185
1943年9月8日—1943年10月2日	150	190
1944年1月—1944年2月	140	167
1944年6月12日—1944年7月8日	160	206
1944年11月	—	216
1945年5月14日	140	260
1945年10月—1946年1月	110	210

资料来源：Financial Management Service, Department of the Treasury, U.S.; Historical Debt Outstanding, 1791-2000. http://www.publicdebt.treas.gov/opd/opdpdodt.htm, 2003-01-31.

1945 年 10 月,最后一期战争债券被称为胜利债券,销售结果是 210 亿美元,完成预定 110 亿美元计划的 192%。1946 年 1 月 3 日,随着最后一笔胜利债券存入国库,美国在第二次世界大战期间的战争债券史也落下了帷幕。在这段时间里,美国战争金融委员会总共售出了 1857 亿美元的战争债券。虽然企业是战争公债的主要买主,但超过 8500 万的美国民众购买了总值约 500 亿美元面向个人发售的战争债券,当时美国的总人口只有 1.3 亿人。第二次世界大战期间战争债券的销售成绩在美国历史上,乃至在世界各国历史上都是十分罕见的。这场规模空前的世界大战给人类社会带来了空前的浩劫,美国在战争中投入的经济资源占到了国内生产总值的 40%。由此可见,战争债券为美国和全世界反法西斯战争的胜利做出了不可磨灭的贡献。

此后的半个多世纪里,美国再也没有发售过战争债券。20 世纪 60 年代的越南战争一度将美国经济拖入泥塘,但美国政府并没有发售战争债券,其中最重要的原因之一就是纳税人普遍存在的反战情绪。

2001 年"9·11"恐怖袭击事件被认为是美国遭受的第二次"珍珠港事件",美国政府随即发出了全球范围反恐战争的宣誓。美国总统布什在多次演讲中都反复强调:反恐是一场战争,而且是一场漫长的、艰苦的战争。美国财政部在国会的支持下于 2001 年 12 月发售战争债券,到 2002 年 7 月实际售出 15.7 亿美元,超出计划 4.19 亿。这一热销场面反映了美国民众在遭受外来打击后激发出的爱国热情。然而很多经济学家也对布什政府的战争债券提出了质疑。事实上,区区 15.7 亿美元的战争债券对反恐战争来说无疑只是杯水车薪,其象征意义远远大于实际作用。

二、欧洲各国的战争公债

近代欧洲战争频发,从法德战争到尼德兰革命,再到英西战争、英荷战争、俄瑞战争、西班牙王位继承战、"七年战争"、拿破仑战争、法西战争、克里米亚战争、法德战争,以至于第一次世界大战和第二次世界大战,战争在欧洲大陆从未停止过,而且战争期限越来越长,战争费用越来越高。战争期限的延长和战争费用的迅速增加,使得各国财政难以为继,只能靠借债度日,战争公债也开始由短期借贷转为长期借贷,借贷方式也不断更新,这直接推动了欧洲公债市场的发展。下面以西班牙、荷兰、英国、法国为例做一基本介绍。

1. 西班牙的战争公债

西班牙国王腓力二世于 1556 年登基时发现,他的政府税收直至 1561 年年底全都抵押出去了,"划归"提前向国王预付税收的金融家所有了。1557 年法德战争期间,腓力二世颁布了一项战时应变法令,将政府所有未偿还的"流动"债约 700 万达克,都转成年息 5% 的偿债性年金,1592 年战争结束,国王又安排了一次更为长期的"筹金"活动,即拨出一部分特殊税收用以支付一笔固定的长期债务利息。之后,由于无法支付到期利息,又于 1560 年 11 月将长期债券换成年金证券,新的年金证券年息仍为 5%,可上市交易。但交易很快陷入困境,西班牙政府只得多次颁布破产法令,冻结还贷,强迫借款人接受新的年金。政府债务也越积越多,到 1667 年达 900 万达克,背上了沉重的债务包袱,这也直接导致西班牙国力衰落,战力下降,失去了海上霸主的地位。

2. 荷兰的战争公债

16 世纪末的尼德兰革命建立了欧洲第一个资产阶级国家荷兰,通过殖民制度、海外贸易和商业竞争,荷兰迅速发展为资本主义强国,也首先确立了现代公债制度。

1572 年后,尼德兰各省为反抗西班牙统治,由地方会议负责筹集战争经费。由于荷兰地方和全国的会议主要由各大城市的市政府代表组成,而战争所需的钱款又绝大部分由这些城市提供,所以共和国除征税外,还出售年金。战争使年金和利息不断增加,以至于政府不得不在很长一段时间停止支付利息。但 1607 年荷兰与西班牙签署和约之后,随着经济的发展,政府还款能力上升,信用逐步提高,使得政府能以更低的利率发行债券。如 1651 年,仅荷兰省一省就发行了长期债券 1.4 亿弗罗林,并且还要加上 1300 万短期战争公债。良好的债信还使荷兰得以向国外发放大量贷款,而其他国家为了战争还相继到荷兰发行公债。如美国独立战争期间,英国和美国都在荷兰发行过公债。但荷兰这种重商业而不重工业、重放债而不重投资的策略最终阻碍了国内经济的进一步发展,其世界霸权地位最终被英国所取代。

3. 英国的战争公债

自都铎时代以来,英国国王、政府都常常被不时之需所困,为尽快筹措到急需的金钱,不得不出售财产和借债。例如,好大喜功的亨利八世,空怀重振先祖往昔风采的雄图大志,先后数次遣兵欧陆远征,耗资巨大,为了筹集空前浩大的军费,被迫出售刚刚从修道院没收来的巨大资产;节俭度日的伊丽莎白女王,力图维持财政平衡,晚年也因同西班牙战争而借下巨债[1]。

1688 年"光荣革命"以后,英国学习荷兰,建立起了一种复杂的公债制度以应付大大增长的政府开支。1693 年,英国议会首次确立了采用政府长期借贷的原则,为后来的战争债券发行提供了制度保障。据统计,1688—1815 年,英国战争总支出 22.93 亿镑,其中借款为 6.7 亿镑,约占总支出的 30%。1717 年,英国政府为应对西班牙战争带来的财政赤字,效仿法国西印度公司的做法,成立了南海公司。这家公司的主要目的就是将政府流动债务统一成为持久性债务基金。这一办法使英国政府保持着良好的债信,但也背上了沉重的债息负担。1720 年,英国通过《南海法案》,使得年金持有者可以将其换成南海公司股票,这一举措大大减轻了政府的债务负担。

1782 年英法战争期间,英国政府发行公债 300 万镑,以支持英法战争,而认购数额远远超出,达 500 万之多。有人估算,"欧洲全部公债高达 380 亿至 400 亿法郎,其

① J.E.尼尔著,聂文杞译:《女王伊丽莎白一世》,商务印书馆 1992 年版,第 33 页。

中英国独占四分之三还多"①。布罗代尔感叹道:"公债'有效地动员了英国的有生力量,提供了可怕的作战武器',它'正是英国胜利的重要原因'。"②可以说,正是有效的公债政策,使英国在欧洲后来者居上,并逐渐成为世界霸主。

第一次世界大战期间,英国战争经费占国民财富的三分之一,为筹措军费,不但在国内大量发行公债,还向美国大量借债,结果欠下美国9亿英镑的债务,由债权国变为债务国,把经济霸主的地位让给了美国。一战中英国军费中来自税收的只占28.7%,其余均以公债或借款等方式支出。这次战争英国虽然是战胜国,但国内经济实力大大削弱。

第二次世界大战让英国耗去250亿英镑的巨额经费。为了支付军火费用,英国变卖了战前海外投资的四分之一,国债较战前增加了两倍,外债高达37亿英镑。第二次世界大战后英国的经济实力开始降低,英国经济陷入依附于美国的地位。

4. 法国的战争公债

作为欧洲大国之一,法国几乎参与了欧洲所有大的战事,政府也因此负债累累。16世纪中叶以后,法国政府也开始发行长期公债,但效果却不理想。1555年3月,法国政府宣布将大约400万利弗尔的短期债务统一成为所谓的"里昂大债款",并将这笔借款平均分成41份,用里昂、蒙彼利埃和图卢兹的王室收入偿还本息,每年偿还130万利弗尔。但这笔借款数额过大,政府负担太重,以至于到1557年11月已无力偿还。直到1559年与西班牙媾和之后,才开始继续偿还已中断的债务,同时又将另外300万利弗尔短期贷款转成第二笔"小借款"公债。由于利息高昂,直到1568年总共才偿还了约180万利弗尔的债务。

17世纪前半叶,由于对外战争和内乱,法国政府不得不谋求短期贷款。由于政府信用不佳,长期借款几乎无法开展,政府便大量增税,引起了人民的强烈不满,国内极其混乱。路易十四上台后,推行财政改革,大幅削减开支和减税,使财政状况有所好转。1672年,法国再度爆发对荷战争,尽管支出大大增加了,但法国政府也拒绝将税收提高到1亿利弗尔以上,不够的靠举公债来弥补。由于之前的财政紧缩开支政策及其所得的财政成就,路易十四享有较高的债信,尽管战争持续了七年,但外国资本仍源源不断流进法国,为路易十四提供了大量战争经费。

但1673年之后,连年不断的战争和凡尔赛宫的挥霍无度,使法国财政又陷入极为困难的境地。1713年,西班牙王位继承战结束时,法国财政赤字已达25亿利弗尔,债务也达到空前的规模,政府债信宣告破产。为了挽救这种局面,政府采用了强制降低债息、债务统一、拒付一部分高利率债务以及用股权换债权和货币贬值等方式进行补救,最终导致了新一轮的财政危机。

---

① 布罗代尔著,顾良、施康强译:《15至18世纪的物质文明、经济和资本主义》,生活·读书·新知三联书店2002年版,第69页。

② 布罗代尔著,顾良、施康强译:《15至18世纪的物质文明、经济和资本主义》,生活·读书·新知三联书店2002年版,第78页。

第四节　战争、公债与经济

一、战争与经济的互动影响

战争对经济的影响，是一个很难下结论的问题。根据人们对历次战争的经验总结，我们得到的经常是一些相互矛盾的结果。比如第二次世界大战，据估计美国的战争耗费竟然占到了 1940 年美国 GDP 的 130％。可正是这场耗费巨大的战争，才是最终把美国从 1929—1933 年大萧条的泥潭中拖出来的真正力量。通常认为美国大萧条在 1933 年就结束了，但事实却是，美国的失业率直到 1938 年仍旧高达 17％；而到了第二次世界大战结束时的 1945 年，这个数字接近零。在实现充分就业的同时，通过这场战争，美国还成了世界第一强国。但是我们不可以由此简单地得出结论，说战争对经济总是起着积极作用——实际上要复杂得多。第一次世界大战便是一个最显而易见的反例。这场战争对欧洲大陆和英伦三岛而言不啻为灾难。

德国"一战"后的战争赔款：1919—2010

战争对经济的影响方向、影响深度和广度，往往与战争的方式、规模的大小以及持续时间的长短有关，因而需要把"战争要素"从众多的影响经济增长和收入分配的因素中剥离出来。美国著名国防经济学家贝努瓦在其 1973 年出版的《发展中国家的国防和经济增长》一书中，用计量经济学的方法对 1950—1965 年 44 个欠发达国家的经济表现进行了分析，得出的研究结论是：军费开支越多，经济增长速度就越快！[1]

应指出的是，统计的相关性常常存在两个疑点：其一是它们通常不大擅长回答谁是因、谁是果的问题，其二是它们总是在要素剥离问题上显得有些力不从心。即究竟是军费增长导致了经济增长速度加快，还是由于良好的经济状况为军费增加创造了条件。而导致经济增长速度加快的原因众多，其中至少包括投资和储蓄水平、市场规模扩大、制度创新、新科技出现等。要素剥离上的困难，一方面造成了不同人对战争影响力估算上的巨大偏差，另一方面也表明我们现在还没有一套公认的或权威的分析工具，来对战争的经济后果做出有说服力的、精确的判断。

在谈论战争对经济的影响时，人们常用的一个指标是 GDP 的增长速度。正如上文引用的例子所示，军费增加乃 GDP 增长的孪生兄弟。可我们必须同时看到，军费开支的对象，至少就军备本身而言，并不具有生产性，有的至多只是财富的再分配。换句话说，我们无法用巡航导弹或隐形轰炸机来增加财富总量，战争能改变的仅是财富的控制权或所有权。

---

[1]　张宇燕："战争对经济的影响"，《国际经济评论》，2003 年第 2 期，第 11—13 页。

当然,军备耗费的收益表现为国家安全,而后者又构成经济稳定增长的基本条件。但我们同时不能对战争带来的财富破坏无动于衷。还涉及的一个问题就在于对财富的计量。战争虽然促使军工产品以及收入的增加,但是由战争带来的需求增加而创造出来的财富又用于对财富的破坏。这里存在着一个说来有些荒诞的悖论:军工部门生产出来的武器都直接被纳入了国家 GDP 的统计之中,而这些"产品"发挥其功能的过程,同时就是毁灭敌国 GDP 或财富的过程。更有甚者,国际机构在计算全球 GDP 时,武器和它所摧毁的对象(这里还没有考虑对人力资本的破坏),往往被不加区别地加总到了一起!

经济学中的新奥地利学派早就意识到了类似的问题,并对由英国经济学家斯通根据凯恩斯理论而设计的国民收入核算体系产生怀疑。然而,即使现有的统计手段漏洞百出,难以精确地对财富、特别是福利进行测量,但有它还是比没它要好。这正如凯恩斯的一句名言:"我宁愿含糊地正确,也不愿精确地犯错。"

任何一场战争总有人受益,有人受损。至少从短期看,战争是一种零和博弈。中日甲午战争的损益就很能说明问题。作为战败者,清政府割地赔款(包括庚子赔款),其数额之巨,竟高达日本当年财政收入的 8 倍,因此我们可以得出这样的结论:日本作为一个成功地赶超并步入发达国家行列的后进国家,其根本原因之一就在于获得大量战争赔款的支持。而为此付出惨痛代价的中国,其现代化进程至少被推迟了数十年。于是,就出现了对战争总体影响进行估价的难题:战争对某国经济的积极作用往往是以给别国带来消极影响为代价的。

二、战争公债与经济发展

正如战争与经济的关系令人难以下结论一样,战争公债对经济的影响也呈现出诸多差异。历史上,因战争公债而使经济受益的例子和因战争公债受损的情况均比比皆是,让我们很难简单地下结论。在长达 300 年的近代欧洲战争中,英国因为发展了一套较为完善的公债制度,能以更低的利率筹集到更多的战争经费,最终战胜了法国等列强,成为世界霸主;相反,法国却由于战争公债的拖累,经济一直不景气,最终成了战争的失败者。

在战争过程中,公债可以弥补财政经费的不足,一定程度上可以替代税收,从而减轻过重税收对经济的打击。此外,战争是用金钱来支撑的,有效的公债筹资为战争的最终胜利提供了保障,到战争结束时,战胜的一方往往可以从战争掠夺和战争赔偿中得到补偿。从这一角度看,战争公债对经济有促进作用。

在战争公债促进经济增长方面,英国是一个独特的例子。在 18—19 世纪的欧洲竞争中,英国之所以能最后战胜法国并在经济上超过法国,其关键之一就在于英国有更发达的金融技术让它更能将未来收入提前变现。在战争不断的情况下,各国都要靠借债发展军力,谁能借到更多、更便宜的钱,谁就能拥有更强的军队。1752 年时,英国政府的公债利率大约为 2.5%,而法国公债利率是 5% 左右。1752—1832 年期间，法国政府支付的公债利息基本是英国公债利息的两倍。事实上，当时英国每年的财政收入有一半是用来支付国债利息的。假如那时英国的国债利息跟法国的一样高，那么要么英国必须减少借债，要么英国每年的所有财政收入都用来支付利息，前者会使英国的军力下降，而后者会使其政府破产。但正因为英国有着比法国远为发达的证券市场，使英国不仅能以未来收入为基础融到更多公债资金发展国力，而且需要支付的融资成本也比法国低一半。更强的证券化能力使英国可以筹到更多的钱用于发展国家实力，使英国从18—20世纪初都一直拥有世界最强大的海军，从而让不到2000万人口的英国主宰世界两个世纪。

战争公债与投资、消费之间也有微妙的关系。以美国第二次世界大战的债券为例，从经济学的角度分析，由于美国在战争期间实行消费品定量供应制度，而且大大增加了税收，老百姓即使有钱也无处消费，于是购买战争债券成为唯一的投资选择。另一方面，战争债券也有利于扩大政府投资，带动军工产业以及整个国民经济的发展，形成所谓的"战争景气"。在历史上，战争债券的热销是以公民的爱国热情为基础的，因此战争债券通常也被称为爱国债券。它为普通公民的爱国热情和牺牲精神提供了表达的渠道，使每个公民都能在道德和经济上为战争尽一分力量。当前线战士用鲜血和生命奋战时，后方的百姓就通过战争债券贡献自己的力量。战争债券就以这种方式把前线和后方连成一体。有学者指出，虽然战争债券本来的目的是为战争筹集资金，但它最大的收获是这种血肉相连的真挚感情。

但过于沉重的战争负债，必将使一国在长时间内保持较高的税率，从而对经济造成拖累。英国在两次世界大战中都是战胜国，但两次战争却对英国经济造成重创，国力与战前不可同日而语，原因也在于战争使英国背上了沉重的债务包袱（特别是外债），从而减少了国内投资。李嘉图等价定理认为，在国家非生产性前提下，为了筹集用于纯粹消耗性支出的费用（如战争费用），不管是征税还是借款，效果是相同的。巴罗进一步认为，通过发行公债的政府融资仅仅是延迟了征税，即虽然政府以公债形式融资支持部分财政支出，从而减少了当期的征税，但由于债务终究是由未来的增税偿还，因而它与现时税收在某种程度上是相似的（即等价的）。进一步的结论是，在政府财政开支不被削减的情况下，预算赤字的增加应会导致与赤字相配合的储蓄的增加。公债总是要还的。战后，还债的压力使政府必须在很长时间内保持较高的税率，战争中提前征收的税收效应逐步实现，从长期来看这些措施对经济具有抑制作用。

战争公债与日本的经济增长也有密不可分的关系。事实上，第二次世界大战后日本经济之所以能够迅速恢复和发展，一方面得益于明治维新以来良好的工业基础和美国的支持，另一方面也是因为中国等受害国放弃了战争索赔，使其能轻装上阵，实现经济腾飞。此外，日本战后订立和平宪法，战后日本军费开支少（仅占其财政支出的不到1％），有利于集中人力、财力、物力发展经济。战后初期，日本在政治、经济上进行了一些改革，政治局势比较稳定，历届政府对科学技术的重视、经济开发政策的实施以及公共设施的修建等，都有力地推动了日本经济的迅速发展。

中国放弃对日战争赔款的历史真相

一、美国违背诺言,从中作梗

1945年8月15日,日本宣布无条件投降,按照有关国际法和国际惯例,日本理应对中国人民进行赔偿。

在太平洋战争和处理日本问题上,美国认为其在对日战争中起了巨大作用,便以盟主的身份自居。尽管苏联凭借自己的实力和当时的地位与美国采取抗衡的态度,但美国采取有关措施和步骤,使之握有对日本问题处置的实权,操纵和包揽了日本赔偿等事宜。当时的国民政府虽然表面上跻身四强,但在赔款事宜中所起的作用非常有限。

1945年由中、美、英三国发布的《波茨坦公告》中,第一次明确了日本赔偿的原则,日本可以保留维持其经济运转所必需的工业设备和实物,其余的可以用来赔偿。

战后初期,美国对于日本赔偿的态度还相当积极,后来稍有动摇,但还是于1947年4月4日采取单独行动,发动了"先期拆迁"。可是随着美、苏对立日益尖锐,再加上中国人民解放战争顺利进展,美国的外交政策就有了根本性的转变。在远东方面,美国亟盼建立一个反苏反共的基地,而环顾全球,只有在它控制下的日本最符合这个条件。于是扶持日本、抵赖赔偿,就成为美国的基本方针。

按照1946年3月美国政府所制定的"临时赔偿方案","先期拆迁"计划提出日本工业设备和实物的30%作为直接受日本侵略国家的赔偿物资,其中中国可得15%。但是,随着时局的变化,美国从自己狭隘的战略考虑,对这个30%的赔偿范围一减再减。最后中国只得到了微不足道的一部分。这期间国民政府派出的中国首席代表吴半农多次严正交涉。但美国一意孤行,不予理会。

中国战时损失,据国民党行政院赔偿委员会的估计,按当时价格计算,不下620亿美元,而中国分得的赔偿物资才约值2250万美元,只占万分之三。中国分得的赔偿物资中,最大、最新、最完整、最切合需要的成套设备首推吴港海军兵工厂的1.5万千瓦发电设备一套;其次是同厂的200吨码头式起重机一具。中方得到通知后,立即派了几位专家前往拆迁。就在这两套设备拆卸时,美国政府于1949年5月13日向盟总颁发临时指令,取消了"先期拆迁"计划的执行,停止了日本对各盟国的赔偿。至此,战后对日索赔的事宜实际上已被美国腰斩。

二、国民党为己私利,出卖民族大义

1949年下半年,美英协调策划单独对日媾和。此时,中国的局势发生了根本性的变化:人民解放战争节节胜利,国民党政权土崩瓦解。12月底,国民党当局全部撤到了台湾。至 1950 年 4 月，印度、英国、印尼等国家承认了中华人民共和国。朝鲜战争爆发后，美国加紧了单独对日媾和的工作。

在抗日战争结束之初，作为当时国民党政府首脑的蒋介石，也曾有过对日索赔的打算。此时，台湾国民党当局为得到美国的支持和帮助，在日本赔偿问题上一改原来的积极立场，转而专看美国的脸色行事，对美国对日和约七原则和备忘录采取"无可奈何"的态度——关于赔偿问题，台湾国民党当局表示可酌情核减或全部放弃。

国民党对日索赔态度的转变，其中重要的原因之一还在于蒋介石坚持反共而对日本反共政府采取的所谓宽大、不进行报复的政策，以实现它以中国合法政府的身份参加对日和约的签字。因为日本曾在此前威胁说，要与中华人民共和国谈判，签订双边条约。其实，这是外交家出身的日本首相吉田茂玩的一个阴谋，目的是迫使台湾国民党当局在谈判中做出让步，放弃战争赔偿，与日本媾和。

1952 年 2 月 17 日，"台湾当局"与日本和约谈判正式开始。谈判几经周折，"台湾当局"多次妥协让步，综观整个签约过程，"台湾当局"为求得一个所谓"中国合法政府"代表的形象，处处委曲求全，步步退让，为一党一派之私利出卖民族大义，在战争赔偿等实质问题上彻底放弃，令每个华夏子孙羞愧。

三、中国政府从大局出发，放弃战争赔偿

1952 年 4 月 27 日，台湾国民党当局与日本签订所谓的"日华条约"，双方宣布"结束战争状态"，建立所谓的"外交关系"，对此中华人民共和国政府给予了强烈的谴责。而此时，中国大陆与隔海相望的日本的关系还处于冰冻期。日本政府追随美国采取敌视中国的政策，为实现中日邦交正常化设置了不少障碍。

随着民间贸易与文化交流的不断发展，到 20 世纪 60 年代前期，中日交往实际上进入了半官半民阶段，恢复日中邦交已为期不远。但恢复邦交，必然要对战后日本赔偿问题做出决定。在这一问题上，我国领导人表示了向前看的姿态。

1971 年 10 月 25 日，第 26 届联合国大会恢复了中国在联合国的一切合法权利，并立即将蒋介石的代表从联合国的一切机构中驱逐出去。中国成为联合国成员国和安理会常任理事国。此外，日本田中角荣出任内阁总理大臣后，立即宣布把日中邦交正常化作为自己的首要任务。在田中访华之前，他曾表示说，如果对方提出赔偿，只要数额适当，他打算赔！

1972 年 7 月以后，中国为实现与日本邦交正常化进行积极的准备，周恩来总理就放弃战争赔偿问题做了下述指示：第一，中日邦交恢复以前，台湾的蒋介石已经先于我们放弃了赔偿要求，共产党的肚量不能比蒋介石还小。第二，日本为了与我国恢复邦交，必须与台湾断交。中央关于日本与台湾的关系，在赔偿问题上采取宽容态度，有利于使日本靠近我们。第三，如果要求日本对华赔偿，其负担最终将落在广大日本人民头上，这样，为了支付对中国的赔偿，他们将长期被迫过着艰难的

生活。这不符合中央提出的与日本人民友好下去的愿望。周总理的态度体现了中国共产党的博大襟怀,也代表了一个泱泱大国的宽容大度和长远眼光。

1978年8月12日,在北京发表了《日中共同声明》,中日两国签订了《日中和平友好条约》,同年10月23日生效。中国政府从中日人民世代友好的愿望和长远利益出发,放弃了赔偿要求。

必须指出的是,中国政府虽然放弃了对日本的战争赔偿要求,即放弃了1200亿美元的国家间赔款要求,但是,就日本军国主义战争罪行的赔偿要求——1800亿美元的国民赔偿要求,中国政府在任何场合都没有宣布予以放弃。这种对受害赔偿要求的保留,给我们留下了一个符合国际法的向日本提出受害赔偿的机会。

资料来源:"中国放弃对日本战争索赔真相",《福建日报》(电子版),2004年3月30日。

【本章小结】

● 战争造成一国财政紧张,而通过征税来筹集资金往往周期较长且数额有限,于是战争各方均倾向于通过借贷来筹措军费。于是,战争催生了公债,促进了资本市场的发展。

● 公债是战争筹款的重要手段,现代战争规模的扩大和时间的延长很大原因是因为有了公债这种筹款机制,可以最大限度地筹集战争资源。随着公债市场的发展,公债越来越成为筹集战争经费的主要手段。第二次世界大战期间,英、法、德等国的战争经费有80%左右是靠公债或借债等方式筹集的。

● 中国从晚清开始一直到中华人民共和国成立的100多年时间里,战争连绵不断。晚清政府为了应付各种战争和战争赔款,开始发行公债。北洋政府和国民政府的财政很大一部分是靠公债支撑的。革命根据地政府以自力更生为主,在困难时期也发行过许多战争公债。

● 美国政府在四次较大的战争中都发行过战争公债。南北战争时期的公债发行直接促成了美元的产生,对美国金融产生了重大影响;第二次世界大战期间美国"爱国公债"的顺利发行为战争胜利做出了重要贡献。

● 战争和经济的关系很难根据历史经验做出判断,战争公债对经济的影响同样难以准确判断。通常,战争公债扩大了投资,降低了储蓄倾向,促进了一国资本市场的繁荣和经济的发展。但是,战争公债也会增加政府的长期负担,并对战后经济的发展有一定的抑制作用。

【关键术语】

战争　战争公债　革命根据地公债　救国公债　爱国债券　战争赔款

思考⑤讨论

1. 战争对公债市场的发展有何影响？

2. 与其他筹资机制相比较，公债在战争筹款中有何作用和特点？

3. 中国晚清时期的战争公债有何特点？

4. 第二次世界大战期间美国的"爱国公债"对战争的胜利有何意义？

5. 理论结合实际，阐述战争公债与经济增长之间的互动关系。

阅读与参考文献

[1] 布罗代尔. 15 至 18 世纪的物质文明、经济和资本主义. 顾良，施康强，译. 北京：生活·读书·新知三联书店，2002.

[2] 戴建兵，王晓岚. 罪恶的战争之债. 北京：社会科学文献出版社，2005.

[3] 邓子基，等. 公债经济学：公债历史、现状与理论分析. 北京：中国财政经济出版社，1990.

[4] 吉林金融研究所. 伪满中央银行史料. 长春：吉林人民出版社，1984.

[5] 卢文莹. 中国公债学说精要. 上海：复旦大学出版社，2005.

[6] 千家驹. 旧中国公债史料. 北京：中华书局，1984.

本章测试

第十二章 外债的积极利用与风险管理

外债是资本输出的一种特殊形式，它要求从一头牛身上剥下两张皮来。

——马克思

学习目标

1. 掌握外债的概念、本质以及外债与内债、外商直接投资（FDI）之间的异同。
2. 了解世界各国在外债利用过程中的正面经验与反面教训。
3. 理解外债管理过程所采取的原则、措施以及应注意的风险问题。
4. 了解亚洲金融危机爆发的根源及其本质。

第一节 外债的一般性分析

一、外债的概念及其内涵

什么是外债？一直以来，理论界和不同国际组织对外债有着不同的解释。1984 年 3 月，国际清算银行（二度），国际货币基金组织（IMF）、经济合作与发展组织和世界银行（WB）等四家国际机构联合组成了国际外债统计工作组，出版了《外债：定义、统计范围与方法》一书，对外债定义做了初步的规定，对于外债的统计和研究起了很重要的作用。它们给出的定义是：外债是指对非居民用本国或外国货币承担的契约性偿还义务的全部债务。这个定义具有两个明显的特征：（1）属地性。外债是居民对非居民的负债，债权人是非居民。属地性表明，只有对非居民的外币或本币负债才能确定为外债。因此，按属地性区别居民和非居民是确定外债债权的关键。（2）契约性。外债是债务人承担了契约性的偿还责任，规定有明确的还款期限[1]。但是，各国的环境情况不同，我们不

---

[1] 杨大楷：《国债论》，上海三联书店 1995 年版，第 1 页。

能一概而论,因此,对于外债应该从四个方面来把握,即最狭义外债、狭义外债、广义外债和最广义外债。这四个概念中,前两者构成内涵外债,我们把它称为外债;后两者构成外延外债,称为准外债。

1. 内涵外债

最狭义外债,也就是最核心外债,又称为国家外债或公共外债,是指政府(主要是中央政府)通过借款、发行债券等形式或由政府予以担保而形成的对外国的债务。国外国债主要指中央政府对外承担的债务,即中央政府对境外的国际金融组织、外国政府、金融机构、企业或者其他机构用外国货币承担的、具有契约性偿还义务的全部债务。

狭义的外债,是指一国居民欠非居民的债务。在这一点上,世界各国的标准几乎是一致的。1987年8月27日,国家外汇管理局颁布《外债统计监测暂行条例规定》,其中明确了我国外债定义和包括的内容:"外债是指中国境内的机关、团体、企业、事业单位、金融机构或其他机构对中国境外的国际金融组织、外国政府、金融机构、企业或者其他机构用外国货币承担的、具有契约性偿还义务的全部债务。"可见,我国根据国情对外债概念做了一些具有中国特色的补充规定:借款单位向中国境内注册的外资银行和中外合资银行向外借入的外汇资金不视为外债。外商投资企业向境外借款视同中国外债。

2. 外延外债

广义的外债,包括一个国家的外贸逆差。外贸逆差是一个国家进口大于出口引起的,在国际收支表上是经常项目赤字。外贸逆差可以用扩大出口的办法来清偿,可以通过经常项目上的非贸易往来或包括侨汇在内的资产转让来弥补,甚至于动用外汇储备。但是不管用什么办法,在其没有偿还以前,它构成一个国家对另一个国家的负债。当然,外贸逆差也可以在资本项目上用直接举借外债或利用直接投资的沉淀部分来偿还,很显然,这种偿还有借新债还旧债的性质,也属于外债。

最广义外债,包括外国对一个国家的直接投资和一个国家银行的外国分行在国外吸收的存款等。这个原则已经为世界各国所接受。但是有两点是必须注意的:一是国际收支表中资本项目的外国直接投资,对东道国来说是一种红字,因而是东道国的一种负债。二是当外国直接投资者撤资或进行资产转换时,是需要用外汇来支付的,外国直接投资中的利润汇出等,则要求用外汇。而对于一国银行的国外分行用吸收存款的方式支持国内的经济建设,已经成为发展中国家经常采用的一种对外融资形式。但是如果从严格意义上来讲,由于它是非本国居民的存款,按照外债的地域原则,它就不应该算作外债。而对于银行本身来说,吸收存款就是一种负债,一旦这些银行发生困难,国内总行就得出面援救,以使其履行债务,在特别严重的情况下,还得要求国家出面来维持整个国家的对外信用,从而又形成债务。还有一种情况,但是不是很常见,就是由一个国家的货币充当国际货币引起的。西方经济学家就1971年美国停止美元与黄金的兑换一事时曾评论道:"为了找到关于拖欠方面的像样的论据,我们可能注意到在 1971 年,当美国违反布雷顿森林关于外国持有的美元按 1 美元兑换 35 盎司黄金的协议时,美国本身(给人深刻印象地)拖欠着 680 亿美元的外债。"[1] 据统计,进入 21 世纪以来,为了填补贸易逆差缺口,美国对其他国家的负债已堪称史无前例,正快速逼近危险水平,2016 年年底美国的外债规模约 19 万亿美元,外国所持的美国债务(包括美国国债和公司债等)比美国所持外国债务多出 8.4 万亿美元(即净外债)。这一差额相当于美国国内生产总值(GDP)的 45%,预计到 2021 年将达到 53%[2]。随着中国外汇储备对美国国债的减持,目前日本取代中国成为美国最大的外国债主。理论上,美元贬值可以减轻美国的外债负担。从此角度讲,美国政府具有让美元贬值的动机和能力,但美元贬值对美国经济来说具有"双刃剑"效应。

二、外债的两重性分析

1. 外债具有生息资本的独特性质

马克思对外债性质的认识的阐述首先是把它看作一种生息资本(moneyed capital),通过对生息资本的考察来深化对外债的认识。马克思认为,生息资本具有以下几个特点:(1)生息资本与资本的现实再生产过程无关。生息资本是以偿还为条件的付出的一种资本。作为生息资本特征的,是它表面的、已经和作为媒介的循环相分离的"流回形式"。这种"流回形式",就决定了借贷资本家放出资本不是资本现实循环过程中的行为,而只是为这个要由产业资本家去完成的循环做准备。(2)生息资本为现实资本再生产做准备。生息资本固然与现实的资本运动无关,但它恰恰是为现实的资本过程做准备,这是由生息资本所让渡的资本的使用价值所决定的。马克思说:"货币资本家在把借贷资本的支配权交给产业资本家的时间内,就把货币作为资本的这种使用价值——生产平均利润的能力——让给产业资本家"。[3] 从这个意义上说,生息资本的运动是现实资本循环的前提。(3)还本付息是生息资本的基本前提。把货币放出即贷出一定时期,然后把它连同利息(剩余价值)一同收回,是生息资本本身所具有的运动的全部形式。只要生息资本被贷出去,或者投入到再生产过程中去,那就"无论它是睡着,还是醒着,是在家里,还是在旅途中,利息都会日夜长到它身上来"[4]。债务人可以任意地处置借入的债务,但他必须履行他对贷出者的义务,并承担发生债务危机的风险。因此,用好债务,是借、还债务的前提。(4)生息资本是一种虚拟资本,而"虚拟资本有它的独特的运动"。一方面,生息资本必须有它的物质保证性,正如马克思所说:"为了几百万货币,必须牺牲许多百万商品。这种现象在资本主义生产中是不可避免的,并且是它的妙处之一。在以前的生产方式中没有

① 克劳得·科克伯恩:"停止美元兑换所引发的外债问题",《华尔街日报》,1986 年 7 月 1 日。

② Joseph Gagnon:"美国外债规模逼近危险水平",http://finance.sina.com.cn/stock/usstock/c/,2017 年 4 月 3 日。

③ 卡尔·马克思著,中共中央马恩列斯著作编译局译:《资本论》(第 3 卷),人民出版社 1975 年版。

④ 卡尔·马克思著,中共中央马恩列斯著作编译局译:《资本论》(第 3 卷),人民出版社 1975 年版。

这种现象,因为在它们借以运动的那种狭隘的基础上,信用和信用货币都还没有得到发展。"①另一方面,生息资本的过程投机又破坏了它的物质保证性。对于生息资本的欺诈性和投机性,西方早期的经济学家有过很多精彩的论述。

2.外债是资本输出的一种特殊形式

从资本的跨国流动来看,外债是国际资本流通的一种形式,是资本从一国到另一国的扩张。也就是说,外债是资本输出的一种特殊形式,它要求从一头牛身上剥下两张皮来;外债使债务国萎靡不振或陷入瘫痪的同时,又在客观上推动资本输入国生产力的发展。

第一,作为资本流通的一种形式,外债在本质上还是资本。正是基于这一点,决定了外债剥削性或趋利性的一面是永远不会改变的。

第二,资本除了追逐利润外,还是政治、经济侵略的手段。因而外债成为债权国控制和奴役债务国的工具。马克思说暴力就是经济力,在一定条件下,经济力也就是暴力。西方列强通过借款,使债务国萎靡不振进而达到控制的目的。这样的事例很多,如近代中国,西方列强通过奴役性的贷款,不仅对中国进行了高利贷式的掠夺,中国的关税、盐税、厘金、田赋也被抵押殆尽,而且,列强还通过贷款把持中国的财政经济命脉,操纵中国的政治,鼓动军阀混战,成为中国近代经济落后、人民备受欺凌的祸根。

当然,外债在造成灾难的同时,又在客观上为后进国生产力的发展起了推动作用。因为伴随着资本输出的,不仅仅是资本,还有技术、设备、先进的技术,等等。

三、外债与内债以及外商直接投资的比较

外债、内债以及外商直接投资都是一种筹资方式,且存在互为消长、互为补充的关系。

1.外债与内债

外债和内债都是以政府为主体的一种信用形式,都是一种要求还本付息的经济行为。两者各有优劣,又相互补充,相得益彰。对于广大的发展中国家来说,正确处理两者之间的关系,显得至关重要。

外债和内债在经济功能方面是基本相同的,但是外债经济作用的发挥却具有一定的特殊性。这主要表现在以下几个方面:

(1)外债的应债主体是外国的政府、企业、居民以及金融机构。外债和内债的借款主体(发债主体)虽都是本国政府,但在应债主体方面具有明显的差异,由于超出了国界,从而使得外债问题的操作、管理和控制问题相对较为复杂。

(2)外债弥补财政赤字的功能主要体现在平衡政府的国际收支上。国际收支关系是衡量一国对外经济关系的总体指标(通常用外币来核算),无外乎存在盈余(顺

---

① 卡尔·马克思著,中共中央马恩列斯著作编译局译:《资本论》(第3卷),人民出版社1975年版。

差)、平衡、赤字(逆差)三种状态。当一国的国际收支出现赤字时,就须动用本国的外汇储备来弥补当年的国际收支赤字;当外汇储备不足或出于金融安全目的而保留外汇储备时,就须动用举借外债来弥补——这一点同内债弥补国内财政赤字的经济功能在本质上是相同的。

(3) 外债发行和偿还手段主要是外国货币,即须通过一定汇率来折算并存在相应的汇率风险。与内债相比,外债多出了汇率波动的风险,即不同国家的汇率或汇价波动会对政府的外债负担产生巨大的影响。从偿还的角度分析,由于外债通常依靠外币(如美元)来偿还,一国政府使用通货膨胀的手段来减轻偿债负担的政策就很难奏效。此外,由于拒绝清偿外债或拖欠外债的直接或间接后果比拒付内债的情况往往更为严重(如使本国政府的国际信誉大大降低,外国政府施加政治压力等),因此,除非万不得已,一国政府一般情况下不会公开拒付或拖欠所举借的外债。

(4) 与内债的“结构型”调节效应相比,外债的经济调节功能具有明显的“增量型”特征。从初始性的经济影响分析,一国通过举借外债往往会引进国外的先进技术、国内短缺的原料设备(都须使用外汇或外币购买),从而对本国经济产生一种“增量型”或“外部注入式”的经济推动力,弥补了本国经济建设资金和资源的短缺与不足,增加了一国国民经济的可控制资源总量——这与内债对国民经济的“内部结构型”或“此消彼长式”的经济调节效应是不同的。正因为如此,发展中国家对举借外债往往具有很大的兴趣和偏好。

(5) 从继发性影响的角度分析,外债的偿还(还本付息)则会削弱一国的经济资源总量,会产生一定的外债风险或外债危机。通常,外债的偿还须动用国内资本和国内资源,意味着国内资源或资本的净流出,从而减少了本国经济的可控资源的总量,引起社会总资本供求“缺口”的扩大或放大。反观内债,由于其在本质上是一国经济内部的资源再分配或结构再调整,因此,一般不会引起国内经济资源总量的巨幅波动。外债的这种继发性经济影响主要取决于外债资金的使用效率的高低。从此角度来讲,加强外债管理、提高外债使用效率是发展中国家防范和减少外债风险的根本途径。

2. 外债与外商直接投资

举借外债与引进直接投资是当今国际上利用外资的两种基本形式。外债的持有者是以债权人的身份出现的,而外商直接投资的投资者是以所有人的身份出现,因而外债与外商直接投资性质不同、特点不同,对利用外资的国家来说也各有利弊。主要表现在以下几个方面:

(1) 在借入外债的情况下,债务国要承受还本付息的负担,如果外债规模控制不当,还会引发债务危机,严重影响一国的国际收支。而且外债尤其是外国政府的借款,往往附带各种条件,可能对债务国的经济乃至主权产生一些不利影响。吸引外商直接投资,一般不会形成接受投资国的还本付息的负担,在经济和政治上受到的限制也比较少。

（2）在外商直接投资的情况下,资金的所有权、支配权、使用权是相对统一的;而外债的"三权"通常是相互分离的。例如,我国由财政部统借统还的外债,其所有权归国外债权人所有,支配权归国家财政部所有,而具体的使用权则归具体的外债使用单位或部门所有。

（3）举借外债与利用外商直接投资,资本使用主体的主动权不同。举借外债的主动权比较大,债务国政府可以根据本国的实际情况,将债务收入有重点地投入到国民经济的薄弱环节,调整产业结构,促进本国产业结构朝着合理化方向发展;另外,债务国还可以根据国民经济和社会发展的需要以及国际收支的状况,灵活地决定借款的方式、借款的币种、借款的时间和借款的数额,等等。接受外商直接投资,相当大的主动权是由国外投资者掌握的,其资金投向直接关系到接受国的经济发展,甚至国家主权。因此,各国在利用外商直接投资时通常会对资金投入的领域加以限制。

（4）利用外债和外商直接投资的稳定性不同。外商直接投资的稳定性比较差,一旦国内政治环境发生变化,外商可以立即抽走资金,对国内经济无异于雪上加霜;而外债在规定的期限内一般不会存在被突然抽走的问题,不会对国内经济的发展和稳定造成多大的威胁。

鉴于举借外债和利用外商直接投资各有利弊,关键问题是要形成合理的利用外资的结构,保持外债与国外直接投资比例的大体平衡。利用外商直接投资的好处很多,除了引进资金,还可以为接受国带来先进的技术、设备和管理方法,接受国还可以利用外商的销售渠道和经验,扩大本国产品出口。美国经济学家艾赛尔·弗兰克也认为,外国直接投资除了提供资本外,"通常还提供一整套独特的其他资源,包括技术、专有知识、管理、培训以及用于销售产品或劳务的设备"[1]。但基于安全性和稳定性的需要,一些关乎国计民生的重要部门,不适于以外商直接投资的方式利用外资,举借外债的方式也许更为可行。至于孰优孰劣,目前还没有定论。发展中国家在实践中逐渐懂得,利用外债的关键性原则在于:主权在我,互惠互利。

四、外债与经济增长:"引擎论"和"桎梏论"

发展经济学家往往视外债为促进发展中国家经济增长的"发动机"或"引擎"。例如,美国学者纳克斯(Nurkse)曾提出利用外债打破贫困的恶性循环的理论,其在1953年出版的《不发达国家的资本形成问题》中,提出贫困恶性循环理论,认为资本形成问题是不发达国家发展问题的核心,而打破贫困恶性循环的唯一办法是利用外国资本,具体有两种办法:FDI和外债(或捐赠)。事实上,纳克斯强调了债务国必须注意外债的生产性,反对发展中国家沾上发达国家的"消费示范效应"。事实上,许多发展中国家将外债用于消费(如玻利维亚挪用外债资金盖摩天大楼以提供

问题与讨论:外债存在的意义

---

[1]　艾塞尔·弗兰克:"第三世界经济发展的资金筹措",《世界经济译丛》,1988年第12期。

豪华办公室或公寓)是大量存在的。

美国经济学家钱纳里(H.B. Chenery)于 1962 提出"两缺口理论",阐述了外资(含外债)与经济发展关系之间的理论关联,抓住了发展中国家的两个主要因素,影响极为深远。两缺口理论认为,欠发达国家客观上存在投资与储蓄之间的缺口、进口与出口之间的缺口,外资(包括外债)可以弥补这两个缺口并解除这些发展约束,从而不仅加快增长速度,而且加强自我运用资源取得持续发展的能力。

20 世纪 70 年代的费舍尔(Fischer)等人提出和论证的"债务周期理论",是关于一个债务国(翻身)转变为债权国所必需的条件、必经的演变阶段的理论。其主要思想为:一国的借贷地位会随经济发展、国际收支的变化而动态变化,即由不成熟的债务人到成熟的债务人,经由债务减少人和不成熟的债权人阶段,最终演变为成熟的债权人。不同阶段具有不同的特点。应指出的是,债务周期在现实中也许存在。由不成熟的债务人转变为成熟的债权人,近代的英国和美国就是典型。1997 上半年,韩国加入 OECD,并宣告"与债务国告别",显示了成功过渡的迹象,但其在随后的亚洲金融危机中受到重创,又重新回到债务国的行列,显示了债务周期变化的曲折性和艰难性。

当然,不是所有国家都能完成债务周期理论中假设角色的顺利转变的。一些激进经济学者反对"引擎论",提出"债务陷阱理论"。其理由如下:(1)外援是"握在援助国手中的对外武器";(2)外债是富国榨取穷国内部积累的强有力手段;(3)外债助长一国财政支出的浪费或低效率倾向(如非理性的军费开支),因而"外援对一国长期增长率的实际影响是微不足道甚至可能是消极的"。

此外,也有一些学者(如埃及学者阿明、阿根廷学者普雷维什等)认为外债和外资造成了外围国家对中心国家的永久性依附,即提出"永久依附理论"。由于 20 世纪 80 年代全球性债务危机的出现,人们谈债色变,许多人认为"外债像癌症""外债比原子弹还危险""外债是社会动乱及经济恶化的根源"。美国学者隆巴尔迪(Lombardi)在《债务陷阱》(*Debt Trap*)中就曾提出:东亚奇迹只是试管环境下的产物,根本不可能推广,等待广大发展中国家的只能是巨额外债,即在债务陷阱中加大对发达国家的依赖。

专栏12-1

世界外债的产生与发展

外债最早产生于中世纪的欧洲。一部西方资本主义的文明史就是带着血腥的外债史。从意大利威尼斯、热那亚,经德意志南部联盟,到荷兰阿姆斯特丹,从英国伦敦到美国纽约,国际金融中心与贷款中心潮起潮落,几经周转。在这种转移的过程中,外债作为一种信用,一方面是国际贸易和国际战争的产物,另一方面又反过来为资本主义商业战争、殖民制度提供了资本,为国际贸易注入了活力,并成为资本主义原始积累强有力的手段和各国经济发展的强大杠杆。在 20 世纪 70 年代初,伴随着布雷顿森林体系的解体,美元的霸主地位开始衰落,日元、德国马克开始与美元一比高下。欧洲美元市场、亚洲美元市场开始活跃,国际私人借贷重新兴起。尤其是石油美元在广大发展中国家的重新循环并快速运转,使借款活动达到了一个新的水平,发展中国家也因此出现了繁荣的局面。

1992 年以前世界外债大体上可以分为以下六个阶段:

(1) 威尼斯与南德意志阶段(14—16 世纪):这一阶段主要是威尼斯与南德意志的银行家为欧洲提供资金。

(2) 阿姆斯特丹阶段(17—18 世纪):这一阶段是荷兰的银行家们通过提供资金控制欧洲资本市场。

(3) 伦敦阶段(19 世纪—20 世纪初):这一阶段主要是英国为战争提供贷款,为全球铁路建设提供资金,为美洲等新兴独立国家提供贷款以及对殖民地附属国的投资。

(4) 纽约阶段(1919—1971 年):在这一阶段美国独霸整个世界资本市场。

(5) 私人信贷的兴盛与石油美元的再循环阶段(1971—1982 年):由于在 1971 年美国实行"新经济政策",同时停止美元兑换黄金,从而结束了美元的霸主地位。私人信贷在此以后的时间里开始兴盛。

(6) 全球债务危机与资金倒流阶段(1982—1992 年):这一阶段西方主要债权国都大幅度削减了对发展中国家特别是重债国的贷款,同时加上资本外逃,导致了债务国出现资金转移为负数,即资金倒流的局面。

资料来源:隆武华:《外债两重性:引擎?桎梏?》,中国财政经济出版社 2001 年版。

第二节 外债的利用:经验与教训

对一国经济而言,外债作为一把"双刃剑",既是一种外部资源,又是一种潜在的负担和风险。如果对其进行有效的利用,就可以弥补国内建设资金的不足,促进国民经济的健康发展;但若利用不当,就会造成规模过大,结构失调,进而导致债务危机,给国民经济带来巨大的危害。

一、举借外债的正面经验

基础设施的落后,科技教育的滞后,是制约发展中国家的一个普遍问题。然而,单靠国内的投资来解决基础设施资金不足的问题是远远不够的。举借外债无疑是一种现实之举,同时也能引进大量的先进技术和设备。另外,发展中国家大多数选择一些国际性的组织,如国际货币基金组织、世界银行等,作为借贷的对象,一来是由于这些国际性的组织的贷款利率低,二来是由于这些国际性的组织不会附带有政治目的,如侵犯债务国主权,干涉本国内政等。

发展中国家应该首先克服畏缩"恐债"心理,创造有利条件,积极利用外债。在这个问题上,列宁用自己的亲身体会谈道,"没有外国的装备和技术帮助,我们单靠自己的力量是无法恢复破坏了的经济",因此,"全部困难就在于找到一个经过实践检验的吸收西欧资本的办法"[①]。

在世界近现代历史上,举借外债成为很多国家发展的重要杠杆。如荷兰通过吸收西班牙、葡萄牙的剩余资本而努力赶超这两个老牌殖民主义强国,成为 17 世纪的"海上马车夫"。18 世纪初,荷兰的商业资本和借贷资本大大推动了英国资本主义生产方式的确立和工业革命的进程;强大后的英国又开始对外广泛贷款,以此达到控制全球的目的,19 世纪和 20 世纪英国的贷款几乎遍及世界各个角落,外债犹如强心剂,帮助英国建立起了横跨世界五大洲的"日不落帝国"。美国曾是英国的殖民地,直到 19 世纪上半期,仍被称为"从英国接受商业信用和资本信用最多的国家"[②],但 20 世纪美国借助外债不但摆脱了英国的控制,而且一跃成为世界主要的债权国。俄罗斯、日本也通过引入法国、英国、比利时的资金在短时间内快速跻身世界强国的行列。第二次世界大战后,许多新独立国家把举借外债作为发展民族经济的重要环节,并取得了相当的成绩,韩国的经验尤其值得我们借鉴。韩国在 20 世纪 60 年代,通过大量举借外债,引进国外的先进技术,实现了经济的腾飞,成为闻名于世的亚洲"四小龙"之一。同时,在世界性的石油危机和西方经济衰退中,韩国采取了以货币贬值为主的调整政策,使贸易逆差减少,外债增幅降低。同时积极控制国内经济增长速度,压缩基建规模,改变债务结构,提高国内储蓄率,有效地避免了债务危机的冲击,成为发展中国家经济迅速起飞的典范。

应指出的是,尽管我国晚清政府举借外债在总体上看是一种奴役性的外债,但其也有促进发展的积极效应。例如,1908 年清政府与英国中英公司签订的沪杭铁路借款,这些用于创办实业目的借款带来了先进的技术和生产工具,有利于生产力的进步和发展,同时,一定程度上促进了中国社会从旧的封建主义生产方式向新的资本主义生产方式转变,对资本主义生产方式和民族资本主义在中国的形成起到了积极推动作用[③]。

以上事实说明,合理利用外债是后进国家或欠发达国家发展经济、实现现代化,赶超先进国家的重要条件和途径。

---

① 列宁著,中共中央马恩列斯著作编译局译:《列宁全集》(第 32 卷),人民出版社 1975 年版。

② 卡尔·马克思著,中共中央马恩列斯著作编译局译:《资本论》(第 3 卷),人民出版社,1978 年版。

③ 刘华:《公债的经济效应研究》,中国社会科学出版社 2004 年版,第 79 页。

二、举借外债的反面教训

外债作为资本输出的一种重要方式,也有一些反面的深刻教训。事实上,很多国家借债不但没有起到促进本国经济发展的作用,反而陷入借新债还旧债和受控于债权国的困境。19 世纪上半叶,希腊和西班牙由于借债利率高、折扣大,陷于英国的控制中,英国贷款使得希腊萎靡不振。19 世纪末,希腊被迫默许由几个大国创办的国家金融委员会监督其财政金融活动。同样,埃及政府从 1863 年开始借款,到 1876 年埃及政府宣布违约偿款时,一直未摆脱外债的包围,最终使得本国财政陷入国际共管的地步[①]。20 世纪 80 年代一些拉美国家发生的债务危机,也是由于没有合理利用外债而造成的。

在 20 世纪 80 年代的债务危机中,债务国卡特尔组织在西方七国集团的威胁利诱下没有成立,而债权国则有巴黎俱乐部和伦敦俱乐部这种债权人卡特尔的组织机构。因此,尽管债务国做了一些努力和斗争,但基本上还是受到西方债权银行、债权国政府和国际货币基金组织控制。这种局面也直接造成债务危机持续长达 10 年之久。在这 10 年中,贫困国家对发达国家的偿还(13400 亿美元)比发达国家对其的贷款(9470 亿美元)多出 44.5%,但债务余额却从 1982 年的 7522 亿美元剧增到 1993 年的 17000 亿美元。重债国的拉丁美洲和非洲在债务危机中度过了"失去的十年"。

如果我们将类似这样惨痛的历史追溯到灾难深重的旧中国,那么我们就会更加清醒地认识到对外债实施反控制的必要性。近代半殖民地半封建中国的外债,不仅仅是个经济问题,还是资本帝国主义各国在华争夺政治、经济权益的一个焦点问题。西方学者 C.F.雷麦就认为,"只要借款一经成立,某一国家在华的政治势力,即使不能用债务数目来测量,也可用债务数目来表示,这已经成为一种传统了"。从近代中国外债史的主体来看,近代对华贷款确实是外国资本——帝国主义侵略中国、奴役中国的主要工具,是帝国主义列强对华输出资本的主要方式,也是列强在半殖民地半封建的中国争夺势力范围、争夺侵略权益的重要手段。例如,帝国主义列强于 1900 年(庚子年)发动八国联军侵华战争,迫使清政府于 1901 年签订空前丧权辱国的《辛丑条约》,该条约规定清政府赔偿各国 4.5 亿两白银,举当时清政府四年的财政收入都不够,这不仅仅是中国空前的债务负担,在世界上也是罕见的。

发展中国家由于对外债的利用不当,使国内出现种种问题,引发债务危机甚至主权被发达国家控制的例子还有很多,应该引起我们的警惕。由于资本的趋利性是无法改变的,这也就为我们能举借外债提供了有利条件,不用担心借不到外债。在此基础上,发展中国家在举借外债的时候,应该有所选择,不断提高债信,努力降低筹资成本,而决不能拿原则做交易。

---

① 马金华:《中国外债史》,中国财政经济出版社 2005 年版,第 35 页。

第三节　外债管理：防范外债风险的重要环节

外债管理是政府对控制外债规模，降低筹资成本，保持合理债务结构，预防外债风险，提高外债使用效益所采取的一系列措施。外债管理是降低债务成本，减少债务风险，防止出现债务危机的重要手段。外债管理的根本目的是让所借外债发挥最大的效用，以促进国民经济的快速健康发展。本节主要介绍外债管理中的规模管理和结构管理。

中国外债管理部门
都有谁、都管啥？

一、外债的规模管理及其风险控制

确定合理的外债规模是实现宏观经济管理的重要内容，是制定利用外债发展战略首先要考虑的问题。

1. 确定借用外债规模的原则

（1）外债的增长速度不能长期超过 GDP 的速度。举借外债有利于扩大投资规模和提高劳动生产率，促进国民经济的发展；反过来，国民经济的健康发展又能增强国家的偿债能力。通常情况下，外债的增长速度应该小于国民经济的增长速度。发展中国家利用外债可以弥补投资和外汇不足的缺口。但长时期依靠大量的外债来支撑国内过快的生产增长速度和过大的固定资产投资规模是不可取的。

（2）国内资本积累和借用外债要同步增长。利用外债是为了弥补国内建设资金的不足，不能完全替代国内资金。举借外债是有风险的，而且借得越多风险越大，同时成本也越高。在经济建设中首先应该充分挖掘国内资金的潜力，利用外债要看对外债的吸引能力。如果外债的增长超过国内储蓄，那么很可能发生债务危机。世界银行把外债增长超过国内储蓄或储蓄降低归结为 20 世纪 80 年代发展中国家债务危机的一个重要原因。

（3）建立使经济周期良性循环的"债务周期"。所谓适宜的外债规模，就是要利用外债和经济发展的良性循环，即利用外债——进口能力增强——国际收支状况改善——经济发展速度加快——进出口能力增强——国际收支状况改善——经济发展速度加快——利用外资规模进一步扩大。

（4）外债的增长要和政府预算支出保持适宜的比例。借用国外贷款基本上是公共债务，偿还不了时还是要靠国家和地方政府来负担，外债和财政的关系十分紧密。经验告诉我们，历史上每一次较大的债务支付危机，都是伴随着大量日益增长的财政赤字。因此，要注意让外债的增长和政府的预算支出保持适当的比例。

2. 适度外债规模的确定

一个国家的外债规模是受一定时期国内经济建设对国外资金的需求量,国际金融市场的资金可供量,以及一国对外债的承受能力三个因素共同制约的。假设国际金融市场的资金可供量是充足的,那么,外债的规模是由国民经济对外债的需求和外债的承受能力决定的。

国民经济对外资的需求不但表现为国内资金的缺口,而且表现为对外债的吸收消化能力,包括借债国生产技术水平、配备资金、劳动力素质以及经营管理水平等方面,这些是利用外资产生经济效益的基础。不同的国家对外债的吸收消化能力不同,吸收消化能力越强,借外债的经济效益和社会效益就越明显,对促进国民经济发展的作用也就越大。国际上经常使用的衡量外债规模的指标有偿债率、负债率、债务率和外债增长率。

(1)偿债率。偿债率是指一国当年外债还本付息额占当年商品和劳务出口收入额的比率。计算公式如下:

$$偿债率 = \frac{外债的还本付息额}{当年贸易和非贸易收入} \times 100\%$$

偿债率是衡量一国还债能力的指标,也是国际上最常用的、最重要的监测债务适度规模的指标。它反映一国债务信用的高低。国际上一般认为,偿债率的警戒线应控制在 20% 以内为宜。如果一国的偿债率超过 20%,则表明该国的偿债率较差。不过,偿债率指标只能在一定程度上说明一国偿付外债的能力,它本身也存在缺陷。该指标的分母只考虑了商品和劳务的出口,而没有考虑进口。如果一国的出口收入与进口用汇额相等,那么即使偿债率在 20% 之内,同样存在着偿债风险。

(2)负债率。负债率是指当年的外债余额与当年的 GDP 之比。计算公式如下:

$$负债率 = \frac{外债余额}{当年的\ GDP} \times 100\%$$

负债率是衡量一国可以维持债务总规模的尺度,是考察一国对外借债与整个国民经济状况的指标。国际上认为一般以不超过 20% 为宜。

(3)债务率。债务率是指当年外债余额占当年商品劳务出口收入额的比重。其计算公式如下:

$$债务率 = \frac{外债余额}{当年贸易和非贸易外汇收入} \times 100\%$$

债务率是衡量一国外债总体水平是否超过客观还债能力的指标。与偿债率指标一样,该指标也反映一国债务信用的高低,说明当年一国对债务的承受能力。国际上公认的标准是外债总额应不超过当年外汇收入的 100%。

(4)外债增长率。外债增长率是当年的外债增长额与年初的外债余额的比值。计算公式如下:

$$外债增长率 = \frac{当年的外债增长额}{年初的外债余额} \times 100\%$$

外债增长率是反映一国外债的增长速度情况的指标,应该把这个比值控制在GDP 的增长速度之内为宜。

目前中国、巴西、俄罗斯和墨西哥等发展中国家的负债率等大部分指标在公认的安全线以内,而美国、英国和德国等发达国家的各项安全指标高于公认安全线,但却未发生债务危机,表明发达国家的外债抗风险能力较强(见表 12-1)。纵观 20 世纪 80 年代拉美债务危机、90 年代亚洲金融危机以及 21 世纪的欧洲主权债务危机,其外部表现为负债规模超出了其清偿能力,到期无力偿还债务,但深层次原因都是国内经济发展乏力、经济结构不合理、对债务过度依赖、外债资金使用效率低等多项因素的综合作用。在此背景下,尽管我国外债规模在持续扩大,但主要外债风险指标一直处于低位(均在公认的安全线以内),2015 年年底中央财政承担的国外债务余额仅1132.11亿元(远低于同时期的国内债务余额 105467.48 亿元)。因此,总体上看,我国外债风险安全可控。

表 12-1 2015 年部分发达国家与发展中国家外债风险指标的比较　　单位:亿美元

指标国家	外债总额	短期外债余额	负债率/%	债务率/%	短期外债与外汇储备之比/%
美国	177104	52121	99	783	1359
英国	82539	53010	290	1057	4092
法国	49798	18505	206	685	1458
德国	49195	16529	147	313	952
荷兰	40231	8527	535	646	2229
中国	14162	9206	13	58	28
巴西	6651	511	37	288	14
俄罗斯	5158	420	39	132	11
墨西哥	4181	698	37	103	39

资料来源:国际货币基金组织:"国际金融统计"(IFS),世界银行外债数据统计库(QEDS)。

目前我国外债绝对规模虽然较大,但从外债风险指标来看(见表 12-1),我国的负债率、偿债率、债务率都在安全线以下,加上巨额的外汇储备做保障[1],因此尚不存在外债危机问题。但我国并不能因此完全忽视外债中所存在的潜在隐患。目前我国的外债采用的是计划管理、归口管理和登记管理相结合的管理模式。在归口管理模式下,我国的外债举借是多头对外。中国人民银行、财政部、商务部(原对外经济贸易部)、农业部等,都管理对外借款的某些部分;经过批准可向境外发行国际债券的有财政部、国际信托公司等十余个机构;对外筹资的单位则多达近百个,迄今为止没有一个权威的统一管理机构。这一局面既不利于外债的宏观管理,易造成借债结构的无法控制,形成较集中的还债高峰,对国家财政和国际收支产生压力。

---

[1] 截至 2017 年 2 月,中国国家外汇储备余额为 30051.2 亿美元,外汇储备规模高居世界第一。

二、外债的结构管理及其风险控制

1. 借款方式结构的管理

适宜的借款方式结构,可以降低筹资总成本。借用外债的方式是多种多样的,不同的借款方式有不同的借款程序、不同的借款条件和不同的偿还方法。对于一个国家来说,选择合适的借款方式,进行有效的结构管理是很有必要的。

通常,借款方式是由借款人根据借款用途决定的。借款人主要包括代表中央和地方政府官办机构、商业性银行、非银行的金融机构、公司和企业等。政府机构出面向外国政府或国际金融组织借款,主要用于国内基础设施等基本建设项目,如交通运输、邮电通信、能源、农业和文教卫生等行业。银行和非银行金融机构以商业借款为主,包括向国外银行和非银行金融机构借用中长期借款、买方信贷、发行债券、国际金融租赁和短期资金融通等,主要用于生产性和商业性建设项目,是国家经济建设不可缺少的方面。公司、企业一般向外国银行、出口商、企业和私人借款,主要用于企业自身的建设项目。这部分借款的期限一般较短,利率较高,但借、用、还都比较灵活,使用方便。

一般来说,双边政府贷款和国际金融组织贷款利率低,风险小,我们应该好好利用,尤其是发展中国家。而商业贷款利率高,成本高,风险大,如果管理不善,很容易引发债务危机。所以,应该加强对商业贷款的管理。总之,最佳借款方式的组合,将为适宜的外债规模和结构奠定一个良好的基础。

2. 外债利率结构的管理

贷款的利率是债务成本的重要内容。借款利率一般分为固定利率和浮动利率。固定利率是在借款时由借贷双方确定的在整个借款期内固定不变的利率。它最大的优点是预先可以确定利息支付的总额,从而能比较容易计算出筹资的总成本。一般来说,借款人在市场利率水平处于低谷时,借入固定利率的贷款可以降低成本;当利率提高时,使用固定利率的贷款会增加成本。由于中长期贷款中的固定利率贷款一般只有官方的双边贷款来源中才能得到,更多的情况下,借款人没有别的选择,只能得到浮动利率贷款。因此,加强浮动利率债务管理是控制债务利率结构的关键。当前,国际上的通行做法是:通过对世界经济贸易、国际资本流动等方面的分析,测算金融市场的变化趋势,对利率变化做出各种假定,并计算出各种假定条件下的筹资成本,抓住金融市场的有利时期筹集资金。如在低利率时,借入固定利率的贷款;在高利率时,借入浮动利率的贷款。

3. 外债期限结构的管理

外债偿还期限结构由短、中、长三期组成。短期债务是指借款使用期限在 1 年期以下(包括 1 年)的债务,主要用于商品进口中的资金周转或商品生产过程中资金的临时性缺口。中期债务是指使用期限在 1 年以上 5 年以下(包括 5 年)的债务,一般用于中期的生产建设项目,投资回收期应在 5 年以内。长期债务是指借款使用期在 5 年以上的债务,最长借款期限可达 50 年。长期债务主要用于生产建设周期长、投资规模较大的基础设施项目。

一般而言,在贷款期限结构的管理上,要注意避免还款期出现高峰,力求对不同期限的贷款进行均衡安排。也就是说,应该让短期外债保持在适当的水平上,同时,应建立对中长贷款的监察系统,即当预测到未来某一年的还本付息金额达到较高水平时,便规定借款人不能再借入短于那一年还本付息的外债,或者使用"停止付款期"条款,延长本金偿还期。

4. 外债币种结构的管理

整体债务货币构成如何安排,是外债币别结构管理的重要内容。国际金融市场的汇率变化莫测,为了减少和避免对外借款由于汇率变化引起的损失,主要通货应有一定的比例,避免某一种货币外债过于集中。也就是说,多币种可以起到互相抵消汇率变化所引起盈亏的作用,从而规避外债汇率波动风险。

5. 外债市场的结构管理

外债市场主要是指短期资金市场和长期资本市场,短期资金市场一般分为短期信贷市场、短期证券市场和贴现市场,专门从事短期资金拆借,进行短期筹资。长期资本市场是为了满足生产建设项目对资金的需要而设立的专门筹措中长期资金的市场,主要指外国债券市场和欧洲债券市场,具体包括欧洲市场、纽约市场、东京市场、法兰克福市场、香港市场等。可见,国际资本市场是由众多按地理或专业划分的不同市场所组成的。每一个市场都有自己的特点,并不是每一个资本市场都向所有的国家开放或受所有的筹资者欢迎。因此,在国际资本市场筹集资金,必须熟悉市场情况,了解市场结构,讲究筹资技巧。

第四节　亚洲金融危机的本质是外债危机吗?

一、亚洲金融危机的发生及其蔓延

1997 年 5 月以前,亚洲经济如同"泰坦尼克号"邮轮在幸福地航行,但随后来临的金融风暴使"东亚奇迹"梦幻般破灭,并蔓延到俄罗斯和巴西。根据金融危机的演变过程,可以将其分为五个阶段。

1. 第一阶段(1997 年 1—9 月):危机突发,"四小虎"成病猫

东亚经济在过去十多年突飞猛进地发展,继韩国、中国台湾、新加坡和中国香港四小龙之后,又有泰国、马来西亚、菲律宾和印度尼西亚四小虎,赢得世人的尊敬与瞩目,号称"东亚奇迹"。但 1996 年美国斯坦福大学著名的经济学家保罗·克鲁格曼却认为,东亚如苏联一样是靠高投入来支撑的,难以持久。他断言,"亚洲的经济撞上了高墙",东亚无奇迹可言。克鲁格曼一石激起千层浪,在世界引起了强烈反响。国际炒家也把

其贪婪的目光瞄准了亚洲,首选政局不稳、泡沫严重的泰国开刀。从 1997 年 1 月开始,国际炒家频频对泰铢发起进攻,公开向泰国中央银行叫板。由于泰国央行采取的措施得当(提高利率,动用外汇储备进行干预),同时得到新加坡、马来西亚、中国香港金融当局的支持,使国际炒家惨遭失败。但国家炒家不甘心失败,向泰铢发动了又一次的进攻。面对国际炒家的强大冲击,泰国央行仅 7 月 1 日就动用外汇储备 100 亿美元,但是却如泥牛入海。当晚,泰国财经高官围坐痛哭,预料泰国将面临灭顶之灾。由于外汇储备已不足 60 亿美元,泰国当局不得不向国际炒家屈服,于 7 月 2 日宣布放弃实行 13 年之久的固定汇率,改为浮动汇率制度。当天,泰铢就惨跌 20%。推倒泰铢,在东南亚迅速形成多米诺骨牌效应。菲律宾、马来西亚、印尼的货币纷纷贬值。在万般无奈之下,泰国政府不得不向 IMF 申请援助。但是 IMF 给泰国开的"药方"令人难以接受[①]。

2. 第二阶段(1997 年 10—12 月):危机扩大,"四小龙"在淌血

冲击四小虎,打垮四小龙(特别是搞垮刚刚回归中国的香港),是国际炒家的既定目标。在香港世界银行年会上索罗斯声称不会进攻香港,只不过是他放的烟幕弹。鉴于香港经济基本面较好,国际炒家做了精心准备。一是进攻台湾,扫清外围。由于国际炒家抛售台湾科技股,使台股在不到一个月内急挫 3000 点,市场值损失 3 万亿元新台币。同时,国际炒家压迫台湾"央行"放弃对新台币的呵护。"台湾当局"在略做干预后于 10 月 17 日放弃对新台币的保护,当天贬值达 3.5%。二是散布谣言,唱空香港。美资摩根士丹利投资银行一改过去对亚洲的乐观估计,突然宣布将全球投资组合中亚洲区的投资比重降为零,并预言香港股市将下降 7000~7500 点。三是利用全球"黑色星期一"的阴影对香港汇市、股市和期市发起立体进攻。国际炒家先后抛售 400 亿港元,意在打垮联系汇率制,并大量抛售港股,以图通过恒指期货赚钱。在香港金融管理委员会的狙击下,国际炒家对联系汇率制的进攻虽被击退,却形成了香港 10 月的股灾。国际炒家因大赚而狂妄地将香港称为"超级提款机"。当年 10 月 23 日和 28 日,恒生指数跌幅分别达 10.4% 和 13.7%。

值得指出的是,韩国在金融危机打压下重又沦为债务国。韩国大企业集团由于过度扩张而陷入债务陷阱中不能自拔,当然不堪炒家一击。由于外汇储备存底不多,韩国中央银行宣布弃守韩元,韩元在日本山一证券和韩国汉拿集团的倒闭声中"无量下跌",12 月 11 日达到 1 美元兑 1710 韩元的新低。在这种情况下,"与债务国际揖别"的韩国不得不向 IMF 求救[②]。

3. 第三阶段(1998 年 1—6 月):危机深化,印尼政局大动荡

印尼是继泰国后第二个向 IMF 求助的亚洲国家。但由于 IMF 的援助条件十分苛刻,印尼总统苏哈托 10 月 31 日签约后几次反悔,因此援助方案始终没有定下来。

---

① IMF 答应向泰国政府提供 167 亿美元的紧急贷款,并要求泰国整顿金融业,关闭有"问题"的 42 家金融公司,削减开支,提高增值税等。很明显 IMF 的救援活动带有很苛刻的条件,因此受到泰国人民的抵制,泰国政府也十分为难。最终,IMF 的救助没有止住泰国金融市场的动荡,也无法防止危机向其他国家扩散。

② IMF 对韩国的救助,其苛刻之处主要表现在要求韩国三位总统候选人签字画押。

在这种情况下,西方发达国家纷纷出面向印尼施加压力,国际评级机构一再宣布将印尼信用等级予以降低,IMF甚至默许国际炒家对印尼发动进攻。印尼金融市场新年伊始就更趋恶化,印尼盾甚至一度跌到1美元兑15000盾。受印尼局势的影响,香港出现了白富勤公司倒闭事件,亚洲金融市场动荡加剧,股市汇市齐创新低。不久,印尼却因为执行IMF的政策出现政治动荡,苏哈托下台。再加上日元急剧贬值,亚洲出现了新一轮的金融动荡,泰国股市创11年新低,马来西亚创10年新低,菲律宾股市创5年新低,新加坡股市创10年新低。

4. 第四阶段(1998年7—8月):危机蔓延,俄罗斯金融崩溃

受亚洲金融危机的影响,经济持续下滑、财政面临破产的俄罗斯再也挺不住了,金融市场从1998年5月13日起开始动荡。俄罗斯政府采取一系列反危机措施失败后,不得不向IMF求助。7月13日,IMF会同世界银行向俄罗斯提供紧急贷款226亿美元。但金融市场未能稳定下来。8月13日,索罗斯在英国《金融时报》上呼吁俄罗斯将卢布贬值15%～20%,俄金融市场出现"黑色星期四"。8月17日,俄政府被迫宣布将卢布上限提高到1美元兑9.5卢布,变相贬值50%,同时宣布暂停国债交易和延期90天偿还外债。结果债市停止交易,股市暴跌,卢布贬值到1美元兑21卢布的新低,银行面临倒闭,金融市场几近崩溃,并引发了俄政府危机。

5. 第五阶段(1998年9—10月):危机全球化,对冲基金大出血

对冲基金在这次金融危机中直接充当打手,成为这次危机的罪魁祸首。但它们最终还是搬起石头砸自己的脚。在以索罗斯为首的对冲基金对香港发起第三次进攻的时候,香港特区政府动用外汇基金入市进行干预,扫进对恒生指数有较大影响的蓝筹股。到8月28日期指交割日,香港特区政府和国际炒家展开激烈争斗,全日成交700亿港元,创历史天量,恒指收于7829.7点,较8月13日上涨了17.6%。香港特区政府入市打乱了炒家的部署,使他们乱了阵脚,大部分对冲基金不得不止损离场,索罗斯量子基金损失20亿港元。同时,俄金融市场的快速崩溃,以及西方发达国家的袖手旁观,使深陷其中的对冲基金措手不及,结果损失惨重。再加上日元的反弹,使一直看淡日元并借有大量日元的对冲基金雪上加霜,如老虎基金在几天内就损失20亿美元。在这种情况下,美国长期资本管理公司(Long-Term Capital Management,简称LTCM)宣布关门,一向以自由相标榜的美联储不得不出面加以救助。曾盛极一时的美国长期资本管理公司的倒闭事件说明了在投机市场中控制风险是永恒的主题。随后美联储对CTCM公司的救助则向金融市场传递了一个重要管理理念——大而不倒(Too big to fail)。可以说,美欧金融市场的急剧动荡,使美国不得不放弃对对冲基金的纵容,转而表示要加强对对冲基金的监督,西方大银行也收紧对其信贷。作为金融危机的外部冲击因素得以消失。

二、亚洲金融危机的共同特点及其本质

亚洲金融危机的爆发及其持续,原因是多方面的。有内因,如一些亚洲国家国内经济长期粗放经营、产业结构失调,一些国家泡沫经济严重,一些国家银行不良贷款

比重过大等;有外因,如国际炒家的进攻,国际货币基金组织的药方失灵等。在这些原因中,外债过重,特别是短期外债过多引起的外债支付危机,是金融危机爆发及持续的重要原因。可以说,亚洲金融危机的爆发在一定程度上跟一些国家对外债与外资的利用不当直接相关。

例如,泰国在 20 世纪 90 年代以后,先后推出一系列旨在吸引外资的金融改革措施。一方面,泰国大量举借外债,另一方面外国和本国银行提供毫无约束的美元贷款,造成国内信贷业务迅速扩大以及外债规模的急剧膨胀。到 1997 年,泰国的外债总额已超过 900 亿美元,占 GDP 的 50% 以上。急剧膨胀的外债还伴随着结构不合理,仅 1998 年到期的短期外债就达 400 多亿美元,超过 1997 年年初的外汇储备水平。韩国的情形也较为类似,即短期外债过多,外汇储备入不敷出,借贷无门而引发汇率和股市大波动。俄罗斯先是向国际社会借款 226 亿美元以解决支付问题,后是以关闭债券市场,暂缓偿还外债 90 天引发全面的金融危机。巴西金融动荡的直接导火索则是地方政府米纳斯吉拉斯州宣布暂停还债给中央政府 90 天。总之,外债特别是短期外债的膨胀与管理混乱导致债务支付困难,是亚洲金融危机中各国一个共同的问题。从这种意义上说,亚洲金融危机是 20 世纪 80 年代以来拉美国家债务危机的继续。表 12 - 2 是 1990 年和 2002 年亚洲和拉丁美洲部分国家的债务状况表。

表 12 - 2 1990 年和 2002 年亚洲和拉丁美洲部分国家的债务状况对比分析

国　　家	债务总额/亿美元		2002 年负债情况/%		2002 年债务程度
	1990 年	2002 年	TD/GNI	TD/TR	
印度尼西亚	69872	132208	89	191	S
菲律宾	30580	61121	77	135	M
泰国	28095	59212	49	69	S
马来西亚	15328	48557	57	44	M
亚洲部分国家平均值	35968.75	75274.5	68	110	—
秘鲁	20064	28167	56	319	S
哥伦比亚	17222	33853	46	229	M
巴西	119964	227932	48	342	S
智利	19226	41945	63	173	M
委内瑞拉	33171	32563	33	112	—
墨西哥	104442	141264	39	60	L
阿根廷	62233	132314	66	393	S
拉丁美洲部分国家平均值	53760.29	91148.29	50	233	—

注释:①S 表示严重负债;M 表示中等负债;L 表示轻微负债。②TD 表示外债还本付息总额现值;GNI(国民收入总值)表示国民收入总值;TR 表示商品服务与收入的出口总额。③若一国的外债还本付息现值超过该国出口的 220% 或 GNI 的 80%,世界银行将其划分为严重负债国。④GNI 和商品与服务的出口额的数据来自世界银行的国民经济核算档案。

资料来源:世界银行:《2004 世界发展指标》,中国财政经济出版社 2005 年版。

　　当然,在这场危机中,新加坡等国家和中国香港等地区受到的危害,较其他国家和地区要轻得多。这是因为这些国家和地区从 20 世纪 60 年代以来,注重调整国内产业结构,注重将国外的先进技术和资金与本国或地区的劳动力资源和地理优势相结合。与此同时,这些国家和地区加强对外债的宏观管理和监测,采取统一借贷窗口,避免形成外债清偿高峰,努力提高外债的使用效益。

　　总之,高额的外债(尤其是短期外债比重过高)是这场金融危机的直接导火索,而国际炒家的炒作不过是一种催化剂。从此角度讲,亚洲金融危机的本质是外债危机。

专栏12-2

中国有高居世界第一的外汇储备,为何还要举借外债?

　　截至 2014 年 12 月末,中国外汇储备余额为 3.84 万亿美元。截至 2014 年 9 月末,中国外债余额约为 9000 亿美元,其中:短期外债余额占比约 79.2％。外汇储备高居世界第一的中国仍有数额不菲的外债,这让不少人感到困惑。

　　观察人士指出,只要欠债合理就非"洪水猛兽",反而是一国经济成熟稳健的表现。在跨国贸易大步发展的全球化时代,外债的产生是不可避免的,并且可能时时刻刻都在欠债、还债,对此不必"心慌",也不必总想一还了之。

　　事实上,无论是外汇储备还是外债,都可以为中国经济建设服务。若资金使用条件优惠、风险处于可控范围,适当借债是可以提高资金使用效率的,而外汇储备通过投资等途径实现保值增值,要比即刻填平债务缺口甚至杜绝债务更为科学合理。

　　与以往不同的是,当前中国外债的很大一部分属于商业贷款。也就是说,企业的贸易和投资往来产生了大部分外债。数据显示,与贸易有关的信贷占短期外债余额的 65.57％,这部分外债一般都具有真实的进出口贸易背景。从债务类型看,截至 2014 年 9 月末,在登记外债余额中,绝大部分为国际商业贷款,美元债务占大头。从债务人类型看,中资金融机构债务余额所占份额最大,占 47.89％。在某种程度上,适度借债能够最大限度地配置资金,有利于提高资金的使用率和整体经济的运行效率。

　　外汇储备指一国政府所持有的国际储备资产中的外汇部分,即一国政府保有的以外币表示的债权。贸易顺差、外国直接投资净流入、国际套利资本流入等是外汇储备的主要来源。2006 年 2 月,中国超越日本成为全球第一大外汇储备国。2006 年 10 月,中国外汇储备首次突破万亿美元。2011 年 3 月,中国外汇储备突破 3 万亿美元。在中国现行的结售汇体制下,中国央行负有无限度外汇资金回购的责任。外汇储备其实并非财政资金,而是央行的负债,不能想花就花,更不能直接花在国内。

　　当然,外汇储备也是一种国民财富,理论上说可以用来偿还外债;但是,除非特殊或紧急情况,一般无须动用外汇储备来偿还外债。相比偿还外债,目前的中国外汇储备有着更为丰富多元、保值增值的运用途径,例如,购买外国国债(占较大比例)、机构债、权益类证券、海外投资、贷款及为企业"走出去"提供资金等。

　　早在20世纪80年代,中国政府就探讨过如何利用外汇储备为国内经济建设服务,并曾动用外汇储备解决当时的贸易逆差问题。中国政府也曾动用外汇储备为国有商业银行补充资本金。2007年,中国发放特别国债,成立主权财富基金中国投资有限责任公司,将外汇储备用于投资。2013年,中国成立外汇储备委托贷款办公室,用外汇储备支持中国企业"走出去"。此外,增加购买战略性资产,增加能源和资源储备,实施技术援助以及设立开发性涉外金融机构,也是中国政府拓宽外汇储备使用渠道的重要选项。

　　曾有国内知名学者建议将庞大的外汇储备"直接转为财政投入"或者"直接分发给老百姓用于消费"。对此,业内人士指出,有关讨论从经济学角度看是错误的,外汇储备主要用于对外支付,如果直接在国内使用,需要二次结汇换成人民币,也就是说重复增加了货币投放,这将带来严重的通胀压力,从而影响经济、金融和社会稳定。充足的外汇储备可以提振一国偿还外债的市场信心。只有遇到严重的金融危机或者面临债务违约风险时,一国才会考虑动用中央银行的外汇储备去偿还外债。

　　资料来源:刘欢等:"中国外汇储备近4万亿美元 为何仍有外债?",新华网,2015年1月22日。

第五节　开放型经济条件下外债风险及其控制的复杂性

一、开放型经济条件下外债风险问题产生的必然性

　　尽管面临WTO边缘化风险、"美国优先"(America First)政策冲击(即2017年美国新当选总统特朗普提出的新执政理念)等一系列挑战[①],经济的全球化似乎依然是一股强大的和不可逆的发展趋势。在此背景下,世界许多国家和地区的经济日益呈现开放型特征,而开放型经济也为外债风险创造了重要的土壤滋生条件。

---

　　① "美国优先"本质上是一种具有反全球化倾向的贸易保护主义政策。对于全球经济而言,特朗普政府的一系列单边主义贸易保护措施将带来更多的风险和伤害。对此,匈牙利科学院世界经济研究所教授伊诺泰·安德拉什认为,美国与世界经济彼此依存,一味鼓吹"美国优先"是愚蠢之举,而美国贸易保护主义措施终将给美国经济带来消极影响。

理论上,开放型经济是与封闭型经济是相对立的概念。开放型经济是一种在本国和外国之间开展经济活动(如国际贸易、资本跨境投资、国外借贷融资等)的经济体制模式,本质上是一种以实现互利共赢为目标的经济发展类型。随着全球化、自由化的深度发展,世界各国中开放型经济体也将呈现不断增多的态势。总体上,在开放型经济中,经济要素、商品与服务、资本往往可以较自由地跨国界流动,从而在全球或更大区域范围内实现最优资源配置和最高经济效率。目前世界上大多数市场经济国家都属于开放型经济体。在中国,2015年9月中共中央、国务院印发了《关于构建开放型经济新体制的若干意见》,从构建开放型经济新体制的总体要求,创新外商投资管理体制,建立促进走出去战略的新体制,构建外贸可持续发展新机制,优化对外开放区域布局,加快实施"一带一路"战略,拓展国际经济合作新空间,构建开放安全的金融体系,建设稳定、公平、透明、可预期的营商环境,加强支持保障机制建设,建立健全开放型经济安全保障体系等方面,全面提出了新时期构建开放型经济新体制的目标任务和重大举措。2017年10月,党的十九大报告也明确提出"推动形成全面开放新格局"的战略构想。可以说,中国将开启进一步走向世界、发展更高层次开放型经济的新征程。

通常,开放型经济强调把国内经济和国际市场相联系,注重参与国际间经济分工,发挥本国经济的比较优势。因此,一国经济发展水平越高,市场化程度越高,往往越接近于开放型经济。在经济全球化的趋势下,发展开放型经济正成为许多国家和地区发展战略的主流选项。开放型经济与外向型经济的不同在于:外向型经济以出口导向为主,开放型经济则以降低关税壁垒和提高资本自由流动程度为主。正因为此,开放型经济更容易引致国际游资在不同国家和地区之间的流动,形成更多更复杂的债权与债务关系(如发达国家与发达国家之间、发达国家与发展中国家之间、发展中国家与发展中国家之间),从而最终导致主权外债和非主权外债等各种类型外债风险问题(如图12-1所示)。当然,从历史和实践来看,大多数外债都是自愿型或主动型外债,少数则是逼迫型或被动型外债(如战败后强加在战败国身上的战败赔款引致的外债)。

应指出的是,强势货币外债和弱势货币外债是相对的,且在一定时期内是可转换的。通常,美元外债传统意义上的强势货币外债,也是最普遍和最常见的货币外债。一个较传统的观点是,美元是全球资金最主要的避险工具和最安全的金融资产,美国依靠美元在世界上的特殊地位,向全球其他国家举借了大量的美元外债。考虑到美国独家垄断美元的印钞权(从此角度讲,美国的外债风险可控或偿债风险不大),导致美国巨额外债往往成为吞噬各国外汇的"巨大黑洞"[①]。当前美元霸权主导国际货币

---

① 即使在美国2008年爆发金融危机后,美元债券依然是许多国家政府外汇储备的重要选择。例如,根据国际货币基金组织(IMF)公布的数据,2010年年底美元占全球官方外汇储备的资产比例依然高达65%。

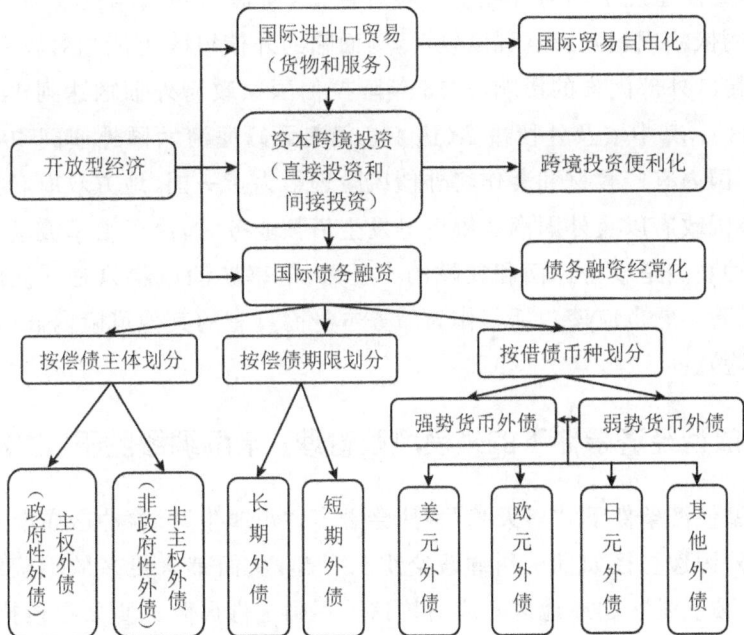

图 12-1 开放型经济与外债风险之间的内在机理分析

体系的基本格局依然未根本改变,美元外债绑架世界经济的风险隐患也就长期存在。

以美国财政部发行的国债为例。在美国的债券市场中,国债规模通常占据三分之一以上的市场份额。从债权人来看,美国国债以国内的公众持有为主,但在开放经济条件下,美国国债的境外投资人的持有情况也变得越来越复杂。截至 2017 年年底,中国持有美国国债的总额虽有所下降,但约有 1.18 万亿美元,中国仍然是美国国债最大的海外持有者,其他的美国国债持有者包括日本、石油输出国、巴西、加勒比银行中心、中国台湾、瑞士、俄罗斯、卢森堡、英国等。图 12-2 说明,境外投资者(主要是境外各国政府)由于各种风险考量,近年来明显减少了对美国国债的投资热情和意愿。

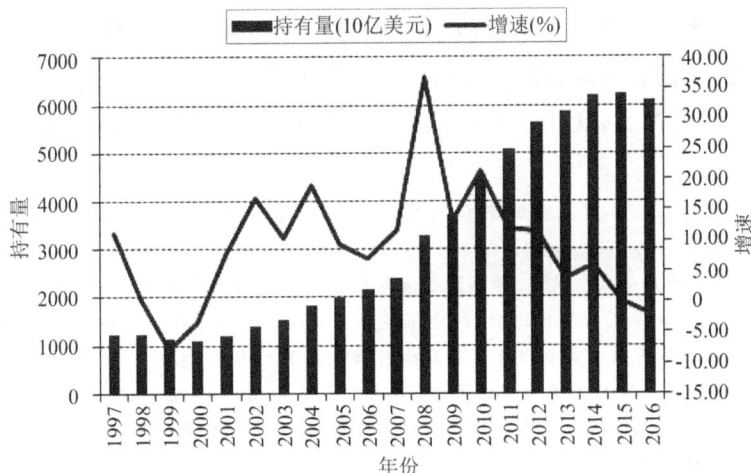

图 12-2 开放经济条件下美国国债境外投资者的持有规模及其变化趋势

总体上,封闭型经济因对外经济依赖程度低,面临的外债风险较小;开放型经济因对外经济的依赖或相互影响程度较深,则面临的外债风险可能相对较大。例如,由于国际油价暴跌外部因素的影响,2016 年阿拉伯国家政府外债额达到 1430 亿美元,同比增长 103%,其中埃及外债最多(达 440 亿美元),海湾六国外债额 400 亿美元[①]。应指出的是,国内有些教材和著作将外债风险理解为指一国、地方政府和企业与国际金融机构、外国政府以及外国商业银行等发生借款业务时,由于汇率波动而蒙受的经济损失。这种观点是较为片面和狭隘的。显然,汇率波动风险只是外债风险的构成部分,外债风险必然也应该包括其作为债务本身而具有的其他风险内涵(如外债到期不能偿付风险)。

二、开放型经济条件下的外债风险管理:未雨绸缪胜于"亡羊补牢"

在开放型经济条件下,"黑天鹅"事件会更多,"灰犀牛"风险冲击亦增大[②],一国经济波动的内外因素往往如量子纠缠般交织在一起,从而带来更多的不确定性。在某种程度上,外债既是一国或地区政府对抗这种不确定性风险的重要手段措施,也是这种不确定性风险的某种可能结果。

在开放型经济条件下,外债既可能与一国或地区经济形成良性互动关系(如借助外债杠杆助推经济腾飞),也可能与一国或地区经济形成恶性互动关系(如掉入"外债陷阱"而难以自拔)。在很大程度上,这取决于一国或地区对外债这种特殊战略资源有效利用程度及其风险防控能力。以冰岛(Iceland)为例。2008 年 10 月 6 日,冰岛总理宣布,因外债负担太重国家可能将要破产,这让世界舆论大惊。这个曾拥有世界排名前五的人均 GDP、世界排名第一的人类发展指数以及世界上第二长寿的北欧岛国,为何因外债危机要一夜致贫?已有文献表明,冰岛金融业的过度扩张,导致其虚拟经济规模超过了实体经济(如渔业),财务杠杆因此达到惊人的幅度,总外债规模(1000 亿欧元)竟是 GDP 的 12 倍,而冰岛央行的流动资产却只有 40 亿欧元[③],于是,美国金融危机的冲击与本国金融管制政策的缺陷相互作用,直接导致这个发达国家陷入破产境地。显然,冰岛外债危机的根源在于本国政府外债风险控制的缺失和滞后,导火线因素则是美国金融风暴的外部冲击。

希腊主权债务危机的爆发,既让这个以美景、安居、高福利闻名于世的欧洲富国

---

① 美国标准普尔公司:2016 年阿拉伯国家政府外债大幅增长,http://www.mofcom.gov.cn/article/i/jyjl/k/201603/20160301270048.shtml。

② 对开放型经济条件下的外债风险控制,债务国或债务人既要防"黑天鹅"事件的冲击,也要防"灰犀牛"事件的影响,对各类风险苗头既不能掉以轻心,也不能置若罔闻。这里,黑天鹅事件(black swan event)往往指小概率(意外性)、具有重大影响以及可解释和可预测的风险事件;灰犀牛事件则指大概率(习以为常)且影响巨大的潜在风险事件。应指出的是,2007 年美国学者 Michele Wucker 在其著作《灰犀牛:如何应对大概率危机》中最早按照发生概率将风险事件划分为"黑天鹅"和"灰犀牛"两类,并提出"美国政府本身就是一只巨大的灰犀牛"重要观点。

③ Jonsson, A. *Why Iceland*? New York: McGraw-Hill Education Press, 2009, pp.10 - 18.

深陷重重外债困境,也给世界各国带来了警醒和警示。2015 年 6 月 30 日,国际货币基金组织(IMF)确认,希腊没有向其偿还 15 亿欧元贷款,出现债务违约事件。这也使得希腊成为历史上首个未如期向 IMF 偿还债务的发达国家。事实上,选举政治造成的"高福利-低税收-高债务"的恶性循环在 2008 年美国爆发次贷危机前已经让这个国家难以自拔。以债养债,借新债还旧债,在希腊旅游业不振以及经济发展停滞不前的情况下已经难以为继。2009 年 10 月初,希腊政府宣布当年政府财政赤字和公共债务占 GDP 的比例将分别达到 12.7% 和 113%,远超欧盟《稳定与增长公约》规定的 3% 和 60% 的上限。鉴于希腊政府财政状况显著恶化,全球三大信用评级机构惠誉、标准普尔和穆迪相继调低希腊主权信用评级,希腊债务危机正式拉开序幕。希腊无力偿还 3100 亿欧元的债务后,于 2010 年 5 月获得提供第一轮援助,总额为 1100 亿欧元。值得指出,2012 年 2 月国际援助方"三驾马车"(即欧盟委员会、欧洲央行和国际货币基金组织)同意对希腊实施第二轮救助,规模为 1300 亿欧元。这些贷款中,仅有不到 10% 由希腊政府掌控,用于提振经济,发展改革项目以及保障低收入家庭,而其余绝大部分则被用于还债[1]。在某种程度上,希腊主权债务危机的出现是内生的和必然的,是其无节制过度举借外债以支撑国内高福利并最终掉入债务陷阱的典型案例。显然,外债问题究竟是可怕的陷阱还是有用的杠杆,既与债务人举债规模是否过度有关,更与举债本身的合理性以及债务资金的使用效率息息相关。

希腊过家家斗气
债务危机重提"二
战"赔款

从中国来看,外债本身风险问题即使可控,但融入总体债务风险的问题则依然值得关注和重视。例如,截至 2017 年年末,我国全口径(含本外币)外债余额为 17106 亿美元,较 2016 年年末增长 2948 亿美元。国家外汇管理局报告认为我国外债风险总体可控,即 2017 年年末我国负债率$\left(\dfrac{外债余额}{GDP}\right)$为 14%,债务率$\left(\dfrac{外债余额}{货物与服务贸易出口收入}\right)$为 71%,偿债率$\left(\dfrac{中长期外债还本付息与短期外债付息额之和}{货物与服务贸易出口收入}\right)$为 7%,短期外债和外汇储备的比例为 35%,以上各指标均在国际公认的安全线以内[2]。然而,纵观 20 世纪 80 年代拉美债务危机、20 世纪 90 年代亚洲金融危机以及 21 世纪的欧洲主权债务危机,这些债务危机的外部表现为负债规模超出了其清偿能力(特别是短期外债),但深层次原因都是国内经济发展乏力、经济结构不合理、对债务过度依赖、外债资金使用效率低等多项因素的综合作用。考虑到过去 10 多年来我国国债规模的持续增长,以及外债与内债问题的复杂交织,客观上依然要求加强外债风险的防

---

① 王晓易:"从闻名于世的富国到陷入重重危机:希腊为何发生债务危机",《渤海早报》,2015 年 7 月 30 日。

② 刁云娇、李海鹏:"2017 年我国外债规模持续增长当前外债风险总体可控",《中国日报》,2018 年 3 月 30 日。

范。为此,就应加强财政、货币等政策的协调配合,积极构建和完善宏观审慎管理框架下的外债和跨境资本流动管理体系,密切关注外债总体规模及结构变化等情况,加强事中事后监测分析,有效防范外债期限和币种错配等风险,维护国家经济金融安全。

作为由弱变强的典范国家,近年来中国政府免除一系列重债穷国外债的做法曾在国内外引起了一些激烈的争论和讨论(如被批应致力于国内扶贫而不应"穷大方")。例如,2015年9月26日,习近平在联合国发展峰会上宣布,中国将免除对有关最不发达国家、内陆发展中国家、小岛屿发展中国家截至2015年年底到期未还的政府间无息贷款债务。对中国政府的上述作为,至少可作如下解读:(1)大国财政做一些"外债免除"的事在国际上较为常见,中国致力于构建人类命运共同体,在力所能及的范围内适当援助"重债穷国"是履行某种程度上的国际责任。例如,2014年12月,俄罗斯免除乌兹别克斯坦8.65亿美元债务,当年美国宣布免除埃及10亿美元债务,日本免除缅甸约37.2亿美元债务[①]。(2)免除一些"重债穷国"的外债,既属理性选择亦属无奈之举。对于最不发达国家来说,债台高筑情况下的外债偿还能力几乎为零。因此,免除这些国家的外债既合乎国际道义,也属无奈之举。事实上,中国在改革开放初期也接受了许多国家无偿性的经济援助。(3)中国"外债免除"的对象通常是非洲的一些最不发达国家,这样的"友好外债政策"会更有利于中国企业的"走出去战略"以及更广阔的中非合作大局。显然,如何认识"外债免除"存在一个算"政治经济大账"和算"外债收益小账"的境界问题。

最后应指出的是,2018年《政府工作报告》将"防范风险"列为一系列重要工作的首位,表明我国对风险问题已达成共识。显然,在威胁中国经济的诸多"灰犀牛"事件因素(如地方政府债务、国有企业高杠杆、影子银行、房地产泡沫、违法违规集资等)中,地方政府在软预算约束下的非理性和不平衡的债务风险问题往往被认为是一群"灰犀牛"群体中的"头牛"。从外债风险来看,我国地方政府债务中的外债占比虽然较低,但不等于不存在外债风险问题。事实上,2013年《南方都市报》曾以"一个区政府为何有胆量欠下百亿外债"为题对我国中部某省份的基层地方政府的外债举债行为进行了揭示和报道。可以说,在我国地方政府层面,外债风险隐患也不容忽视。在此背景下,为加强对地方政府外债的科学管理,保证政府担保外债在面临危机时,能够及时有效应对,减少对政府财政预算平衡和国民经济平稳发展所造成的冲击,我国多地政府都先后出台了外债风险管理办法或主权外债危机风险管理预案。例如,山西省政府颁布的《政府外债危机应急预案》,将政府外债危机分为全面政府外债危机和局部政府外债危机两级[②],提出建立和完善一个完整、高效的政府外债管理系统,最

① 王坎等:"中国免除外债是'穷大方'?",《人民日报》,2015年9月28日。
② 根据外债风险预警方案,全面政府外债危机是指全省财政状况持续恶化,经济运行发生困难的情况下,可能发生的不能按时对外偿还到期债务本息的情形;而局部政府外债危机是指全省经济运行正常,财政运行状况良好,但个别县市政府出现了外债偿还危机的情形。

终实现如下外债管理目标：在宏观上将政府外债总量控制在适度的规模,做到地区间债务负担的平衡,保证外债按规定用途使用,追求外债使用的最大效益。

总之,开放型经济条件下的外债往往是经济发展的"双刃剑"。外债作为一种重要的战略资源,适度利用有助于一国或地区经济发展,但如果过度依赖和不合理使用则可能产生一定的外债风险。从外债风险防控机制来看,事前风险管理(即充当"预防员"角色)优于事中风险管理(即充当"消防员"角色),事中风险管理则优于事后风险管理(即充当"抢救员"角色)。无论何时何地,对各类风险事件的未雨绸缪永远胜过亡羊补牢。

【本章小结】

● 外债的产生有其特定的历史根源和制度背景,这也就决定了外债的独特本性。从公共信用制度和国际信用制度方面,马克思对外债的两重性进行了较为精辟的科学分析。在外债界定方面,世界各国并没有完全达成一致,这也就必然导致各国在外债的统计口径上存在分歧。

● 作为相互替代和补充的利用外资手段,外债与外商直接投资(FDI)之间既有联系又有区别,并都有相应的成功经验和失败教训。此外,外债与内债之间也有很大的不同。

● 任何事物都有其两面性,既有善的一面,也有恶的一面,外债也不例外。历史上,既有一些发展中国家成功地利用外债而使整个国家经济飞速发展的例子,又有一些国家因对外债利用不当反使本国经济状况更加恶化,甚至主权为他国所控制的教训。外债为我所用的过程中,既是"借鸡生蛋"的过程,也是风险伴生的过程。因此,必须加强外债的风险管理。

● 亚洲金融危机在本质上是一场外债危机。追究危机爆发的根源,感受危机所造成的危害,发展中国家在利用外债的时候,应当而且必须采取慎重的举借外债的态度。

● 外债引擎论为发展中国家大胆利用外债做了有益的理论准备,但忽视了外债的趋利性、输出国对输入国的控制等外债消极因素。外债桎梏论有助于我们认识外债资本的趋利本性和风险负担。但过于极端,有一点"将脏水和孩子一起倒掉"的味道。深入了解两方面的观点,可以加深我们对外债两重性的理解。

【关键术语】

外债　外延外债　内涵外债　生息资本　外商直接投资(FDI)　偿债率　债务率债汇率　外债引擎论　外债桎梏论　债务周期理论　"两缺口"理论

思考与讨论

1. 什么是外债？内涵外债以及外延外债之间有何不同？

2. 试讨论和评价外债的两重性。

3. 分析并比较外债与内债、外商直接投资之间的异同。

4. 对发展中国家来说，外债管理的重点、原则以及注意的问题有哪些？

5. 亚洲金融危机是一场危害极其严重的危机，那么此次危机的起因是什么呢？其本质又是什么呢？

6. 什么是外汇储备？外汇储备能够用来偿还外债吗？请适当讨论其可能性和必要性。

阅读与参考文献

[1] 阿代尔·特纳. 债务和魔鬼——货币、信贷和全球金融体系重建. 王胜邦,等译. 北京：中信出版集团,2016.

[2] 陈争平. 外债史话. 北京：社会科学文献出版社,2000.

[3] 邓子基,等. 公债经济学：公债历史、现状与理论分析. 北京：中国财政经济出版社,1990.

[4] 高坚. 中国国债问题. 北京：中国财政经济出版社,1993.

[5] 黄苏. 发展中国家的外债情况和经验. 北京：商务印书馆,1990.

[6] 隆武华. 外债两重性：引擎？桎梏？北京：中国财政经济出版社,2001.

[7] P. 金德尔伯格. 西欧金融史. 徐子健,等译. 北京：中国金融出版社,1991.

[8] 许毅,等. 清代外债史论. 北京：中国财政经济出版社,1996.

[9] 杨大楷. 国债论. 上海：上海三联书店,1995.

[10] 张宝宇,等. 拉丁美洲外债简论. 北京：社会科学文献出版社,1993.

本章测试